suhrkamp taschenbuch 2791

Die große Wirkung Marcel Prousts und seines Werks, vor allem des Jahrhundertromans *Auf der Suche nach der verlorenen Zeit*, auf deutschsprachige Schriftsteller und Kritiker wurde bisher zwar nicht geleugnet, aber noch nie dokumentiert. Achim Hölter hat nicht nur die Rezeption Prousts im Feuilleton, sondern auch die schriftstellerische Umsetzung untersucht. Von den Anfängen bis heute haben viele Autorinnen und Autoren auf Proust reagiert. Die Liste der ausgewählten Autoren zeigt die Breite und Tiefe der Wirkung Prousts: Rainer Maria Rilke, Carl Sternheim, Hermann Hesse, Klaus Mann, Alfred Döblin, Ernst Robert Curtius, Wolfgang Koeppen, Ingeborg Bachmann, Martin Walser, Hubert Fichte, Wilhelm Genazino, Hermann Lenz, Horst Bienek, Hermann Burger, Werner Söllner, Gerhard Meier und viele andere mehr.

Die Textsammlung wird ergänzt durch Kurzinformationen zu den Beiträgern sowie ein ausführliches Nachwort des Herausgebers.

Achim Hölter, geboren 1960, ist Professor für Komparatistik an der Universität Münster. Zahlreiche Aufsätze zur deutschen und internationalen Literaturgeschichte; weitere Buchveröffentlichungen u. a.: *Ludwig Tieck, Schriften 1789-1794* (Hg.) (Frankfurt/M.: Deutscher Klassiker Verlag, 1991); *Die Bücherschlacht* (Bielefeld: Aisthesis, 1995); *Die Invaliden* (Stuttgart: Metzler, 1995).

Marcel Proust

Leseerfahrungen
deutschsprachiger Schriftsteller
von Theodor W. Adorno
bis Stefan Zweig

Herausgegeben und
mit einem Nachwort versehen
von Achim Hölter

Suhrkamp

Umschlagfoto: Klaus Bossemeyer/Bilderberg

suhrkamp taschenbuch 2791
Erstausgabe
Erste Auflage 1998

Quellennachweise am Schluß des Bandes

Satz: Hümmer GmbH, Waldbüttelbrunn
Druck: Nomos Verlagsgesellschaft, Baden-Baden
Printed in Germany
Umschlag nach Entwürfen von
Willy Fleckhaus und Rolf Staudt

1 2 3 4 5 6 – 03 02 01 00 99 98

Inhalt

Die mit * gekennzeichneten Überschriften stammen vom Herausgeber.

Vorbemerkung

Am 10. Juli 1996 beging die literarische Öffentlichkeit Marcel Prousts 125. Geburtstag, am 18. November 1997 seinen 75. Todestag. Anlaß genug für eine Sichtung dessen, was er bei deutschsprachigen Autorinnen und Autoren bewirkt hat.

Wer wüßte nicht inzwischen, daß Proust-Leser im Vorteil sind, daß Proust-Jahre doppelt zählen? Doch gerade wo der Titel seines Hauptwerks zum geflügelten Wort, wo die Madeleine zum allzeit griffbereiten touristischen Gebäck geworden ist, wo der Weißdorn seine Unschuld verloren hat und doch weiterblüht, blickt man – am besten ohne falsche Arroganz – zurück in die Jahre, als alles begann, als manche Naivität unterlief, als auch krasse Ignoranz wütete. Daß der Ich-Erzähler Marcel heißt (heißt er wirklich so?) und trotzdem nicht identisch ist mit Marcel Proust, wissen interessierte Studentinnen und Studenten schon lange. Genausolange – mindestens – müssen Romanciers zu Prousts vexatorischer Lösung des »Erzähler«-Problems Stellung beziehen.

Das Projekt einer deutschen Übersetzung von Prousts Hauptwerk gestaltete sich seit 1926 besonders mühevoll. Nach einem ersten Abschluß 1957 erscheint aber inzwischen sogar eine revidierte Fassung. Zugleich werden in wachsender Zahl literaturwissenschaftliche Arbeiten zu Proust publiziert. Auch im belletristischen Diskurs kann man bei immer mehr Verfassern – die nicht selten ein einschlägiges Studium absolviert haben – Proust-Kenntnis voraussetzen, so daß viel mehr als 75 Texte von über 60 Autoren zu versammeln gewesen wären.

Was darf man erwarten? Dramatiker werden Proust entspannt lesen können. Lyriker reizt er aus der Distanz. Erzähler kommen um ihn eigentlich nicht herum. Man wird sich wundern, wer es doch versucht, geschlossenen Auges. – Wen hat Proust inspiriert, wen gehemmt? Wem er das Schreiben ganz unmöglich machte, wird man logischerweise nie erfahren. Doch bleibt zu prüfen, ob Proust überhaupt die lähmend-übermächtige Erscheinung in der Vater-, Großvater- oder Urgroßvatergeneration war oder ob der historische Abstand inzwischen nicht ohnehin zu groß ist. Was und wie aber schreiben diejenigen, die sich von Proust nicht beirren, sondern bereichern lassen? Ob sie Epigonen bleiben oder sich emanzipieren, entscheidet der Leser an den Werken eher als an den hier gesammelten Berichten und Ansichten über Leseerlebnisse und deren Folgen, über Prousts Leben, Schreiben und Sterben, über seine Qualitäten aus je spezifischer Sicht, über die *Suche nach der verlorenen Zeit* als widerständiges Riesenwerk, das seit 75 Jahren allein weiterwirkt. Wie werden die Jüngsten vorgehen, denen der Name selbstverständlich, die Lektüre aber unverbindlich geworden ist?

Texte zu Proust sind seit Rilke persönlicher oder objektiver, aber nie unbeteiligt. Proust verwandelt seinen Leser; manchen stößt er ab, viele zieht er in seinen Bann. Walter Benjamin eröffnete ein bis jetzt unabgeschlossenes Philosophieren über Proust. Folgte man Ernst Robert Curtius, so schien Proust einen erfolgreichen Kunst-Weg zu versprechen. Aber heißt von Proust lernen: siegen lernen? Und worüber? Die Willensschwäche? Die Schreibhemmung? Die Tradition? Die Vorgänger? Den Roman? Den Tod?

In chronologischer Anordnung wurde ein heterogenes Spektrum von Texten ausgewählt, das möglichst dicht den Rezeptionszeitraum seit Prousts Tod dokumentiert. Einige Themen werden häufig angesprochen: Sterben, Außenseitertum, Erinnerung, Psychologie, Gesellschaft, andere erstaunlich selten: Prousts Umgang mit dem Phänomen Zeit oder Berührungen mit Kunst und Musik. Das ausführliche Nachwort resümiert die Entwicklung und beantwortet auch Fragen zu Autoren, die im Textteil nicht vertreten sind.

Rainer Maria Rilke
An Prinz Alexander Hohenlohe

Proust, – Sie nennen Proust: es freut mich unendlich, daß Sie an seinem Werk Geschmack und Interesse gefunden haben. Ich war, durch einen Zufall, von dem ich Ihnen einmal erzählen werde, einer der ersten (1913!), »Du côté de chez Swann« zu lesen, und daher auch einer der ersten, Marcel Proust zu bewundern, was die natürliche, sofortige Folge jener Lektüre war. Gelegentlich seines Todes neulich erinnerte mich André Gide daran, daß ich unter den frühesten Bewunderern dieses großen Dichters meinen Platz habe, – und nun können Sie sich denken, wie ich von Band zu Band in der gleichen Verfassung mitgegangen war und wie stark mich der Tod dieses bedeutenden Menschen betroffen hat. Es ist noch gar nicht abzusehen, *was* alles mit diesen Büchern uns und den Künftigen eröffnet ist, sie stecken so voll Reichtum der Entdeckung, und das Seltsamste ist die schon so selbstverständliche und in ihrer Art stille Anwendung des Kühnsten und oft Unerhörtesten: ein jeder andere hätte solche Verbindungs-Linien von Ereignis zu Ereignis nur als Hilfslinien risquieren können, – bei Proust aber wächst ihnen sofort zugleich die Schönheit des Ornamentalen zu, und sie behalten, auch als Zeichnung, Gültigkeit und Dauer. Indem er, mit intuitivem Strich, die merkwürdigste Verbindung wagt, scheint es doch wieder, als verfolgte er nur die vorhandenen Adern in einem geschliffenen Marmorstück, und da wiederum überrascht der vollkommene Takt seiner Auslegung, die sich nirgends anheftet, die, spielend, wieder losläßt, woran sie sich eben zu halten schien und die, bei kaum zu übertreffender Genauigkeit, doch überall das rein Unabsehliche zuläßt und ausspart. – In seinem mit Korkplatten ausgelegten (fast dürftigen) Zimmer, das er nur nachts ab und zu verließ, muß dieser seltsame Wahr-Sager das Leben unaufhörlich vor sich offen gesehen haben, wie eine riesige Hand, deren Linien so im Wesentlichen begriffen waren, daß sie ihm keine Überraschungen mehr bereiten konnten –, nur noch, täglich, unendliche Aufgaben! – Wie muß man die Arbeit lieben, wenn man erst so weit gekommen ist! *(1922)*

Ernst Robert Curtius
Marcel Proust

Marcel Proust – der Name dieses Schriftstellers, der heute schon in den Literaturgeschichten steht und in alle Weltsprachen übersetzt wird, war noch vor zehn Jahren, vor sechs Jahren, so gut wie unbekannt. Als Léon Daudet 1917 in seinem Memoirenbande »Salons et Journaux« von Proust sprach, mußte er ihn seinen Lesern erst vorstellen. Prousts Erstlingswerk, eine Sammlung von Skizzen und Studien, die 1896 unter dem Titel »Les Plaisirs et les Jours« erschienen war, eingeführt durch eine Vorrede von Anatole France, hatte die Aufmerksamkeit des Publikums nicht zu fesseln vermocht. Auch der Roman »Du côté de chez Swann«, der 1913 bei Grasset erschien, wurde wenig bemerkt. Léon Daudet nennt dieses Buch zwar »originell, oft verblüffend, verheißungsvoll«, aber als er in seinen Memoiren auf Proust zu sprechen kommt, schildert er ihn doch noch im wesentlichen als Weltmann und funkelnden Causeur. Daudet erzählt uns von einem Kreise von Künstlern und Schriftstellern, die sich in den Jahren 1900-1905 im Restaurant Weber in der Rue Royale zusammenzufinden pflegten. Manchmal sah man gegen halb acht Uhr abends einen blassen, jungen Mann eintreten, der in wollene Shawls eingewickelt war: »Er ließ sich eine Traube, ein Glas Wasser geben und erklärte, er sei soeben aufgestanden, er habe eine Grippe, er werde sich gleich wieder legen, der Lärm tue ihm weh; er warf unruhige, dann spöttische Blicke um sich, brach schließlich in ein entzücktes Lachen aus und blieb. Bald kamen in zögernd-eiligem Ton Bemerkungen von überraschender Neuheit und Aperçus voll diabolischer Feinheit über seine Lippen.« Daudet macht den Charme dieses ungewöhnlichen Geistes fühlbar, der alle Gegensätze zu überbrücken wußte. »Auf dem Höhepunkt unserer politischen Kämpfe vor dem Kriege – es war 1901 – hatte er den Einfall, ungefähr sechzig Personen verschiedener Gesinnung zu sich zum Diner einzuladen. Das ganze Tafelgeschirr hätte in Stücke gehen können. Ich saß zur Seite einer entzückenden Person, die einem Porträt von Rattier oder Largillière glich und die, wie ich erfuhr, die Tochter eines sehr bekannten israelitischen Bankiers war. Am benachbarten Tisch präsidierte Anatole France. Die erbittertsten

Feinde verzehrten, nur zwei Meter von einander entfernt, ihre Geflügel. Aber das Fluidum von Verständnis und Wohlwollen, das von Marcel ausstrahlt, breitete sich wirbel- und spiralförmig im Speisezimmer und in den Salons aus, und für zwei Stunden herrschte die aufrichtigste Herzlichkeit zwischen den Atriden. Ich glaube, daß niemand anders in Paris dieses Kunststück hätte vollbringen können.« Daudet spricht dann von Prousts eminenter literarischer Kultur, von seinem Humor, seinem psychologischen Spürsinn und schließt: »Wenn es ihm gelingt, sich eine Richtung zu geben, sich zusammen zu halten und sich geordnete literarische Form zu geben, so wird er eines schönen Tages irgend etwas Erstaunliches schreiben, eine Randglosse zum Leben.« Das war 1917 geschrieben.

Fünf Jahre später nennt derselbe Léon Daudet Proust »einen der ersten Schriftsteller unserer Literatur«. Und Paul Valéry schreibt: »Auch wenn ich keine Zeile dieses umfassenden Werkes gelesen hätte, würde mir die Tatsache, daß zwei so unähnliche Geister wie Gide und Léon Daudet über seine Bedeutung einig sind, genügen, um mich gegen den Zweifel zu sichern; ein so seltenes Zusammentreffen kann nur in nächster Nähe der Gewißheit stattfinden. Wir dürfen ruhig sein: die Sonne scheint, wenn sie es gleichzeitig verkünden.«

1917-1922. ...in der kurzen Spanne dieser Jahre reifte für Marcel Proust das Schicksal: Ruhm, Tod, Vollendung.

Proust, der 1871 geboren war, hatte etwa bis zum 35. Jahre das Leben des Weltmanns geführt. Dann zog er sich zurück, um sich ganz seinem Werk zu widmen. In jahre- und jahrzehntelanger Arbeit, gehemmt durch chronische Leiden, schuf er das Riesenwerk, das eine menschliche Komödie unserer Zeit sein wird. Der zweite Teil, »A l'ombre des jeunes filles en fleurs«, erhielt 1919 den Goncourt-Preis und machte den Verfasser mit einem Schlage berühmt. In schneller Folge erschienen die andern Teile: »Du côté de Guermantes« (1920/21), »Sodome et Gomorrhe« (1922), »La Prisonnière« (1924), alles in allem bis jetzt elf Bände.[1] – Fragmente eines einzigen großen Werkes, das den Gesamttitel trägt: »A la Recherche du Temps perdu«. Die Fortsetzung und der Abschluß des

1 Dazu tritt der Band »Pastiches et mélanges« (1919), eine Sammlung von Essays und Parodien, der zum Verständnis Prousts unentbehrlich ist.

ganzen Zyklus sind von Proust noch kurz vor seinem Tode – er starb am 18. November 1922 – im Manuskript vollendet worden und erscheinen in mehreren Bänden demnächst. Eine deutsche Übersetzung wird vorbereitet.

Hat dieser Weg Marcel Prousts nicht etwas seltsam Phantastisches? In Frankreich wie in den andern Ländern zerbrach sich die ganze Kritikerschaft den Kopf über die Preisfrage: welche Wirkungen wird der Weltkrieg auf die Literatur haben? Ströme von Tinte wurden darüber vergossen, Prognosen wurden gestellt, Symptome aufgespürt. Aber der Mensch denkt und das Leben lenkt. Die beiden größten Überraschungen der Nachkriegsliteratur in Frankreich kamen von zwei Schriftstellern, die sich beim Kriegsende den Fünfzigern näherten, zwei Dichtern, von denen nur ein ganz kleiner Kreis von Liebhabern und Eingeweihten wußte, von Marcel Proust dem Epiker, von Paul Valéry dem Lyriker. Seltsamer Parallelismus! Beide hatten in den neunziger Jahren debütiert, hatten damals die Aufmerksamkeit einiger Kenner erregt, hatten dann zwanzig Jahre lang geschwiegen und traten endlich nach dem Kriege mit reifen Werken hervor, die ihnen sofort eine beherrschende Stellung zuwiesen und täglich sich mehrenden Ruhm eintrugen. Albert Thibaudet hat kürzlich von Valéry gesagt, jedes seiner Gedichte sei bei seinem Erscheinen sofort als Ereignis empfunden worden. Und dasselbe gilt von den Romanbänden Prousts. Proust und Valéry – wären sie als Vierziger gestorben, so würde vielleicht nur eine verborgene Zeitschriften-Notiz oder eine Erwähnung in zeitgenössischen Memoiren (wie Léon Daudets Porträt des jungen Proust) ihren Namen festhalten. So prekär ist alles geschichtliche Gelingen. Das Beispiel von Proust und Valéry zeigt auf das deutlichste das Gewicht der alten, aber so selten in ihren Konsequenzen durchdachten Wahrheit, daß alles Irdische auf den Köpfen von ein paar Menschen steht. Eine banale Wahrheit, wenn man will, aber eine Wahrheit, die von den Automatismen unserer Denkgewohnheiten immer wieder verkannt wird. Fast immer wird Geschichte so geschrieben, als ob sie ein Prozeß sinnvoller Entfaltung wäre, als ob sie – wie Herder dachte – in der Realisierung aller Möglichkeiten bestünde, als ob – wie Hegel lehrte – das Wirkliche die Offenbarwerdung der Vernunft bedeutete. Die großen deutschen Idealisten setzten einen Volksgeist oder Weltgeist ein, der sich dann durch seine Entwicklung zur Selbstdarstellung brachte. Sie verdrängten die Person durch die Idee. Und wir Modernen machen es ebenso, oder vielmehr, wir machen es nur noch schlechter, denn den immerhin großen Gedanken einer Selbstentfaltung der Idee haben wir durch dürftige Ersatzprodukte verdrängt. Wir suchen nach naturwissenschaftlich zugestutzten Phasen-Gesetzlichkeiten, wir konstruieren soziologische Reihen, wir erklären die Geschichte – und besonders die Literaturgeschichte – durch »Strömungen« und »Tendenzen« und beweisen, daß alles so kommen mußte. Wir haben die »Idee« der Idealisten verloren, aber nicht etwa um die »Person« wieder in ihre Rechte einzusetzen, sondern um das fragwürdige Schemen eines Gewebes von »Reihenbildungen« als einzigen Ertrag in der Hand zu behalten. Walt Whitman hat einmal geschrieben: »Produce great persons, the rest follows!« Das gilt nicht nur vom Werdenden, sondern auch vom Gewordenen. Und wenn eine solche »Person« sich manifestiert und auswirkt, so zerreißen alle spinnenfeinen Gewebe der Geschichtskonstrukteure und kritischen Wetterbeobachter. Die »Strömungen«, deren voraussichtlichen Gesamteffekt man berechnet, zerstieben – oder vielmehr es entstehen neue »Strömungen«, geformt von dem Werk einer Persönlichkeit, die sich nicht vorhersehen ließ. Hätte man 1918 in Frankreich gefragt – und wie oft wird solches Fragespiel angestellt –, wie der Nachkriegsroman aussehen werde, so hätte man vielleicht die Antwort bekommen, er würde ein Abenteuerroman sein – oder ein humanitärer Roman – oder ein die klassische Tradition erneuernder Roman. Und alles das hat es auch gegeben, es hat Pierre Benoit gegeben und Barbusse und Duhamel und gibt sie noch. Und es soll nicht verächtlich von ihnen gesprochen werden. Aber wer das »Eigentliche« sucht, das Große, das Bedeutungshaltige, das Überraschende – das Geniale mit einem Wort –, der wird es in der Sphäre des französischen Romans nur bei Marcel Proust finden. Und der Roman Marcel Prousts zeigt nun keine einzige der Eigenschaften, die man auf Grund geschichtsphilosophischer Prognose prophezeien konnte.

Prousts Roman zeigt nichts von der Wendung zum »Leben«, von der Bejahung der unmittelbar gelebten Wirklichkeit, von dem lyrisch begeisterten Vitalismus der letzten Vorkriegsjahre. Er enthält nichts von dem »goût de l'action«, den viele Beobachter als neues literarisches Symptom konstatierten. Er fügt sich nicht der so und so oft geweissagten Renaissance des Klassizismus ein, er ist nicht »französisch« in Anführungsstrichen, und ebensowenig »russisch«. Er ist ein Novum. Es ist sehr begreiflich und sehr berechtigt, wenn man dennoch seine Verwurzelung in französischer Geistesart nachzuweisen versucht. Die Aufgabe ist so reizvoll wie lohnend, und zwei so feinfühlige Kritiker wie Rivière und Thibaudet haben sich ihr mit Glück gewidmet. Es leuchtet in der Tat ein, daß Montaigne und Saint-Simon die nationalen Ahnen von Proust sind. Aber doch wird um Prousts geistige Nationalität noch sehr gestritten. Wenn man französische Zeitschriften durchblättert und die literarischen Diskussionen verfolgt, hat man den Eindruck, daß die Frage »Was ist französisch?« in Frankreich ebenso umstritten ist wie die Frage »Was ist deutsch?« in Deutschland. Ein Kritiker des katholisch-konservativen »Correspondant« erklärte noch voriges Jahr kategorisch, Prousts Werk sei nicht französisch, und wenn es sich durchsetze (was immerhin möglich sei), so würde das den Sieg englischer Denk- und Fühlweise bedeuten. Und ich selbst habe manchmal von Franzosen gehört, daß sie Proust als unfranzösisch empfänden. Wenn man dann auf die Meinung eines Rivière, eines Thibaudet hinweist, so kann es einem passieren, daß man belehrt wird, die »Nouvelle Revue Française«, der diese beiden Autoren angehören, sei eben auch nicht wirklich französisch, darum werde sie auch im Ausland so eifrig gelesen. Und so fällt man von einem Erstaunen ins andere.

Daß Proust in Spanien, in England, in Deutschland so viele enthusiastische Leser findet – auch das ist höchst bezeichnend. Es bedeutet, daß heute eine gemeinsame europäische Geistigkeit und Sensibilität vorhanden ist, an der Frankreich durch Proust und einige andere teilnimmt. Ein politisches Paneuropa wird vielleicht noch lange ein Traum bleiben, aber ein geistiges Paneuropa ist schon lebendig: nicht eine Reduktion und Nivellierung, nicht eine Verarmung und Verwässerung der nationalen Genien, sondern ein erster Schritt zu einem höheren und komplexeren Bewußtsein, zur Bewußtseinsstufe des 20. Jahrhunderts. Emerson sagte von der Natur, ihr Ziel sei nicht Sicherung des Lebens, sondern Aufstieg: der Übergang der Seele zu höheren Formen. Die Geschichte arbeitet an demselben Werk und alle Kunst und Dichtung.

Man hat Proust mit Freud und mit Einstein zusammengestellt. Es ist billig, darüber zu lächeln. Es handelt sich hier nicht um eine modische Phrase. Die dynamische Psychologie der seelischen Tiefenschichten und das Weltbild der Relativitätstheorie sind auch Anzeichen der großen Wandlung unserer Bewußtseinsstruktur, an deren Beginn wir stehen. Die Beziehung Prousts zu den beiden genannten Denkern ist vorhanden. Daß man einen Romandichter in solche Zusammenhänge stellen kann, beweist nur, daß der Roman neue Funktionen annimmt. Und in der Tat hat sich der Roman unter Prousts Händen merkwürdig verändert. Was man früher für wesentliche Elemente des Romans hielt, – die Führung der Erzählung, die Erfindung, die Komposition, – das tritt bei Proust durchaus in zweite Linie oder wird ganz vernachlässigt. Unser moderner Romanbegriff ist nach Flaubert gebildet. Nichts gleicht einem Flaubertschen Roman weniger als ein Roman von Proust. Nichts ist weniger »geschlossenes Kunstwerk« als Prousts Werk. Bergson hat uns gelehrt, in der Philosophie »geschlossene« und »offene« Systeme zu unterscheiden und den ersteren zu mißtrauen. Man könnte sagen, daß Prousts Roman ein »offenes Kunstwerk« ist.

Wenn man die ersten Seiten von »Du côté de chez Swann« liest, meint man zunächst, dieser Anfang berichte die Kindheitsgeschichte des Erzählers. Man stellt sich auf das autobiographische Romanschema ein. Aber bald merkt man, daß sich verschiedene Lebensepochen durcheinander schieben wie wechselnde Bilder in einem Traum. Und wenn man sich der Führung des Künstlers überläßt, wird man gewahr, daß er den Leser nicht in den Ablauf eines Geschehens, sondern in die Kontinuität eines Bewußtseinsstroms hineinstellt. Sein Werk kennt nicht die Einheit der Handlung und nicht die Einheit der Zeit. Es kennt nur die Einheit der Erinnerung, die in einem Akt nachschaffender Produktivität vergegenwärtigt wird und mit dem geistigen Gehalt der schöpferischen Stunde verschmilzt. Es fehlt in Prousts Roman jedes Streben nach Symmetrie, jedes Bedürfnis nach ebenmäßiger Gewichtsverteilung, nach Abwägung und Balancierung. In diesem einheitlich strömenden Bewußtseinsleben scheint es keine Größen- und Akzentunterschiede zwischen den einzelnen Ereignissen, Personen, Beobachtungen zu geben. Die Schilderung eines Diners beansprucht zweihundert Seiten, und der Tod einer Hauptperson vielleicht ebensoviel Zeilen. Seitenlange Erörterungen über die

Etymologie französischer Ortsnamen oder über Dostojewskis Romane oder über Neurasthenie oder Botanik wechseln mit psychologischen Blitzlichtern, die in Maximenform gepreßt sind. Aber alles ist getragen und zusammengehalten, genährt und getränkt durch ein einzigartiges Fluidum von Vergeistigung. Baudelaire sagt einmal: »Ce qui est créé par l'esprit est plus vivant que la matière.« Und bei Proust heißt es einmal, wie durch eine Wirkung tiefer, platonischer Wesensverwandtschaft: »La réalité que l'artiste doit enregistrer est à la fois matérielle et intellectuelle. La matière est réelle parce qu'elle est une expression de l'esprit.« Proust sagt das in einem seiner wunderbaren Ruskin-Aufsätze. Aber er deutet uns damit einen Wesenszug seiner eigenen Kunst.

Prousts Kunst ist ein Fortschritt in der Entdeckung der Wirklichkeit. Die letzte, für uns faßbare Wirklichkeit ist Bewußtsein, Geist. Sie ist nach Bergson das Innere alles Lebens, aller Wirklichkeit überhaupt. Aller »Realismus« erscheint daneben unwahr und künstlich. Flaubert und die Goncourts versuchten, in der Wiedergabe der physischen Dinge mit der bildenden Kunst zu wetteifern. Sie wollten mit Worten malen. Sie materialisierten den Geist. Proust spiritualisiert die Materie. Die »Realisten« lieferten schwerfällige, mühselige Beschreibungen und Sach-Inventare. Proust gibt viel mehr, unendlich viel mehr von der sichtbaren und tastbaren Wirklichkeit, aber mit einer ganz andern Methode.

Jedes Stück unserer Erfahrung enthält für die Anschauung eine unübersehbare und unerschöpfliche Mannigfaltigkeit des Gegebenen. Jeder Kiesel, jedes Blatt am Wege setzt sich aus einer Fülle von Form- und Farbelementen zusammen, die so unendlich ist wie das Gewebe von Linien auf unserer Hand. Alle Dinge sind voll von unerforschten Chiffre-Systemen. Wir gehen daran vorbei, ohne sie zu beachten, ja ohne sie gewahr zu werden. Das Zeichensystem unserer Hand bleibt uns verborgen, bis ein Cheiromant kommt, der es uns deutet. Dann gewinnen die stummen Züge Sinn und Wirklichkeit. Eine Kunst wie die Prousts erfüllt eine ähnliche Funktion. Sie nimmt die Welt des unendlich Kleinen unter das Mikroskop. Darin unterscheidet sie sich von aller klassischen Kunst. Die klassische Kunst – die antike Dichtung, Dante, Racine, Goethe und alles was mit dieser Tradition zusammenhängt – typisiert und symbolisiert. Aus der unübersehbaren Fülle des Seienden hebt sie bestimmte Wesenszüge als charakteristisch heraus. Sie vereinfacht und stilisiert, sie abstrahiert und konzentriert. Aber es gibt in der Geschichte der Kunst andere Tendenzen, die dem Bedürfnis entsprungen scheinen, jene unendliche Mannigfaltigkeit des Wirklichen auf dem einen oder dem andern Wege wiederzugeben, oder wenigstens einen Eindruck davon zu vermitteln. In den unendlichen Verästelungen asiatischer Ornamentik ist vielleicht ein solcher Trieb zum Durchbrechen der Grenzen. Und finden wir nicht in denselben Kunstprovinzen auch das Streben nach peinlicher Erfassung der subtilsten Einzelheiten einer Erscheinung? Beides ist unklassisch. Das nie endende Geflecht einer Dekoration und der asketisch gewissenhafte Naturalismus der Wiedergabe sind vielleicht nur zwei Aspekte desselben Kunstwollens. In Proust ist beides. Sein Werk mutet uns an wie ein orientalischer Teppich, wie eine neue »Tausendundeine Nacht« – und zugleich wie ein überscharf gewordener und vergeistigter Realismus. Es erscheint uns unabschließbar, mehr wie eine Kontinuität als wie eine begrenzte Form. Die Relativierung der Zeit und des Lebens, die sich als Wesenszüge dieser Kunst darstellen, erscheinen uns, wenn wir ihren Gesamteindruck überdenken, nur als Symptome dieser inneren Unendlichkeit. Der Anfang dieser Romane ist zufällig. Sie haben eigentlich keinen Anfang – sondern eine Bewegung setzt sich fort und wird wieder aufgenommen, die nur für eine Spanne unterbrochen war oder von uns nicht wahrgenommen wurde. Der Anfang ist ein Wiederanfangen. Und eigentlich können diese Bücher auch kein Ende haben. Daß sie enden, ist eine Konzession an die Unzulänglichkeit unseres sinnlich gebundenen Lebens. Solange wir Proust folgen, sind wir eingeschaltet in den unendlichen Strom des Geistes, der keine Stockung und keinen Tod kennt. Es ist schließlich ein zwar in notwendigen Zusammenhängen begründeter, aber doch ein äußerer Zufall, daß diese Welt der Proustschen Bücher in eine literarische Form eingegangen und durch sie begrenzt ist. Die Worte und Sätze, die Bände und Bandreihen, in denen wir diese Kunst empfangen, sind nur materielle Zeichen und Vermittlungswerkzeuge.

Prousts Bücher sind Kristalle, die sich in einer Lösung niedergeschlagen haben, abgelöste Produkte eines Werdens, das mit ihnen nicht erschöpft ist. Es wirkt in uns weiter als eine Bewegung, die aus dem Geist selber kommt, und nicht aus einer bestimmten Person. Was für den Autor ein Abschluß ist, das ist für uns ein Beginn, ein Impuls, dem zu folgen wir uns getrieben fühlen.

Die Unendlichkeit des inneren Lebensprozesses und die Unendlichkeit der registrierten Details – die Unendlichkeit der Verlaufsform und die der Zerfaserungsmethode – beide sind in Prousts Werk und steigern sich wechselseitig. In der subtilsten Einzelanalyse bleibt doch immer die Beziehung zur unendlichen Melodie des Ganzen spürbar. Dies bewahrt Prousts Kunst vor dem Versinken in idyllische Kleinmalerei und preziöse Haarspalterei. Im Mikrokosmos eines in seiner ganzen Differenziertheit reproduzierten Einzeleindrucks erfassen wir den Hinweis auf den Makrokosmos des geistigen Gesamtzusammenhangs. Durch diese Spiegelung gewinnt Prousts Kunst ihre Tiefe und ihre Größe. Denn diese Kunst hat eine Größe, nicht geringer als die der klassischen Tradition, nur erreicht sie die Größe auf andere Weise: durch eine Perspektivenwirkung, durch eine Relation zwischen den beiden Unendlichkeiten Pascals, während die klassische Kunst beide in der Mitte zusammentreffen läßt, im menschlichen Maß. In der klassischen Kunst bewegen sich alle Dinge in derselben, einen Dimension wie die Gestalten auf einem Relieffries. Bei Proust wechselt das Auge immer wieder die Einstellung von greifbar deutlicher Nähe zu fernen verschwimmenden Horizonten. Da sind realistisch gestrichelte Vordergründe von der herbarienartigen Sorgfalt der Primitiven und wieder duftige oder wolkige Fernen endloser Raumtiefen.

Endlose Raumtiefen und unbegrenzte Seelenhorizonte! Prousts Psychologie gibt dem Alltäglichen einen Unendlichkeitsglanz, aber sie scheut auch vor dem Seltsamsten und Verborgensten nicht zurück. Vergleichbar der dichterischen Alchimie, durch die Baudelaire Blumen aus dem Bösen hervorsprießen ließ, durchglüht sie das Verworfene mit ätherischem Feuer. Die Kunst ist für Proust ein strenger Dienst des Geistes, ein platonischer Bezirk des wahren Seins, wirklicher als das Leben. Die Kunst schlägt die Brücken zur übersinnlichen Welt, zum Ahnen von Ewigkeit und Unsterblichkeit. Über den Tod des Dichters Bergotte sagt Proust: »Er war gestorben. Für immer gestorben? Wer kann es sagen? Sicherlich erbringen weder die spiritistischen Experimente noch die religiösen Dogmen den Erweis für die Fortdauer der Seele. Nur dies kann man sagen: alles in unserem Leben vollzieht sich so, als ob wir in es eingetreten seien mit der Last von Verpflichtungen, die wir in einem frühern Leben eingegangen wären. Die Bedingungen unseres irdischen Lebens enthalten keinen Grund, der uns zum Glauben nötigen könnte, wir müßten das Gute tun, rücksichtsvoll oder auch nur höflich sein; sie enthalten keinen Grund, weshalb sich der kultivierte Künstler gebunden fühlen sollte, zwanzigmal ein Stück von neuem zu beginnen, das eine Bewunderung erregen wird, die seinem von Würmern zerfressenen Leibe wenig ausmacht. Alle diese Verpflichtungen, die im gegenwärtigen Leben keine Sanktion haben, scheinen einer andern Welt anzugehören, die auf Güte, auf Feingefühl, auf Opferwilligkeit begründet wäre, einer Welt, die von der unsrigen ganz verschieden wäre. Wir treten aus ihr heraus und werden in diese Erde hineingeboren, um vielleicht dorthin zurückzukehren und wiederaufzuleben unter der Herrschaft jener unbekannten Gesetze, denen wir gehorcht haben, weil wir ihre Lehre in uns trugen, ohne zu wissen, wer sie unserm Innern eingeprägt hat, – jener Gesetze, denen jede tiefe Geistesarbeit uns annähert, und die nur den Toren, und selbst ihnen kaum, unsichtbar sind. So daß der Gedanke, Bergotte sei nicht für immer gestorben, nichts Unwahrscheinliches hat.«

Das sind die seelischen Fernblicke der Kunst Marcel Prousts.

(1924)

Otto Grautoff
Über Prousts Unzeitgemäßheit

Prousts Schriften weisen nicht die Zukunft. In ihnen wirkt kein Voluntarismus. Hinter ihnen steckt keine vitale Kraft. Man könnte dem widersprechen, indem man allein auf die Zahl der von ihm beschriebenen Seiten und den Eifer weist, mit dem er unermüdlich das fertige Manuskript korrigierte. Ich will mit meinen Worten nicht herabsetzen. Proust steht aber nach meinem Empfinden in scharfem Gegensatz zu Balzac, wenn Franzosen ihn auch gelegentlich mit ihm verglichen haben. Balzac war ein aktiver Mensch, ein impulsiver, improvisierender Künstler, Proust eine kontemplative Natur, ein sich zügelnder, berechnender Künstler.

Balzac hat die »Comédie humaine« aus seiner Vollnatur heraus geschaffen, Proust hat die Chronik seiner Zeit aus Erinnerungen heraus gestaltet. Sein bis ins feinste geschliffenes Wesen hat gleichsam die Welt, in der er lebte, im Spiegelbild aufgefangen, nach und nach auftauchende Bilder aus glücklich durchlebten Jahren verschärft, verdeutlicht, so daß das Ganze immer reicher, immer plastischer geworden ist, dadurch, daß nicht nur die Ereignisse, sondern auch die Gestalten sich vielfältig überschneiden. Man glaubt bisweilen beim Lesen zu sehen, wie der Dichter beim künstlichen Licht im Stuhl saß, Erinnerungsbilder herausziselierte, ordnete, sichtete und zuweilen die Darstellung allzusehr chargierte. Aber man liest über die überladenen Perioden hinweg im Banne seines Weltbildes. Er ist der wahre Gestalter der sterbenden adeligen Welt des Faubourg St.-Germain, die trotz der Durchsetzung mit jüdischem, polnischem, deutschem und angelsächsischem Blut die alte Tradition des königlichen Frankreichs rein bewahrt hat bis auf den heutigen Tag. Die Formenschönheit, die Grazie der Dialektik, die leise Skepsis in der Wortwahl, die Amoral in der Gesinnung, das Selbstgenießertum dieser Kaste ist wundervoll aufgefangen und in schillerndem, farbenreichem Stil wiedergegeben. Wer jemals auch nur vorübergehend den Duft dieses Kreises aufgenommen hat, wird an der Lektüre dieses vielbändigen Romans dauernden Genuß haben. Kein Schriftsteller Frankreichs hat solchen Grad der Einfühlung gegenüber der glanzreichen Sprachkultur des Faubourg bewiesen wie Marcel Proust. Man hört die Herren und Damen in glitzernden Sätzen ihre ironisch lächelnden oder schmerzlich zuckenden Gedanken aussprechen, wird einbezogen in ihre fatalistische Weltanschauung. Reich ist die kompositionelle und stilistische Begabung des Dichters; aber sie hat auch ihre Grenzen. Sie geht über die Charakteristik eines bestimmten Kreises nicht hinaus. Sie ist scharf, sie ist tief, sie hat vielfältig jene Transparenz, die durch die impressionistische Zeichnung hindurchschauen läßt; aber sie rührt nicht die letzten Tiefen auf wie Balzac und Rolland. Das wäre auch ganz gegen die Konvention des mondänen Paris, dessen würdigster Repräsentant in unserer Zeit Marcel Proust gewesen ist. Reiche und allseitige Bildung machte ihn zum wahren Erben der französischen Tradition. Für die Charakteristik seines Stils sind fast alle großen Geister der Vergangenheit als Paten angerufen worden. Elemente des 17., 18. und 19. Jahrhunderts hat man in seiner Sprachkunst wahrnehmen wollen. Die vielfältige Anwendung von *que* ist dem Stil des 17. Jahrhunderts entnommen. Man ist noch mehr ins Einzelne gegangen und hat stilistische Vergleiche zwischen ihm, Montaigne, Madame de Lafayette, Rousseau, Saint-Simon u. a. angestellt, so daß es schwer fällt, sich für einen dieser Ahnen zu entscheiden. Die Einzeluntersuchungen haben rein philologisches Interesse. Wesentlich bleibt, daß er die ganze, sprachliche und dichterische Vergangenheit Frankreichs in sich trug und zum Leuchten brachte. Wie eine Nachthyazinthe blühte in seinem Krankenzimmer das ganze alte Frankreich auf, durchdrang und erfüllte seinen schaffenden Geist. Das gibt aber auch seinem Werk treibhausartigen Charakter. Er hat einen Gesellschaftskreis zum Leben erweckt, dessen äußere Gestalt und innere Form sich seit dem Kriege erheblich gewandelt haben; man vergleiche mit Proust die Werke einerseits von Marguérite und Paul Reboux, andrerseits die Romane von Louis Hémon, Roger Martin du Gard, Jules Romains und Georges Duhamel. Noch deutlicher wird Prousts gezüchteter Charakter an seinem Stil. Man findet Anklänge an die Princesse de Clèves, an Emile, an den weitschweifigen Satzbau Saint-Simons. Prousts Sätze sind lang, vielfältig geschachtelt; er arbeitet häufig mit Klammern und Gedankenstrichen: Eine charaktervolle, aber altmodische Sprachkunst, die allein durch die impressionistische Charakterisierung von Personen und Dingen für modernes Empfinden aufnahmefähig ist. Die mannigfachen Abschweifungen, das Nachgeben jedem Einfall ist nur erträglich, weil das Sprachinstrument von einem großen Künstler gespielt wird. In schlangenartigen Windungen zieht sich langsam die Handlung hin, hundertmal unterbrochen durch Bilder, Selbstanalysen und Sentenzen.

Dieser Stil war Marcel Proust von Anfang an eigentümlich. Verhalten und noch nicht so selbstbewußt tritt er in den Essays der ersten Periode in Erscheinung, in »Les plaisirs et les jours«, die 1896 mit einem Vorwort von Anatole France erschienen. Das Frühwerk enthält Betrachtungen aus dem mondänen Leben der Zeit; sie sind sozusagen Vorstudien zu dem Roman »A la recherche du temps perdu«, dessen zehn Bände sich folgendermaßen gruppieren. I: »Du côté de chez Swann«; II: »A l'ombre des jeunes feuilles [!] en fleurs«; III: »Du côté de Guermantes«; IV: Fortsetzung und »Sodome et Gomorrhe« I; V–VII: »Sodome et

Gomorrhe« II–IV; VIII: »Le temps retrouvé«. Der Roman hat autobiographischen Charakter, berichtet von den Eltern des Künstlers, seinen Freunden, seinem Umgang und entrollt die Entwicklung des Kindes zum Mann. Aber alle persönlichen Erlebnisse sind übersetzt und so verarbeitet, daß kein Schlüssel paßt, um die Wirklichkeitsvorbilder zu erfassen, die der Dichtung zugrunde liegen. Die Seele des Helden neigt sich eine Zeitlang seinem jüdischen Freunde Swann zu; sie weilt während einer anderen Periode im Schatten junger Mädchen und verstrickt sich in den Jahren werdender Reife in Sodom und Gomorrha, erfüllt von den gesellschaftlichen Zerstreuungen des Faubourg, durchtränkt von den abwechslungsreichen Genüssen illegitimer Liebe, aufgewühlt von dem politischen Kampf um Dreyfus. Alles das ist dargestellt, indem Bild an Bild gereiht ist. Proust setzt nicht den psychologischen Roman des 19. Jahrhunderts fort, sondern sucht durch die Aufreihung von Bildern die aus dem Unbewußten resultierenden Handlungen zu deuten. Indem er durch Erklärungen und Darstellungen der äußerlichen Dinge und Bewegungen sozusagen um den Kern unseres Wesens herumgeht, will er das unerklärbare Unbewußte im Menschen fassen. Da unser Handeln so oft unlogisch und wirr erscheint, hat seine Darstellung vielfältig jenen unzusammenhängenden Charakter, der den Leser anfangs zurückscheucht. Erst wenn man allmählich in den Geist des Werks eingedrungen und von dem Autor umgeprägt ist, erwacht der Sinn für die Transparenz dieser merkwürdigen Stilkunst. *(1924)*

Stefan Zweig
Marcel Prousts tragischer Lebenslauf

Nur das äußere Lebensbild Marcel Prousts soll hier gezeichnet werden: die Darstellung seines Werkes und seiner Leistung würde anderen Raum und andere Stunde erfordern. Doch sei bei dieser Gelegenheit eindringlich auf die außerordentliche Biographie Leon Pierre Quints (Paris, Verlag Simon Kra) verwiesen, die mit seltener Klarheit und Sachlichkeit und gleichzeitig intimster Kenntnis das Werk Marcel Prousts zur Darstellung bringt. Ihr sind auch größtenteils die sachlichen Daten dieses Lebensbildes entnommen.

St. Z.

Er ist geboren um den Ausgang des Krieges, am 10. Juli 1871 in Paris, Sohn eines berühmten Arztes, einer reichen, überreichen Bürgersfamilie. Aber weder die Kunst des Vaters, noch das Millionenvermögen der Mutter vermögen ihm die Kindheit zu retten: mit neun Jahren hört der kleine Marcel für immer auf, gesund zu sein. Zurückkehrend von einem Spaziergang im Bois de Boulogne überfällt ihn ein asthmatischer Krampf und diese fürchterlichen Anfälle zerpressen ihm die Brust sein Leben lang bis zum letzten Atemzug. Fast alles bleibt ihm seit seinem neunten Jahr verboten: Reisen, muntere Spiele, Beweglichkeit, Übermut, alles, was man Kindheit nennt. So wird er früh schon Beobachter, feinfühlig, zartnervig, leicht irritiert, ein Wesen von unerhörter Reizbarkeit der Nerven und Sinne.

Er liebt leidenschaftlich die Landschaft, aber nur selten darf er sie sehen und niemals im Frühling: da sticht der feine Staub der Pollen, die Schwüle und Trächtigkeit der Natur zu schmerzhaft auf die entzündlichen Organe. Er liebt leidenschaftlich Blumen: aber er darf ihnen nicht nahen. Schon wenn ein Freund mit einer Nelke im Knopfloch ins Zimmer tritt, muß er ihn bitten, sie abzulegen, und ein Besuch in einem Salon, wo Bukette auf einem Tisch stehen, wirft ihn für Tage ins Bett zurück. So fährt er manchmal in verschlossenem Wagen hinaus, um hinter gläsernen Fenstern die geliebten Farben, die atmenden Kelche zu sehen. Und er nimmt Bücher, Bücher, Bücher, um von Reisen zu lesen, von den ihm nie erreichbaren Landschaften. Einmal kommt er bis nach Venedig, ein paarmal ans Meer: aber jede der Reisen kostet ihn zu viel Kraft. So schließt er sich fast vollkommen ein in Paris.

Um so delikater wird seine Wahrnehmung alles Menschlichen. Der Stimmfall eines Gespräches, die Agraffe im Haar einer Frau, die Art, wie jemand sich an einen Tisch setzt und davon aufsteht, alle filigranen Ornamente des geselligen Daseins hacken sich mit unvergleichlicher Festigkeit in seinem Gedächtnis fest. Das minutiöseste Detail fängt sein immer waches Auge zwischen zwei Wimperschlägen ein, alle Bindungen, Wendungen, Serpentinen und Stockungen eines Gespräches bleiben mit allen Schwingungen ihm unverstellt im Ohr. So kann er dann in seinem Roman später einmal das Gespräch des Grafen Norpois auf hundertfünfzig Seiten festhalten und es fehlt kein Atemzug darin, keine zufällige Bewegung, kein Zögern und kein Untergang: Sein Auge ist wach und beweglich für alle andern erschöpften Organe.

Ursprünglich haben ihn die Eltern zum Studium und zur Diplomatie bestimmt, aber an seiner schwachen Gesundheit scheitern alle Vorsätze. Schließlich, es eilt nicht, die Eltern sind reich, die Mutter vergöttert ihn – so verschleudert er seine Jahre in Gesellschaften und Salons, führt bis zu seinem fünfunddreißigsten Jahre eigentlich das lächerliche, läppischeste, sinnloseste Schlenderleben, das je ein großer Künstler geführt, treibt sich als Snob durch alle Veranstaltungen der reichen Müßiggänger, die man Gesellschaft nennt, ist überall dabei und wird überall empfangen. Durch fünfzehn Jahre kann man Nacht für Nacht unverweigerlich in jedem Salon, ja selbst in den unzugänglichsten, diesen zarten, scheuen, immer in Hochachtung vor allem Mondainen erschauernden jungen Menschen, immer plaudernd, hofierend, amüsiert oder gelangweilt, finden. Überall lehnt er in einer Ecke, duckt er sich in ein Gespräch, und seltsamerweise duldet auch die hohe Aristokratie des Faubourg-Saint-Germain den namenlosen Eindringling; dies ist eigentlich für ihn sein höchster Triumpf[!]. Denn äußerlich hat der junge Marcel Proust keinerlei Qualitäten. Er ist nicht sonderlich hübsch, nicht sonderlich elegant, er ist nicht von Adel und sogar Sohn einer Jüdin. Auch sein literarisches Gepäck legitimiert ihn nicht, denn dies eine kleine Bändchen »Les plaisirs et les jeux[!]«, hat trotz einer Gefälligkeitsvorrede von Anatole France weder Gewicht noch Erfolg. Was ihn beliebt macht, ist einzig seine Generosität: er überströmt alle Frauen mit kostbaren Blumen, überhäuft alle Welt mit unvermuteten Geschenken, lädt jeden ein, zermartert sich den Kopf, auch dem nichtigsten Gesellschaftslaffen gefällig und sympathisch zu sein. Im Hotel Ritz ist er berühmt durch seine Einladungen und seine phantastischen Trinkgelder. Er gibt das Zehnfache amerikanischer Milliardäre und wenn er nur die Halle betritt, so fliegen alle Mützen devot herab. Seine eigenen Einladungen sind von phantastischer Verschwendung und kulinarischer Erlesenheit: aus den verschiedensten Geschäften der Stadt läßt er alle Spezialitäten zusammenholen, die Trauben von einem Geschäft der Rive Gauche, die Poulards aus dem Carlton, die Primeurs eigens von Nizza sich senden. Und so bindet und verpflichtet er das »tout Paris« ununterbrochen durch Artigkeit und Gefälligkeiten, ohne jemals selbst eine zu fordern.

Aber was ihn noch mehr als sein gern, sein verschwenderisch ausgegebenes Geld innerhalb dieser Art Gesellschaft legitimiert, ist seine fast krankhafte Ehrfurcht vor ihrem Ritus, seine sklavische Vergötterung der Etikette, die unerhörte Wichtigkeit, die er allem Mondainen, allen Alfanzereien der Mode entgegenbringt. Wie ein heiliges Buch verehrt er den ungeschriebenen Cortegiano der aristokratischen Sitte: tagelang beschäftigt ihn das Problem einer Tischordnung, warum die Prinzessin X. den Grafen L. an das untere Ende des Tisches gesetzt habe und den Baron R. an das obere. Jeder kleine Tratsch, jeder flüchtige Skandal regt ihn wie eine welterschütternde Katastrophe auf, er fragt fünfzehn Leute, um zu erkunden, was die geheime Ordnung im Turnus der Einladungen der Fürstin M. sei, oder warum jene andere Aristokratin in ihrer Loge den Herrn F. empfangen habe. Und durch diese Leidenschaft, durch dieses Ernstnehmen der Nichtigkeiten, das auch seine Bücher später beherrscht, gewinnt er selbst einen Rang als Zeremonienmeister inmitten dieser tändlerischen und spielerischen Welt.

Fünfzehn Jahre lang führt so ein hoher Geist, einer der stärksten Gestalter unserer Epoche, ein derart sinnloses Leben zwischen Nichtstuern und Arrivisten, tagsüber erschöpft und fiebrig im Bette liegend, abends im Frack von Gesellschaft zu Gesellschaft eilend, seine Zeit vertrödelnd mit Einladungen und Briefen und Veranstaltungen, der überflüssigste Mensch in diesem täglichen Tanz der Eitelkeiten, überall gern gesehen, nirgends wahrhaft bemerkt, eigentlich nur ein Frack und eine weiße Binde zwischen andern Fräcken und weißen Binden.

Bloß ein einziger kleiner Zug unterscheidet ihn von den andern. Jeden Abend, wenn er nach Hause kommt und sich ins Bett legt, unfähig zu schlafen, schreibt er Zettel auf Zettel voll mit Notizen über das, was er beobachtet, gesehen und gehört. Allmählich werden es ganze Stöße, die er in großen Mappen bewahrt. Und wie Saint Simon, scheinbar ein flacher Höfling am Hofe des Königs, heimlich Darsteller und Richter einer ganzen Epoche wird, so verzeichnet jeden Abend Marcel Proust all das Nichtige und Flüchtige des »tout Paris« in Notizen, Anmerkungen und planhaften Skizzen, um es vielleicht einmal, das Ephemere, ins Dauerhafte zu gestalten.

Eine Frage nun für den Psychologen: Was ist das Primäre? Führt Marcel Proust, der Lebensunfähige und Kranke, dieses läppische und sinnlose Leben eines Snobs fünfzehn Jahre lang bloß aus innerer Freude und sind diese Notizen nur ein Nebenbei, gleichsam ein Nachgenuß des zu rasch verrauschten Gesellschaftsspieles? Oder geht er in die Salons einzig wie ein Chemiker ins Laboratorium, wie ein Botaniker auf die Wiese, um unauffällig Material zusammenzuraffen für ein großes einmaliges Werk. Verstellt er sich oder ist er wahr, ist er Mitkämpfer in der Armee der Tagvergeuder oder bloß ein Spion aus einem andern höheren Reich? Flaniert er aus Freude oder aus Berechnung, ist diese fast irrwitzige Leidenschaft an der Psychologie der Etikette ihm Leben und Bedürfnis oder nur die grandiose Verstellung eines passionierten Analytikers? Wahrscheinlich war beides in ihm so genial, so magisch gemengt, daß niemals die reine Natur des Künstlers in ihm zum Austrag gekommen wäre, hätte nicht das Schicksal harter Hand ihn plötzlich aus der lässigen Spielwelt der Konversation gerissen und in die verhangene dunkle, nur von innerem Lichte manchmal erhellte Sphäre der eigenen Welt gestellt.

Denn plötzlich ändert sich die Szene. 1903 stirbt seine Mutter, und kurz darauf stellen die Ärzte die Unheilbarkeit seines Leidens fest, das sich immer mehr verschlechtert. Mit einem Ruck reißt jetzt Marcel Proust sein Leben herum. Hermetisch schließt er sich ein in seine Klause am Boulevard Haußmann, über Nacht wird aus dem gelangweilten Flaneur und Faulenzer einer der erbittertsten pausenlosen Arbeiter, den dieses Jahrhundert im Literarischen zu bewundern hat, über Nacht wirft er sich herum von zerstreuendster Geselligkeit in die allereinsamste Einsamkeit.

Tragisches Bild dieses großen Dichters: immer liegt er im Bette, den ganzen Tag, immer hat er kalt, immer friert sein magerer, ausgehusteter, von Krämpfen geschüttelter Körper. Er hat im Bett drei Hemden aufeinandergezogen, wattierte Plastrons über der Brust, dicke Handschuhe an den Händen und friert doch und friert. Im Kamin brennt Feuer, nie wird das Fenster geöffnet, denn schon die paar erbärmlichen Kastanienbäume mitten im Asphalt tun ihm weh mit ihrem schwachen Geruch (den keine andere irdische Brust in Paris fühlt als die seine). Wie ein Kadaver verkrümmt, liegt er immer, immer im Bett, atmet mühsam die dichte, überfüllte, von Medizinen vergiftete Luft. Erst spät abends rafft er sich dann auf, ein bißchen Licht, ein bißchen Glanz, seine geliebte Sphäre von Elegance, ein paar aristokratische Gesichter zu sehen. Der Diener zwängt ihm den Frack an, schlägt ihn ein in Tücher und hüllt seinen dreimal umkleideten Körper selbst im Frühjahr in Pelze. So fährt er ins Ritz, um mit ein paar Menschen zu sprechen, seine vergötterte Sphäre, den Luxus, zu sehen. Vor der Tür wartet sein Fiaker, wartet die ganze Nacht und führt dann den Todmüden wieder ins Bett zurück. In Gesellschaft geht Marcel Proust niemals mehr oder doch, ein einzigesmal: er braucht für seinen Roman das Detail der Haltung eines vornehmen Aristokraten. So schleppt er sich, alles staunt, einmal in einen Salon, um den Herzog von Sagan zu beobachten, wie er sein Monokel trägt. Und einmal nachts fährt er hin zu einer berühmten Kokotte, sie zu fragen, ob sie den Hut noch habe, den sie vor zwanzig Jahren im Bois de Boulogne getragen, er brauche ihn für die Beschreibung der Odette. Und ist dann ganz enttäuscht, zu hören, wie sie ihn auslacht, sie habe ihn längst ihrem Dienstmädchen geschenkt.

Aus dem Ritz bringt den Todmüden der Wagen nach Hause. Über dem immer geheizten Ofen hängen seine Nachtkleider und Plastrons: längst kann er kalte Wäsche nicht mehr am Leibe tragen. Der Diener hüllt ihn ein, führt ihn ins Bett. Und dort, das Tablett flach vor sich hingehalten, schreibt er seinen weitmaschigen Roman: »A la recherche du temps perdu«. Zwanzig Dossiers sind schon dick gefüllt mit Entwürfen, die Sessel und Tische vor seinem Bett, das Bett selbst weiß überhäuft mit Zetteln und Blättern. Und so schreibt er, schreibt Tag und Nacht, jede wache Stunde, Fieber im Blut, die Hände unter den Handschuhen vor Kälte zitternd, weiter, weiter, weiter. Manchmal besucht ihn ein Freund, gierig fragt er ihn aus um alle Details der Gesellschaft, noch verlöschend tastet er mit allen Fühlern der Neugier noch hinüber in die verlorene, in die mondaine Welt. Wie Jagdhunde hetzt er seine Freunde herum, damit sie ihm von diesem und jenem Skandal berichten, um über diese und jene Persönlichkeit bis auf das kleinste informiert zu sein, und alles, was man ihm zubringt, notiert er mit nervöser Gier. Und das Fieber zehrt immer heißer an ihm. Immer mehr verfällt und vergeht dieses arme fiebernde Stück Mensch, Marcel Proust, immer mehr weitert sich und wächst das groß gestaltete Werk, der Roman oder vielmehr die Romanreihe: »A la recherche du temps perdu«.

1905 ist das Werk begonnen, 1912 hält er es für vollendet. Dem Umfange nach scheinen es drei dicke Bände zu sein (wurden aber dann dank der Erweiterung während des Druckes nicht weniger als zehn). Nun quält ihn die Frage nach dem Erscheinen. Marcel Proust, der Vierzigjährige, ist vollkommen unbekannt, nein, ärger noch als unbekannt, das heißt, er hat im literarischen Sinn einen schlechten Ruf: Marcel Proust, das ist ja der Snob aus den Salons, das mondaine Schriftstellerchen, das hie und da im »Figaro« Anekdoten über Salons veröffentlicht (wobei das immer schlecht lesende Publikum Marcel Proust unverweigerlich für Marcel Prevost las). Von dem kann nichts Gutes kommen. Auf geradem Wege hat er also nichts zu hoffen. So versuchen Freunde auf gesellschaftlichem Wege das Erscheinen zu ermöglichen, ein hoher Aristokrat ladet André Gide zu sich, den Leiter der »Nouvelle Revue Française«, und übergibt ihm das Manuskript. Aber die »Nouvelle Revue Française« (ebendieselbe, die dann hunderttausende Francs an diesem Werk verdient) weist ihn glatt zurück, ebenso der »Mercure de France« und Ollendorf. Endlich findet sich ein neuer mutiger Verleger, der es wagen will, aber doch dauert es noch zwei Jahre, bis 1913, ehe der erste Band des großen Werkes erscheint. Und gerade wie der Erfolg die Flügel spreiten will, kommt der Krieg und schlägt ihm die Schwingen nieder.

Nach dem Kriege, als fast schon fünf Bände erschienen sind, beginnt Frankreich, beginnt Europa, dieses eigenartigste epische Werk unserer Zeit zu bemerken. Aber was Ruhm dann rauschend Marcel Proust nennt, das ist längst nur mehr ein abgezehrtes, fieberndes, unruhiges Fragment eines Menschen, ein zuckender Schatten, ein armer Kranker, dessen ganze Kraft sich zusammenstrafft, um nur noch das Erscheinen seines Werkes zu erleben. Noch immer schleppt er sich abends ins Ritz. Dort, am gedeckten Tisch oder in der Portiersloge, feilt er die Korrekturen der letzten Druckbogen aus, denn zu Hause im Zimmer, im Bette fühlt er schon das Grab. Nur hier, wo er wieder seine geliebte mondaine Sphäre vor den Augen schimmern sieht, spürt er noch ein letztes bißchen Kraft, indes zu Hause er flügellahm niederfällt, bald sich mit Narkotikas [!] müde machend, bald mit Koffein sich emporstimulierend zu einem kurzen Gespräche mit Freunden oder zu neuer Arbeit. Immer rascher verschlimmert sich sein Leiden, immer hitziger, immer gieriger arbeitet der allzu lang Lässige, um den Tod zu überholen. Ärzte will er nicht mehr sehen, sie haben ihn zu lange gequält und niemals ihm geholfen, so verteidigt er sich allein und so stirbt er endlich am 18. November 1922. In den letzten Tagen noch, schon ganz von der Vernichtung gefaßt, wirft er sich dem Unvermeidlichen entgegen mit der einzigen Waffe des Künstlers: mit der Beobachtung. Er analysiert seinen eigenen Zustand heldenhaft wach bis zur letzten Stunde, und diese Notizen sollen dienen, um den Tod seines Helden Bergotte in den Korrekturbogen noch plastischer, noch wahrhaftiger zu machen, um zu versuchen, einige allerintimste Details dazuzutun, jene letzten, die der Dichter nicht wissen konnte, die nur der Sterbende weiß. Noch seine letzte Bewegung ist Beobachtung. Und auf dem Nachttisch des Toten, beschmutzt von umgestürzten Medizinen, findet man auf kaum leserlichem Zettel die letzten Worte, die er schon mit halb erkalteter Hand geschrieben, Notizen für einen neuen Band, der Jahre gefordert hätte, indes ihm selbst nur mehr Minuten gehörten. So schlägt er dem Tod ins Gesicht: letzte herrlichste Geste des Künstlers, der die Furcht vor dem Sterben besiegt, indem er sie belauscht. *(1925)*

Hermann Bahr
Marcel Proust

Frankreich hat immer das Bedürfnis nach einem Schriftsteller zur Parade vor dem Ausland. Es kommt dabei weit weniger darauf an, daß er daheim gefällt, wenn man sich nur sicher fühlt, draußen mit ihm Staat machen zu können. Unter sich sprachen Franzosen, jedenfalls die Literaten, zuweilen erstaunlich gering über Anatole France, aber sie schürten dennoch seinen Ruhm, weil gerade diese Begabung, mit Anmut vielwissend über alles eigentlich nichts zu sagen und sogar am Zweifel selber auch noch zu zweifeln, der allgemeinen abendländischen Denkart seiner Epoche bequem war und sich dadurch zum Export bestens empfahl. France schien auch alternd noch immer jünger zu werden; das Klischee blieb frisch. Und bevor man sich noch in Frankreich ernstlich zu fragen begann, wer ihn denn dereinst ablösen und fortan als der große Franzose dem Auslande vorgeführt werden sollte, kam das Ausland zuvor und traf die Wahl selbst: Marcel Proust war auf einmal in England und Amerika, bald auch in Deutschland berühmt, ohne daß Frankreich erst gefragt worden wäre. Es hatte nur noch zuzustimmen und war um so bereiter dazu, da die Wahl einen Mann der besten Gesellschaft traf, der, von ungemeiner Liebenswürdigkeit, die fast etwas Rührendes hatte, von Jugend auf kränkelnd, vor überhitzter Geistigkeit fiebernd, ein Causeur von bezaubernder Anmut, immer etwas Kindliches behielt, das ihn den Frauen empfahl, während die Männer hinwieder staunten über den hohen Ernst und den reichen Geist, die niemand in einem solchen verwöhnten Schoßkind des Glückes vermutet hätte. Der Vater, ein angesehener Arzt, war dem Ministerium zugeteilt; die Mutter, jüdischen Bluts, war sehr reich. In ihrer Ehe berührten sich also zwei Schichten, zwei Mächte, die sonst einander in Frankreich eher meiden: Amtsadel und Geldadel, beide dem Blutsadel nicht eben willkommen, aber immerhin als unentbehrlich zugelassen, so daß der frühreif um sich blickende, besonders aber um sich horchende Marcel eigentlich in drei Welten aufwuchs, eben dadurch aber allen diesen drei Welten fremd genug blieb, um ihre Verschiedenheiten in der Empfindung, in der Gesinnung und in der Äußerung von Empfindungen und Gesinnungen zu bemerken. In drei Gesellschaften verkehrend, war er eigentlich in keiner daheim. Alle drei wurden überdies dann durch ein Ereignis aufgewühlt, von dem sich Frankreich eigentlich erst im Weltkriege wieder zur Selbstbesinnung erholt hat: durch die Affäre Dreyfus. Hier war ein Offizier des Verrats beschuldigt, und dieser Offizier war Jude. Die Grundfrage, ob es die Ehre der Nation verlangt, einen des Verrats verdächtigen, wenn auch nicht überwiesenen Offizier zu verurteilen, auch auf die Gefahr hin, einen Unschuldigen zu treffen, weil nun einmal der Offizier im Ansehen der Nation so hoch stehen muß, daß ihn selbst ein bloßer Verdacht nicht erreichen darf, ja daß er durch diesen bloßen Verdacht allein schon seines Berufs unwürdig wird, wurde nun aber noch dadurch verfitzt, daß der Argwohn entstand, man ergreife bloß die willkommene Gelegenheit, einen Juden loszuwerden. So traten einander hier Ehrgefühl und Rechtsgefühl unversöhnlich gegenüber. Auf wen auch nur der Schatten eines Verdachts fällt, der hat, schon dadurch allein, daß ein solcher Schatten auf ihn fallen kann, seine Ehre verwirkt, erklärten die einen ebenso leidenschaftlich, als die anderen versicherten: Eher soll die Armee, ja die Nation zugrunde gehen, als daß ein Unrecht geschieht! Solche Fragen, auf die nicht der Verstand, sondern ein eingeborenes Gefühl allein antworten kann, bleiben unlösbar und erregen unversöhnlichen Haß, eben weil keiner sich auch nur vorzustellen vermag, daß ein anderer fähig sein könnte, darin anders zu denken und anders zu fühlen. Frankreich ging dadurch mitten entzwei, Freunde verfeindeten sich, die Gliederung der Gesellschaft zerriß. Eben im alten Adel standen einander nämlich Ankläger und Fürsprecher des verdächtigen Hauptmanns mit solcher Leidenschaft entgegen, daß diese, bloß aus beleidigtem Rechtsgefühl, zu den Dreyfusards ins Bürgertum hinüber desertierten, während zugleich hinwieder bisher allen Werbungen neuer Reicher durchaus unzugängliche Salons sich nun auch Bürgerlichen öffneten, wenn diese sich durch die den Generälen erwünschte Gesinnung zu legitimieren wußten. Frankreich war bei aller Neigung zu politischem Radikalismus bisher immer in den Sitten durchaus konservativ geblieben. Der lebenskluge Franzose begreift, um wieviel bequemer es ist, ein für allemal zu wissen, wie man sich bei jeder Gelegenheit zu benehmen hat; er sieht ein, wieviel Mühe strenge Sitten und ein für allemal feste Gewohnheiten ihm ersparen, auch wenn sie dem Verstande sinnlos, ja lächerlich scheinen mögen. Erst jener unselige Prozeß, jeden einzelnen auf sein eigenes Urteil anweisend, hat ihn aus der gewohnten Ergebung in alle Sitten und Unsitten seiner Umgebung aufgeschreckt. Durch ihn wird nun auf einmal alles fragwürdig, und der Radikalismus, dem es bisher genügte, sich politisch auszutoben, ergreift nun auch das persönliche Leben eines jeden einzelnen: Frankreich wird individualisiert. Die Zersetzung der Sitten beginnt; sie zeigt sich zunächst in der Jugend, und der Franzose wird sie vor allem an den Mädchen der bürgerlichen wie der adeligen Gesellschaft gewahr. Sie zeigen auf einmal eine Freiheit der Erscheinung, die zunächst keinen Einwand erregt, ja sogar den Reiz einer ungewohnten Anmut hat: die jungen Französinnen amerikanisieren sich. Man nimmt das nicht tragisch, und wenn Eltern klagen, tröstet man sie damit, daß Eltern immer klagen, weil sie sich niemals in den Wechsel der Zeiten schicken können. Daß die Gestalt der ›ingénue‹ zu verschwinden beginnt, beklagt man, doch nicht ohne zu hoffen, daß sie mit der Zeit schon, wenn auch irgendwie verändert, wiederkehren wird. Noch um die Wende des Jahrhunderts bemerken nur erst wenige, daß sich Frankreich durchaus verändert hat, daß es in Zersetzung ist. Heute bestätigen viele, daß es nur durch die von der Kriegsgefahr aufgezwungene Selbstbesinnung gerettet worden ist.

Um die Wende des Jahrhunderts wurde Proust dreißig. Er war von Verehrern seiner geistigen Anmut, seiner erstaunlichen Belesenheit und seiner frühreifen, fast etwas vorlauten Begabung umgeben, und nichts spricht mehr für ihn, als daß er sich durchaus nicht begnügte, die dankbare Rolle eines Dilettanten im höchsten Sinne zu spielen, der es nur nicht nötig hat, Ernst mit seiner Kunst zu machen, sondern sich mit erstaunlich ernsten Plänen trug, die vor allem ein ungemeines Maß von ausdauernder Arbeit forderten: er schrieb jahrelang an einem Werk über Ruskin. Die Wahl befremdet, gar an einem Franzosen. Nicht bloß, weil Ruskin, so sehr er innerlich wechselte, doch immer so stockenglisch blieb, daß selbst Engländer unter vier Augen eingestehen, oft genug nicht ganz sicher zu sein, was er eigentlich meint. Ja, man darf vielleicht sogar vermuten, daß die hohe Bewunderung seiner Landsleute für ihn zum Teil eben auf dem sibyllinischen Wesen seiner Darstellung beruht. Er schreibt ein Englisch, das so persönlich ist, daß mir Engländer versichern, auch sie müßten, um ihn recht zu würdigen, ihn erst lesen lernen: denn er schreibe nicht Englisch, sondern Ruskinisch, sein Geist habe sich eine ganz eigene Sprache schaffen müssen. Dieses Ruskinisch zeichnet sich vor allem durch Langwierigkeit aus, der Bewunderer der Kathedralen hat sich ihnen allmählich innerlich so sehr assimiliert, daß er in gotischen Spannweiten denkt und fühlt, wodurch er nun genötigt ist, Einschachtelungen von Sätzen, Zusätzen und Zwischensätzen zu wagen, in denen sich jeder Leser so lange verirrt, bis es ihm gelingt, sich schweißtriefend schließlich an einem Ariadnefaden, den das Glück nur zuweilen ganz ungewöhnlicher Geduld zum Lohn beschert, doch allmählich, wenn nicht zu klarem Verständnis, immerhin unversehrt wieder ins Freie durchzuwinden. In dieses Wirrsal von wulstigen Wortgehängen, das nicht bloß dem französischen Sprachgefühl, sondern allen lateinischen Denkgewohnheiten unerträglich ist, stürzt sich nun der junge Proust mit einem Ungestüm, den man sich nur allenfalls durch den Reiz, den Schwierigkeit bloß um der Schwierigkeit willen für verwegene Jugend hat, erklären mag. Die Skizzen und eiligen ersten Niederschriften seiner Einfälle beweisen, daß er über das schönste Französisch gebot, diesem aber dann, zur Verdunkelung der Klarheit, mit einer unbegreiflichen Anstrengung und Ausdauer einen ruskinisch karierten Überzug gab. ›En réalité, l'art de l'écrivain consiste surtout à nous faire oublier qu'il emploie des mots‹, sagt Bergson, selber ein Hochmeister dieser Kunst, sich mit dem Leser unmittelbar, ohne ihn merken zu lassen, daß es durch Worte geschieht, zu verständigen. Proust verfährt umgekehrt: er baut aus Worten Quadern so hoch auf, daß man unermüdlich klettern muß, um, immer wieder abrutschend, am Ende doch den Ausblick auf seine Gedanken zu gewinnen. Das ist um so seltsamer, da nach Ruskin gerade Bergson am stärksten auf Proust eingewirkt hat, so sehr, daß manche Stellen fast den Eindruck einer Übersetzung Bergsons ins Ruskinische machen. In diesem tiefen inneren Widerspruch des Werkes, das ganz anders spricht, als es denkt, und das eigentlich immer wieder das, was es offenbar sagen will, sogleich durch seinen Ausdruck wieder zurücknimmt, liegt sogar vielleicht sein Hauptreiz. Der Leser will fortwährend schon zu lesen aufhören, und eben, wenn er dann dazu fest entschlossen ist, kann er es doch wieder nicht. Durch Bergson sind wir inne geworden, daß wir um uns im Grunde ganz unbekannte Dinge wissen, ja sie sogar mitteilen können, aber dabei gerade durch den Verstand wieder abgelenkt, ja an unseren sichersten Gewißheiten irre werden. Wer Bergson unschuldig und sozusagen auf Treu und Glauben liest, erfährt von ihm erstaunlich viel über sich selbst und fühlt sich durch ihn zu Selbsterkenntnissen ermutigt, die sich ihm innerlich längst im stillen angekündigt hatten, ohne daß er den Mut dazu gefunden hätte. Bergson ist es, der vielen erst die Willenskraft gab, ihrer geheimen Selbstbesinnung tätlich zu gehorchen; kein anderer Denker unserer Epoche hat, unwissentlich und unabsichtlich, so viele Bekehrungen zur katholischen Kirche, die vielleicht längst schon reif, aber noch nicht willens waren, in Erfüllung gehen lassen. Es kommt freilich auch sehr darauf an, wie man ihn liest. Proust hat sich einen ganz anderen Sinn aus ihm gelesen: ihm wurde gerade durch Bergson alles, was allein im Grunde wir erreichen wollen, was zu erreichen allein sich lohnte, unerreichbar: Gewißheit. Daß zur Gewißheit nämlich alles Wissen allein nichts hilft, sondern dann immer erst auch noch ein Entschluß gehört, scheint dieser seine Begabung in jedem Winde wiegende Jüngling niemals bemerkt zu haben. Daran war vielleicht nicht bloß die Zeit schuld, in der er aufwuchs, diese Zeit des so bequemen, zu nichts verpflichtenden, angenehmen Zweifelns an allem, sogar auch am Zweifel selber noch, sondern ganz besonders der Ästhet, der, schon in seiner Natur vorwiegend, nun gar durch Erhitzung übermächtig wurde. Ästheten sind immer geneigt, alles, sogar ihr eigenes Leben, bloß nach seiner ästhetischen Verwendbarkeit, bloß als sinnlichen Reiz zu schätzen; sie bleiben im Sinnlichen stecken, das der Künstler meistert und bloß zur Gewandung des Geistes gebraucht. An dieser meisternden Kraft hat es Proust gefehlt: er wird seiner strömenden Einfälle niemals Herr, er wird immer ihr Opfer. Deutschen und englischen Talenten geschieht dies oft, Lateinern fast nie. Prousts Werk wirkt darum auch im Grunde ganz unfranzösisch.

In der abendländischen Literatur ist seit des jungen d'Annunzio jähem Aufsprung und Einbruch in den Ruhm vor vierzig Jahren erst mit Proust wieder eine gleich auf den ersten Blick so glückverheißende Begabung erschienen. Aber die beiden unterscheiden sich wesentlich. D'Annunzio fühlt sich von Jugend auf als Kommandeur seiner Gaben, jede gehorcht ihm, jede steht immer seines Winks gewärtig. Proust dagegen scheint fast beschämt, sich so reich beschenkt zu sehen; sein Talent macht ihn eher verlegen, und mit einer unbeschreiblich liebenswürdigen Dankbarkeit hegt er seine Gaben, und es fällt ihm nicht ein, das entzückende Spiel zu stören, das sie wie junge Katzen miteinander treiben; gar aber vor dem alten Kater Ruskin hat er den tiefsten Respekt. Die Macht, seinen Kräften zu gebieten, fehlt ihm; er läßt sich willig von ihnen beherrschen. Er kann sehr viel; ja man hat zuweilen den Eindruck, daß er alles kann, nur gerade sein Werk nicht. Vielleicht noch nie hat ein selber so rein geformter Geist ein Werk von solcher Formlosigkeit geschaffen. Banal ausgedrückt: es fällt ihm viel zu viel ein; er läßt sich von jedem Einfall verlocken, und da gleich darauf ihn schon wieder ein neuer Einfall bedrängt, mit dem sich einzulassen ihn auch wieder seine gute Lebensart zwingt, sieht er selbst und mit ihm der immer ängstlichere Leser sich von solchem Andrang umringt, daß beiden schwindelt. Es gibt in allen Städten Leute, mit denen man nicht spazieren gehen kann, weil sie zu viele Bekannte haben, die rasch einen Händedruck und ein artiges Wort mit ihnen wechseln müssen; man kommt mit ihnen nicht vorwärts, man kann mit ihnen eigentlich nur sozusagen spazieren stehen. So geht es dem Leser Prousts: Es ist ein fortwährendes Spazieren-stehen bei lauter entzückenden Einfällen von unvergeßlichem Reiz. Man hört nicht auf, Proust immer von neuem zu bewundern, weil er an Einfällen unerschöpflich ist, so sehr, daß der erschöpfte Leser bald nicht mehr weiter kann. Vielleicht war dieses Werk notwendig als Experiment, um zu beweisen, daß wir wieder umwenden müssen, umwenden zur einfachen Erzählung, die nichts als eben erzählen will, zur Unschuld des gelassenen Vortrags, der nicht den Ehrgeiz hat, ein Weltwunder zu sein, zur Erkenntnis, daß es einem sonst geschehen kann, vor lauter Bäumen den Wald nicht mehr zu sehen.

Prousts Werk, als Leistung so bewundernswert und erstaunlich wie kein anderes Wortgefüge dieser Zeit, ist ein Ende. Es kann in seiner Art durchaus nicht wiederholt, geschweige denn überboten werden. Es steht drohend da, denn es scheint in seiner massigen Breite jeden Ausgang zu sperren. Es ist ein ungeheuerer Block, der alles verrammelt. Nur ein Flieger kann darüber hinweg. Es stellt an seine Nation die Forderung höchster freudiger leichter Flugkraft.

(1926)

Walter Benjamin
An Hugo von Hofmannsthal

Sie haben die große Güte gehabt, eine Abschrift des Briefes, den Sie an die »Schmiede« gerichtet haben, mir zuzusenden. Haben Sie für Ihre freundliche Information (die zudem von entschiednem Nutzen für den Verlag und seine Stellung zur Proust-Übersetzung zu werden verspricht) den herzlichsten Dank. Vor mehr als einer Woche legte man mir – nach seiner Absendung – eine Copie des an Sie gerichteten Verlagsbriefes in der Proust-Angelegenheit vor. Ich habe nicht nötig, Ihnen zu sagen, daß ich bestürzt war, und zwar nicht mehr der Sache wegen, für die man Sie da beanspruchte als der Form wegen, in der es geschah. Gewisse Stellen legten mir sogar den Gedanken nahe, Ihnen ausdrücklich zu versichern, daß ich dem, was da von »Grundsätzen der Übertragung« vorgebracht wurde, ganz fern stehe. Im übrigen macht das débacle, das der Verlag mit diesem untauglichen ersten Übersetzungsversuche erlitt, meinen Anteil an der Proust-Übersetzung noch verantwortungsvoller und prekärer. Ohne auf die Schwierigkeit des Übersetzens im Allgemeinen zu reflektieren – die Grenzen der möglichen Leistung (die natürlich bei Sch[ottlaender] überhaupt nicht gesichtet sind) scheinen mir in diesem Falle besonders streng dadurch umschrieben, daß die lang ausgehaltnen Proustschen Perioden, die dem Originalwerk ein gut Teil seines Charakters durch die Spannung mitteilen, in der sie zum französischen Sprachgeist überhaupt stehen, im Deutschen ähnlich beziehungsvoll und überraschend nicht wirken können. Derart daß, was gerade dem deutschen Leser an Proust das Wichtigste sein könnte, in dessen Sprache kaum zu übertragen ist. Bleibt freilich des Wesenhaften noch immer die Fülle. Denn es ist ja ein durchaus neues Bild, das er vom Leben gibt, indem er den Zeitverlauf zu dessen Maß macht. Und die problematischste Seite seines Ingeniums: die gänzliche Elimination des Sittlichen bei höchster Subtilität in der Beobachtung alles Physischen und Spirituellen, ist vielleicht – zu einem Teil – als die »Versuchsanordnung« in dem immensen Laboratorium zu verstehen, wo mit tausend Reflektoren, konkaven und konvexen Spiegelungen die Zeit zum Gegenstand der Experimente gemacht wird. Ich kann, mitten beim Übersetzen, keine eigentliche Klärung der tiefen und zwiespältigen Eindrücke erhoffen, mit denen Proust mich erfüllt. Aber längst hege ich den Wunsch, eine Reihe meiner Beobachtungen, aphoristisch wie sie unter der Arbeit sich bilden, unter dem Kennwort »En traduisant Marcel Proust« zusammenzufassen. *(1926)*

Ernst Robert Curtius
Aus dem Verriß von Schottlaenders Übersetzung

Von der lange erwarteten deutschen Proust-Ausgabe sind die beiden ersten Bände erschienen (Berlin, Verlag Die Schmiede). Als Übersetzer zeichnet Rudolf Schottlaender. Er hat den Titel »Du côté de chez Swann« mit »Der Weg zu Swann« wiedergegeben: gewiß keine ganz befriedigende Lösung; aber man wird einräumen, daß ein volles Äquivalent kaum zu finden war. Wie steht es aber mit dem Text des Romans? Ein rasches Durchblättern allein des ersten Bandes muß bedenklich stimmen. [...]

Ja, da weiß man wirklich nicht mehr aus noch ein. Man weiß nicht wo anfangen, wo aufhören. Aber wir müssen aufhören und wollen als letzte Frucht nur noch »die reife Beere in einem härenen Sack« (S. 213) pflücken. »Erreurs charmantes de ma jeunesse«, sagt Proust einmal elegisch von seinen Illusionen. »Schmelz meiner tastenden Jugend« mildert der Übersetzer. Wir wenden dagegen nichts ein. Aber die Irrtümer von Herrn Schottlaender, seine lexikalischen, syntaktischen, stilistischen, exegetischen Irrtümer... die können wir nicht als Schmelz einer tastenden Jugend begrüßen.

»Du Côté de chez Swann« ist – das dürfte deutlich geworden sein – vom Verdeutscher übel zugerichtet worden. Es ist ungefähr so, wie wenn Debussy für die Mundharmonika »arrangiert« würde. Wenn es nur einzelne Entgleisungen wären, aber es handelt sich um Hunderte von Verstößen, die in ihrer Summierung über das Tragbare hinausgehen. Und die Kritik kann, so hoffen wir, in diesem Falle nützlich wirken: wenn sie nämlich den Übersetzer veranlaßt, sich für die noch ausstehenden zwölf Bände besser vorzubereiten. *(1926)*

Rudolf Schottlaender
Erwiderung

Vorweg: ich habe mich einiger Sünden schuldig gemacht, die unser Zeitalter am schwersten verübelt – ich habe Fehler gemacht. Fragt sich, wie dies zu bewerten sei. Es ist nichts Geringes – auch in meinen Augen nicht, wie Herr Professor Curtius anzunehmen scheint – wenn ein Bild, ein Satz eines wahren Dichters verdorben wird, und ich war tiefbetrübt, als ich aus der Kritik ersah, daß ich mehrere Stellen verdorben habe. Ich habe mich aber von meinem Schrecken mittlerweile so weit erholt, daß ich den Satz niederschreiben kann: aus der Summierung von Fehlern läßt sich nicht der Schluß ableiten, daß das Ganze mißlungen sei. Eine Betrachtung, die nicht das Ganze – das mehr ist als eine bloße Summe – zum Gegenstande hat, kann auch nichts über das Ganze aussagen. Selbst wenn man eine Autorität ist – und ich halte Herrn Professor Curtius dafür – selbst dann sollte man es in diesem besonderen Falle nicht bei einem »raschen Durchblättern des ersten Bandes« bewenden lassen, da ja im zweiten Bande ganz neue Sphären des Proustschen Kosmos zur Erscheinung kommen, etwa die Sphäre der Musik, in der ich mich allerdings, wie ich zugebe, ganz anders beheimatet fühle als in der Kochkunst und der Gartenkultur. Gerade angesichts des ungeheuren Ensembles von Fähigkeiten, die zur Proust-Übersetzung erforderlich sind, hätte man ebenso emsig nach dem wesentlich Bewältigten wie nach dem Fehlenden spähen müssen. Und daß bei mir nichts zu finden sei, was im großen gesehen gelungen wäre, davon hat mich allerdings auch die Curtiussche Kritik nicht überzeugen können. Freilich hätte es bei der Art, mit der Herr Professor Curtius den ersten Band »durchgeblättert« hat, wohl wenig genützt, wenn er auf dieselbe Art noch den zweiten Band gelesen hätte. Er hätte dann nur ein doppelt so langes Sündenregister aufgestellt, und das wäre den Lesern trotz der eleganten Weise, in der er sein Schulmeisterwerk vorbringt, denn doch zu viel geworden – weswegen er es denn auch mit dem Instinkt des guten Publizisten unterlassen hat. Aber im Ernst: eine solche Übersetzung ist keine Seminararbeit, und wenn es auch das Recht des Kritikers ist, auf Irrtum und Inkompetenz hinzuweisen, so müßten solche Hinweise doch eingebettet sein in den großen

Zusammenhang einer Gesamtwürdigung, mag diese nun positiv oder negativ oder gemischt ausfallen. Dem Leser, der meine Übersetzung nicht kennt, muß ja vollkommen die Möglichkeit fehlen, abzuschätzen, in welchem Verhältnis zur Gesamtleistung die einzelnen von Herrn Professor Curtius aufgewiesenen Fehler und Fehlerquellen stehen. Strittige Dinge, Nebensachen und wirkliche Schnitzer stellt er mit gleichem Richterpathos nebeneinander, lexikalische, syntaktische, stilistische und exegetische Irrtümer wirft er in einen Topf – und doch sind diese Irrtümer innerhalb meiner Arbeit von ganz verschiedener Bedeutung. Bezüglich der lexikalischen und exegetischen Irrtümer gebe ich der Kritik, abgesehen von einigen allzu hart vermerkten Versehen, gern zu, daß mir ein überlegener Kenner des Französischen manches hätte sagen können, was mir mit meinen Mitteln nicht erreichbar war. Die syntaktischen Irrtümer aber, so sehr sie mich selber schmerzen, sind nicht im mindesten charakteristisch für meine Übersetzung, und selbst ein noch findigerer Fehlersucher dürfte nicht viel Ausbeute davon heimbringen. Die stilistischen »Irrtümer« sind nicht so selbstverständlich als Irrtümer zu bezeichnen, wie Herr Professor Curtius das tut. Er verschweigt z. B. – und ich überlasse dem Leser zu entscheiden, ob das loyal gehandelt ist – daß fast überall da, wo bei mir die Franzosen Dialekt sprechen, auch im Urtext ordinäres Französisch gesprochen wird, so daß hier zumindest ein übersetzerisches *Problem* vorliegt. Gerade Françoise und der Doktor Percepied werden just an den Stellen, die mir Herr Professor Curtius aufmutzt, als ungebildet und plump bezeichnet, und ihre Reden sind von Vulgarismen durchsetzt (vgl. frz. S. 137 und 143, dtsch. S. 207 und 216). Ebensowenig habe ich die Prägnanz des Proustschen Stils durchgängig absichtlich verwischt; die Bevorzugung der durch Bindestrich verbundenen Attributgruppen – einer spezifisch deutschen Möglichkeit! – entsprang der Absicht, allzu lastende und undeutsche Adjektivhäufungen zu vermeiden. Dieser Gedankengang ebenso wie die Wiedergabe mehrerer französischer Begriffe durch ein deutsches Wort – oft habe ich auch das Umgekehrte getan, etwa bei tendresse, wofür ich Innigkeit, Liebe, Zärtlichkeit sage – sind zweifellos diskussionsfähig und können nicht derart diktatorisch vor der Öffentlichkeit entschieden werden. Auch das Zeitungsdeutsch, das sich angeblich bei mir breitmacht, ist nicht im mindesten charakteristisch für meine Arbeit;

nebenbei vermag ich nicht einzusehen, inwiefern etwa das Wort »un homme en vue« minder abgegriffen sein sollte als das deutsche »prominent«, womit ich es wiedergebe; ja, ich *mußte* so übersetzen, denn die betreffende Stelle (frz. S. 25 dtsch. S. 32) ist im Französischen *aus der Zeitung* zitiert – was man durch die Kritik wiederum nicht erfährt! Daß aber Herr Professor Curtius die Möglichkeit von Überlegungen und Problemstellungen meinerseits – und seien es verkehrte – gar nicht erst in Erwägung zieht, geht u.a. aus einigen kleinen Ausfällen ja unzweideutig hervor. Seine Analysen des Proustschen Stiles kenne und achte ich, habe sie in meiner Übersetzung berücksichtigt und kann in solchen sachlich ganz unnötigen Bemerkungen wie »in einer Arbeit, die Herrn Schottlaender wohl unbekannt geblieben ist« nur Symptome wenig wohlwollender Einstellung erblicken.

Alles in allem läßt die Curtiussche Kritik völlig das Gefühl vermissen, daß die Proust-Übersetzung heute eine *unendliche Aufgabe* ist (worin sie sich eben wesentlich von einer Schulaufgabe unterscheidet). Ganz bewältigen könnte sie heute nur einer, der ein vollendeter Philologe und zugleich vollendeter Nachbildner wäre. Weder das eine noch das andere wähne ich zu sein. Aber da ich vom Philologen wie vom Nachbilden etwas in mir fühlte, zudem von einer Liebe zu Proust besessen war, in der ich Herrn Professor Curtius vielleicht nichts nachgebe, glaubte ich mich zu dem Wagnis berechtigt. Zu einer Revision durch einen Fachmann war ich stets bereit – es ist durch Umstände, die nicht meine Schuld sind, nicht dazu gekommen. Nun wird die zweite Auflage von Fehlern gereinigt werden (ich bitte sogar jeden, der noch Fehler entdeckt, dem Verlag oder mir davon Mitteilung zu machen), aber dann wird der Unterschied bei weitem nicht so groß sein, daß man deswegen die erste Auflage als ein »Mundharmonika-Arrangement« bezeichnen könnte. Das eine Gefühl jedenfalls kann mir Herr Professor Curtius nicht rauben: daß ich einen wirklichen Schritt zum Ziele der Proustverdeutschung getan habe. Und derjenige Deutsche, der in hundert Jahren die endgültige Proustübersetzung liefern mag, wird mir das zugute halten. *(1926)*

Carl Sternheim
Widerwille

Als ich sieben Monate später nach Paris zurückkehrte, war der Name »Proust« das Feldgeschrei aller Literatur geworden, dessen Echo schon bis nach Berlin hinüberklang.

Warum möchte ich nicht Bücher wie Marcel Prousts Romanreihe »Auf den Spuren der verlorenen Zeit« geschrieben haben, warum hatte ich nach einem Dutzend gelesener Seiten den gleichen schriftstellerischen Widerwillen gegen seine Art, die mir das Herz nach der Gesamtlektüre bedrückte?

Einfach: Proust ist Prophet des neuen, völlig verwilderten Judentums in Frankreich, dieses Relativitätsprinzips, das ohne krüden Generalstandpunkt psychologische Mannigfaltigkeiten bis ins Endlose nicht sichtet, ordnet, zu gekrönter Architektur formt, aber noch in den letzten Beziehungsmöglichkeiten wahllos mit gleicher Inbrunst nachstellt, sie zerpflückt, bis in ungeahnte Tiefen aufreißt, ohne daß künstlerische Erkenntnis, daß nur Psycho-Analyse, ärztliches Wissen bei alledem herauskommt.

Was er schafft, sind psychologische Diagnosen, Feststellungen, daß Dinge unter den von ihm gesehenen Umständen sich so und nicht anders verhalten müssen, während mich im Leben und in der Kunst nichts packt, als die Verhältnisse auch so denken und umlagern zu können, daß das für die Sache Wesentliche und Notwendige aus ihnen sichtbar wird.

Stark fühle ich den unüberbrückbaren Gegensatz zwischen seinem und seinesgleichen passiven Naturalismus, der, hingerissen in einfühlende Vernarrtheit, nicht in die Natur der Phänomene stößt, doch in deren Drang, ihr Einzelsein aufzugeben, sich praktisch gehörig der Gesamtheit immer wieder einzuverleiben, bleibt. Vermisse wie in aller Zeitgeschichte den wichtigen Gegendrang, der aller Schöpfung erst persönliches Gewicht giebt, daß das Einzelne nach Kenntnis allgemeiner Voraussetzungen, in denen es existiert, sich gleich wieder zu sich selbst und seiner vorzüglichen Besonderheit aufrichtet, aus Mannigfaltigkeit sich schließlich eindeutig für sich selbst entscheidet.

Es ist natürlich, daß, wo alle Personen aus gleichgerichtetem Mechanismus eindringlichsten Beziehungstaumels leben, nichts Originales, nur Systematisches von ihnen übrigbleibt, daß Swann nicht wie Othello, der Typ des eifersüchtig Liebenden, der aus seinem Verhältnis zu Odette de Crécy Folgen zieht, wird, doch daß mich seine Hörigkeit wie ein mechanisches Unglück gleich dem unberührt läßt, wo ein Stein in die Verzahnungen einer Maschine fiel, deren Arbeit im Sinn der mit ihr gewollten Zwecke so lange ausschließt, bis ein Entschluß den Stein entfernt.

Was bei Proust nicht nur nicht geschieht, doch aus seiner Einstellung zur Welt, die ein einmalig besonderes Verhältnis doch nicht das Ding an sich als Fetisch anbetet, ausgeschlossen ist.

So sind in seinem Werk die Dargestellten nicht am Maaß des ihnen innewohnenden persönlichen Heldentums, doch umgekehrt am ungehemmten Übermaaß ihrer Anpassungssucht zu kennen. Darum scheint mir die Magd Françoise in Combray, die beruflich keine Spur von Einzelleben hat, ganz in die Familie, der sie dient, aufgegangen ist, der Proust'schen Welt wahre Heldin, in der nichts selbst bestehen, doch alles verhältnismäßig günstig in die Umstände eingestellt sein soll.

Hier ist der Platz, zu sagen, daß zu dem dargelegten Sichverhalten der Westeuropäer, Franzosen besonders, in Metaphern verklärte Begriffe anzubeten, vor Proust, schon doch mit Proust erst recht auch der östliche Drang eines nihilistischen Sichanpassens hinzugekommen ist, und daß in Paris von Jahr zu Jahr der Einfluß jüdischer Emanzipiertheit und seine Folgen an allen maaßgebenden Stellen im Wachsen ist.

Ein Freund gab mir diese bemerkenswerte Nachricht: Als Rothschild letzthin seiner Glaubensgenossen unaufhörliches Zuströmen aus dem Osten nach Paris in dessen bessere und vornehmste Quartiere feststellte, sodaß ein Bild wie in Berlin am Kurfürstendamm, im bayrischen Viertel auch in Frankreichs Hauptstadt zu entstehen schien, ließ er in allen Teilen Paris' Hausbesitz kaufen, in den er die Ankömmlinge über die ganze Stadt verteilte.

Proust's immer andauernder geistiger Einfluß auf Paris ist dort auch leicht äußerlich sichtbar. Ganze Schaaren junger Literaten traf ich, die unfähig, des Meisters so geartetes Genie nachahmen zu können, krampfhaft bemüht waren, sein Leben eines Schwerkranken bis in die letzten Nuancen nachzumachen. Sie hüstelten bebten bei jedem Windhauch, sprachen in Flüstertönen ein wenig wie Eunuchen, schienen empfindlich von Glas. Legten Wert auf die lächerlichsten Details und markierten vorsichtig päderastischen Einschlag.

Einer von ihnen, den ich nach Uttwil geladen hatte, kam an warmem Vorfrühlingsabend fröstelnd bleich in tiefster geistiger Zerstreuung buschigem Pelz mit Watte in den Ohren an, setzte sich in die Ecke des mächtig bruzzelnden Thurgauer Ofens, erbat meinen großen Wagenpelz, dessen Kragen er hochschlug, um schweißtriefend Zähne klappernd obligater Fistelstimme das nuancierteste Porzellan zu reden, mit überkippten Augen um Erbarmen für seine männliche Schwäche zu bitten.

Der Leser, der mehr über Proust's faszinierende Erscheinung wissen will, lese Léon Pierre Quints ausgezeichnetes Buch: »Marcel Proust, sa vie et son œuvre« bei Simon Kra in Paris. *(1926)*

Hermann Hesse
Für eine dauerhafte Proust-Begeisterung

[...] im selben Verlag der »Schmiede« beginnt auch der deutsche Marcel Proust zu erscheinen, die beiden ersten Bände mit dem Roman »Der Weg zu Swann« sind schon fertig. Über die Übersetzung sind unter den Fachleuten Diskussionen entstanden – für meine Person bin ich dem Übersetzer Schottlaender sehr dankbar für seine Arbeit. Proust, der vor wenigen Jahren fünfzigjährig gestorben ist, ist ohne Zweifel der gewichtigste Vertreter der Generation der französischen Dichtung, welche auf Gide und Rolland folgt, der hellsichtigste und tiefstgrabende Psycholog, der eigenwilligste Gestalter, der sprachlich genialste Meister des Ausdrucks. Die Breite seines epischen Werkes macht ihn fast in ähnlichem Sinn zum Sprecher und Schilderer einer Epoche, wie es einst Balzac war.

*

Jeden Tag bringe ich einige Stunden im Walde zu, schon blühen neben Anemone und Lungenkraut auch Salomonsiegel und Maiblume und die fleckige Orchis. Ich male zuweilen im Walde, zuweilen liege ich im Gras und schlafe, zuweilen liege ich und lese. Als Frühlingsfutter für diese schönen Tage habe ich mir aus dem Bücherhaufen, den die Verleger bei mir abladen, einige Goldkörner gepickt, die liegen bereit, häufig nehme ich eins dieser lieben Bücher mit zu den Maiblumen, zur Orchis und zum Kuckuck.

Dazu gehört »Im Schatten der jungen Mädchen« von Marcel Proust, deutsche Ausgabe im Verlag »Die Schmiede« in Berlin. Vor drei Jahren noch, als Proust endlich anfing, auch in Deutschland beachtet zu werden, sprachen unsere Kritiker von ihm flüsternd und geheimnisvoll wie von einem vergrabenen Schatz – heut' sind sie schon wieder mit ihm fertig und finden, er sei doch eben nur ein schwächlicher, entnervter Mensch mit Gefühlen zweiten Ranges. Möge den Kerls Schimmel auf der Zunge wachsen! Ich kümmere mich den Teufel um sie, ich bin froh, daß es etwas so beseelt Schönes, etwas so Warmes, Blumiges und Liebenswertes gibt wie die Gespinste dieses zarten Dichters, der nun schon lange den Kuckuck nicht mehr rufen hört. *(1926/27)*

Erich Auerbach
Epik der Seele

Marcel Proust ist 1871 geboren, in den neunziger Jahren zuerst hervorgetreten; 1917 begann er bekannt zu werden, und als er 1922 starb, war er einer der großen literarischen Namen der Welt. Das Eindringen seines umfangreichen, komplizierten, durch die nie erhörte Kostbarkeit des sprachlichen Gewebes schwierigen Werkes geschah so schnell und so durchgreifend, daß man schon an eine Art Zauber glauben muß: denn wie sollten sonst in diesem ruhelosen Europa sich Hunderttausende finden, um mit Entzükken dreizehn eng bedruckte Bände durchzulesen, die auf vielen Seiten von einem inhaltlosen Gespräch, einigen Bäumen, einem morgendlichen Erwachen oder dem inneren Verlauf einer eifersüchtigen Regung handeln, und um die in jedem Satz verborgene persönliche Mannigfaltigkeit des Gefühls zu genießen? Um so merkwürdiger, als viele Bewunderer Ausländer sind, bei denen also noch die vollkommene Beherrschung einer fremden Sprache vorausgesetzt werden muß, die auf der Höhe der Tradition und, mit ihren Mitteln, wieder jung und auf subtile Art blühend geworden ist. Denn eine Übersetzung kann im besten Fall ein Hilfsmittel zum Verständnis des Textes sein, niemals aber ihn ersetzen.

Des Textes, habe ich gesagt – Prousts Roman ist ein Text. Er ist nicht nur modern, er ist »texthaft« unveränderlich, unverwechselbar geworden wie eine berühmte Handschrift, und keine Geschichte der vergangenen Jahrhunderte scheint so überwältigend historisch, so bedeckt mit Patina, so endgültig und unwiderruflich gewesen, so mumienhaft antiquiert und ewig zu sein wie seine Darstellung der Pariser Gesellschaft um 1900 und des kranken und klugen jungen Menschen, der sich darin bewegt. Und dies ist wahr, obgleich die nervöse, pedantische und zaghaft-eindringliche Kadenz seiner Sätze etwas ebenso beispiellos Neues ist wie der Reichtum seiner inneren Gestaltung – und obgleich andererseits die Gesinnung des Buches nichts Repräsentatives und Allgemeingültiges an sich hat – vielmehr der darin sprechende Mensch eine äußerst vereinzelte, monomanische Person ist, die unter lauter Tics und Zwangsvorstellungen leidet. Damit ist noch nicht genug gesagt: vielmehr ist alles, was jenes Ich erzählt, eine einzige Zwangsvorstellung, eine einzige Vision, deren empirische Existenz, oder deren wirkliches Gewesensein mit ebensoviel Sicherheit und ebensoviel Autorität behauptet werden kann wie etwa die Wirklichkeit der Hölle in Dantes Gedicht. Aber in der Hölle gehen Dante und Vergil, wissen von einer anderen Welt, aus der sie kommen, und noch anderen, deren Anblick ihnen bevorsteht; ja selbst die Verdammten wissen von anderem Leben als dem ihren, und fast jedes ihrer Worte, die Qual und Verzweiflung ausdrücken, enthält wie eine wohltuende, befreiende Essenz, wie die durchs offene Fenster wehende Luft eines frischen Tages das sich erinnernde Bewußtsein von der Erde. Nichts davon bei Proust; fest und hermetisch eingeschlossen in das Schema einer morschen, aber bestehenden Soziologie, in die Sphäre einer überempfindlichen, bis zur Narrheit konsequenten, grauenhaft seitengängerischen Beobachtungskraft läuft der ungeheure Roman zwischen seinen wenigen Motiven und Ereignissen wie in einem Käfig, ohne die Welt, die dicht nebenan vorbeiströmt, zu sehen und ohne ihren Lärm zu hören. Es ist so, als ob ein Geisteskranker, den man in einem mit Geschmack und Reichtum ausgestatteten Zimmer gefangen hält, eine subtile und sachliche, bis ins Einzelne genaue Beschreibung dieses Zimmers und seiner Tätigkeit darin lieferte – und das Geschilderte als das einzig Wichtige, was geschieht, mit pedantischer Ernsthaftigkeit vortrüge.

Nicht als ob Proust keine Augen und Ohren hätte – er hatte sie so gut, daß jeder von uns sich rühmen dürfte, wenn er auch nur einen Bruchteil solch unerhörter Rezeptionskraft der Sinne besäße –

aber sei es, daß er verstand von sich fern zu halten, was ihn nichts anging – sei es auch, daß er sogleich alles, was an ihn gelangte, mit dem ganz intensiven Gewürz seines Wesens durchdrang, so daß es, wie im Zaubermärchen, den gewohnten Geschmack, die gewohnte Wesenheit sogleich verlor und ein Schwein in seinem Kober, ein Geschöpf seines Gestaltens wurde – gleichviel, in seinem Buche hat die irdische Welt, um die es sich doch zu handeln scheint, die wir doch auch zu kennen vermeinten, die wir ja fortwährend wie im Traum wiederzufinden glauben und zu identifizieren bemüht sind – in seinem Buch hat die irdische Welt eine ganz unbekannte, unerforschte, geheimnisvoll zusammengesetzte Substanz. Es hat schon andere Dichter gegeben, bei denen dies der Fall zu sein schien. Aber es war doch immer etwas ganz anderes. Sie sagten uns etwa vorher, daß sie Dichter seien und etwas erfinden wollten, sie nahmen etwa, wie man beobachten konnte, bewußt eine bestimmte Haltung ein, sie hatten etwa mit gewaltsamer und lauter Demonstration die geläufige Welt der irdischen Dinge so radikal verändert, daß sie allzu krüde und willkürlich verbogen und folglich lückenhaft, undicht oder auch schlechthin irrsinnig erschien. Es blieb darum bei uns stets das Bewußtsein erhalten, daß es daneben eine wirklichere, die eigentliche Welt gäbe. Nichts davon bei Proust. Sein Erzählen ist völlig einfach, herzlich bemüht um die wahre, vollständige und untheatralische Wirklichkeit. Seine Monomanie ist so stark, daß sie die Welt durch und durch neugestaltet, und dies ohne jedes äußerliche Mittel; einfach dadurch, daß er nur auf sein eigenes Gefühl horcht und dies eigene Gefühl, den inneren Vorgang, den ein sinnlicher Eindruck auslöst, allein zum Stoff seiner Darstellung macht. Wie wohl noch nie ein anderer Mensch, treibt er den Sensualismus zur äußersten, praktischen Wahrhaftigkeit, und so geschieht es, daß Phänomene, die wir aus Gewohnheit nur unaufmerksam, summarisch, nach einem analogisierenden und abgegriffenen Gefühlsschema betrachten, wie ein Kleid oder ein inhaltsarmes Gespräch, bei ihm trotz oder vielleicht gerade wegen ihrer evidenten Natürlichkeit überraschend tief und neugeboren erscheinen und den gesamten Gehalt des irdischen Daseins auffangen. [...]

Ich könnte seitenlang zitieren; aber man müßte die Herzogin von Guermantes, die tante Léonie, Françoise, Charles, Bloch, Morel, Aimé und wie viele andere noch gut kennen, ehe man einen Satz, der von ihnen handelt, nach Gebühr würdigen kann. Denn man kann sie nicht anders beschreiben, als Proust selbst es getan hat, sie nicht mit einigen umschreibenden Worten dem Leser vorführen, ohne ihren Reichtum und damit sie selbst zu zerstören. Neben ihnen werden die Personen der großen realistischen Romane des neunzehnten Jahrhunderts zu bloßen Chargen, die man bei irgendeinem Zipfel ihres Wesens erwischt und daraufhin pointierend zurechtgemacht hat. Die große Zwecklosigkeit und anscheinende Unkomponiertheit des Romans, der durchaus von keiner seiner Figuren etwas verlangt, was geschehen müßte, um die Entwicklung hierhin oder dorthin zu führen, gibt ihnen die Freiheit sich ganz so zu bewegen, wie es ihnen zukommt; die notwendige Beschränkung, die für Stendhal oder Flaubert (um von anderen zu schweigen) aus der Konstruktion, aus dem feststehenden pragmatischen Plan ihrer Werke erwächst, fällt für Proust fort. So sprießt das tolle, fast botanische Gebilde ganz autonom, die Hand des Gestalters ist kaum zu fühlen, und wenn andere große Dichter, die Beschreibung und Analyse verschmähend, einen Charakter in seinem tragischen Augenblick mit wenigen Worten für Jahrhunderte unvergeßbar gemacht haben, so gebührt diese vielleicht erhabenere Haltung gewiß nicht dem Roman; neben Prousts Werk erscheinen fast alle Romane, die man kennt, als Novellen. Die Suche nach der verlorenen Zeit ist eine Chronik aus der Erinnerung – in der an Stelle der empirischen Zeitenfolge die geheime und oft vernachlässigte Verknüpfung der Ereignisse tritt, die der rückwärts und in sich selbst blickende Biograph der Seele als die eigentliche empfindet. Jene Ereignisse, die vergangen sind, haben selbst keine Gewalt mehr über ihn, und niemals tut er so, als sei das längst Geschehene noch ungeschehen und das längst Entschiedene noch unentschieden. Darum gibt es keine Spannung, keinen dramatischen Höhepunkt, kein Stürmen und Zusammenballen und keine darauf folgende Lösung und Beruhigung. In epischem Gleichmaß fließt die Chronik des inneren Lebens, denn sie ist nur Erinnerung und Selbstschau. Sie ist die eigentliche Epik der Seele: die Wahrheit selbst, die hier den Lesenden in einen süßen und langen Traum verstrickt, in dem er zwar vieles leidet, aber leidend zugleich Befreiung und Beruhigung genießt; es ist das eigentliche, immer fließende, nie versiegende, stets uns bedrückende und stets uns tragende Pathos des irdischen Verlaufs. *(1927)*

Oskar Loerke
Vorläufiges zum Thema Marcel Proust

Gerüchtweise ist der Name Marcel Proust bei uns groß geworden, bevor es möglich war, sein neunbändiges Romanwerk »Auf den Spuren der verlorenen Zeit« in deutscher Sprache auch nur teilweise kennenzulernen. Mit dem ehrfürchtigen Ruhm, der den Dichter in seiner französischen Heimat umgab, half man ihn hier zwar bestatten, als er 1922 starb, aber die wenigsten wußten kaum etwas Weiteres von ihm, als was in den Artikeln seiner berühmtesten Landsleute und deutscher Kenner zu lesen war. Auf den Versuch, sich das Riesenepos in der Ursprache anzueignen, verzichtete resigniert, wer ohne des Französischen wie einer Muttersprache kundig zu sein, kein Dilettant und ein aufs Mitreden erpichter Allesleser war. Eine mächtige Sage ging um: die Übersetzung sollte ungeheuer schwierig, fast unmöglich sein. Vielleicht trifft das nur auf die schriftliche Nachbildung zu, vielleicht ist ein verständnisvolles Eindringen bei stiller Lektüre nicht so überaus schwer. Das war die Situation, als der erste Teil der Romanfolge in einer Übertragung erschien; diese erwies sich jedoch als so mangelhaft, daß die Kritik der wenigen zuständigen Beurteiler sie mit Schärfe ablehnte.

Jetzt aber ist der zweite Abschnitt der »gesuchten verlorenen Zeit« in einer Verdeutschung (durch Walter Benjamin und Franz Hessel) herausgekommen, deren Form die französische Urform offenbar getreu abspiegelt. Ob einige papierdeutsche Wendungen darin papierfranzösischen entsprechen? Dieser Roman im Roman heißt »Im Schatten der jungen Mädchen«. Der Berliner Verlag »Die Schmiede« übergibt ihn der Öffentlichkeit. Wir halten nun 700 engbedruckte Seiten in Händen, denen wir uns zum ersten Male als unbefangene Leser Prousts hingeben dürfen.

Ich war zunächst ebenso gefesselt wie verwirrt. Gefesselt durch die gleichmäßig strömende, klug umsichtige – man könnte sagen, um und um-sichtige – Betrachtungsweise des Dichters, bis zur Verzweiflung verwirrt von seiner Manier, alle Bewegung durch die Zeitlupe gesehen vorzuführen, wie ein geistreicher Mann sich über Proust ausdrückte. Das Tempo in Stifters beiden Romanen schien mir schleunig gegen das Tempo, das hier eingeschlagen war, das Tempo bei Jean Paul schien mir dagegen Raserei, und das ist es ja auch, objektiv in der geistigen Sphäre, so behäbig und selbstgenügsam besonders seine humoristischen Figuren zuweilen in der irdisch-bürgerlichen Welt fortrücken. Was man Fabel oder äußere Handlung nennt, das ist im Buche Prousts so gut wie nicht vorhanden. Es ereignet sich darin nach außen nichts weiter als der Abschluß der Liebe eines jungen Menschen namens »Ich« zu einem ganz jungen Mädchen namens Gilberte Swann, und der Beginn der Liebe desselben »Ich« zu einem anderen sehr jugendlichen Mädchen namens Albertine Simonet, die sich aus einem kleinen Haufen, einer »Bande« gleichfalls geliebter Jungmädchen ablöst. Die erste Neigung klingt in ein paar Monaten Pariser Aufenthalts aus, die zweite wächst während eines Sommers im Seebade Balbec an. Keine Spannungen, die das intrigierende Schicksal zwischen die Helden schöbe, keine Hinterhalte, die der Autor ihnen gelegt hätte! Alles geht verhalten, formvoll und noch im Leidenschaftlichen gleichsam geordnet und übersichtlich vor sich, – denn wir befinden uns fast immer in der »Gesellschaft«, zwischen ältesten und ranghohen Aristokraten, reichen und strebsamen Emporgekommenen, durchgesetzten Künstlern, berühmten Ärzten, Diplomaten und einflußstarken Ministerialbeamten. Sie nehmen ihre Posten in der großen Welt ein, wo es wenig von persönlichem Leben brandet und stürmt, wo der Fortschritt sich in konventioneller Haltung zu beruhigen sucht, wo Besitz, Geschmack, Tradition, Geist, Melancholie alle Regungen des Schmerzes und der Freude überstrahlen und wo selbst der private Charakter zu einer Rolle wird, die man mit Anstand darstellt und mit Wachsamkeit durchführt. Keiner plündert den anderen aus, es sei denn, daß er ihm Zeit und wahres Leben stehle zugunsten der gemeinsamen Scheinwelt, keiner schlägt den anderen tot, es sei denn mit der Zunge. Was sehen wir? Besuche in eleganten Salons, gemeinsame Ausflüge, Begegnungen auf der Straße, im Grünen, Teekränzchen der halbwüchsigen Jugend, Badepromenaden, Mahlzeiten im Hotel, Wagenfahrten über Land. Und wie unendlich lange dauert solch eine Schilderung eines Besuchs des Gesandten von Norpois bei den Eltern des »Ich«, wie breit ist eine Diskussion über die Schauspielerin Berma, über Schriftstellerei mit dem Dichter Bergotte, über Malerei mit dem Maler Elstir! So gründlich und systematisch werden ihre Gebiete durchgenommen, daß die Repräsentanten ihre 50 oder 100 Seiten lang nur einmal in dem Buche aufzutreten brauchen, um dann bis auf seltene andeutende Erwähnungen daraus zu verschwinden.

Aber man fühlt ein unruhiges und aufständisches Gewissen, wenn man das Ungewöhnliche, ja Linkische dieser Schreibweise Prousts heimlich in sich anzumerken sucht. Man ist nicht einmal den oft zwanzig, dreißig Zeilen langen Sätzen gram, in denen man klettert und stolpert, in denen man sich verirrt, in denen man gutwillig-ungeduldig zurückläuft und die Klammern und Schachtelungen umgeht, umspringt, damit man freie Aussicht gewinne. Und bald ist dieses Spiel ein geistiges Vergnügen voll magischer Verlockung. Dabei haben die Satzgebirge sich nicht aus titanischer Beklemmung aufgeworfen, sie sind keine abgeschüttelten Albe. Sie entstehen vielmehr langsam, während der Geist ihres Schöpfers sich im Fieber der Erinnerung erhebt aus einer ausgebrannten Vergangenheit, wie vollkommen sie selbst erst an dem wird, was sie für die Gegenwart bewirkt hat. Die Gegenwart hatte für Proust nur den Ausgang in den Tod, das Gewesene, die »verlorene Zeit«, war schon tot, doch dazwischen lebte es. Durch eine jahrzehntetiefe Schicht rettete der Geist das Einst in das Jetzt. Sinnliche Eindrücke, etwa von einem Gesicht, einem Zimmer, einem Treppenhause, einer Fahrt im Lift enthüllten den Grund und Sinn ihrer bleibenden Kraft. Dergleichen ist mit erstaunlicher Schärfe und Fülle gegeben. Das Vergängliche, das Individuelle zeigte seine Idee, seine Ewigkeit – es wäre aber nicht zu seiner dauernden Idee geworden, wenn es nicht individuell und vergänglich geblieben wäre. Wir dürfen den »Ich« genannten Jüngling des Romans mit dem Manne Marcel Proust identifizieren. Er breitet nicht die Fabel seiner Erlebnisse aus, so wie sie in einer längstverlassenen Fläche hinter ihm liegt, sondern wie sie ihm erscheint, wenn er sich als den heute Atmenden hineinstellt. Ihn erregt nicht so sehr die Kausalität der Geschehnisse, die sie in sich und für sich selbst besitzen, sondern mehr die andere, die in ihm mündet. Seine Geschichte lotet überall prüfend durch mehrere Jahrzehnte hinab und wälzt in ausführlichen Reflexionen, in Gleichnissen voll zeitgenössischer Bildung und moderner Wissenschaft diese Jahrzehnte vor sich her. Sie spricht ebenso zur Zeit des Dreyfusprozesses und der Petroleumlampen, wie zur Zeit der elektrischen Birnen und der Flugzeuge. Proust liebt die feudalen Kreise, weil er nun einmal süße und eitle Jahre in ihnen verbracht hat, ebenso wie er sie gelegentlich verachtet, aber das sagt nichts Eigentliches über den Grad seiner Modernität aus. Es kommt ihm auf die Eindringlichkeit seiner Menschenbilder an; er nahm seine Bekannten zu Modellen wie andere die ihren. In allen fand er den ungefähr gleichen Weltstoff gelagert, und er betrachtet diesen, wie sie ihn verschieden prägen, wie sie von ihm verschieden geprägt werden. Aus dem Kolportagestoff ihrer Schicksale machte er sich nicht viel. Der enthielt nur kindliche Überraschungen und Verknüpfungen, die im Wesen nicht viel bestimmen. Aber die Gesichter, die Gestalten, die täglichen Äußerungen, die eingefleischten Anschauungen –, das war ihm plötzliches Erlebnis, das bildete an Erkenntnissen an ihm nach Jahren und wieder nach Jahren an neuen Erkenntnissen. Das beunruhigend flüchtige und scheinbar belanglose Körperliche, eine Gesichtsröte, eine Familienähnlichkeit, eine Geste, erwies sich als entscheidend für Geist und Sinn. Spät noch war es vorhanden mit der ersten Frische und blieb unzerstörbar für immer wie die materiefreie Kurve eines musikalischen Themas, wie der duftlose Duft und die sonnenlose Sonne auf einem Gemälde, wie die schauspielerische Seelen- und Körperwanderung. Die Ideen leben als Wirklichkeiten.

Darum hat es Proust nicht nötig, seine Figuren durch wilde Abenteuer zu jagen, damit ihnen die Hülle vom Kern springe. Die Richtung seiner Erzählung ist nicht horizontal, sondern vertikal. Lässig unterbricht er den epischen Ablauf und sagt: früher war es so, nach Jahren wurde es folgendermaßen. Und dann hört er überhaupt zu berichten auf und philosophiert, ohne Sorge, ob der Leser ihm folgen werde. Seine Kunst ist auf den ersten Anblick nicht weise, aber seine Erinnerung ist weise. Sie und nur sie allein hat die Form der Erfindung, und also die Form der Kunst und ihrer Herrlichkeit. Ihre Ziele sind die größten allgemeinsten Erkenntnisse vom Leben und ihre rätselhaft einmaligen Verkörperungen für den Einzelnen. Was tuts, daß Baudelaire oder Bergson Proust zu Proust führen halfen? Wir bewundern, wie er nach gigantischem Plane sich seines Daseins bemächtigte, um es zu erfahren. Seine Gestalten, obwohl er sie so mangelhaft, krank, eingeschränkt ließ, wie er sie vorfand, tragen, mit seiner Macht begabt, wie riesenhafte Säulen das Gewölbe seiner Zeit, und über diesem lastet ein Sinn aller Zeit. *(1927)*

Karl Toth
Marcel Proust und die deutsche Gegenwart

Wir alle haben auf der Schule das Phänomen der »Rückentlehnung« kennen gelernt, jene Form des Kulturüberganges, wobei das Geisteserzeugnis eines Volkes in die Fremde hinauswirkt, um dann in neuem Gewande als Geschenk des Auslandes in die Heimat zurückzufinden. Da war es denn unterhaltend zu erfahren, wie etwa die schlichten deutschen Wörter »Balken« und »Wagen« bei den Nachbarvölkern Dienste geleistet haben, ehe sie, mit klingender romanischer Endung und elegantem Sinne angetan, als »Balkon« und »Waggon« in die deutsche Sprache wieder ihren Einzug hielten. Wir konnten mit prickelnder Genugtuung feststellen, daß selbst das graziöse Wörtchen »Chic«, das leichtfüßige Symbol gallischer Modeherrschaft, dem ungefügen Munde deutscher Zuschneider der Rue de la Paix entstammte (»Fug und Schick«). Später dann im ernsteren Leben haben wir mit angesehen, wie das bei aller jugendlichen Unsicherheit befreiende deutsche Reformkleid als verzierlichtes französisches Prinzeßkleidchen die deutschen Frauen in Mieder und Rüschen zwang; wie Gottfried Daimlers Gasmotor erst von dem französischen Hause Panhard-Levassor aufgekauft werden mußte, um hinterher als national-französische Segnung in Deutschland sich breit zu machen; wie der Flieger Lilienthal fast danklos sein Leben ließ, damit romanische Nachtreter in sein Erbe einrückten; und noch zuletzt, wie der deutsche Werkgedanke jahrzehntelang verhöhnt und mißdeutet durch die Welt irrte, ehe ihm die »französische« Kunstgewerbeausstellung Paris 1925 auch für gewisse deutsche Kreise den Stempel des französischen Genius verlieh. – So hat die deutsche Öffentlichkeit sich fast schon daran gewöhnt, diese Fremdlandsucht resigniert als das deutsche Kulturschicksal hinzunehmen, und findet es vielleicht ganz in der Ordnung, daß eben jetzt auf literarischem Boden nach der glücklich abgeflauten Rolland-Mode ein neuer, grotesker Fall von Rückentlehnung sich begibt: Die deutsche Gefolgschaft für den Namen und das Werk eines Marcel Proust.

Hier aber liegen die Dinge doch ein wenig anders und verlohnen eine gesonderte Betrachtung. Noch hatte das französische Original des Romans nicht einmal ganz das Tageslicht erblickt, und schon balgten, ja *balgten* sich deutsche Verleger um die Übersetzungsrechte herum. – Man stelle daneben als Widerspiel die Auslandwirkung eines Oswald Spengler! Der ist zwar so etwas wie die einzige literarische Persönlichkeit europäischen Maßes aus der Nachkriegszeit überhaupt, mag man sich zu seiner Lehre verhalten wie man will, aber er hat volle acht Jahre warten müssen, bis eine englische Übertragung seines Werkes zögernd und unlustig in Angriff genommen wurde. Von französischem Interesse ganz zu geschweigen.

Nun hat die deutsche Not der Gegenwart die deutsche Nation besonders auch geistig auf schmale Rationen gesetzt. Kulturpolitiker von Verantwortungsgefühl, und das sollen Schriftsteller und Verleger doch wohl sein, müssen sich also bei jeder fremden Neuerscheinung heute dringlicher als je die Frage nach deren Lebenswert für das deutsche Volk vor Augen halten, bevor sie sie diesem zu vermitteln unternehmen. Sehen wir näher zu.

Schon die Grundlagen von Prousts Erfolge in der eigenen Heimat sind da höchst bezeichnend. Sie heißen Politik und Koterie. Politik: Denn unmittelbar nach dem als Revanche für 1870 aufgefaßten Weltkriege war das Zweite Kaiserreich mitsamt seinen »Märtyrern« Napoleon III. und Eugénie in Frankreich natürlich Trumpf, Prousts Vater aber war kaiserlicher Leibarzt und patentierter Deutschenfresser gewesen, und die ersten Bände des Romans (bes. »Swann«) ergehen sich in der Pariser Umwelt vor und nach jenem demütigenden Zusammenbruch. Sodann die Koterie: Ein ganz kleiner, darum aber um so beweglicherer Kreis von französischen Literaten, der den Anspruch macht, als *die* französische Literatur der Gegenwart zu gelten (Gide, Crémieux usf.), haben den pseudowissenschaftlichen Geist eines Bergson auch in das schöne Schrifttum eingeführt, inspirieren sich an Freud und seiner Schule, huldigen dem Snobismus eines auf romanische Genießerfreude aufgepfropften deutschen Lebensernstes, spielen mit dem »siédral« und »vatique« einer weibischen Nachkriegsstimmung, über die sich Proust selber höchlich belustigt hat, und diese Klique hebt den Schriftsteller als Herold der Vergangenheit und Zukunft auf den Schild, weil er ihren eigenen abgezogenen Geist zu verkörpern scheint. Es ist eine glatte Fälschung der Tatsachen, wenn in Deutschland von einem gewissen Literatentum behauptet wird, dieser Klüngel stelle das geistige Frankreich von heute dar. Aber natürlich hat jenes plötzliche Ruhmesgeschrei an der Seine für manche deutsche Kreise genügt, um Proust auch diesseits des Rheins zu einer Größe ersten Ranges emporzuloben.

In einem Punkte freilich, den seine deutschen Lobredner allerdings nicht sehen oder nicht sehen wollen, mag Proust auch für ein deutschbewußtes Publikum als Kulturkuriosum Interesse haben: Sein Roman ist ein bedeutsames Denkmal der fest begründeten deutschen Kulturherrschaft über Europa vor dem Kriege und bis in die Gegenwart hinein, der bisher konsequenteste Versuch, auf französischem Boden das Weltbild in deutschem Sinne von innen heraus zu gestalten. (Vgl. zu dieser Terminologie Verfassers Werk: »Weib und Rokoko in Frankreich« 1924, Schlußbetrachtung: »Von deutscher und französischer Kultur«.) So vereinigt er, weit einläßlicher als seinerzeit Rolland, französische und deutsche Lebenselemente zu einem Bastardgebilde, das, weder französisch noch deutsch, zu einer Scheinwirksamkeit verdammt bleiben wird. Denn nur wahrhaft nationale Schöpfungen, aus dem Nährboden des Volkes erwachsen, leben und wirken in die Zukunft hinaus.

Diesen entscheidenden Punkt nun, wonach die Verbreitung von Prousts Roman in Deutschland einen grotesken Fall ideeller Rückentlehnung bedeutet, gilt es zuvörderst zu beweisen.

Die gesamte Geistigkeit des jungen Frankreich von heute ist in der Philosophie Henri Bergsons verwurzelt, einer Art Vitalismus, der, so krampfhaft sein Urheber diese Tatsache auch durch schrankenlosen Haß gegen alles Deutsche zu bemänteln sucht, seine Herkunft vom deutschen Idealismus nicht verleugnen kann. In Leibnizens Monadenlehre liegt diese modernste Lebensauffassung vorgebildet, Fichtes und Schellings Solipsismus, Ostwalds Energetik und noch zuletzt der Vitalismus von Driesch haben längst alle Konsequenzen des Bergsonschen Ideenkreises vorweggenommen, und ein Benedetto Croce ist denn auch ehrlich genug, die eigene wie überhaupt alle europäische Philosophie von heute auf diese Quelle zurückzuführen. Wenn Bergson in seiner blinden Abneigung besonders gegen Kant jede Verbindung mit deutschem Denken hochmütig abschneiden möchte, so gleicht er darin einem Debussy, der gerade durch sein Feldgeschrei: »Los von Wagner!« seine tiefinnerste Abhängigkeit von dem großen deutschen Genius bekundet hat, ja er sinkt auf das Niveau jener tschechischen Sokolvereine hinab, die, von einem Deutschen aus den Idealen der deutschen romantischen Turnerei heraus begründet, heute einen vernichtenden Haß gegen ihre geistigen Urheber auf ihre Fahnen geschrieben haben. – Bergsons »élan vital« und seine »intuition« bedeuten also kaum etwas anderes als die Versetzung des deutschen aus dem Zwielicht innersten Gefühls heraus erarbeiteten Weltbildes in die Grelle analytischen romanischen Denkens. (Vgl. das Buch des *Franzosen* J. Benda, »Les Sentiments de Critias«.) Ein Zwitterding von Philosophie, das die sonst gewohnte Klarheit des französischen Geistes in der heutigen Jugend beschattet, mag diese nun, wie die oben genannte kleine Gruppe von Literaten, das Heil der Dichtung im ungewollten Nacherleben deutscher Innerlichkeit gefunden zu haben glauben, oder, wie die extremen Nationalisten, den *élan vital* wider den Erbfeind jenseits des Rheins ins Feld führen. Und es ergibt sich wieder einmal die für das deutsche Kulturschicksal so bezeichnende tragikomische Tatsache, daß von Deutschen geschmiedete geistige Waffen sich rücksichtslos und vernichtend gegen ihre Urheber kehren.

Bei Proust nun, dem Verwandten und Schüler Bergsons, nimmt dieses Zwitterding romanischer Innerlichkeit literarische Form an. Danach bedeutet die Realität der Außenwelt nichts als das geheime Innenleben der Dinge und Menschen, und diese Wirklichkeit bliebe uns ewig verschlossen, wenn nicht die Kunst die Vermittlung von Leben zu Leben fände. Aber dieser Gemeinplatz alles deutschen Idealismus bedarf natürlich modischer Zutat, um auf ein modernes französisches Publikum zu wirken. Darum jene Ausflüge in das »Unbewußte« der Freudschen Seelenkunde, die bei Proust auf Schritt und Schritt aus der Öde verbohrter psychischer Analyse hinausretten sollen, Schlaf und Traum in der Darstellung eines Hellsehers, dilettantisches Bildungsprotzentum wie bei Ausschrotung etwa des Mendelismus, oder der Zitierung Kants, um das Seelenleben eines Dienstboten zu ergründen. Dazu ein psychologischer Solipsismus, der Fichte weit hinter sich zurückläßt: Aber während der Idealismus des Deutschen nichts bedeutet als die Flucht des von außen her gefesselten Tatendranges in die Innerlichkeit, ist er bei Proust die Schwäche des Neuropathen, der sich von der Meisterung einer reichen und freien Außenwelt zurückzieht, weil er ihr nicht gewachsen ist.

Vom Standpunkt des Kulturpolitikers also muß der Versuch, Prousts Roman auch in Deutschland einzubürgern, als überflüssig, ja durch Verzerrung und Mißverständnis gesunder deutscher Prinzipien geradezu als schädlich bezeichnet werden. Aber vielleicht ist der Schriftsteller als Mensch und Künstler von so vorbildlicher Bedeutung, daß die deutsche Geistigkeit, deren schönster Ruhm es seit jeher gewesen ist, fremde Größe neidlos anzuerkennen, an ihm nicht ohne Verlust vorübergehen darf? Das bleibt nunmehr zu untersuchen.

Um es da gleich herauszusagen: Der Mensch Proust ist bestenfalls eine interessante Krankheitserscheinung inmitten der welken Zivilisation seines Volkes. Der Sohn eines reichen Vaters, ein bewußter Nichtstuer und Snob, der aus Angst vor ertötender, unersättlicher Faulheit sich selbst in eine fieberhafte Tätigkeit hineinhetzt, eine Gestalt ähnlich jenem Italiener Marinetti, dessen Langerweile und Sensationsbedürfnis wir glücklich den Futurismus verdanken. Bis zu seinem 35. Jahr irrt er durch die Pariser Salons, dann, bei schwindender Genußfreude, faßt ihn das Bildungsstreben und treibt ihn Bergson in die Arme.

Dazu sein alles zerstörender, ins Innerste fressender Skeptizismus. Man hat diese geistige Selbstverzehrung auf Prousts Halbjudentum zurückgeführt, denn seine Mutter, von der er übrigens die Objektivität, ja die Neigung für alles Deutsche überkommen hat, ist Jüdin gewesen. Und in der Tat verleugnet mancher Zug im Wesen des Schriftstellers diese Abstammung nicht: Die erbarmungslose Psychologie, der Hang zum Spintisieren, die immanente Ironie etwa von Heines Art, die weit über romanisches Maß hinausreichende Vorliebe für die Antithese. Aber gerade dieser Einschlag jüdischen Blutes baut zugleich einen der wenigen Züge an Prousts Charakter auf, die ihn durch ihre reine Menschlichkeit auch für das Deutschtum einigermaßen anziehend machen können. Der Held des Ich-Romans (*Ich* = der Autor selbst) bekundet einen für einen Franzosen erstaunlichen Gerechtigkeitssinn deutschem Wesen, deutscher Sprache und deutschem Schrifttum gegenüber, läßt sich von Goethes »Wilhelm Meister« zur Vorliebe für das Schauspieler- und Journalistenvölkchen begeistern, macht sich Kants Begriff der transzendentalen Freiheit zu eigen, gönnt Wagner und der deutschen Musik einige Schätzung, ja leuchtet schonungslos in die Rückständigkeit und Schmierentechnik des französischen Bühnenwesens gegenüber der behaglichen Festesfreude des modernen deutschen Theaters hinein. Gelegentliche Karikaturen, wie die des deutschen Fürsten Pfaffenheim, der sein Lebensziel darin erblickt, mit allen Mitteln seine Aufnahme ins Institut de France zu betreiben, und Seitenhiebe auf den Kunstdespotismus eines Wilhelm II. könnten der deutschen Selbstbesinnung nur förderlich sein. – Mit dem Scharfblick des Halbfremden dann stellt der Kulturpolitiker Proust endlich auch von französischer Seite fest, wie unverrückbar dumpf die gallische Volksseele unter schillernd-beweglicher Oberfläche dahindämmert, die Skepsis des Menschenkenners warnt ihn vor dem heute so beliebten Pazifismus um jeden Preis. Vollends die vielfältigen Hinweise auf die entscheidende Wichtigkeit von Volkstum und Familie gerade durch Behandlung der Judenfrage in Frankreich im Gefolge des Dreyfus-Prozesses, die Analyse des Verhältnisses von Judentum und Aristokratie in der Gestalt des Salonbeherrschers Swann und die meisterhafte Schilderung des Alltagslebens in der Judenfamilie Bloch, wobei dem Schriftsteller manchmal beißende Selbstironie in den Nacken schlägt, werden als Eingebungen semitischer Geistesfreiheit zu buchen sein.

Endlich das rein Physiologische von Prousts Dasein, das man als zähe Lebensunfähigkeit bezeichnen könnte. Seit seinem 9. Lebensjahre siecht er an einer Art Heufieber dahin, mit dem es nach verbissenem und nutzlosem Kampfe für den Kranken heißt, endlich gute Freundschaft halten. Eine Neurasthenie bis zur Verschiebung des gesamten Lebensgefühls folgt aus diesem jahrelangen Ringen, die Aufzüchtung eines sechsten Sinnes, der Wortsilben als Farben und Töne empfindet, die Philosophie eines gottlosen Heiligen von der Art etwa Pascals oder Rousseaus und das Martyrium des *Malade imaginaire*, der die Ärzte haßt, weil sie ihm helfen wollen. In dem Krankenzimmer des Boulevard Haußmann, das mit seinen Korkwänden jedem Geräusch der Außenwelt den Zutritt wehrt, dürfen seit Jahren nicht mehr die Fenster geöffnet werden, der Tag wird dem Kranken zur Nacht, die Nacht zum Tage, an dem er wenigstens einen Widerschein von Leben zu erhaschen sucht, der Duft der Kastanien auf den Boulevards wirft ihn in Erstickungskrämpfen nieder, das Parfüm eines Taschentuches kann ihm den Träger für das ganze Leben zum Abscheu machen. Dieser Mann aber, dessen Nervensystem gleichsam von der Oberhaut entblößt am Tage liegt, ergeht sich als Schriftsteller ununterbrochen in einem schmerzlich-süßen Überschwang des Naturgenusses, erfühlt die Wonnen des Schlafes, der ihn flieht, baut aus einer Stimme im Telephon die Gestalt der Geliebten auf, deren er nie teilhaftig werden wird, treibt mit den Vokalen und Diphthongen erfundener Namen den Kult eines verrückten Musikers, ja erniedrigt sich wie ein Stylit zur Anbetung des eigenen Nabels, zu einer Art Autosadismus in Gedanken und Gefühl. – All das Erscheinungen, die ein naturverwandtes und zukunftsicheres Volk wie das deutsche sich auf die Dauer als Vorbild wird nicht bieten lassen.

Diese zähe Lebensunfähigkeit des Menschen Proust aber kommt erst zur richtigen Auswirkung im Werke des Künstlers.

Den Inhalt der 15 Bände des Romans oder auch nur einzelner Abteilungen wiederzugeben ist bei dem völligen Mangel äußeren Geschehens unmöglich. Nur Charaktere und Situationen können erhascht werden, auch diese ungreifbar und fließend wie die Gedankenflucht eines Paralytikers.

Prousts Charaktere sind durchweg irgendwie lädierte, komplizierte Sonderlinge, Menschen, die nach einem volkstümlichen Wort die Gewohnheit haben, sich mit der rechten Hand hinter dem linken Ohre zu kratzen. Sie werden mit einem infolge der eigenen Charakteranlage des Schriftstellers nicht überraschenden Aufwand von Einzelheiten hin- und hergerückt, belichtet, verdunkelt, zerknittert und gerade gebügelt. Und das bei allem Raffinement mit ganz abgebrauchten Mätzchen des psychologischen Romans, indem einer Person etwa ein körperlicher oder geistiger Tic angeklebt wird, mit dessen unendlichen Variationen sie in den verschiedensten Lebenslagen ihr Auskommen finden müssen. Trotzdem leben besagte Charaktere bis auf ganz wenige Ausnahmen (Baron Charlus, die Haushälterin Françoise) nicht wirklich. Und ein Blick auf Goethe oder Gottfried Keller, unter deren schöpferischen Händen die Fülle des Menschendaseins schon nach wenigen Strichen hervorquillt und sich rundet, wird die Impotenz des Artisten Proust auch seinem begeistertsten Lobredner augenfällig erweisen können.

Diese Charaktere nun sollen angeblich sich selbst das Milieu schaffen, dessen Einfluß auf die Bildung des Charakters ganz expressionistisch geleugnet wird. In Wahrheit wird natürlich die

Wechselwirkung zwischen Charakter und Umwelt durch die relativistische, in der Zeit fließende Psychologie nur verdeckt und zu unendlicher Langeweile ausgesponnen. Das tritt besonders kraß zutage in den endlosen, für eine dem Sport und Naturgenuß huldigende Gegenwart doppelt ermüdenden Salonschilderungen. Drei Gruppen von Salons schieben sich nach und neben einander an dem Leser vorbei: der bürgerliche Zirkel der Familie Verdurin, der adelige, aber einflußlose Kreis der Madame de Villeparisis und das hocharistokratische, exklusive Treiben bei der Prinzessin von Parma. Keine Spur aber in all diesen Salons von der glänzenden und gehaltenen Form des Salonlebens im 18. Jahrhundert, mit spöttischer Überlegenheit werden sie wie Zirkusse von dressierten Tieren vorgeführt, denen der Schriftsteller längst gelangweilt den Rücken gekehrt hat; wobei freilich etwas wie persönliche Rankune in der Darstellung nachklingt, daß die Krankheit es ihm verwehrt, dem Schauspiele belustigt und geärgert weiter beizuwohnen. Mittel der Charakteristik aber ist die türhorcherische Art der Kellner und Kammerkatzen, und sie verschmäht es durchaus nicht, bei dem Gesinde Informationen über das Innenleben ihrer Herrschaften einzuholen. Kein Wunder, daß bei dieser Methode von Seelenschilderung Skepsis und graueste Menschenverachtung die Farben rühren. Zwar der Glaube an den möglichen Fortschritt wenigstens im Sinne von Nietzsches »ewiger Wiederkehr« scheint den Schriftsteller doch noch aufrecht zu halten, aber seine Welt ist entgöttert, »Le Désir« schüttelt die Menschheit erbarmungslos durcheinander, und Naturgefühl, Kunstgenuß und Weib sollen über die Abgründe des Daseins hinweghelfen. Indessen selbst die Liebe ist diesem neuropathischen Schwächling nur eine »torture réciproque« von Leibern, die bis zum Wonnebild der im Schlafe süß atmenden Geliebten in ewig ungreifbarer Analyse zerflattern. So rinnt dem Schriftsteller denn auch jede künstlerische Sinnlichkeit bei diesem geformtesten aller Triebe zwischen den Fingern weg, gelegentliche feine und tiefe Beobachtungen in der Art der alten französischen Moralisten können das lebensgewisse Geschlecht von heute dafür nicht entschädigen und zu allerletzt senkt sich wie ein düsterer Schleier die Überzeugung von der Trostlosigkeit und Nutzlosigkeit alles Lebens auf den Leser herab.

Dieser Gesamteindruck wird nur noch bestätigt, wenn man auf einzelne von den hundert Charakteren des Werkes näher eingeht.

Der Held (Ich = der Autor selbst) ist ein gigantischer, blinder, alles verzerrender Egoist, zugleich von einer gewissen schüchternen Wanzenhaftigkeit besonders im Verhältnis zum Adel, etwa in der Art, wie er sich der Herzogin Oriane de Guermantes zu nähern sucht. Swann, ein sehr fein durchgearbeiteter Charakter, wirkt dennoch auf die Dauer unerträglich chargiert. Ein eleganter, dekadenter Schwächling, läßt er sich weibisch vom Leben treiben und sein Sklavenverhältnis zu Odette de Crécy weckt schließlich beim Leser ein Gefühl, im dem Ekel mit Belustigung um den Vortritt kämpfen. Ganz konsequent und sogar mit überlegener Ironie ist das kokottenhafte Weib durchgebildet, Odette, in deren irisierendem Charakter sich Prousts tiefe Frauenverachtung tausendfach widerspiegelt. Die Dirne ist ihm das menschlichste Weib, selbst wenn sie, wie später Albertine, in dem quälenden Verhältnis zum Helden des Romans, das eigene Geschlecht dem natürlichen Liebesgenusse voranstellt. Die volle Sorgfalt und Liebe des Schriftstellers aber gehört dem monströsen Charakter des Barons Charlus (»Sodome et Gomorrhe«), in dem seit Balzacs Vautrin zum erstenmal wieder ein durchgeformter Fall von Urningtum in die französische Literatur eingeführt wird. Dieser dem Hause Guermantes entsprossene Hocharistokrat ist mit deutschen Fürstenhäusern verwandt und *muß* das natürlich sein, um seinen Hang zur Homosexualität einem französischen Publikum einwandfrei und plausibel zu erklären. (Denn seit Hardens Kampf gegen den Fürsten Eulenburg ist diese Perversion als »vice allemand« jenseits der Vogesen in aller Munde.) Aber während dieses Laster in Deutschland, wo es doch wohl kaum häufiger sein dürfte als in den nackten romanischen Ländern, immerhin noch als Überschuß an männlicher Kraft anmuten mag, wird es in der kraftlosen Umwelt der Halbmänner des Romans zu einem insipiden, zugleich mißtönenden Spiel auf der fiktiven Genußskala lüsterner Greise. Dazu kommt bei Proust eine maßlose Überschätzung der Wichtigkeit dieser Perversion für die moderne Lebensordnung, gegen welch letztere die Sodomiten als Rebellen in geschlossener Phalanx aufmarschieren. Einige grotesk-komische Szenen der gleichen Gefühlslage, die von der spöttischen Geistesfreiheit des Autors beredtes Zeugnis geben und zum Gelungensten des ganzen Werkes zu rechnen sind, vermögen die abstoßende Wirkung des ganzen Erscheinungskomplexes nicht abzuschwächen.

Ebenso kraftlos, und eigentlich nicht vorhanden ist die Komposition des ungeheuren Werkes. Romane in zyklischer Folge scheinen dem französischen Schrifttum besonders zu liegen, sind wohl in der konstruktiven Begabung der Nation wie in deren Geschwätzigkeit begründet und von Restif bis Rolland immer wieder den Franzosen und *also* der Welt zugemutet worden. Völkern von geringerem Mitteilungsbedürfnis, wie den Deutschen und Engländern, scheint die Form weniger genehm, die Ausnahmen Freytag bei den Deutschen und Scott bei den Engländern bestätigen diese Regel, und einen Galsworthy etwa hat offenbar der auch in seiner Heimat plötzlich aufgegangene Stern Prousts nicht mehr ruhig schlafen lassen. Diesen Zyklen gegenüber ist der Roman des modernen Franzosen durch die Ich-Form der expressionistischen Stimmung des Werkes entsprechend auf intimere Wirkung berechnet und stellt eine Selbstbiographie im Sinne etwa Rousseaus dar, jedoch in dermaßen zerflossener Darstellungsart, daß bei längerem Leben des Schriftstellers das Ganze leicht auf 100 Bände hätte gebracht werden können. Die Kompositionsunfähigkeit des Neurasthenikers ergeht sich besonders in den beiden Bänden »Swann«, aber auch sonst überall in ganz verantwortungsloser Freiheit. Und die Behauptung, die Wiederkehr der gleichen Personen halte die auseinanderstrebenden Teile des Werkes zusammen, ist ebenso kindlich wie seinerzeit Balzacs Aufbau einer »Comédie humaine« auf ähnlich äußerlicher Grundlage. Auch die »Feststellung« von zwei großen Themen des Romans: des »Unbewußten« – des Weges von der Erinnerung zur Kunst, und der »Entwicklung« – des Weges vom Leben zum Tode (!) beweist nur, wie sehr unserer zerfahrenen Zeit jeder wirklich greifbare Maßstab der Kritik abhanden gekommen ist, und B. Crémieux' Klügelei von einer »composition en rosace« macht die Sache nicht besser. Schon die Schwerfälligkeit der Beschreibungen und Schilderungen innerer Vorgänge sprengt die Form vollständiger als dies beim äußerlichsten Zola, bei Jacobsen und selbst den Russen je geschehen ist. Ein Vorwurf, der für einen Angehörigen der formvollsten der Nationen eigentlich abschließend sein sollte. Dazu überall direkte Charakteristik wie bei den Primitiven, das Gegenteil von: »Bilde, Künstler, rede nicht!«, ja selbst gelegentliches Herausfallen aus der Rolle des Ich-Romans, ein handgreiflicher Beweis, daß dem Schriftsteller die selbstgewählte Form über den Kopf gewachsen ist.

Endlich der Stil. Prousts Sprachbehandlung verleugnet überall die Ehrfurcht vor der Quellenklarheit des Ausdrucks und die strenge Herausarbeitung der Vedute, die sonst dem Französischen wie allen romanischen Sprachen eigen ist. Und hier wird die Einsicht in die durchgängige Bastardierung dieser ganzen Schriftstellerpersönlichkeit besonders unmittelbar. Der weitschweifige, moralisierende Vortrag des 18. Jahrhunderts, freilich ohne dessen Grazie, verquickt sich hier mit deutscher Lizenz und expressionistischem Doktrinarismus, wenn auch letzteres noch in mäßigen Grenzen, weil das Werk vor 1916 entstanden ist. Danach werden die fertigen Begriffe der Sprache nach ihrer Entstehung, wie bei den Primitiven der Malerei von gestern die Gestalten, in ihre Bestandteile zerlegt und es soll eine einzige Periode nicht bloß einen bestimmten Augenblick unseres Bewußtseins umfassen, sondern zugleich das Milieu und die Landschaft, die Personen, die darin behandelt werden, und uns selbst, von innen und außen betrachtet. Das Ergebnis ist natürlich eine anarchische Auflösung des Satzbildes und Satzklanges, Mißbrauch der Parenthese bis zu monströser Anschwellung der Satzgebilde, genußtötende Anstrengung beim Lesen: Ein rechtes Abbild der Zerfahrenheit unserer Zeit. Und als Wirkung eine unendliche, bleierne Langweile, die als ungewollter Erfolg nur dort einzuschätzen ist, wo der Roman sich in die kongeniale Ödigkeit des französischen Provinzlebens verliert. Selbst die raffinierteste Sprachzergliederung vermag die fessellose Geschwätzigkeit nicht zu verdecken, womit etwa der Eindruck einer Chopinschen Nocturne auf die Zuhörer geschildert wird, noch das impotente Spintisieren dieser Darstellungsart, wenn sie auf energischen Lebensausdruck, wie den Krieg, ihre Anwendung findet. Das Werk wie der Mann: Auch im Gespräch konnte Proust nach dem Zeugnis von Freunden nie zu Ende kommen, wenn er einmal zu reden angefangen hatte. Dazu die rein physische Tatsache, daß der Schriftsteller im Bett arbeitete, also schon durch die unbequeme Lage den Überblick über seine Satzungeheuer verlor. Das taten gewiß auch seine Setzer, nach den zahllosen, charakteristischen Druckfehlern zu schließen, die um so weniger zu vermeiden waren, als der Autor noch während des Druckes unendliche Korrekturen in den Text hineinzwang, die beweisen, wie das Ganze eben doch bei aller Mühsal der Geburt nur schleuderhaft hingeworfen ist. Kein besseres Gesamturteil über Prousts Stil als seine eigenen, freilich ironisch angebrachten Worte gelegentlich Victor Hugos im 2. Bande der »Guermantes« (p. 162): »Il y a des choses ridicules, inintelligibles, des fautes de goût, c'est difficile à comprendre, cela donne à lire autant de peine que si c'était écrit en russe ou en chinois, car évidemment c'est tout excepté du français...«

Friedrich Hebbel hat einmal in galliger Ungerechtigkeit demjenigen die Krone von Polen versprochen, der es über sich brächte, die 3 Bände von Stifters »Nachsommer« auszulesen, ohne als Kunstrichter dazu verpflichtet zu sein. Wir meinen mit größerer Berechtigung, das chinesische Kaisertum müßte eigentlich demjenigen zuteil werden, der die 15 Bände von Prousts monströsem Roman wirklich hinter sich gebracht hat. Hand aufs Herz! Wer von den vielen Unberufenen aller Nationen, die heute im Namen Prousts angeblich schwelgen, hat sich auch nur durch die beiden Bände »Swann« ohne schweren Ärger hindurchgequält? Wer von ihnen ist dem Autor »à la recherche du temps perdu« nachgegangen, ohne schließlich festzustellen, daß er in Wahrheit »seine Zeit verloren« hatte? – »A la Recherche du temps perdu« wird bestenfalls eine Angelegenheit der literarischen Snobs aller Nationen bleiben. Für uns Deutsche aber sei nochmals und mit bewußtem Nachdruck hinzugefügt: Das deutsche Volk ist stark und reich genug an mannigfaltigster Begabung, um auf eine *deutsche* Literatur in französischer Sprache, und nun gar in schlechter französischer Sprache, mit Dank verzichten zu können. – *(1927)*

H. v. Wedderkop
Marcel Proust und seine Welt

Was die französische Literatur von der deutschen unterscheidet, ist ihre lückenlose und regelmäßige Entwicklung vom 18. Jahrhundert her, die große Tradition, die niemals abreißt. Während wir Berge haben wie Goethe, dann wieder flaches Land mit mehr oder minder starken Erhebungen, haben die Franzosen keine im Goetheschen Sinne universale Begabung gehabt, dafür aber gab es bei ihnen niemals die Höhenunterschiede wie bei uns.

Die letzte aus einer großen Evolution der Gedanken neu erstandene Erscheinung der französischen Literatur ist *Marcel Proust*.

Der Name ist Tausenden geläufig, manche mögen auch das eine oder andere Buch von ihm angefangen haben: die das gesamte Werk bewältigt haben, dürften zu zählen sein.

Die letzte große europäische – oder man sagt besser Weltbegabung, schon weil Asien einen erheblichen Anteil an der Entwicklung dieser Begabung hat, ist Dostojewski. Dostojewski war, bis vor wenigen Jahren noch, fast eine Seuche geworden, insofern, als die Menschheit ihm gegenüber gänzlich ohne Kritik verharrte und unter Führung von gewissen Literaten in eine Art Rauschzustand geriet und eine einzige Gloriole um diese Erscheinung wob.

Heute sind wir kühler geworden. Vielleicht ist es übertrieben, wenn man sagt, die Welt sei angelsächsisch orientiert. Aber sicher sind zwei Dinge: in einer natürlichen Reaktion auf die Lebendigkeit des Ostens – ist auch der Westen erwacht und spielt eine größere Rolle als bisher. Der Westen aber, im Gegensatz zum Osten, ist kühl, berechnend, mehr mechanisch orientiert, ohne den Sinn für die Mystik noch für das Pathos des Ostens.

Die Folge ist, daß uns weite Strecken der Welt Dostojewskis fremd geworden sind; wir haben kein Verhältnis mehr dazu und tun ihn zum Teil mit dem schwersten Vorwurf ab, den heute der moderne Mensch einem Kunstwerk gegenüber erheben kann, indem er sagt, es ist Romantik, d. h. gegenwartfremd.

Die Welt, die sich in den Büchern Prousts auftut, ist, gehalten gegen die Welt Dostojewskis mit ihren grenzenlosen Hintergründen, klein, umgrenzt, bestimmt und deutlich. Es ist die *große Gesellschaft* des ausgehenden 19. und des beginnenden 20. Jahrhunderts, eine Gesellschaft, die sicher nicht entfernt mehr den Glanz des zweiten französischen Kaiserreichs hatte, die schon aufgelockert war durch das internationale Kapital, aber immerhin noch so geschlossen, daß sie mit Recht eine »Gesellschaft« genannt werden konnte. Ihr schönster Teil waren die großen Familien des Faubourg St.-Germain, einzelne durch Reichtum ausgezeichnete Familien, vereinzelt auch Künstler, soweit sie gesellschaftlich »möglich« waren, wie z. B. die glänzende Erscheinung des Amateurdichters Robert Montesquiou. Der Schauplatz waren die großen Häuser des Adels, die Botschafter-Palais, der Jockey-Klub an der Place de la Concorde, dessen Mitglied man sein mußte, und das scheinbar unsterbliche Hotel Ritz, das auch heute noch wie damals im Grunde nicht nur das mondänste, sondern auch das tonangebende von Paris war.

Diese Gesellschaft, die damals immer noch die kultivierteste, jedenfalls eleganteste Europas war, stets in starker Bewegung auf Grund irgendwelcher Ereignisse, sei es politischer, wie der Dreyfus-Affäre, oder künstlerischer, wie des Russischen Balletts, das damals seinen ersten großen ausländischen Erfolg hatte, sei es auch nur der kleinen Ereignisse des täglichen Lebens, wie Ehrgeiz, Intrigen, Medisancen: Diese Gesellschaft war die Welt Marcel Prousts, auf deren Glanz, wie auf deren Schatten er sich mit dem ganzen literarischen Durst seiner Jugend stürzte. Er war dort voll zugelassen, wenn auch nur als »le petit Marcel«. Gesellschaftlich unerreichtes Vorbild war sein Freund Robert de Montesquiou, geschmeidig als Dichter wie als Weltmann. Proust verhimmelte ihn, kaufte seine Krawatten in Läden, die Montesquiou bevorzugte, während dieser zum Dank von Proust als von einem »petit être usagé«, dem »kleinen, vor der Zeit verbrauchten Wesen« sprach. Später allerdings, als die Zeit die höchst zweifelhafte Formbegabung Montesquious und zugleich das Genie Prousts offenbarte, wurde das Verhältnis auf beiden Seiten ein wahrhaft freundschaftliches, was aber seinerseits Proust nicht hinderte, dem Freunde eines der schonungslosesten Denkmäler zu setzen, die die Literatur kennt, und zwar in der Gestalt des »Barons Charlus« in dem homosexuellen Roman »Sodom und Gomorrha«.

Aber nicht nur die Gesellschaft nahm Proust unter die schärfste Lupe, die jemals auf sie angesetzt wurde, sondern, und das war das Neue, auch ihre Kehrseite – die andere Seite – die *Domestiken*; diese ganze Welt, die die Launen dieser Gesellschaft stumm und kritiklos auszuführen hatte, interessierte ihn zumindest ebenso stark. Dieses Interesse ging so weit, daß er den Leibdiener einer Gräfin, der ein besonders schönes Exemplar gewesen sein muß, seinen Freunden mit größtem Ernst als eine besonders interessante Persönlichkeit vorstellte. Weite Strecken seiner Bücher sind z. B. der Psychologie des Mädchens, das ihn während seines langen Krankheitsmartyriums gepflegt hat, gewidmet.

Um die Art seines Schaffens verstehen zu können, muß man sich vergegenwärtigen, daß Proust von seinem zwölften Jahr ab ein immer kränker werdender Mensch war. Seine Krankheit war ein Asthma, das ihm zunächst große Zurückhaltung auferlegte und ihn allmählich aus der Welt der Lebenden strich, indem es ihn fast ganz in seiner Wohnung einschloß, in die keine Luft und kein Licht mehr hineindrang. Er lebte nur der Erinnerung, suchte diese mit Hilfe seines phänomenalen Gedächtnisses zu bannen und empfing in erster Linie nur noch Leute, um Lücken dieses Gedächtnisses auszufüllen und die Vergangenheit aufs neue zu beschwören.

In langen Zwischenräumen gibt er noch erlesene Diners im »Ritz«, wo er, unfähig irgend etwas zu genießen, dabei sitzt, ganz benommen von dem seltenen Genuß, wieder Leben um sich zu haben und beobachten zu können. Drei Tage schläft er mit Veronal hintereinander und, um das auszugleichen, wacht und arbeitet er die drei nächsten Tage: Willenskraft und Konzentration im Kampfe mit einem völlig zusammengebrochenen, bis zur äußersten Sensibilität gesteigerten Nervensystem!

Das ist seine Arbeitsmethode, deren hauptsächliche Elemente sein Gedächtnis und sein eminenter Verstand sind. Nie wird man infolgedessen ein unklares Bild finden, niemals nur einen Rest von Unklarheit. Dafür aber – als Kehrseite – eine minutiöse, oft überkomplizierte Schilderung. Ein Verleger lehnte seine Bücher ab, kein Leser hielte das aus, jemand durch 30 Seiten hindurch einschlafen zu sehen. Augen werden detailliert durch Seiten geschildert, wie sie mit und ohne Monokel aussehen. Bediente, die herumsitzen, wenn die Gesellschaft, ohne hinzusehen, vorbeirauscht, werden bis in die letzte Falte ihrer Seele und auf ihr körperliches Bild untersucht. Und immer wenn der Gegenstand erschöpft scheint, beginnt von einer neuen, unentdeckten Seite her ein neuer Vorstoß, der wieder neue Feststellungen zutage fördert.

Oberflächliche Leute haben ihn dahin charakterisiert: Proust habe alles aufgegriffen, was andere übersehen haben, liegen ließen. Danach könnte es scheinen, als ob man ihn etwa als einen »Meister der Nebensächlichkeiten« charakterisieren könnte. Nichts wäre verkehrter. Eher ist er der Meister des Wesentlichen, wenn man so will.

Diese Wesentlichkeit, die das klar zutage Liegende als oberflächlich, banal und überhaupt unwahr zurückweist und statt dessen das hinter den Dingen und Menschen Liegende, oft scheinbar Unbedeutende als wirkliche Wahrheit hervorholt, diese Wesentlichkeit und Vollständigkeit geht manchem Leser auf die Nerven.

Tatsächlich muß man sich auf Proust »trainieren«. Ist man eingelesen, staunt man über den Reichtum, den eben nur dieses zurückgezogene, fast abgeschiedene Leben zusammenbringen konnte.

Was den großen und einzigen Reiz dieses Genies ausmacht, ist die Mischung von Herz, von Takt und anderseits von objektiver Wissenschaftlichkeit allen Phänomenen gegenüber, die er liebte und die ihm nur durch seine Liebe deutlich wurden. Er liebte die große Welt, er liebte die jungen Mädchen, liebte die Treue der ihm ergebenen Personen, war rührend bis zur Selbstaufopferung gegen seine Freunde, rücksichtsvoll gegen alle, die mit ihm noch in Berührung kamen, berühmt wegen der Generosität seiner Geschenke, berühmt z. B. auch durch die legendären Trinkgelder, die er für die kleinsten Dienste verschwenderisch verteilte. Aber anderseits zwang ihn der Dämon einer völlig unbestechlichen Wahrheitsliebe, die auf keinen Zug verzichtete, wenn er nur das künstlerische Bild vervollständigte, zu schonungslosen Feststellungen.

Als Proust im Jahre 1922 starb, war die Welt, die ihm das Material für seine Bücher gegeben hatte, längst durch den Weltkrieg weggefegt. Aber wenn wir heute sein ungeheures, noch in den letzten Tagen vor seinem Tode beendetes, unter unsäglichen Entbehrungen geschaffenes Werk lesen, so ist das keineswegs ein etwa nur historischer Genuß. Ausschlaggebend ist nicht die Welt der Vergangenheit, die er schildert, sondern die Lebendigkeit seiner Anschauung, die in dieser intensiven Art völlig neu, modern und – nebenbei – völlig unnachahmlich ist. *(1927)*

Franz Hessel
Selbstrezension

Als Kind einer großbürgerlichen Familie, Sohn eines namhaften Arztes, wurde Marcel Proust am 10. Juli 1871 in Paris geboren. In seinem neunten Lebensjahre bekam der Knabe auf dem Heimweg von einem Spaziergang durch den Bois de Boulogne einen Erstickungsanfall und blieb von diesem Tage an für die Seinen und die eigne Selbstbeobachtung ein gefährdeter, mit Angst und Sorge behüteter Kranker. Ursprünglich sollte er die diplomatische Karriere ergreifen, aber seine schwache Gesundheit zwang ihn, auf dieses Lebensziel wie auf vieles andere zu verzichten. Immerhin gestattete sie ihm Anteil an der Geselligkeit der »großen Welt«. Und die Jahre, die er als gern gesehener Gast in den Salons des Faubourg Saint-Germain verbrachte, bildeten den Menschenbeobachter, der später mit durchdringender Schärfe, wie einst Saint-Simon den Versailler Hof, diese Gesellschaft darstellen, die strengen Gesetze des schönen Scheins und die große Tragik der sogenannten Oberflächlichkeit erfassen sollte. Nach dem Tode seiner Mutter (1905) zog Proust sich mehr und mehr aus dem geselligen Leben zurück und verbrachte den Rest seines Lebens (er ist im November 1922 gestorben) über der Ausarbeitung seines großen, zu sieben romanartigen Gebilden anwachsenden Werkes »Auf den Spuren der verlorenen Zeit«.

Die vielen Stunden abgeschlossener Ruhe, die Regungslosigkeit, zu der ihn sein Leiden verurteilte, die langen Nachtwachen des Schlaflosen halfen ihm heraufzubeschwören, was unter dem Tagesbewußtsein ruht und wartet, die große Entdeckungsreise durch das unbekannte Gebiet, das wir Gedächtnis nennen, anzutreten und in dem Herbarium seiner Kunst Dinge zu versammeln, von denen das bewußte Erinnern, das Gedächtnis der Intelligenz nichts weiß. Schon in seinem Jugendwerke »Les plaisirs et les jours« werden einige seiner großen Themen und Motive angeschlagen, aber da ist er noch in der Welt des Geschmacks und des Impressionismus befangen. Erst in dem Hauptwerk gräbt er mit fanatischer Eindringlichkeit, die den Leser mitreißt, sein Bergwerk in alle Tiefen auf. Wenn wir Proust lesen, wird unser Interesse nicht durch die Folge von Ereignissen erregt, sondern durch ein dauerndes Wechselspiel von Erwartung und Erinnerung, die das Erlebte durchkreuzen. Zeit und Raum werden uns neu, es entsteht ein Neben- und Ineinander vieler Daseinsstufen. Die Form seines Werkes hat man treffend mit gewissen mittelalterlichen Traktaten verglichen, bei denen der Text in der Stickerei der Glossen fast verschwindet. Der jeweilige Vorgang wird in verschiedenen Beleuchtungen dargestellt, einmal objektiv, dann, wie er sich im Bewußtsein des Erlebenden spiegelt, und endlich so, wie Ahnung und Erinnerung ihn umgestalten. Die Analyse vieler im allgemeinen als selbstverständliche Einheiten aufgefaßter Gefühle ergibt neue Seelenkunde, ein neues Wissen um all das Werden und Vergehen des Komplexes von Vorgängen, den man mit dem Worte Ich zusammenzufassen pflegt. *(1928)*

Walter Benjamin
An Max Rychner

Mit Ihrer Frage nach Proust machen Sie mich verlegen. Man schämt sich für Deutschland, für die Umstände, die es herbeigeführt haben, daß diese Sache von Anfang an in lieb- und ahnungslosen Händen gelegen hat (und wenn jetzt auch neue Hände, doch nicht bessere Köpfe zu ihnen finden). Sie verstehen, ich spreche von den Verlegern. Dem Publikum kann man kaum etwas vorwerfen. Es ist ja an die Dinge noch gar nicht herangekommen. Erst der von Schottlaender übersetzte Band, ein lächerliches Debut. Dann der Band, den Hessel und ich übersetzt haben, in ganz anderm, nicht unbedingt geschickten Format. Zwei Bände also, die, als Übersetzung, weder äußerlich noch innerlich Kontinuität haben und dann das gänzliche Abbrechen. Seit kurzem, wie Sie vielleicht wissen, ein neuer Verleger, der sich ebenso wenig wie sein Vorgänger zu der Erkenntnis durchringen kann, daß Proust nur als Œuvre, nicht in einzelnen Bänden in Deutschland durchgesetzt werden kann. Wenn Sie bedenken, daß das Werk bis Sodom und Gomorrha einschließlich in unserer Übertragung schon seit Jahren fertig ist, werden Sie verstehen, wie lebhaft wir Ihren Mißmut mitfühlen, und wie dankbar wir Ihnen sind, daß Sie in Ihrer Rundschau so ziemlich den einzigen Platz eröffnet haben, an dem man wieder und wieder auf Proust verwies. Natürlich bleibt unendlich viel zu tun. Ebenso natürlich, daß auch ich daran schon gedacht habe, etwas zur Deutung Prousts beizutragen. Ich stehe aber dem Ganzen noch zu nahe, es steht noch zu groß vor mir. Ich warte, bis ich Details sehe, an denen ich dann, wie an Unebenheiten einer Mauer, hochklettern will. Sicher wird unsere deutsche Proust-Forschung sehr anders aussehen als die französische. In Proust lebt doch noch so viel größeres und wichtigeres als der »Psychologe«, von dem in Frankreich, soviel ich sehe, fast ausschließlich die Rede ist. Wenn wir uns etwas gedulden, so bin ich sicher, Sie werden eines Tages, von welcher Seite es sei, eine vergleichende Arbeit über deutsche und französische Proust-Kommentare ebenso gerne erhalten wie bringen. *(1929)*

Walter Benjamin
Zum Bilde Prousts

I.

Die dreizehn Bände von Marcel Prousts »A la Recherche du Temps perdu« sind das Ergebnis einer unkonstruierbaren Synthesis, in der die Versenkung des Mystikers, die Kunst des Prosaisten, die Verve des Satirikers, das Wissen des Gelehrten und die Befangenheit des Monomanen zu einem autobiographischen Werke zusammentreten. Mit Recht hat man gesagt, daß alle großen Werke der Literatur eine Gattung gründen oder sie auflösen, mit einem Worte, Sonderfälle sind. Unter ihnen ist aber dieser einer von den unfaßlichsten. Vom Aufbau angefangen, welcher Dichtung, Memoirenwerk, Kommentar in *einem* darstellt, bis zu der Syntax uferloser Sätze (dem Nil der Sprache, welcher hier befruchtend in die Breiten der Wahrheit hinübertritt) ist alles außerhalb der Norm. Daß dieser große Einzelfall der Dichtung gleichzeitig ihre größte Leistung in den letzten Jahrzehnten darstellt, das ist die erste, aufschlußreiche Erkenntnis, die an den Betrachter herantritt. Und ungesund im höchsten Grade die Bedingungen, die ihm zugrunde lagen. Ein ausgefallenes Leiden, ungemeiner Reichtum und eine anormale Veranlagung. Nicht alles an diesem Leben ist musterhaft, exemplarisch aber ist alles. Es weist der überragenden schriftstellerischen Leistung dieser Tage ihren Ort im Herzen der Unmöglichkeit, im Zentrum und freilich zugleich im Indifferenzpunkt aller Gefahren an und kennzeichnet diese große Realisierung des »Lebenswerks« als eine letzte auf lange. Prousts Bild ist der höchste physiognomische Ausdruck, den die unaufhaltsam wachsende Diskrepanz von Poesie und Leben gewinnen konnte. Das ist die Moral, die den Versuch rechtfertigt, es heraufzurufen.

Man weiß, daß Proust nicht ein Leben wie es gewesen ist in seinem Werke beschrieben hat, sondern ein Leben, so wie der, der's erlebt hat, dieses Leben erinnert. Und doch ist auch das noch unscharf und bei weitem zu grob gesagt. Denn hier spielt für den erinnernden Autor die Hauptrolle gar nicht, was er erlebt hat, sondern das Weben seiner Erinnerung, die Penelopearbeit des Eingedenkens. Oder sollte man nicht besser von einem Penelopewerk des Vergessens reden? Steht nicht das ungewollte Eingedenken, Prousts mémoire involontaire dem Vergessen viel näher als dem, was meist Erinnerung genannt wird? Und ist dies Werk spontanen Eingedenkens, in dem Erinnerung der Einschlag und Vergessen der Zettel ist, nicht vielmehr ein Gegenstück zum Werk der Penelope als sein Ebenbild? Denn hier löst der Tag auf, was die Nacht wirkte. An jedem Morgen halten wir, erwacht, meist schwach und lose, nur an ein paar Fransen den Teppich des gelebten Daseins, wie Vergessen ihn in uns gewoben hat, in Händen. Aber jeder Tag löst mit dem zweckgebundenen Handeln und, noch mehr, mit zweckverhaftetem Erinnern das Geflecht, die Ornamente des Vergessens auf. Darum hat Proust am Ende seine Tage zur Nacht gemacht, um im verdunkelten Zimmer bei künstlichem Lichte all seine Stunden ungestört dem Werk zu widmen, von den verschlungenen Arabesken sich keine entgehen zu lassen.

Wenn die Römer einen Text das Gewebte nennen, so ist es kaum einer mehr und dichter als Marcel Prousts. Nichts war ihm dicht und dauerhaft genug. Sein Verleger Gallimard hat erzählt, wie Prousts Gepflogenheiten beim Korrekturlesen die Verzweiflung der Setzer machten. Die Fahnen kamen immer randvoll beschrieben zurück. Aber kein einziger Druckfehler war ausgemerzt worden; aller verfügbare Raum war mit neuem Texte erfüllt. So wirkte die Gesetzlichkeit des Erinnerns noch im Umfang des Werks sich aus. Denn ein erlebtes Ereignis ist endlich, zumindest in der einen Sphäre des Erlebens beschlossen, ein erinnertes schrankenlos, weil nur Schlüssel zu allem was vor ihm und zu allem was nach ihm kam. Und noch in anderem Sinne ist es die Erinnerung, die hier die strenge Webevorschrift gibt. Einheit des Textes nämlich ist allein der actus purus des Erinnerns selber. Nicht die Person des Autors, geschweige die Handlung. Ja man kann sagen, deren Intermittenzen sind nur die Kehrseite vom Kontinuum des Erinnerns, das rückwärtige Muster des Teppichs. So wollte es Proust, so hat man ihn zu verstehen, wenn er sagte, er sähe am liebsten sein ganzes Werk zweispaltig in einem Bande und ohne jeden Absatz gedruckt.

Was suchte er so frenetisch? Was lag diesen unendlichen Mühen zugrunde? Dürfen wir sagen, daß alle Leben, Werke, Taten, welche zählen, nie andres waren, als die unbeirrte Entfaltung der banalsten und flüchtigsten, sentimentalsten und schwächsten

Stunde im Dasein dessen, dem sie zugehören? Und als Proust an einer berühmten Stelle diese seine eigenste Stunde geschildert hat, tat er's so, daß jeder sie im eigenen Dasein wiederfindet. Nur wenig fehlt, und wir dürften sie eine alltägliche nennen. Sie kommt mit der Nacht, einem verlorenen Gezwitscher oder dem Atemzug an der Brüstung des offenen Fensters. Und es ist nicht abzusehen, was für Begegnungen uns bestimmt wären, wenn wir weniger willfährig wären, zu schlafen. Proust willfahrte dem Schlafe nicht. Und dennoch, eben darum vielmehr, konnte Jean Cocteau in einem schönen Essay von dem Tonfall seiner Stimme sagen, daß sie den Gesetzen von Nacht und Honig gehorsam war. Indem er unter ihre Herrschaft trat, besiegte er die hoffnungslose Trauer in seinem Innern (das was er einmal »l'imperfection incurable dans l'essence même du présent« genannt hat), und baute aus den Waben der Erinnerung dem Bienenschwarm der Gedanken sein Haus. Cocteau hat gesehen, was jeden Leser Prousts im höchsten Grade beschäftigen sollte: er sah das blinde, unsinnige und besessene Glücksverlangen in diesem Menschen. Es leuchtete aus seinen Blicken. Die waren nicht glücklich. Aber in ihnen saß das Glück wie *im* Spiel oder *in* der Liebe. Es ist auch nicht schwer zu sagen, warum dieser herzstockende, sprengende Glückswille, der Prousts Dichten durchdringt, seinen Lesern so selten eingeht. Proust selbst hat es ihnen an vielen Stellen erleichtert, auch dieses œuvre unter der altbewährten, bequemen Perspektive der Entsagung, des Heroismus, der Askese zu betrachten. Nichts leuchtet ja den Musterschülern des Lebens so ein, als eine große Leistung sei die Frucht von nichts als Mühen, Jammer und Enttäuschung. Denn daß am Schönen auch das Glück noch Anteil haben könnte, das wäre zuviel des Guten, darüber würde ihr Ressentiment sich niemals trösten.

Es gibt nun aber einen zwiefachen Glückswillen, eine Dialektik des Glücks. Eine hymnische und eine elegische Glücksgestalt. Die eine: das Unerhörte, das Niedagewesene, der Gipfel der Seligkeit. Die andere: das ewige Nocheinmal, die ewige Restauration des ursprünglichen, ersten Glücks. Diese elegische Glücksidee, die man auch die eleatische nennen könnte, ist es, die für Proust das Dasein in einen Bannwald der Erinnerung verwandelt. Ihr hat er nicht allein im Leben Freunde und Gesellschaft, sondern im Werke Handlung, Einheit der Person, Fluß der Erzählung, Spiel der

Phantasie geopfert. Es war nicht der Schlechteste seiner Leser – Max Unold – der an die dergestalt bedingte »Langeweile« seiner Schriften anschloß, um sie mit »Schaffner-Geschichten« zu vergleichen, und der die Formel fand: »Er hat es fertiggebracht, die Schaffner-Geschichte interessant zu machen. Er sagt: Denken Sie sich, Herr Leser, gestern tunk ich einen Biskuit in meinen Tee, da fällt mir ein, daß ich als Kind auf dem Land war – dafür verwendet er 80 Seiten, und das ist so hinreißend, daß man nicht mehr der Zuhörende, sondern der Wachträumende selbst zu sein glaubt.« In solchen Schaffner-Geschichten – »alle gewöhnlichen Träume werden, sobald man sie erzählt, Schaffner-Geschichten« – hat Unold die Brücke zum Traum gefunden. An ihn muß jede synthetische Interpretation von Proust anschließen. Unscheinbare Pforten genug führen hinein. Da ist Prousts frenetisches Studium, sein passionierter Kultus der Ähnlichkeit. Nicht da, wo er sie in den Werken, Physiognomien oder Redeweisen, immer bestürzend, unvermutet aufdeckt, läßt sie die wahren Zeichen ihrer Herrschaft erkennen. Die Ähnlichkeit des Einen mit dem Andern, mit der wir rechnen, die im Wachen uns beschäftigt, umspielt nur die tiefere der Traumwelt, in der, was vorgeht, nie identisch, sondern ähnlich: sich selber undurchschaubar ähnlich, auftaucht. Kinder kennen ein Wahrzeichen dieser Welt, den Strumpf, der die Struktur der Traumwelt hat, wenn er im Wäschekasten, eingerollt, »Tasche« und »Mitgebrachtes« zugleich ist. Und wie sie selbst sich nicht ersättigen können, dies beides: Tasche und was drin liegt, mit *einem* Griff in etwas Drittes zu verwandeln: in den Strumpf, so war Proust unersättlich, die Attrappe, das Ich, mit einem Griffe zu entleeren, um immer wieder jenes Dritte: das Bild, das seine Neugier, nein, sein Heimweh stillte, einzubringen. Zerfetzt von Heimweh lag er auf dem Bett, Heimweh nach der im Stand der Ähnlichkeit entstellten Welt, in der das wahre sürrealistische Gesicht des Daseins zum Durchbruch kommt. Ihr gehört an, was bei Proust geschieht, und wie behutsam und vornehm es auftaucht. Nämlich nie isoliert pathetisch und visionär, sondern angekündigt und vielfach gestützt eine gebrechliche kostbare Wirklichkeit tragend: das Bild. Es löst sich aus dem Gefüge der Proustschen Sätze wie unter Françoisens Händen in Balbec der Sommertag, alt, unvordenklich, mumienhaft aus den Tüllgardinen.

II.

Das Wichtigste, was einer zu sagen hat, proklamiert er nicht immer laut. Und auch im stillen vertraut er es nicht immer dem Vertrautesten, Nächsten, nicht immer dem, der am ergebensten sich in Bereitschaft hielt, sein Geständnis entgegenzunehmen. Wenn nun nicht Personen allein, sondern auch Zeitalter solche keusche, nämlich solch durchtriebene und frivole Art haben, ihr Eigenstes einem Beliebigen mitzuteilen, so ist es für das neunzehnte Jahrhundert nicht Zola oder Anatole France, sondern der junge Proust, der unbeträchtliche Snob, der verspielte Salonlöwe, der von dem gealterten Zeitlauf (wie von einem anderen, gleich sterbensmatten Swann) die erstaunlichsten Konfidenzen im Fluge auffing. Erst Proust hat das neunzehnte Jahrhundert memoirenfähig gemacht. Was vor ihm ein spannungsloser Zeitraum war, ist zum Kraftfeld geworden, in dem die mannigfachsten Ströme von späteren Autoren erweckt wurden. Es ist auch gar kein Zufall, daß das interessanteste Werk dieser Art von einer Verfasserin stammt, die Proust persönlich als Bewundrerin und Freundin nahegestanden hat. Bereits der Titel, unter dem die Fürstin Clermont-Tonnerre den ersten Band ihres Memoirenwerks vorstellt – »Au Temps des Equipages« – wäre vor Proust kaum denkbar gewesen. Im übrigen ist es das Echo, das dem vieldeutigen, liebevollen und herausfordernden Zuruf des Dichters aus dem Faubourg Saint-Germain leise zurücktönt. Dazu ist diese (melodische) Darstellung voll von direkten oder indirekten Beziehungen auf Proust in ihrer Haltung wie in ihren Figuren, unter denen er selber und manche seiner liebsten Studienobjekte aus dem Ritz sind. Damit sind wir freilich, das läßt sich nicht abstreiten, in einem sehr feudalen Milieu und mit Erscheinungen wie Robert de Montesquiou, den die Fürstin Clermont-Tonnerre meisterhaft darstellt, in einem sehr speziellen dazu. Aber das sind wir bei Proust auch; und es fehlt auch bei ihm bekanntlich das Gegenstück zu einem Montesquiou nicht. Das alles verlohnte die Diskussion nicht – zumal die Frage der Modelle zweiten Ranges und für Deutschland belanglos ist – liebte nicht die deutsche Kritik so sehr, sich's bequem zu machen. Und vor allem: sie konnte die Gelegenheit nicht vorbeigehen lassen, sich mit dem Mob der Leihbüchereien zu enkanaillieren. Ihren Routiniers lag also nichts näher, als vom snobistischen Milieu des Werkes auf den Verfasser zu schließen und Prousts Werk als interne französische Angelegenheit, als Unterhaltungsbeilage zum Gotha zu kennzeichnen. Nun liegt es auf der Hand: die Probleme der proustischen Menschen entstammen einer saturierten Gesellschaft. Aber da ist nicht eins, das mit denen des Verfassers sich deckt. Diese sind subversiv. Müßte man sie auf eine Formel bringen, so wäre sein Anliegen, den ganzen Aufbau der höheren Gesellschaft in Gestalt einer Physiologie des Geschwätzes zu konstruieren. Es gibt im Schatze ihrer Vorurteile und Maximen keine, die seine gefährliche Komik nicht annihiliert. Auf diese als erster hingewiesen zu haben ist nicht das geringste der bedeutenden Verdienste, die Léon Pierre-Quint als der erste Interpret Prousts sich erworben hat. »Wenn von humoristischen Werken die Rede ist«, schreibt Quint, »denkt man gewöhnlich an kurze, lustige Bücher in illustrierten Umschlägen. Man vergißt Don Quichote, Pantagruel und Gil Blas, enggedruckte, unförmige Wälzer.« Die subversive Seite des Proustschen Werks erscheint in diesem Zusammenhange am bündigsten. Und hier ist weniger Humor als Komik das eigentliche Zentrum seiner Kraft; er hebt die Welt nicht im Gelächter auf, sondern schleudert sie im Gelächter nieder. Auf die Gefahr, daß sie in Scherben geht, vor denen er nur selber in Tränen ausbricht. Und sie gehen in Scherben: die Einheit der Familie und der Persönlichkeit, der Sexualmoral und der Standesehre. Die Prätentionen der Bourgeoisie zerschellen im Gelächter. Ihre Rückflucht, ihre Reassimilation durch den Adel ist das soziologische Thema des Werkes.

Proust wurde des Trainings nicht müde, den der Umgang in den feudalen Kreisen erforderte. Ausdauernd und ohne sich viel Zwang tun zu müssen, schmeidigte er seine Natur, um sie so undurchdringlich und findig, devot und schwierig zu machen, wie er um seiner Aufgabe willen es werden mußte. Später wurde die Mystifikation, die Umständlichkeit ihm dermaßen zur Natur, daß seine Briefe manchmal ganze Systeme von Parenthesen – und nicht nur grammatischen – sind. Briefe, die trotz ihrer unendlich geistvollen, wendigen Abfassung bisweilen jenes legendäre Schema in Erinnerung rufen: »Verehrte gnädige Frau, ich merke eben, daß ich gestern meinen Stock bei Ihnen vergaß, und bitte Sie, dem Überbringer dieses Schreibens ihn auszuhändigen. P. S. Verzeihen Sie bitte die Störung, ich habe ihn soeben gefunden.« Wie erfinderisch ist er in Schwierigkeiten. Spät in der Nacht erscheint er bei der Fürstin Clermont-Tonnerre, um sein Bleiben an die Bedingung zu knüpfen, daß ihm die Medizin von Hause geholt werde. Und nun schickt er den Kammerdiener, gibt ihm eine lange Beschreibung der Gegend, des Hauses. Zuletzt: »Sie können es nicht verfehlen. Das einzige Fenster auf dem Boulevard Haussmann, in dem noch Licht brennt.« Nur nicht die Nummer. Man versuche, in einer fremden Stadt die Adresse eines Bordells zu erfahren, und hat man dann die langatmigste Auskunft bekommen – nur alles andere als Straße und Hausnummer –, so wird man verstehen, was hier gemeint ist (und wie es mit Prousts Liebe zum Zeremonial, seiner Verehrung für Saint-Simon und nicht zuletzt seinem intransigenten Franzosentume zusammenhängt). Ist nicht die Quintessenz der Erfahrung: erfahren, wie höchst schwierig Vieles zu erfahren ist, das doch anscheinend sich in wenig Worten sagen ließe. Nur daß solche Worte einem kasten- und standesmäßig festgelegten Rotwelsch angehören und für Außenseiter nicht zu verstehen sind. Kein Wunder, daß die Geheimsprache der Salons Proust passionierte. Als er später an die gnadenlose Schilderung des petit clan, der Courvoisier, des »esprit d'Oriane« herantrat, hatte er selber im Umgang mit den Bibesco die Improvisationen einer Schlüsselsprache kennengelernt, in die auch wir inzwischen eingeführt worden sind.

Proust hat in den Jahren seines Salonlebens nicht nur das Laster der Schmeichelei in einem eminenten – man möchte sagen: theologischen – Grade ausgebildet, auch das der Neugier. Auf seinen Lippen war ein Abglanz des Lächelns, das in der Leibung mancher von den Kathedralen, die er so liebte, wie ein Lauffeuer über die Lippen der törichten Jungfraun huscht. Es ist das Lächeln der Neugier. Hat Neugier ihn im Grunde zu solch großem Parodisten gemacht? Wir wüßten dann zugleich, was wir vom Worte »Parodist« an dieser Stelle zu halten hätten. Nicht viel. Denn wenn es auch seiner abgründigen Malice gerecht wird, so geht es doch am Bittren, Wilden und Verbissenen der großartigen Reportagen vorbei, die er im Stile Balzacs, Flauberts, Sainte-Beuves, Henri de Régniers, der Goncourts, Michelets, Renans und schließlich seines Lieblings Saint-Simon verfaßt und in dem Bande »Pastiches et Mélanges« gesammelt hat. Es ist die Mimikry des Neugierigen, die der geniale Trick dieser Folge, zugleich aber ein Moment seines ganzen Schaffens gewesen ist, in welchem die Passion für das Vegetabilische nicht ernst genug genommen werden kann. Ortega y Gasset hat als erster die Aufmerksamkeit auf das vegetative Dasein der proustschen Figuren gelenkt, die in einer so nachhaltigen Weise an ihren sozialen Fundort gebunden, vom Stande der feudalen Gnadensonne bestimmt, vom Winde, der von Guermantes oder Méséglise weht, bewegt und undurchdringlich in dem Dikkicht ihres Schicksals miteinander verschlungen werden. Diesem Lebenskreise entstammt, als Verfahren des Dichters, die Mimikry. Seine genauesten, evidentesten Erkenntnisse sitzen auf ihren Gegenständen wie auf Blättern, Blüten und Ästen Insekten, die nichts von ihrem Dasein verraten, bis ein Sprung, ein Flügelschlag, ein Satz dem erschreckten Betrachter zeigen, daß hier ein unberechenbares eigenes Leben unscheinbar sich in eine fremde Welt geschlichen hatte. »Die Metapher, so unerwartet sie ist«, sagt Pierre-Quint, »bildet sich eng an den Gedanken an.«

Den wahren Leser Prousts durchschüttern immerwährend kleine Schrecken. Im übrigen findet er in der Metaphorik den Niederschlag der gleichen Mimikry, die ihn als Kampf ums Dasein dieses Geistes im Laubdach der Gesellschaft frappieren mußte. Es ist ein Wort davon zu sagen, wie innig und befruchtend diese beiden Laster, die Neugier und die Schmeichelei, einander durchdrungen haben. Eine aufschlußreiche Stelle bei der Fürstin Clermont-Tonnerre heißt: »Und zum Schluß können wir nicht verschweigen: Proust berauschte sich am Studium des Dienstpersonals. War es, weil hier ein Element, dem er sonst nirgend begegnete, seinen Spürsinn reizte, oder neidete er es ihnen, daß sie die intimen Details von den Dingen, die sein Interesse erregten, besser beobachten konnten? Wie dem nun sei – das Dienstpersonal in seinen verschiedenen Figuren und Typen war seine Leidenschaft.« In den fremdartigen Abschattungen eines Jupien, eines Monsieur Aimé, einer Céleste Albaret zieht deren Reihe von der Gestalt einer Françoise, die mit den derben, spitzigen Zügen der heiligen Martha leibhaftig einem Stundenbuch entstiegen scheint, sich bis zu jenen grooms und chasseurs, denen nicht Arbeit sondern Müßiggang bezahlt wird. Und vielleicht nimmt die Repräsentation das Interesse dieses Kenners der Zeremonien nirgends gespannter als in diesen niedersten Graden in Anspruch. Wer will ermessen, wieviel Bedientenneugier in Prousts Schmeichelei, wieviel Bedientenschmeichelei in seine Neugier einging, und wo diese durchtriebene

Kopie der Bedientenrolle auf den Höhen des sozialen Lebens ihre Grenzen hatte? Er gab sie, und er konnte nicht anders. Denn wie er selber einmal verrät: »voir« und »désirer imiter« waren ihm ein und dasselbe. Diese Haltung hat, souverän und subaltern wie sie war, Maurice Barrès in einem der profiliertesten Worte, die je auf Proust geprägt worden sind, festgehalten: »Un poète persan dans une loge concierge.«

Es war in Prousts Neugier ein detektivischer Einschlag. Die oberen Zehntausend waren ihm ein Verbrecherclan, eine Verschwörerbande, mit der sich keine andere vergleichen kann: die Kamorra der Konsumenten. Sie schließt aus ihrer Welt alles aus, was Anteil an der Produktion hat, verlangt zumindest, daß sich dieser Anteil graziös und schamhaft hinter einem Gestus birgt, wie die vollendeten Professionals der Konsumtion ihn zur Schau tragen. Prousts Analyse des Snobismus, die weit wichtiger ist als seine Apotheose der Kunst, stellt in seiner Gesellschaftskritik den Höhepunkt dar. Denn nichts anderes ist die Haltung des Snob als die konsequente, organisierte, gestählte Betrachtung des Daseins vom chemisch-reinen Konsumentenstandpunkt. Und weil aus dieser satanischen Feerie die entfernteste so gut wie die primitivste Erinnerung an die Produktivkräfte der Natur verbannt werden sollte, darum war ihm selbst in der Liebe die invertierte Bindung brauchbarer als die normale. Der reine Konsument aber ist der reine Ausbeuter. Er ist es logisch und theoretisch, er ist es bei Proust in der ganzen Konkretheit seines aktuellen historischen Daseins. Konkret weil undurchschaubar und nicht zu stellen. Proust schildert eine Klasse, die in allen Teilen auf Tarnung ihrer materiellen Basis verpflichtet und eben darum einem Feudalismus angebildet ist, der, ohne wirtschaftliche Bedeutung in sich, als Maske der Großbourgeoisie um so verwendbarer ist. Dieser illusionslose, gnadenlose Entzauberer des Ich, der Liebe, der Moral, als welchen Proust sich zu sehen liebte, macht seine ganze grenzenlose Kunst zum Schleier dieses einen und lebenswichtigsten Mysteriums seiner Klasse: des wirtschaftlichen. Nicht als ob er ihr damit zu Diensten wäre. Er ist ihr nur voraus. Was sie lebt, beginnt bei ihm schon verständlich zu werden. Doch vieles von der Größe dieses Werkes wird unerschlossen oder unentdeckt verbleiben, bis diese Klasse ihre schärfsten Züge im Endkampf zu erkennen gegeben hat.

III.

Im vorigen Jahrhundert gab es in Grenoble – ich weiß nicht, ob heute noch – ein Wirtshaus »Au Temps perdu«. Auch bei Proust sind wir Gäste, die unterm schwankenden Schild eine Schwelle betreten, hinter der uns die Ewigkeit und der Rausch erwarten. Mit Recht hat Fernandez ein thème de l'éternité bei Proust vom thème du temps unterschieden. Aber durchaus ist diese Ewigkeit keine platonische, keine utopische: sie ist rauschhaft. Wenn also »die Zeit für Jeden, der sich in ihren Verlauf vertieft, eine neue und bisher unbekannte Art der Ewigkeit enthüllt«, so nähert sich doch der Einzelne damit durchaus nicht »den höheren Gefilden, die ein Plato oder Spinoza mit einem Flügelschlage erreichten«. Nein – denn es gibt zwar bei Proust Rudimente eines überdauernden Idealismus. Aber nicht sie sind es, die die Bedeutung dieses Werks bedingen. Die Ewigkeit, in welche Proust Aspekte eröffnet, ist die verschränkte, nicht die grenzenlose Zeit. Sein wahrer Anteil gilt dem Zeitverlauf in seiner realsten, das ist aber verschränkten Gestalt, der nirgends unverstellter herrscht als im Erinnern, innen, und im Altern, außen. Das Widerspiel von Altern und Erinnern verfolgen, heißt in das Herz der proustschen Welt, ins Universum der Verschränkung dringen. Es ist die Welt im Stand der Ähnlichkeit und in ihr herrschen die »Korrespondenzen«, die zuerst die Romantik und die am innigsten Baudelaire erfaßte, die aber Proust (als Einziger) vermochte, in unserem gelebten Leben zum Vorschein zu bringen. Das ist das Werk der mémoire involontaire, der verjüngenden Kraft, die dem unerbittlichen Altern gewachsen ist. Wo das Gewesene im taufrischen »Nu« sich spiegelt, rafft ein schmerzlicher Chock der Verjüngung es noch einmal so unaufhaltsam zusammen, wie die Richtung von Guermantes mit der Richtung von Swann für Proust sich verschränkte, da er (im dreizehnten Bande) ein letztes Mal die Gegend von Combray durchstreift und die Verschlingung der Wege entdeckt. Im Nu springt die Landschaft um wie ein Wind. »Ah! que le monde est grand à la clarté des lampes! / Aux yeux du souvenir que le monde est petit!« Proust hat das Ungeheure fertiggebracht, im Nu die ganze Welt um ein ganzes Menschenleben altern zu lassen. Aber eben diese Konzentration, in der, was sonst nur welkt und dämmert, blitzhaft sich verzehrt, heißt Verjüngung. »A la Recherche du Temps perdu« ist der unausgesetzte Versuch, ein ganzes Leben mit der höchsten Geistesgegenwart zu laden. Nicht Reflexion – Vergegenwärtigung ist Prousts Verfahren. Er ist ja von der Wahrheit durchdrungen, daß wir alle keine Zeit haben, die wahren Dramen des Daseins zu leben, das uns bestimmt ist. Das macht uns altern. Nichts andres. Die Runzeln und Falten im Gesicht, sie sind die Eintragungen der großen Leidenschaften, der Laster, der Erkenntnisse, die bei uns vorsprachen – doch wir, die Herrschaft, waren nicht zu Hause.

Schwerlich gab es seit den geistlichen Übungen des Loyola im abendländischen Schrifttum einen radikaleren Versuch zur Selbstversenkung. Auch diese hat in ihrer Mitte eine Einsamkeit, die mit der Kraft des Maelstroms die Welt in ihren Strudel hinabreißt. Und das überlaute und über alle Begriffe hohle Geschwätz, das uns aus Prousts Romanen entgegenbraust, ist das Dröhnen, mit welchem die Gesellschaft in den Abgrund dieser Einsamkeit hinabstürzt. Prousts Invektiven gegen die Freundschaft haben hier ihren Ort. Die Stille auf dem Grunde dieses Trichters – seine Augen sind die stillsten und saugendsten – wollte gewahrt sein. Was in so vielen Anekdoten irritierend und kapriziös in Erscheinung tritt, ist die Verbindung einer beispiellosen Intensität des Gesprächs mit einer nicht zu überbietenden Ferne vom Partner. Nie gab es einen, der so wie er die Dinge uns zeigen konnte. Sein weisender Finger ist ohnegleichen. Aber es gibt eine andere Geste im freundschaftlichen Miteinander, im Gespräch: die Berührung. Diese Geste ist keinem fremder als Proust. Er kann auch seinen Leser nicht anrühren, könnte es um nichts in der Welt. Wollte man die Dichtung um diese Pole – die weisende und die berührende – anordnen, so wäre die Mitte der einen das Werk von Proust, der anderen Péguys. Es ist im Grunde dies, was Fernandez ausgezeichnet begriffen hat: »Die Tiefe oder besser die Eindringlichkeit ist immer auf seiner Seite, nie auf seiten des Partners.« Mit einem Einschlag von Zynismus und virtuos kommt das in seiner Literarkritik zum Vorschein. Ihr bedeutendstes Dokument ein Essay, auf der großen Höhe des Ruhms und der niedern des Totenbettes entstanden: »A Propos de Baudelaire«. Jesuitisch im Einverständnis mit seinen eignen Leiden, maßlos in der Schwatzhaftigkeit des Ruhenden, erschreckend in der Indifferenz des Todgeweihten, der hier noch einmal sprechen will und gleichviel wovon. Was ihn hier dem Tode gegenüber inspirierte, bestimmt ihn auch im Umgang mit den Zeitgenossen: ein so stoßhafter, harter Wechsel von Sarkasmus und Zärtlichkeit, Zärtlichkeit und Sarkasmus, daß sein Gegenstand darunter erschöpft zusammenzubrechen droht.

Das Aufreizende, Unstete des Mannes betrifft ja noch den Leser der Werke. Genug, an die unabsehbare Kette der »soit que« zu denken, die eine Handlung auf erschöpfende, deprimierende Art im Lichte der unzähligen Motive zeigen, die ihr zugrunde gelegen haben können. Und doch, in dieser parataktischen Abflucht kommt zum Vorschein, wo Schwäche und Genie bei Proust nur noch eins sind: die intellektuelle Entsagung, die erprobte Skepsis, die er den Dingen entgegenbrachte. Nach den süffisanten romantischen Innerlichkeiten kam er und war, wie Jacques Rivière es ausdrückt, entschlossen, den »Sirènes intérieures« nicht den mindesten Glauben zu schenken. »Proust tritt an das Erleben ohne das leiseste metaphysische Interesse, ohne den leisesten konstruktivistischen Hang, ohne die leiseste Neigung zum Trösten heran.« Nichts ist wahrer. Und so ist denn auch die Grundfigur dieses Werkes, von der Proust nicht müde wurde, das Planvolle zu behaupten, nichts weniger als konstruiert. Planvoll aber, das ist sie wie der Verlauf unserer Handlinien oder die Anordnung der Staubgefäße im Kelch. Proust, dieses greise Kind, hat, tief ermüdet, sich an den Busen der Natur zurückfallen lassen, nicht, um an ihm zu saugen, sondern um bei ihrem Herzschlag zu träumen. So schwach muß man ihn sehen und begreift, mit welchem Glück Jacques Rivière ihn aus der Schwäche verstehen und sagen konnte: »Marcel Proust ist an derselben Unerfahrenheit gestorben, die ihm erlaubt hat, sein Werk zu schreiben. Er ist gestorben aus Weltfremdheit und weil er seine Lebensbedingungen, die für ihn vernichtend geworden waren, nicht zu ändern verstand. Er ist gestorben, weil er nicht wußte, wie man Feuer macht, wie man ein Fenster öffnet.« Und, freilich, an seinem nervösen Asthma.

Die Ärzte haben diesem Leiden machtlos gegenübergestanden. Nicht so der Dichter, der es sehr planvoll in seinen Dienst gestellt hat. Er war – um mit dem Äußerlichsten zu beginnen – ein vollendeter Regisseur seiner Krankheit. Monatelang verbindet er mit vernichtender Ironie das Bild eines Verehrers, der ihm Blumen gesandt hatte, mit deren ihm unerträglichen Duft. Und mit den Tempi und Gezeiten seines Leidens alarmiert er Freunde, die den Augenblick fürchteten und ersehnten, da der Dichter plötzlich, lange nach Mitternacht, im Salon erschien – brisé de fatigue und nur auf fünf Minuten, wie er verkündete, – um dann bis in den grauenden Morgen zu bleiben, zu müde, um sich zu erheben, zu müde, um auch nur seine Rede zu unterbrechen. Selbst der Briefschreiber findet kein Ende, diesem Leiden die entlegensten Effekte abzugewinnen. »Das Rasseln meiner Atemzüge übertönt das meiner Feder und eines Bades, das man im Stockwerk unter mir einläßt.« Aber es ist nicht das allein. Auch nicht, daß ihn die Krankheit dem mondänen Dasein entriß. Dieses Asthma ist in seine Kunst eingegangen, wenn nicht seine Kunst es geschaffen hat. Seine Syntax bildet rhythmisch auf Schritt und Tritt diese seine Erstickungsangst nach. Und seine ironische, philosophische, didaktische Reflexion ist allemal das Aufatmen, mit welchem der Alpdruck der Erinnerungen ihm vom Herzen fällt. In größerem Maßstab ist aber der Tod, den er unablässig, und am meisten wenn er schrieb, gegenwärtig hatte, die drohende, erstickende Krise. So stand er Proust gegenüber und lange, bevor sein Leiden kritische Formen annahm. Dennoch nicht als hypochondrische Grille, sondern als »réalité nouvelle«, jene neue Wirklichkeit, von der der Reflex auf Dingen und auf Menschen die Züge des Alterns sind. Physiologische Stilkunde würde ins Innerste dieses Schaffens führen. So wird niemand, der die besondere Zähigkeit kennt, mit der Erinnerungen im Geruchssinn (keineswegs Gerüche in der Erinnerung!) bewahrt werden, Prousts Empfindlichkeit gegenüber Gerüchen für Zufall erklären können. Gewiß treten die meisten Erinnerungen, nach denen wir forschen, als Gesichtsbilder vor uns hin. Und auch die freisteigenden Gebilde der mémoire involontaire sind noch zum guten Teil isolierte, nur rätselhaft präsente Gesichtsbilder. Eben darum aber hat man, um dem innersten Schwingen in dieser Dichtung sich wissend anheimzugeben, in eine besondere und tiefste Schicht dieses unwillkürlichen Eingedenkens sich zu versetzen, in welcher die Momente der Erinnerung nicht mehr einzeln, als Bilder, sondern bildlos und ungeformt, unbestimmt und gewichtig von einem Ganzen so uns Kunde geben wie dem Fischer die Schwere des Netzes von seinem Fang. Der Geruch, das ist der Gewichtssinn dessen, der im Meere der temps perdu seine Netze auswirft. Und seine Sätze sind das ganze Muskelspiel des intelligiblen Leibes, enthalten die ganze, die unsägliche Anstrengung, diesen Fang zu heben.

Im übrigen: wie innig die Symbiose dieses bestimmten Schaffens und dieses bestimmten Leidens gewesen ist, erweist am deutlichsten, daß nie bei Proust jenes heroische Dennoch zum Durchbruch kommt, mit dem sonst schöpferische Menschen sich gegen ihr Leiden erheben. Und daher darf man, von der andern Seite, sagen: eine so tiefe Komplizität mit Weltlauf und Dasein, wie die von Proust es gewesen ist, hätte unfehlbar in ein gemeines und träges Genügen auf jeder anderen Basis als so tiefen, unausgesetzten Leidens führen müssen. So aber war dies Leiden bestimmt, von einem wunsch- und reuelosen furor seine Stelle in dem großen Werkprozesse sich weisen zu lassen. Zum zweitenmal erhob sich ein Gerüst wie Michelangelos, auf dem der Künstler, das Haupt im Nacken, an die Decke der Sixtina die Schöpfung malte: das Krankenbett, auf welchem Marcel Proust die ungezählten Blätter, die er in der Luft mit seiner Handschrift bedeckte, der Schöpfung seines Mikrokosmos gewidmet hat. *(1929)*

Alfred Döblin
Proust als Repräsentant Frankreichs

Den »Idiot« von Dostojewski habe ich so fast zwei Jahre (vor 20 Jahren) mit mir herumgeschleppt, ich habe immer dies oder jenes Gespräch aufgeschlagen und kam davon nicht los. Es wäre mir absurd und profan erschienen, hier richtig zu lesen wie in einem Buch. Es war eben kein »Buch«, es war eine Begegnung. Genau so steht's – nicht ganz so intensiv – mit Proust. (Nicht mit dem in Deutschland sehr geschätzten Stendhal – er hat offenbar trotz aller Reize nicht so viel spezifische Valeurs.) Wo es mir also mit Proust so geht, werden Sie von mir nicht verlangen, Ihnen zu erzählen, was ich denn eigentlich an ihm finde. Übrigens »lese« ich ihn seit Monaten nicht, er liegt drohend auf meinem Tisch, es kommt bald wieder seine Stunde, ich kann mich doch nicht entziehen. Es sind eben zu wichtige Fragen, die zwischen Proust und mir zur Diskussion stehen, und die brauchen Zeit; ich habe auch den Eindruck, daß ich mich gelegentlich planvoll der Debatte entziehe.

Denn, jetzt wird's mir klarer: Es steht einfach das »Französische«, genauer das »Lateinische« zur Diskussion! Ein paar Seiten von Proust haben mir die Latinität, ihr spezifisches Gewicht, vorgeführt, und nun wiege ich das Gewicht in meiner Hand, in der anderen habe ich andere Gewichte. Sie müssen, Herr Dr. Grautoff, diese Dinge nicht einfach nehmen und müssen verstehen, warum ich eine Neigung habe, mich »zu drücken«. Es handelt sich um große Entschlüsse, um wichtigste Entscheidungen für jemanden, dem Geistiges wichtig ist. Ich sehe vielleicht das Französische anders als Sie. Und bestimmt ist es mir etwas anderes als den Franzosen. Es handelt sich um Fragen der Hinneigung zur Welt, um die Art der Hinneigung, um die Art der Hinneigung zum Menschen (es ist eine wunderbare, ganz beglückende – ganz anders als ich Tiefseetaucher sie kenne). Um so etwas dreht es sich für mich, wenn ich durch das Fenster »Proust« nach Frankreich hineinsehe oder vielleicht auf dieser Schwelle »Proust« mich Frankreich nähere. Damit hängen ganze Fragenkonvolute zusammen: die Stellung zur Form, ja es folgen mittelbar politische Einstellungen daraus – das kann ich hier nicht ausführen. Alles das ergibt sich aus der intensiven (und halb geistesabwesenden, aber schlürfenden und tiefst interessierten) Beschäftigung mit wenigen Seiten Prousts. Ich horche jetzt sehr auf Französisches hin, aber Sie werden mich liebevoll langsam und wachsam sehen, im Gefühl, für mich – und vielleicht auch für einige andere – wichtige Entscheidungen zu treffen.

Dies wollte ich Ihnen, sehr geehrter Herr Grautoff, von meiner Haltung zur französischen Literatur gesprochen haben. Ich zeigte Ihnen – noch einmal – meine Haltung, meine werdende Haltung, zum Französischen, zur Latinität. Es werden mir durch ein paar Romanseiten von Proust, einige französische Elementarbegriffe klarer und klarer, und sie gehen in mich ein. *(1930)*

Rudolf Kassner
Prousts Leere

In Marcel Prousts Romanen, wo die Welt zum Salon und der Salon zur Welt geworden ist, wo also die Bühne mit ihren Kostümen und ihrer Ideologie aufgehört hat zu existieren und Dichter und Zuschauer oder Richter und Angeklagte in eines verschmolzen erscheinen und nichts mehr Kostüm oder Herz, sondern alles, auch das Herz, Haut geworden ist, treten Rosenkrantz und Güldenstern nicht immer nur zu zweien auf wie Clowns, vielmehr sind auch sie Einzelne geworden mit einem Innen-, einem Nervenleben: Kokainisten, vielleicht Homosexuelle oder gar verschämte Schamlose (nennen wir es so! daneben gewiß passable Gatten und Väter), vielleicht Verfasser lyrischer Bände oder Romanschriftsteller, vielleicht aber auch ganz im Gegenteil Männer der neuen Sachlichkeit, Amateurboxer. Sind sie eitel? Ohne Zweifel. Hat es aber einen Sinn, dieses Wort in ihrer Gegenwart auch nur in den Mund zu nehmen? Die Eitelkeit ist hier zur Haut geworden, oder wie die Haut den Körper, so hält jetzt die Eitelkeit die Gesellschaft zusammen.

Es läßt sich wohl kein größerer Gegensatz denken als die Eitelkeit Marcel Prousts und die des antiken Menschen. Letztere war ganz Bühne, Schaustellung, Entblößung, Bemalung, sie war leiblich, phallisch, die dem Phallischen eingeborene Übertreibung; sie war Aberglauben, Tätowierung, Amulett, Schmuck, sie war schließlich überhaupt keine Eitelkeit, sondern Freude, Schmerz und jegliche Äußerung des Körpers. Die Seele, heißt das, war nicht eitel. Die Religion war dazu da, sie davor zu schützen. Alle die Vorstellungen von Unsterblichkeit, Glück, Entrückung des Leibes sind letztlich Zeichen davon, daß die Seele von der Eitelkeit nicht berührt werden könne. Denken wir uns einmal einen Menschen mit so einer Seele und dem Leibe, der notwendig dazugehört, einen Menschen also ganz und gar ohne die entschiedene Hautsensibilität und Hautseele Marcel Prousts oder von dessen Helden, statt deren aber mit einem robusten Glauben an die Seelenwanderung, welcher Glauben gewissermaßen den äußersten Gegensatz zu der genannten genialen Hautsensibilität bilde. Er sei ein Römer oder ein Grieche oder ein Ägypter, doch nein: fragen wir lieber, schon um Prousts willen, jene ägyptische Prinzessin, von der Herodot erzählt, daß sie, nachdem ihr Vater, der König, mit ihrem köstlichen Leib sich die Kosten zum Bau einer großen Pyramide erstanden hatte, auch ihrerseits um denselben Preis eine, wenn auch kleinere Pyramide als Hüterin der unsterblichen Seele erworben habe, fragen wir also dieses so tröstliche Geschöpf ohne Komplexe und Verdrängungen, in welches Tier nach ihrer (freilich ein wenig robusten) Vorstellung Marcel Proust, dessen Haut vor Glück erschauerte, wenn er im Bois vor den Augen einiger Mitglieder des Jockeiklubs ein wenig unter den Sonnenschirm Odette Swanns zum Beweise besonderer Intimität treten durfte, ich sage: in welches Tier dieser Hauterschauernde nach seinem Tode wohl wandern müßte, ich glaube, sie würde keinen Augenblick gezögert und nur ein Tier zu nennen gewußt haben: die Fliege. *(1930)*

Editha Klipstein
Christliche Proust-Lektüre

Seltsam, in vorgeschrittenen Jahren zu Marcel Proust zu kommen – und doch auch wieder gut, wenn einmal ein großer Mann ohne Übergang auf ein vorgerücktes Alter wirken kann, auf Leute, die gleichsam neben dem Autor aufwuchsen, ohne ihn zu merken, ihn aber jetzt plötzlich erkennen, als sei er derjenige, der ihnen viele Jahre lang gefehlt hatte als der Bestätiger ihres unmittelbaren Empfindens.

Wie es bei den Menschen so niemals mehr ihr Intellekt oder Bildungsgrad oder guter Wille und Gesinnung ist, die uns bezaubern und überwinden, sondern allein ihr »Wesen«, das eben aussieht wie es aussieht und einen so deutlichen Aspekt hat wie ein Tier oder eine Blume, und über dessen Rasse man sich nicht täuscht, genau so geht es einem mit den Büchern. Man liest ja nicht mehr, um Wissen aufzustapeln als eine Waffe gegen die unbelesene Umwelt und als ein Mittel, in gut bezahlte Posten zu kommen, der naive Irrtum über dieses »Streben nach oben« ist endgültig vorbei und mutet uns heute schon, wo wir ihm etwa noch begegnen, kleinbürgerlicher an als vor einigen Jahren – sondern man liest, um sich selbst aufzufinden, man sucht das adlige Wesen eines Buches auf, um sich ermutigen zu lassen zum Bekenntnis dessen, was man selber weiß (denn inzwischen erfuhren wir auch, daß wir mit allem, was es gibt, zur Welt kamen, und daß die Lebensarbeit nur ist: zu halten, was man hat, und nicht: etwas neues dazu zu gewinnen).

Das ist bei Proust so seltsam, daß er endlich mehr weiß als wir selbst. Ohne Mißverständnis! Es geht dies die Psychologie an. Ganz gewiß hatte es seinen Sinn, wenn feste Stände und Gemeinschaften sich eine gemeinsame Bewußtseinsbasis schufen, seit aber die Stände als solche sich auflösten, ging auch der begrenzende Stil des Denkens verloren. Und wie oft, wie oft mußten wir letzthin bei im übrigen von uns bewunderten Leuten nachsichtig überlegen: nun wohl, – er hält es für pädagogisch gut, dies so zu begründen, ich aber weiß es heimlich besser –.

Bei Proust indessen werden die Ursachen unsres Handelns bis auf einen letzten Grund bloßgelegt, über den wir noch kein Übereinkommen mit den andern schlossen, den wir daher noch vor uns selbst zu glauben zögerten. Bloßgelegt ohne Gehässigkeit, ohne Selbstanklage, mit einer göttlichen Friedfertigkeit, als ob es keinen Anlaß für die Handlungen eines Menschen heute geben könnte, der ehrenrührig sei. Und so ist es in der Tat, so steht es. Wir haben keinen Stand mehr zu verteidigen, schützen mit aller noblen Heuchelei nichts Schützenswertes mehr. Mit der vollkommenen Naivität des selbstbewußten Menschen wagt Proust sich und die »andern« zu durchschauen, durch alle tragischen Nichtigkeiten hindurch bis zur gemeinsamen tiefen Notwehr gegen Tod und Unfreiheit. Denn unsre gesellschaftlichen Versündigungen und Falschheiten entwickeln sich sämtlich aus der begreiflichen Angst, durch ein zu redliches kindliches Bekennen unter die Herrschaft der Zweitrangigen zu kommen.

Und viele sind wohl aus Angst, ihre »Wahrheit« einem unwürdigen Halbwissen auszuliefern, auch zur Unaufrichtigkeit gegen sich selbst gelangt. Auch darin besteht die Hilfe des Dichters, daß er uns befiehlt, zunächst uns selbst zu trauen, und uns den Beweis liefert, daß dies auch heute möglich ist. – [...]

Das christliche Gewissen und der abendländische »Stolz«, sie sträuben sich immer wieder, sich mit einander zu verbinden. Der Stolz, das Ehrgefühl, das seit der Renaissance die Frömmigkeit ersetzte, – über dieses Ehrgefühl hat Jacob Burckhardt gegrübelt, und Nietzsche trieb es zur offnen Empörung gegen das Christentum. Es ist wahr, wie Burckhardt feststellt, wir erröten keineswegs, wenn wir gegen die christliche Moral verstoßen, unser Schamgefühl wird an anderer Stelle getroffen, an der Stelle des »Geschmacks«, und ist es nicht in der Antike, daß wir endlich die geheimnisvolle Verbindung zu finden meinen: daß man errötete, wenn gegen das Gesetz von Güte *und* Schönheit zugleich verstoßen wurde, d.h. daß dieses beides endlich restlos zusammenfiel?

Bei Proust aber finde ich Ähnliches. Nicht daß er ein Heiliger oder Heros war. Aber er muß doch wohl große Überwindungen geleistet haben, um ein so guter Führer durch Hölle und Welt zu werden. Der wirkliche Weltmann, freilich nicht der Pseudo-Weltmann, steht dem religiösen Menschen viel näher als die allermeisten Theologen oder Anhänger neuer Sekten und Christengemeinschaften, und die Probe auf das Exempel ist, daß er es ist, der die Seelen der Bestgeborenen fängt. Er ist der Vornehmste, weil er trotz allem – und seine Form muß es beweisen – der Vorsichtigste, der Demütigste, der Gehorsamste war.

Und diese Gutgeborenheit, die Unbekümmertheit der Natur, die der Ehrfurcht vorangeht und ihr den Boden bereitet, sie ist es, die auch allermeist zu vermissen ist bei jenen, die, in ihrer Weise ernst genug, zur Religiosität als solcher zurückstreben möchten, und eine Feierlichkeit und Hochachtung für etwas beanspruchen, was sie nicht mehr darstellen (sondern, mit aller redlichen Mühe, doch gleichsam noch einmal antiquarisch erworben haben). – Sie sind wirklich oft wie der kleine Mann, dem es keiner verargt, wenn er in die Höhe kommen möchte, der aber sehr oft da Handschuhe anzieht und den Zylinder aufsetzt, wo der bloße Kopf und die bloßen Hände noch längst genügen würden. [...]

Es ist, als ob Proust einem noch einmal die Jugend zurückgäbe, nicht die Erinnerung, sondern die gegenwärtige Empfindung, als ob man heute die Atemzüge fertig tun dürfte, zu denen man damals, in der Überfülle der Jugend, sich nicht die Zeit nahm. So selbstverständlich ist bei Proust das Zeitlose, daß man sich fragt: warum soll nicht alles Kommende ebenso in meinem heutigen Leben enthalten sein, als alles Vergangene darin ist? *(1930)*

Max Unold
Einiges über Marcel Proust

I.

Ich bin nicht Schriftsteller, sondern Maler; aber es gibt Dinge, die weder direkt noch indirekt in Malerei aufgehen, die einen so lange verfolgen, bis man ihnen ins Gesicht sehen muß – und da hilft kein anderes Mittel als Schreiben. So geht es mir jetzt mit Marcel Proust; monatelang habe ich nichts anderes gelesen als dies, einen einzigen Roman in sechzehn Bänden, und der Eindruck war so einzigartig-fesselnd, langweilend, quälend und befreiend, daß ich nicht anders kann als einiges darüber niederschreiben.

Vor mehreren Jahren verkehrte ich in einem Kreis, wo ich beliebt zugleich und berüchtigt war, aus dem nämlichen Grunde: ich erzählte manchmal »lange Geschichten«. Man hörte sie gern, aber man beschimpfte mich ihretwegen. Bisweilen war ich so dumm, mich zu verteidigen: ich könne nichts erzählen, ohne vorher in den und jenen bestimmten Zügen die Personen oder die Jahreszeit oder die Örtlichkeit auszumalen; ich brauche eine lange Einleitung, damit das Geschehnis, das dann folge, auch für die Zuhörer Erlebnis werde; ich brauche Zwischensätze und Klammern, die vielleicht mit der Sache gar nichts zu tun hätten, die aber für mich unentbehrlich zur Weiterführung der Geschichte seien usw. So ähnlich verteidigte ich mich unter dem Hohngelächter der anderen, die schließlich alle meine Erzählungen »Schaffnergeschichten« nannten: – was das ist, »wird aus dem weiteren Verlauf dieses Werkes noch genugsam klar werden« (Zitat aus Proust; dort sehr häufig). Ohne es zu wissen, war ich damals ein Leidensgenosse des jetzt so Berühmten, der jahrelang seiner Ausführlichkeit wegen von allen Verlegern abgelehnt wurde. Aber vielleicht waren wir beide im Recht, ich mit einer kleinen Marotte, er mit einer genialen Intuition.

II.

Die sogenannten Schaffnergeschichten sind auf einer Münchner Vororts-Trambahn erlauscht, wo jeder Fahrgast sich mit dem Schaffner unterhält. Das klassische Beispiel ist: »Denken's eahna, Herr Nachbar, gestern kauf i mir an Radi, wia'r ihn anschneid', is er pelzig!« Die Schaffnergeschichte hat mit der pointelosen Geschichte das gemeinsam, daß sie die Erwartung spannt und dann schmählich enttäuscht; sie hat aber das Besondere an sich, daß ihr Inhalt dem Erzähler ein sehr wesentliches Erlebnis ist, dessen Wichtigkeit dem Zuhörer absolut nicht einleuchtet. Vielleicht könnte man die Schaffnergeschichte als Thema für eine Doktorarbeit vorschlagen – es gäbe da mancherlei Interessantes zu untersuchen. Hier nur noch dieses: alle gewöhnlichen Träume (ich spreche nicht von den im Schlaf oder im Wachen poetisch arrangierten) werden, sobald man sie erzählt, Schaffnergeschichten. Man hat nach dem Erwachen die Empfindung, etwas unendlich

Packendes erlebt zu haben, man brennt vor Ungeduld, die unerhörte Sache jemand mitzuteilen; aber siehe, man bemüht sich vergeblich, dem andern diese für einen selbst erstaunliche Wirklichkeit, deren Plastik man doch spürt, sichtbar oder hörbar zu machen; man fühlt, daß man sich gar nicht genug tun könnte in der Schilderung der halb gesehenen, halb nur geahnten Hintergründe, der vorauszusetzenden Zustände, der Reaktionen des eigenen träumenden Ich auf die umgebende Schattenwelt usw. Der Hörer bleibt kalt, langweilt sich und sagt am Ende: ein rechter »Schaffnertraum«.

Die Geschichte Prousts ist eigentlich eine endlose Schaffnergeschichte, seine Art, sie zu erzählen, etwa die, wie man einen Schaffnertraum erzählt. Die Begebnisse spielen zum allergrößten Teil im Innern des Berichtenden, ganz nahe an der Grenze des Unbewußten, und er wird nicht müde, diese unterirdischen Küsten zu befahren und ihre merkwürdigen Wirklichkeiten ans Licht zu ziehen. Sicher ist bei ihm zum erstenmal der Versuch unternommen, das Unterbewußte und Vorbewußte als Gegenstand der Poesie zu behandeln – wohlgemerkt nicht als Gegenstand der Lyrik oder der Mystik oder der Wissenschaft – nein, als Gegenstand einer klaren und im extremen Sinne epischen Dichtung: und dieser Versuch ist geglückt. Er hat es fertig gebracht, die Schaffnergeschichte interessant zu machen. Er sagt: Denken Sie sich, Herr Leser, gestern tunk' ich ein Biskuit in meinen Tee, da fällt mir ein, daß ich als Kind auf dem Land war – dafür verwendet er achtzig Seiten, und das ist so hinreißend, daß man nicht mehr der Zuhörende, sondern der Wachträumende selbst zu sein glaubt: Marcel Proust – das Schaffner-Genie.

III.

Das Folgende will ich versuchen etwa in der Art Prousts niederzuschreiben: ohne Nachahmung seines Stils und natürlich ohne jeden Anspruch auf Kunst; es soll nur einen kleinen Begriff von der Länge und Konstruktion Proustscher Sätze geben:

Ich konnte bei mir selbst von jeher zwei Arten von Erinnerung unterscheiden: eine direkte, klare, einfache, die z. B. sagt »im Sommer 1922 war ich drei Wochen auf Rügen«, und dabei, natürlich mit aller Unbestimmtheit des mannigfaltigen Vergangenen, einzelne Bilder einzelner Tage mit Lücken dazwischen, die unwesentlich erscheinen, in jener seltsamen Camera obscura vor sich sieht, die unser Gedächtnis ist; und eine zweite, ganz andere Art, die mein eigenes Ich z. B. in irgendeiner fremden Stadt umhergehen sieht, ein Doppelgänger-Ich, das meinem heutigen Ich erzählt, das alles genau weiß, das mich aufmerksam macht: da warst du auch, und dort, und dies ist passiert und jenes, und welches, ein Laterna-magica-Ich, außer mir, jenem Ich gleicht, das man im Traum nicht ist, sondern sieht und erst nachträglich als eigenes Ich identifiziert (und das Wissen um die Erlebnisse des Doppelgängers ist der einzige Beweis seiner Identität mit mir selbst) – eben ein solches Doppel-Ich ist Proust für mich. Indem er auf den Leser keinerlei Rücksicht nimmt, löscht er mich aus, projiziert sich in mich hinein, hypnotisiert mich im wahren Sinne des Wortes, nimmt mir die Person und zwingt mich, dieses »Je« nicht mehr grammatikalisch, sondern in voller Wirklichkeit mit ich zu übersetzen.

IV.

Aber manchmal läßt der Hypnotiseur nach, die Dinge, an denen man teilnehmen soll, erwecken keine Teilnahme mehr – man erwacht, kehrt zu sich selbst zurück und verfällt in einen Nervenzustand, der von *Langeweile* über Ärger bis zu heller Wut sich steigert. Den Ereignissen fehlt nicht nur jede Spannung, sondern sie sind sogar ganz besonders uninteressant. Die Selbstbiographie eines verzärtelten, nervösen Jungen, der den größten Teil seines Lebens im Bett verbringt. Gesellschaftsklatsch aus dem Faubourg Saint-Germain; ein Jour bei einer Marquise sechzig Seiten, ein Tee bei einer Herzogin hundertfünfzig Seiten, ein Abend bei einem Prinzen ein ganzer Band! Ohne, buchstäblich ohne jedes Ereignis, durch das der Fortgang der Erzählung beeinflußt würde! Oder einmal vier Seiten philologische Etymologie normannischer Ortsnamen, oder zehn Seiten Exerzierreglement und Felddienstordnung. Und wehe dem, der abzukürzen, vorzublättern versucht – er ist verloren; sein forschender Blick prallt ab von dem geschlossenen Bild kompakter Seiten, und wenn er schließlich auf einen Dialog stößt, so merkt er, daß es gerade die Fortsetzung (im Buch sind vielleicht nur zwei Minuten vergangen) eben des Gespräches ist, dem er vor hundert Seiten beiwohnte und dessen Eintönigkeit er entgehen wollte. Er kann ebenso gut das Buch zuschlagen und nie mehr öffnen. So bleibt denn nichts übrig, als sich diesem Vergewaltiger ganz hinzugeben, ihm Wort für Wort zu folgen und seinen Traum Satz für Satz mitzuträumen.

Der Unterschied zwischen Proust und allen anderen Erzählern ist nicht relativ, sondern absolut; und der Grund dafür liegt nicht in Technik oder Aufbau, sondern im Apriori einer jeden Wiedergabe von Vorgängen: in der Auffassung der Zeit. Die Anerkennung der gleichmäßig fortlaufenden Uhr und des Abreiß-Kalenders war bisher die unumstößliche Grundlage alles Epischen. Proust kennt nur seine »innere Uhr«, sein Erleben ist nur Ausgefülltsein des Geistes (= lange Zeit) oder Leere (= kurze Zeit). Deshalb ist sein Roman eigentlich dauernde Gegenwart, die Vergangenheit nur vorhanden, soweit sie dem Geist »gegenwärtig« ist. Deshalb nimmt die Selbstbetrachtung, die Reflexion, die Analyse einen so großen Raum ein in seinem Werk, deshalb ist das, was man sonst Ereignisse nennt, immer irgendwo im Hintergrund und tritt nur hervor, wenn »seine Zeit gekommen ist«. Und daraus gerade ergeben sich für den Leser (für den unendlich geduldigen Leser) oft sehr erstaunliche künstlerische Wirkungen.

Nur ein kleines Beispiel dafür (aber ich fürchte, man kann Proust nicht »wiedergeben«): Im ersten Teil erfährt man, daß Swann, der junge Klubmann und Arbiter elegantiarum, wohlangesehener Gast im Faubourg Saint-Germain war: seine lange packende Liebesgeschichte greift einem ans Herz, dann hört man nichts mehr von ihm. Im dritten Teil kommt nun der Erzähler als junger Mensch selbst in jene Kreise, er verkehrt bei der Duchesse de Guermantes, die als besondere Freundin Swanns erwähnt war; und einmal – es ist irgend einmal, aber es ist unbeschreiblich und unersichtlich, wodurch Proust diesem Moment eine so merkwürdige Präzision geben konnte, daß es einen wie eine Erschütterung trifft – einmal begegnet er in jenem Hause Swann; und Swann ist alt – –

V.

Man könnte aus den Figuren Prousts einen »richtiggehenden« Roman machen, vielleicht eine Art Comédie humaine, voll von Spannungen, Leidenschaften, Lastern und Tugenden; der Stoff dazu wäre da, er ist nur versteckt, weil die Uhrräder anders ineinander greifen als bei jeder anderen Uhr. Und es wäre vielleicht nicht ganz töricht, zu fragen, warum Proust nicht so geschrieben hat wie Balzac, weil er selbst eine Antwort auf diese Frage gibt. Von Anfang an, als Knabe schon sucht er nie etwas anderes als »Wahrheiten«. In einer Dichtung, in einer Landschaft, im Vortrag der Tragödin, im Klang eines adeligen Namens, im Geruch eines Blütenzweiges, überall ist eine »vérité«, die er ahnt. Die Religion interessiert ihn nicht, die Freundschaft erklärt er für eine unfruchtbare, von sich selbst ablenkende Schwäche, die Liebe ist ihm ein einseitiges qualvolles Erleben von Eifersucht und Mißtrauen – Wert hat alles nur, soweit es leiden macht und dadurch konzentriert, zum Ich führt, zum Suchen nach der »vérité«. »A la recherche du temps perdu«: er verliert seine Zeit, sein Leben über diesem Suchen. Und er findet die Zeit wieder in der Gestaltung seines Werkes.

Er schreibt einmal: et je me disais combien il est difficile de savoir la vérité dans la vie – in der Gestaltung hat er sie endlich gefunden: Kunst und Wahrheit sind identisch. Er sagt: der Künstler schafft die Wirklichkeit; die Kunst, ebenso wie die Wissenschaft, ändert in dauernder Entwicklung das Bild der Welt – und in diesem Sinne ist er selbst ein Schöpfer. Proust der Zauberer. Ein seltsamer, befremdender Mensch mit außerordentlichen Fähigkeiten, ein mikroskopischer Geist, der Dinge sichtbar gemacht hat, die vor ihm unter der Grenze der Wahrnehmung lagen, ein Märtyrer und Monomane seiner Idee, und darum manchmal wohl auch ein rechter Narr: – aber ich kann mich wenden, wie ich will: er hat mich und meine Welt verwandelt. *(1932)*

Hermann Grab
Zu Prousts Judentum

Daß bei Proust die Kunst der Nuancierung in erster Linie steht, das werden wir aber nicht als bloße Zufalls-Tatsache bezeichnen können, sondern eben mit dieser Tatsache ist das Romanwerk Proust's tief in der Zeit verwurzelt und im Ablaufe der Geschichte. Gerade mit dieser Tatsache ist es im höchsten Grade aktuell und zugleich im höchsten Grade überaktuell. (Denn nur, was aktuell ist, kann ja einen Anspruch auf Überaktualität erheben.)

Warum ist diese Kunst als aktuell zu bezeichnen oder zumindest als aktuell im Augenblick ihres Auftretens? Man wird sagen, wir sind Nervenmenschen, wir brauchen eine Nervenkunst. Eine solche Deutung ließe sich vielleicht schon in der Voraussetzung bestreiten, zeigt aber vor allem nur eine Oberfläche. Man muß nach tieferen Gründen forschen, muß gewisse Hintergründe des allgemeinen Geschichtsverlaufes aufzudecken suchen. Eine allgemeine geschichtsphilosophische Konstruktion, wie ich sie zur Klärung des Tatbestandes gerne zeigen würde, kann ich allerdings in der Kürze hier nicht versuchen. Nur auf Eines möchte ich mir gestatten, Ihr Augenmerk zu lenken.

Sieht man sich in der universal-historischen Linie die Veränderungen der symbolischen Formen an, in denen der Mensch sich äußert, dann wird man meiner Meinung nach recht deutlich Eines konstatieren können. Das, was man etwa Gestalt des Lebens nennen kann, ist zunächst außerordentlich greifbar, ist gewissermaßen körperlich gegeben. Der Geist, das Gesetz, die Kunst manifestiert sich körperlich monumental. Daß allerdings beim Judentum, und gerade beim Judentum die Dinge anders liegen, scheint mir, nebenbei gesagt, einer der entscheidendsten Gründe für die ganz spezifische Weltstellung des Judentums zu sein. Wir werden aber in anderem Zusammenhange noch diese Frage streifen und haben uns vorläufig noch die allgemeine Entwicklung anzusehen.

Die Gestalt, sagte ich, manifestiert sich ursprünglich in der Oberfläche, ist in der Oberfläche greifbar, in der Oberfläche liegen grell und scharf gegeneinander abstehend die Kontraste des Lebens. Und was ist nun die Entwicklung? Die Gestalt zieht sich immer mehr aus der Oberfläche zurück, verliert damit sozusagen die Kraft, die Oberfläche in ihre wenigen klaren Kontraste zu gliedern, die Konturen verschwimmen, die Farbenflächen zersplittern sich gleichsam, spielen immer stärker durcheinander. Die Oberfläche wird immer vibrierender, das Leben wird also, um es kurz zu sagen, immer impressionistischer. Die dahinterstehende Gestalt ist jetzt durch die reich schattierte Oberfläche hindurch nurmehr in blassen Konturen sichtbar. Ich darf Sie hier nicht mit diesen äußerst komplizierten geschichtsphilosophischen Erwägungen in Anspruch nehmen, es gilt die hier gezeichnete Entwicklung meiner Meinung nach für alle Lebenssphären. Aber ich darf Sie bitten, an die Entwicklung der Malerei zu denken, und es wird Ihnen klar sein, was ich meine. [...]

Versuchen wir nochmals zu fixieren, was wir unter der impressionistischen Situation verstehen können, dann werden wir es vielleicht auch so exemplifizieren können: Das Grunderlebnis liegt sozusagen nicht mehr an der Oberfläche des Erlebens, nicht mehr die großen Kontraste nehmen hier klar abgegrenzte große Flächen ein, sondern auf demselben Raum fluktuieren die verschiedensten Erlebnismomente durcheinander, die alle gleichwertig sind, während das Grunderlebnis blasser konturiert dahinter steht. Das ist die Erlebnissituation, die sich im Proust'schen Satzbau widerspiegelt. Unzählige Einschachtelungen, unzählige Relativsätze. Der Satzbau als solcher ist also weniger greifbar, klingt aber durch das Gesamtgefüge mit einem überaus natürlichen Rhythmus durch.

Dasselbe Bild aber gibt uns nicht nur der Satzbau, sondern auch der Bau des gesamten Romanwerkes. Wer anfängt zu lesen, findet keine Aktion, keine Entwicklung. Es ist so, weil tausenderlei durcheinanderlaufende Erlebnismomente den Bau des Romanwerkes auseinandergesprengt und ungeheuer geweitet haben. Erst derjenige, der das Ganze liest, bekommt durch die bewegte Oberfläche hindurch die Umrisse einer geschlossenen Aktion zu sehen.

Die Häufung kontrastierender, kleiner Reize ist es, welche die Oberfläche des Proust'schen Romanwerkes okkupiert. Allen Nuancen dieser Reize nachzugehen, wird, wie wir schon sahen, erreicht, durch einen kaum wiederzufindenden Grad von Sensibilität. Der Geschmack, den ein Löffel Tee in Verbindung mit dem Stück eines bestimmten Kuchens im Munde spürbar macht, dieser sehr bestimmte Geschmack ist es, der die ganze Erinnerung an die Kinderjahre in Combray heraufbeschwört. Eine analoge Wirkung haben ähnliche Minimal-Nuancen von ähnlichen minimalen Situationen: Der bestimmte Klang eines Löffels, der gegen einen Teller stößt, die Sensation, welche der unerwartete Höhenunterschied zweier Pflastersteine, auf die man tritt, bereitet.

Versuchen wir das objektive Korrelat dieser gesteigerten subjektiven Reizsamkeit zu nennen, dann werden wir sagen müssen – und damit ist das eminent geschichtsphilosophische Gewicht des Proust'schen Werkes gegeben –, die Gegenstands-Welt ist bis zu einem kaum vorher dagewesenen Grade aufgelöst oder, um es exakter zu sagen, in ihrer Oberflächenwirkung zersetzt. Aber nicht nur die Gegenstandswelt, auch die Persönlichkeit. Kein Romanwerk finden wir so weit entfernt von jenem Studium der Anschauung, auf dem bestimmte Persönlichkeiten bestimmte Tugenden oder bestimmte Laster repräsentieren. In der Tat läßt Proust dem Nebeneinanderwohnen der verschiedensten Neigungen, Tugenden und Untugenden bei ein und derselben Person einen unendlich breiten Raum. [...]

Wir finden stark Jüdisches bei Proust schon in der ursprünglichsten Form, in der er dem Leben gegenüber steht, in welcher das Leben ihm keine Erfüllung bietet, in der es ihm nur als Reminiszenz oder als Hoffnung von Bedeutung ist. Der Augenblick gilt nicht, das ist in der Art, wie wir es bei Proust finden, außerordentlich jüdisch. Aber wir finden bei Proust auch die andere, die lichte Seite dieser Einstellung, jene andere Seite, von der aus die Lebensstellung, die wir als jüdisch erkennen, überhaupt erst ihr Gewicht erhält, die Richtung auf das Metaphysische.

Die Frage, ob die Fremdheit den Lebensdingen gegenüber und die Erhaltung der metaphysischen Gerichtetheit, ob diese Grundeinstellung als die Konsequenz des Lebens in der Diaspora aufzufassen ist oder ob das Leben in der Diaspora eben durch diese Grundeinstellung, durch die metaphysische Gerichtetheit erst ermöglicht wurde, diese Frage zu erörtern, würde uns von unserm Thema allzusehr entfernen.

Angesichts Proust's aber ist es zunächst von höchstem Interesse, eines festzustellen, daß nämlich seine jüdische Deszendenz nicht als bloß zufällige Tatsache zu buchen ist. Fraglos ist es kein Zufall, daß es gerade ihm, also einem irgendwie Außenstehenden, vorbehalten war, die Dinge zu sehen in dem Augenblick, wo sie sich nurmehr von der Außenseite darbieten konnten.

Vielfältig sind die Beleuchtungen, in denen jüdische Dinge uns im Werke Marcel Proust's begegnen. Es kann der Versuch nicht unternommen werden, in der knappen Zeit hier erschöpfend zu berichten. Von rein Äußerlichem muß ich nur darauf hinweisen, daß im zweiten, dritten und vierten Band der Dreyfusprozeß sehr stark im Vordergrunde steht, daß wir über Dreyfusianer und Antidreyfusianer interessante psychologische Intimitäten erfahren. Die Beschäftigung mit dem Dreyfusprozeß ist allerdings nicht als eine Angelegenheit des Romanciers aufzufassen, der »Zeitkolorit« zu geben sucht. Die Auseinandersetzung der beiden Welten, die Auseinandersetzung des Juden mit der ihn umgebenden Welt werden wir überhaupt als eines der Hauptthemata Proust's begreifen müssen. Man muß erkennen, wie in seiner ganz allgemeinen Weltstellung sehr vieles von diesem Spannungsverhältnis spürbar ist, in seiner Einsamkeit, in seinem Outsidertum und in der Art seiner Ausrichtung über das Leben hinaus.

Aber auch als spezielles Romanthema tritt uns dieses Spannungsverhältnis entgegen, allerdings in echt Proust'scher Art, in der Art seiner echten Künstlerschaft, nicht im Gewande des nackten Problems, sondern in der periphersten Wirklichkeit demonstriert, an der periphersten Wirklichkeit des Gesellschaftlichen. Wir sehen Juden sich mit ihrer Umwelt auseinandersetzen, jeder in seiner Weise, meist dadurch in schiefer Situation befindlich. Sogar eine so kräftige Natur, wie die Großmutter, sehen wir in solch schiefer Situation. Ihrer Distinktion entsprechend sehen wir sie allerdings nur in übertriebener Zurückhaltung. Sie weicht sinnloserweise ihrer alten Pensionsfreundin, der Marquise de Villeparisis, aus, um nicht den Anschein zu erwecken, daß sie sich um sie bemühe.

Die gegenteilige Tendenz sehen wir in Blochs Familie vorhanden – in verschiedenen Abstufungen. Der alte Großonkel, Herr Nissim Bernard, phantasiert von seinen engen freundschaftlichen Beziehungen zu hochgestellten Persönlichkeiten, die er niemals gesehen hat. Herr Bloch senior ist darin etwas subtiler, er sagt nur, er kenne den und jenen ausgezeichnet und meint, er kenne ihn vom Sehen. Bloch junior geht schon so weit, diese Beziehungen zu realisieren. Am Anfang ist er noch etwas linkisch in seiner Streberei (er sagt noch Leift statt Lift). Wir finden bei ihm auch die für manche Juden sehr typische Art, den Gegensatz zur Umwelt durch eine eingeklammerte, parodistische Redeweise zu überbrücken. Bloch bedient sich in seiner Jugend ständig der Homerischen Sprache; aber am Schluß ist die Assimilation perfekt, als gefeierter Schriftsteller mit dem Namen Jacques du Roszier behaftet, betritt er das Haus eines Guermantes.

Ist Bloch der gemeine Snob, so ist Swann der Edelsnob zu nennen. Er ist als Snob begabter, wie er als Mensch eben auch subtiler ist. So sehen wir ihn gleich zu Beginn am Endziel der snobistischen Karriere. Es ist sogar Proust's besonderes Raffinement, daß er uns ihn am Anfang in einer Situation zeigt, wo er – hauptsächlich mit Odette beschäftigt – seine mondänen Beziehungen schon stark vernachlässigt. Swann ist geradezu als Studienobjekt für die Beziehungen des Juden zu seiner Umwelt zu demonstrieren. Im Grunde genommen lebt er in der Umwelt nicht, im Grunde genommen ist sie ihm fremd, ist ihm ein Objekt, das er überwunden, ein Material, das er geknetet hat. Seine gesellschaftliche Position ist ein Kunstwerk, das er sich geschaffen hat, unnütz, zum Leben nicht gehörig, aber mit dem Glanz des Kunstwerkes behaftet. Er muß seine aristokratischen Freunde jahrelang nicht sehen, nur weil ihn gerade eine dumme kleine Dirne interessiert. Aber er hat eine ungeheuere Genugtuung bei dem Gedanken, daß, würde er vom Schlag gerührt, die ersten Menschen, die sein Diener verständigen würde, der Herzog von Chartres, der Fürst von Reuß wären, der Großherzog von Luxembourg und der Baron Charlus.

Gerade dieser unernste, dieser spielerische Gedanke zeigt die Tiefe der menschlichen Einsamkeit, in der sich Swann befindet. Es ist dieselbe Einsamkeit, die auch die Weltstellung Proust's bekundet: Die Einsamkeit des Outsiders, dem sich das Leben nur mit seiner Außenseite zu nur ästhetischer Beziehung darbietet, es ist die Einsamkeit des jüdischen Menschen überhaupt darin enthalten.

Aber Swann scheint aus dieser Einsamkeit zu erwachen. Der Dreyfusprozeß rüttelt ihn auf und führt ihn zu seinen Ursprüngen zurück. Die aristokratischen Freunde wenden sich ab von ihm. Sein Kunstwerk hat er also zerstört, aber er hat sich selbst gefunden. Die letzten Worte, die wir den sterbenskranken Swann sprechen hören, sind die ersten, die uns eine direkte, eine aktive Beziehung zum Leben offenbaren.

Die Entwicklung Blochs und die Entwicklung Swanns, soweit sie uns gezeigt werden, das sind genau entgegengesetzt laufende Entwicklungen jüdischer Menschen. Sehen wir uns an, wie Proust das Endstadium der beiden zeichnet.

Von Bloch heißt es: »Eine englische Eleganz hatte tatsächlich sein Äußeres verändert, seine Haare, die früher gekräuselt waren, waren nun glatt gekämmt, in der Mitte gescheitelt und hatten einen künstlichen Glanz. Seine Nase war groß und rot geblieben, schien aber eher geschwollen durch eine Art permanenten Schnupfen, welcher den nasalen Ton erklärte, in dem er nachlässig seine Sätze servierte.«

Und Swann dagegen: »Die Nase Swanns, lange gewissermaßen aufgesogen in einem glatten Gesicht, schien jetzt mächtig geschwollen, gerötet und glich eher der Nase eines alten Hebräers als der eines seltsamen Valois. Übrigens ließ vielleicht in diesen letzten Tagen die Rasse den charakteristischen physischen Typus stärker hervortreten zugleich mit einem Gefühl der moralischen Solidarität mit den anderen Juden, einer Solidarität, die Swann während seines ganzen Lebens vergessen zu haben schien und die nun verschiedene Umstände in Verkettung miteinander geweckt hatten: Die Todeskrankheit, die Dreyfusaffaire, die antisemitische Propaganda. Es gibt gewisse Juden, sehr distinguierte Weltleute, bei denen zwei Figuren sich im Hintergrund halten, sozusagen hinter der Kulisse, um, wie in einem Theaterstück, in einer bestimmten Lebensstunde, auf der Bühne zu erscheinen, ein Grobian und ein Prophet. Swann befand sich im Alter des Propheten.«

Ein Grobian und ein Prophet, es sind die unverlorenen und offenbar unverlierbaren jüdischen Elemente vitaler und geistiger Kraft, die wir hier durchschlagen sehen durch die Oberfläche der Assimilation. Wir stehen immer wieder vor dem wunderbaren Rätsel der Erhaltung dieser Kräfte. Ich habe zu Anfang dieser Erörterung ganz flüchtig die Idee einer allgemeinen Geschichts-Konstruktion angedeutet. Das Judentum, meinte ich, steht außerhalb dieser allgemeinen Entwicklungslinie, in der die Völker sich äußern, sich ausgeben und altern. Es steht außerhalb und dennoch nicht ganz außerhalb. Denn im Augenblick, wo die Völker ihren eigenen Lebensformen als fremden Formen gegenüber stehen, vermag der Jude, der hier dem Leben selbst als Fremder gegenüber steht, diese Formen zu ergreifen, um sie zu ihrer letzten geistigen Dichte zu sublimieren. Das ist die Aufgabe, der Marcel Proust sich unterstellt hat.

Damit aber enthüllt sich eine neue Alternative der Wege, eine Alternative, die tiefer liegt als die Alternative Bloch – Swann. Es ist die Alternative, in der sich der Weg Swanns vom Wege des Erzählers scheidet.

Beide sind einsam, beiden ist das Leben fremd. An der Beziehung zu ihren beiden menschlich so inferioren Frauen wird es am deutlichsten, wie irreal für sie das Leben ist. Swann rettet sich aus der Irrealität des Lebens in die Realität seines Volkstums. Der Erzähler rettet sich aus der Irrealität des Lebens in die Realität seiner Kunst, in die Realität der Sublimierung des fremden Lebens. Zwei Wege, und beide offenbar auf der Linie des jüdischen Schicksals liegend. Wie immer wir uns aber nun entscheiden mögen, ob der hunderttausendfältige Dreyfusprozeß, den wir im Augenblick mit ansehen müssen, uns den Weg Swanns und allein den Weg Swanns in seiner letzten Konsequenz zu gehen gebietet, oder ob es unsere Aufgabe sein muß, nach einer Synthese zu suchen, die beiden Wege zu vereinen, eines ist gewiß: Was keinesfalls zu schwinden hat, ist das Vertrauen auf den Fortbestand der vitalen und der geistigen Energien. Das Lebenswerk, das wir heute betrachtet haben, das Werk, an dem Jüdisches so entscheidenden Anteil hat, vielleicht das letzte große Epos im Abendschein der europäischen Kultur, dieses Werk wird uns in dem Vertrauen bestärken, im Vertrauen auf ein Volk der Grobiane und Propheten, ein Volk, das glücklicherweise grob genug ist, stark genug, als daß aus seiner Mitte die Prophetenstimme noch erklingen kann. *(1933)*

Karl Radek
Kann der sozialistische Realismus Proust beerben?

Sollen wir von großen Schriftstellern wie Proust die Kunst lernen, jede kleinste Regung im Menschen zu skizzieren, zu schildern? Nicht darum handelt es sich. Es handelt sich darum, ob wir unseren eigenen Weg haben oder ob uns die Experimente des Auslands den Weg weisen sollen.

Die Literatur des sterbenden Kapitalismus ist verkümmert, weil sie sich zuviel mit Ideen befaßt. Sie ist unfähig, jene gewaltigen Kräfte darzustellen, die die Welt erschüttern – die Todeskämpfe der alten, die Geburtswehen der neuen Welt. Und zu dieser inhaltlichen Trivialität gesellt sich die nicht minder bedenkliche formale Trivialität der bürgerlichen Weltliteratur. Alle Stilrichtungen, die von der früheren bürgerlichen Kunst entwickelt wurden und große Meisterwerke hervorbrachten – Realismus, Naturalismus, Romantik –, das alles ist jetzt abgenutzt und zerfallen;

das alles existiert nur noch in Fragmenten, die sich nicht mehr zu einem einheitlichen, überzeugenden Bild zusammenfügen lassen.

Es steht nicht in der Macht der bürgerlichen Literatur, den Realismus eines Balzac nachzuahmen, der bestrebt war, ein Bild zu zeichnen, das die Epoche, in der er lebte, treffend wiedergab. Denn ein umfassendes Bild vom Leben, wie es ist, würde auf eine Verurteilung des hinfälligen Kapitalismus hinauslaufen. Der Naturalismus hat in seinen jüngeren Tagen und seinen besten Werken den Protest der kleinbürgerlichen Kunst gegen die Geschwüre des Kapitalismus zum Ausdruck gebracht. Heute jedoch ist es dem bürgerlichen Künstler verboten, den Finger auf die Geschwüre des Kapitalismus zu legen. Die Flucht in die Romantik, in der jene ihr Heil suchten, die von den Ergebnissen der französischen Revolution enttäuscht waren, ist heute unmöglich; denn es gibt keinen Fluchtweg mehr – nur noch den Weg in den Abgrund.

Man hat mit der Suche nach neuen Formen begonnen. An zwei Namen läßt sich am besten verdeutlichen, auf welche Weise die bürgerlichen Künstler heute versuchen, große Kunstwerke zu schaffen. Einer von ihnen ist Proust. Er möchte die Psychologie seiner Helden – Helden der französischen Salons – darstellen, indem er ihre Seelen unter das Mikroskop legt, penibel ihre Zellen seziert und jede ihrer Bewegungen analysiert. Das Skalpell der Analyse soll die Seele des Menschen freilegen, ohne Rücksicht darauf, was er ist oder was er sein möchte. In Prousts Werk liegt die alte Welt wie ein räudiger Hund, der keiner Bewegung mehr fähig ist, in der Sonne und leckt sich unablässig seine Wunden.

Dostoevskij erreichte den Gipfel der Kunst, indem er einige der Typen analysierte, die das eiternde, halbfeudale Rußland bewohnten – Menschen, die in den winzigen Dachkämmerchen erstickten, in die man die untere Mittelschicht der Städte gepfercht hatte, Menschen, die keinen Ausweg aus ihrer erbärmlichen Situation mehr sahen. Aber selbst die elendsten Typen werden zu Titanen des Leidens, wenn Dostoevskij sie mit seinem Skalpell seziert. Prousts Salonhelden dagegen schreien einem förmlich ins Gesicht, daß sie keiner Analyse wert sind, daß keine Analyse auch nur das geringste Resultat erbringen könne. *(1934)*

Klaus Mann
Über Karl Radeks Rede

Die Rede Karl Radeks über die internationale Literatur war, nach dem einführenden Gorki-Referat, das zentrale Ereignis des Kongresses. Es ist fraglos, daß diese Rede enttäuschte. In der Diskussion, die nachher lebhaft einsetzte, wurde Radek von vielen Seiten attackiert, und oft heftig. Seine abschließende Erwiderung war konzentrierter und geistvoller, als seine Rede es gewesen war.

[...] Der revolutionierenden psychologischen und stilistischen Leistung, die James Joyce zu einem Ereignis macht in der europäischen Literatur, gedachte er nicht. – Als noch peinlicher empfand ich einige Sätze, die er Marcel Proust widmete. Ein Gegenstand des Sarkasmus war ihm, daß Proust sieben Gerüche gleichzeitig voneinander unterscheiden konnte und daß seine Kritiker – auch seine sowjet-russischen – ein Rühmens davon machen. In Arbeiterwohnungen – meinte Radek – gebe es meistens nur einen Geruch, den nach Kohl; man täte besser daran, helle, saubre Arbeiterhäuser zu bauen. – Ausgezeichnet, wir sind für die Arbeiterhäuser. Aber sind sie ein Argument gegen Proust? Doch nur dann, wenn man der Kunst keinerlei Daseinsberechtigung zugesteht, solange die Arbeiterwohnungen nicht überall perfekt sind. So denkt und empfindet man jedoch nicht in der Sowjet-Union. Was sollte also die recht vulgäre Ironie Karl Radeks?

Von der Fähigkeit Marcel Prousts, sieben Gerüche gleichzeitig voneinander zu unterscheiden, ist in der Tat viel Rühmens zu machen, da der also Überfeinerte, dank dieser Tätigkeit und dank anderen, dieser verwandten, aus dem Roman etwas gemacht hat, was er bis dahin nicht gewesen war. Proust entdeckte Neuland, auch er: er führte eine neue Sensibilität in die Literatur ein, er lieferte ein unerhörtes Beispiel dafür, mit welcher Präzision sinnliches Leben durch das Wort wiederzugeben ist. *(1934)*

Ernst Bloch
Das fragmentierte Ich

Proust: Ein Ich, das eigenes und äußeres Leben zerrinnen sieht, faßt Verlorenes überscharf, schreibt den sterbenden Glanz nach oben. Der Überschuß dieses Dichters ist die Finesse und Mikrologie seines Porzellanblicks, was dasselbe ist wie ein alles versammelndes Gedächtnis. Es dringt zum intensiv Ungeheuren des kleinen Nebenbei ebenso vor wie zur Nachreife einer Zeit, die, während sie gelebt wurde, schon vergangen war; so agiert das Kaleidoskop dieser großen Herren und Damen, dieser Betrüger, Abenteurer, Helden des déluge, dieser bleichglühenden Spätwelt, an der alles wirklich scheint und alles Zwischenräume hat, worin die Gleichnisse nisten. Die Gleichnisse aus eingestürzten Sphären, die Planeten aus Restauranttischen, die Sonne als Königsmumie am ausgewickelten Tag, die gesellschaftliche Spielregel als Liturgie. Proust zerstückt die eigene Person in unzählige Ichs, die nichts voneinander wissen und deren Welten sich überschneiden; Proust sammelt nicht nur die Dinge der verlorenen Zeit, mit Einzelheiten, die ihr empirischer Zusammenhang niemals gezeigt hatte, er *dreht* ebenso die vergangene Zeit, gerade als solche, über sein vergehendes Ich zu einem Kuppelraum; dieser spannt post festum erst seine Bilder aus. Der Faubourg St. Germain einer untergehenden Welt hat sich darin erinnert und durchdrungen, ist zu den nicht mehr euklidischen Mosaiken Proustscher und eigener Todesstunde niedergeschlagen. Auch Handlungen, die kein anderes Gefühl als Neugier erwecken, auch Miszellen, scheinbar nur aus dem Einsturz her sichtbar geworden, scheinbar nur im Mosaik der Erinnerung erstarrt, geben Rechenschaft vor einem nicht mehr vorhandenen Richter. *(1935)*

Ludwig Hohl
Die Apotheose Prousts I

Proust muß man beim Lesen wirklich *lesen*. (Überschlage Seiten: es fehlen die Seiten; das vor dir Liegende zwingt dich nicht, ermöglicht dir nicht, jenes, den übergangenen Teil, hinzuzukonstruieren; denn jenes hat ein eigenes Leben, ist auch von Proust, kann nicht von irgendwem sein.) Alle sind miteinander darin einig, daß man die große Zahl der modernen Bücher, und zwar derjenigen, die der allgemeinen Meinung nach ernst zu nehmen sind, nicht zu lesen braucht; man schaut sie etwas an; man blättert und liest eine Anzahl Seiten und kann die andern überschlagen; man sieht die »Meinung« des Autors und ungefähr, wie er schreiben kann; was verlöre man?

Ich aber meine, daß man die Bücher, die während der Zeit ihres Entstehens nicht gelesen werden müssen (und zwar: von unsereinem nicht gelesen werden müssen), später nicht mehr für die bedeutendsten halten wird und vielleicht überhaupt nicht für bedeutend. (Später, wenn das Geschwätz – »den Geist der Epoche ausdrücken« und so; als ob die Aufgabe der Literatur darin bestünde, mit Radio, Film und Presse zu wetteifern – wieder für einmal vorüber sein wird.)

*

Die Formen sind nie geblieben; neue werden geboren mit jedem neuen Geiste; und zwar sind der Möglichkeiten unendliche. Woran könnte die Meinung sich halten, daß die eine Form größer als die andere sei? – Der Größte unter den Schriftstellern dieses Jahrhunderts, in was für einer Form schrieb er? Genau in der zerfallenen Romanform (endlose Auseinandersetzungen, fast keine Handlung und »immer redet er nur von sich selbst«) – morgen indessen, wenn man Proust wirklich sehen gelernt hat, wird sie eine neue klassische Form sein.

(Und die schlechten Werke sind nur darum schlecht, weil deren Urheber ein schlechter Geist war, nie, weil er nicht mehr die frühere Form erreicht.)

Es bleibt, daß die mächtigen Geister immer ihre Formen finden, Formen, die vollständig *genügen*. Denn immer die *Geister* sind es gewesen, welche die Formen schufen, und *nachher* hat die faule Kunstkritik ihre Systeme aufgestellt, immer überholt, die neue Form bekämpfend, immer überholt. (– und immer versichernd, daß es früher so gewesen, heute aber nicht mehr so sei. Daran erkennt man sie.)

*

Als der Roman ausgelebt hatte, gab es eine Form wie die von Proust: die wirklichen Romane waren unwirklich geworden und in einer Form, die kein wirklicher Roman war, erschien die Wirklichkeit. *Wer die wahren Gestalter sind, wird im allgemeinen erst die Nachwelt entscheiden.* Sicher aber ist dies: diejenigen, die die Mitwelt für große Gestalter hält, sind fast immer gerade die Nachahmer.

*

Daß Proust eine bestimmte Gesellschaft, die vor dem letzten Krieg in Frankreich existierende, dargestellt habe, ist entweder ein Unsinn oder eine Banalität, je nachdem wie das Wort gemeint ist.

Irgendein Grund ist nötig, wenn man malen will, und für Fresken eine Wand: hätte man Michelangelo nicht *die* Wand (oder Decke) gegeben, sondern eine andere, hätte er auf die andere nicht gleicherweise malen können? Die Gesellschaft aber für einen Proust, sie ist nicht die Fresken, sondern nur die Wand; ein Schriftsteller muß freilich von etwas reden; dieses Etwas aber, von dem er redet, ist nur die Wand; *wie* er redet oder was er durch die Art seines Redens zum Ausdruck bringt, das allein ist das künstlerisch Reale. *(bis 1936)*

Eugen Gottlob Winkler
Marcel Proust. Ein Beitrag zur Charakteristik des Dichters

Im Bereich des französischen Lebens gebührt dem Literarischen ein Raum, der für deutsche Vorstellungen und Verhältnisse ungewöhnlich bedeutsam und groß ist. Es gibt in Frankreich eine beträchtliche Anzahl von Analphabeten. Vielleicht ist dies gerade der Grund, warum dort das Lesen und Schreiben noch eine unvergeßliche Frische, ja Unerhörtheit besitzt, die, über alle unmittelbare Nutzanwendung hinaus, nach dem Unbedingten von Kunst und Spiel strebt. Es gibt kaum einen namhaften französischen Politiker, der nicht eine ansehnliche literarische Leistung aufweisen könnte, und gar die Meinung, daß ernsthafte Geistigkeit und literarischer Anspruch einander als Feinde ausschließen müßten, würde dem Franzosen, dem das Literarische als *die* Methode geistiger Äußerung gilt, geradezu unbegreiflich erscheinen. Die Ebenen der französischen Literatur sind ebenso zahlreich wie die des sozialen Lebens. Und nicht abseits, sondern darüber thront die

Hohe Literatur, bestehend aus einem Parnaß von Dichtern, den eine öffentliche Meinung nicht immer einstimmig, sondern oft unter heftigstem Meinungsstreite nach der Gewichtigkeit der Stimmen ernennt. Er ist mit dem Parnaß der Académie nicht durchaus identisch. Weder Verlaine, noch Mallarmé, noch Proust zählten zu den erlauchten Fünfhundert, obwohl sie nach dem ungeschriebenen Gesetz der berufenen Urteiler noch zu Lebzeiten in die Hohe Literatur eingegangen sind.

Proust, obwohl er ihr heute auf die rühmlichste Weise angehört, fiel die Aufnahme einst nicht leicht. Als er, dreiundvierzigjährig, den ersten Band des Werkes herausgab, das schließlich sein Lebenswerk wurde, war seine menschliche wie schriftstellerische Erscheinung für die Zeitgenossen bereits bestimmt. Man kannte von ihm einen Band, »Les Plaisirs et les Jours«, der in lyrischer Prosa verhauchende Stimmungen und Figuren zeichnete, ferner einige Übersetzungen Ruskins sowie Berichte über exklusive Geselligkeiten, die er im »Figaro« schrieb: er galt als ein Snob, als einer der mondänen Schriftsteller von der Art seines Freundes Montesquiou, die man trotz gewisser literarischer Qualitäten nicht sehr wichtig nahm. Auch Prousts 1914 erschienener Roman »Du Côté de chez Swann« hat dieses Vorurteil nicht widerlegt. Wenn bei dem Prozeß der Vergegenständlichung des Subjekts, der sich bei Proust vollzieht, noch ein Rest an subjektiver Befangenheit übrigbleibt, so ist sie ganz offenbar die eines Snobs – eines Menschen, dem vor der Blendkraft fremden Scheines die angestammte Natur von minderem Range zu sein scheint, eines Menschen also, der das, was er ist, durch den Schein eines anderen Seins zu ersetzen trachtet, und der, indem er damit den Fehler begeht, zwei wesensfremde Kategorien einander gleichzusetzen, notwendigerweise in eine Verbogenheit, wenn nicht Verlogenheit seiner Natur gerät. Jedesmal wenn Proust in dem dreizehnbändigen Werk »A la Recherche du Temps perdu« zufällig aufhört, Künstler zu sein – es sind nur wenige, gleichsam unkontrollierte Momente, da das unverarbeitete Ich plötzlich bekennermäßig erscheint –, verrät sich, daß den gespenstischen, aufgeblasenen Figuren aus einer Vogelscheuchenwelt nicht minder eine heimliche, seltsame Neigung gilt. An solchen Punkten droht Prousts gigantisches Werk zusammenzustürzen. Denn plötzlich nimmt der Leser Partei gegen den Autor. Mit Interesse hat er die unaufhörlichen

Seiten über die Eitelkeiten des Aristokraten Charlus gelesen, – in allen Einzelheiten die wichtigen Posen der Herzogin von Guermantes verfolgt. Sollte dies alles nun doch nur der Wunschtraum eines Plebejers sein? Solange das Gestaltete Selbstzweck bleibt, kann, wie sich zeigt, aus einem an sich belanglosen Stoff ein überaus kostbares Gebilde entstehen. Ein Leser, der nur gewohnt ist, sich am Stofflichen aufzuhalten, wird die Proustschen Geschichten, falls er kein Snob ist, ohnehin langweilig finden. Er schließt sich automatisch aus der Gemeinde der Proust-Leser aus. Sobald indessen der vorgetragene Stoff nun anfängt, im wertenden Sinne etwas zu meinen, droht auch die eigentliche Leserschaft alsbald untreu zu werden.

Das Stoffliche der von Proust geschilderten Welt an sich könnte wohl niemand reizen, es sei denn einige Snobs. Nirgends ein Durchblick in dieser Welt, der ins Kosmische ginge. Da ist kaum eine Figur, die der Leser ins Herz schließen möchte. Albertine? Es geht ihm mit ihr wie dem Helden. Man liebt sie, während sie abwesend ist. Sie tritt nicht mit nackten Sohlen die Erde. Wenn sie am Strand von Balbec im Kranz der Freundinnen badet, ist die Landschaft nur eine andere Folie, gelegt um ein überaus künstliches Mädchengeschöpf. Die Posamenten der Natur verleihen ihr für die Saison eine natürliche Note. Es herrscht da eine Art, sich des Landschaftlichen zu bedienen, wie sie grundsätzlich dem Naturgefühl des Dix-huitième nicht unähnlich war. Das Schäferliche ist nur um hundert Jahre verkleidet. Chateaubriand und Lamartine sind nicht ohne Einfluß geblieben. Wenn das Rokoko die Natur noch in den Salon einführte, so haben die Romantiker ihre Seelenkammer ins Freie verlegt. Auch das Sportliche tritt nun hervor. Am besten wirkt Albertine als ein Bild. In diesem Zustand erweckt sie auch ein eigentliches Begehren, ruft sie die Sehnsucht wach, die von allem Bildhaften ausgeht. Doch sobald die Bewegung des wirklichen Lebens sie befällt, sobald sie in einer Begegnung im Menschlichen anfängt zu leben, geht ihr Zauber dahin. Es ist typisch, daß nicht einmal in der unmittelbarsten Begegnung, in der zwischen Mann und Weib, die Erscheinung ihrer Person vom Fluß eines überwältigenden Lebens durchflutet wird, sondern siehe: sich auflöst in eine Reihe bezaubernder, aber feststehender Bilder, die, eins nach dem andern, rasch aufeinander folgen, während Abgründe von Enttäuschung dazwischen sich auftun – sich auftun, bis endlich ein letztes Bild Albertinens feststeht: Albertine schläft – eine hinreißende Frau – und dabei empfindet man Angst, sie möchte erwachen.

Der Subjektivismus erhält bei Proust eine seltsame Wendung. Das künstlerische Bewußtsein verselbständigt sich, trennt sich ab vom Bereich des persönlichen Ich und übernimmt von einer anderen, un- oder überpersönlichen Stelle aus die alleinige Verantwortung vor dem Leser. Man darf vor Prousts Romanwerk nur *eine* Frage erheben: ist Proust ein Künstler – ist er es nicht? Vor dem Absolutismus seines Dichtertums tritt alle internpersönliche Unzulänglichkeit, die seinem Glauben oder Nichtglauben, seinen Meinungen und Ansichten nachzuweisen wäre, ebenso wie die Fragwürdigkeit des Romanstoffes als Stoffes an sich überwunden zurück. Man darf den Proust, der von 1871 bis 1922 sein Dasein verbrachte, der diese oder jene bedenklichen wie lächerlichen Vorlieben hatte, nicht gleichsetzen mit dem Proust, der *schreibt*. Vielmehr wird jenes zeitliche, so und so geartete Ich zum ausgesprochenen Stoff, an dem die zweite Person Prousts: das emanzipierte künstlerische Ich, Darstellung und Gestaltung übt. Der Held von Prousts Romanwerk trägt denselben Namen wie der Verfasser. Er wird eingeführt als der Erzähler. Sein Bewußtsein jedoch deckt sich nicht mit der Imagination des Dichters: dies erzählende Ich entspricht wie jede der anderen Romanfiguren einer Vorstellung Prousts. Könnte der Snobismus dieses weichen, sentimentalischen Marcel, der seine Erlebnisse und Erfahrungen aus der großen Welt erzählt, moralisch oder weltanschaulich irgendwie zur Rechenschaft gezogen werden? Marcel ist mehr Gestalt als der Adolphe Benjamin Constants oder Goethes Werther, durch die, nach der Absicht ihrer Schöpfer, immerhin eine Tendenz verfolgt werden sollte. Prousts Marcel ist ein reines Geschöpf; soweit es überhaupt in menschlichem Vermögen steht, jeder Bewertung von seiten des Schöpfers entzogen. Wie auch das Urteil des moralisierenden Lesers ausfallen mag: er wendet es an auf ein Ich, das eine Romanfigur ist, vollendet in sich gestaltet und überdies vom Ich des Dichters schon zeitlich getrennt. Ihr Schicksal nimmt schließlich zu einem Zeitpunkt ein Ende, nach welchem Proust zu schreiben beginnt. Ein Mindestverhältnis von Vergangenheit liegt immer dazwischen.

Dieses romanhafte Ich, eher kenntlich an den Empfindungen, die es hatte, als an den Erlebnissen, welche die Empfindungen erregten, ist die Hauptgestalt eines dreizehn Bände umfassenden Werkes. Technisch ist dies ein ungewöhnlich fruchtbarer Einfall: der Dichter gibt einen Helden vor, der sich erinnert. Schon darin erscheint ein bisher unbekanntes Phänomen. Denn die Vorgabe des Sicherinnerns stellt hier nicht mehr nur einen Rahmen dar, in den eine im übrigen illusionistisch geschürzte Erzählung nun eingespannt wird, sondern das Erzählte verläuft als eine beständig gewußte Projektion eines sich erinnernden Helden, dessen Gestalt wiederum von der Vorstellung Prousts projiziert wird. Dies ergibt für den zeitlichen Ablauf des Erzählten eine ungeahnte Möglichkeit dichterischer Freiheit. Die Schilderung eines Diners kann sich ruhig auf 150 Seiten verbreiten: trotzdem umspannt der Roman einen Zeitraum von mehr als siebzig Jahren. Er beginnt mit der Kindheit. Doch wird eine lange Geschichte noch nachgeholt. Dann erzählt der Held seine Jugendjahre, die Liebesgeschichte des reifen Mannes. Eine Unzahl Personen erscheint. Ist dies nun einfach ein Memoirenwerk, in dem ein Gedächtnis berichtet, was es behielt? Erinnerung und Empfindung sind hier einander seltsam verhaftet. Die Erinnerung, die, ihrer Eigentümlichkeit nach, ihren Gegenstand eher in Gestalt eines Bildes bewahrt, als daß sie, der Wirklichkeit entsprechend, den Ablauf eines Geschehens bewegt wiederholte, fasziniert den Geist in einem Maße, daß er das starre Bild, das sie gibt, erfindend wieder belebt. Dieser Vorgang vermag sich auch auf einer anderen Erlebnis-Ebene, die nicht ausschließlich psychisch ist, zu entwickeln. Man weiß, daß Julien Green, erregt durch den Anblick eines Kohlenlagers, die berühmte Fluchtszene im »Léviathan« erfand. Ein Bild, eine Sicht, sei es in der Erinnerung, sei es in der Wirklichkeit, erregt den Geist zum Erfinden. In dieser Hinsicht erst gewinnt die vergangene Wirklichkeit bei Proust ihre dichterische Bedeutung. Die meisten seiner Figuren haben nachgewiesenermaßen verschiedene Modelle. Und umgekehrt wieder wird ein eindeutiges Vorbild, z. B. die Mutter, durch die Imagination auf eine überwirkliche Mehr- und Vieldeutigkeit gebracht. Das zärtliche Wesen der Madame Proust gewinnt durch den allegorisierenden Charakter des erinnernden Sichvorstellens eine andere, schon den äußeren Umständen nach ins Schönere, das ihr entspricht, verlagerte, eben – eine dichterische, im Sinne des Märchenhaften und Erfinderischen gemeinte Erscheinung. Man könnte sagen, das Wirkliche werde verklärt, wäre damit die Bedeutung des Idealisierens ein für allemal ausgeschlossen. Denn idealisierend ist die Sehweise Prousts keineswegs. Auch das Märchen hat, wenn es sein muß, die gleiche trostlose Trübe wie die Wirklichkeit. Damit ist nicht gesagt, daß nicht gleichwohl ein Glanz, den das geistige Herkommen mitgibt, auch an einer zuweilen grausamen Darstellung haftet; der Dichter »reinigt noch den Ruin«.

Eine Erscheinung der Kindheit, vielleicht in Wirklichkeit nur ein Erinnerungsbild, wir wissen es nicht, wird zur Keimzelle einer Gestalt und einer langen Geschichte: Swann. Prousts Metapher mit den japanischen Spielzeugblumen, die, als unscheinbare, kleine Papierklümpchen ins Wasser geworfen, sich dort zu herrlichen Gebilden entfalten, ist nachgerade berühmt. Sie ist das genaue Bild für den dichterischen Prozeß, der sich bei Proust ereignet: in das flüssige Element der Imagination fällt das Klümpchen einer Erinnerung und wird unter ihrer angreifenden Wirkung zu einer ungeahnten Entwicklung gebracht. Im Titel »Dichtung und Wahrheit« liegt dieser Vorgang angedeutet beschlossen. Doch was noch bei Goethe ein verbindliches Nachgeben ist, gewinnt hier die Ausschließlichkeit eines dichterischen Prinzips. Die »Wahrheit«, sie wäre bei Proust wohl kaum des Aufhebens wert gewesen; seine menschliche Natur war nicht sehr komplex, seinem außerkünstlerischen Schicksal fehlt das Interessante, wie es bei Eckermann definiert ist, ganz und gar. Die »Dichtung« aber ist alles, und der Stoff, das Erlebte, die »Wahrheit« bleibt dahinter so wenig bestimmend, daß man es ausdenken darf: was hätte Proust aus den Lebenserinnerungen Casanovas gemacht oder aus denen des Herzogs von Saint-Simon? Mit beiden Werken hat die »Recherche du Temps perdu« eine ferne Verwandtschaft; das Erotische und das Aristokratische sind Nenner, auf die man sie bringen könnte. Im Grunde freilich ist diese durch Ähnlichkeiten hervorgerufene Frage verfehlt. Proust war niemals imstande, memoirenweise zu leben. Er ist Künstler, ein Wesen des *höchsten Bewußtseins*, ein Mensch der reinen Vorstellungskraft – und als solcher das Gegenteil zu einem Instinktwesen wie Casanova, der, als sein Bewußtsein einsetzt, bezeichnenderweise die Herrschaft über sein Leben verliert, und der nun freilich nicht Künstler genug ist, in der grämlichen Einsamkeit von Dux das Erlebte in Transparente des Geistes zu bilden. Und von Saint-Simon wieder ist Proust, der Sohn des Professors, durch die notwendige Verschiedenheit der Lebenshaltung getrennt. Der Grandseigneur war bei aller Absonderlichkeit noch unentrinnbar in die Welt seines Standes einbezogen, während Proust bereits der Ortlose ist, der Künstler, der nirgendwohin gehört, dem alles aber zum Anlaß wird.

Was den Proustschen Geschichten zu einem Memoirenwerk grundlegend fehlt, ist eben das Interessante, durch das der Autor einstmals beteiligt war und das den Leser nun nachträglich noch beteiligt. Doch was sie anderseits über ein solches unendlich erhebt, ist das *Dichterische*, das sie als Auftrieb durchdringt. Es läßt von keinem Gegenstand ab. Nichts kann zu gering dafür sein. Es geht hier der Kunst um die gutgemalte Rübe, die besser und wertvoller ist als eine mangelhafte Madonna. Und das Malerwort gilt sehr genau: auch Proust berücksichtigt nicht jenen *ethischen* Wert, der vielleicht von der künstlerisch schlechten Madonna nichtsdestoweniger ausgehen kann und dessen Annahme eine derartige Gegenüberstellung sogleich verunmöglichen würde. Der Held wird zum Objekt des Dichtens. Wofern er nur ein Mensch ist, genügt er dem Dichter zur Darstellung. Swann ist eine Erscheinung, die weder sehr unangenehm noch sonderlich einnehmend wirkt. Seine spezifisch jüdische Sehnsucht, sich mit Leuten von blauestem Blut zu befreunden, dünkt einen ziemlich läppisch. (Doch wird der Zug nun nicht, wie es naheliegt, karikiert.) Im großen ganzen wird Herr Swann, obwohl ihm das sicher gar nicht sehr angenehm wäre, von einem empfindsamen Leser leichthin bemitleidet werden. Sein Schicksal ist traurig, ohne eigentlich zu rühren. Es gibt kaum eine Art des Erzählens, die so wenig unmittelbar rührte wie die von Proust. Die Verwendung von massiver Stofflichkeit, die zu rühren vermöchte, ist nahezu unterblieben; ihrer Ausbeutung gar wird völlig entsagt. Balzac hätte aus Swann eine Goriot-Wirkung herausgeholt: primitive Psychologie bei melodramatisch geschilderten Situationen. Proust aber läßt die Swannschen Tragödien im Hintergrund spielen. Swann ehelicht eine Frau, nachdem er sie nicht mehr liebt, und dies, obwohl sie ihn gesellschaftlich unmöglich macht. Das geschieht, während dem Leser anderes vorgeführt wird. Und nach einer lange ersehnten Rückkehr in die mondäne Welt, die so grotesk verläuft, daß nur noch Ironie zu helfen vermag, stirbt Swann, – der Leser aber, der ein Menschenalter hindurch sein Leben verfolgt hat, wohnt seinem Ende nicht bei.

Zwei Proustsche Eigentümlichkeiten sind damit angerührt. Nicht als ob Proust nicht zu rühren vermöchte! Was seine Sätze durchwirkt, diese Ungetüme der Syntax, ist ein ausgesprochenes, endlos verzweigtes, aufs äußerste differenziertes Sentiment. Die Sätze: das heißt die Sprache, die Reflexion: das Gebrochenwerden des Stoffes im Geist, der ihn in Strahlen zerlegt, unendlich vielfältiger als das Prisma das Licht. Das Sentiment liegt nicht in der Wahl des Motivs, sondern erfolgt aus seiner Behandlung. Ein jedes Motiv ist fähig zu rühren. Der Geist braucht nur dem Eindruck einer Erscheinung bis in die äußerste Möglichkeit nachzugehen. Dann erregen auch die Kirchtürme von Martinville die Seele bis zur Ekstase.

Die zweite Eigentümlichkeit hängt mit diesem Verfahren zusammen. Prousts Psychologie zerlegt den Menschen am liebsten in Gestalt eines statischen Bildes. Um bei Swann, der Einfachheit halber, zu bleiben: Proust analysiert nicht den Ablauf seiner Entwicklung, sondern zeigt, zerlegt und durchleuchtet seinen Seelenzustand in mehreren Stadien seines Lebens. Wer ist Swann? So oft er im Vordergrund der Erzählung erscheint, gibt Proust von seiner Verfassung eine Analyse, deren Tatbestand von einer früher oder später gemachten oft grundlegend abweicht. (Proust glaubt nicht an eine Beständigkeit der individuellen Anlage; das Ich unterliegt für ihn unaufhörlichen Metamorphosen. Swann ist immerhin noch eine verhältnismäßig folgerichtige Natur; andere Gestalten verändern sich oft bis zum Gegensätzlichen.) Was nun der Leser in einem solchen Fall an Unterschieden bemerkt, ist die Folge einer hintergründig vor sich gegangenen Entwicklung. Die Theorie eines von Bergson beeinflußten Dynamismus wird auf sozusagen statische Weise exemplifiziert. Das Gedankliche freilich ist bei Proust von nachgeordneter Bedeutung. Der Dichter überwiegt bei weitem den Denker. Wichtig in erster Linie ist diese analysierende Kraft hinsichtlich ihres Ertrages an Dichtung. Da sie eine Lust um der Lust willen ist, wirkt in ihr die reine Liebe des Spiels. Spielen aber kann jemand, der dieser göttlichen Kunst noch teilhaftig ist, mit jeglichem Material. Charlus, Saint-Loup, Verdurin, Guermantes sind mißliche Vertreter des Menschengeschlechts. Doch in der Art, wie Proust sie erstehen läßt, wie er sie zeigt und zeichnet, wirkt auf einzigartige Weise jenes dichterische Spezifikum, das in der Vorstellung eine Erscheinung beschwört, um vieles leibhaftiger, als sie es je in der Wirklichkeit sein kann.

Wohl wird bei diesem Verfahren die Dichtung in ihren erhabensten Zwecken beschränkt. Sie sei erzieherisch, sagt man. Prousts Kunst nun zeigt sich in ihrem Absolutismus unendlich weit davon entfernt, es unmittelbar und ausgesprochen zu sein. Aber rein, wie sie ist, von Absichten und Voraussetzungen in einer zumindest als Ideal angestrebten Vollendung, verschafft ihr ein solches Geläutertsein eine Möglichkeit, unerwartet neu zu wirken. Das Werten steht nämlich dem Leser anheim. Indem dies bei ihm den Anspruch auf Selbsterziehung erhebt, kann es ihn nur verpflichten und ehren. Der Dichter nimmt nichts vorweg. Er enthält sich des Urteils, sich beschränkend auf eine möglichst reine Wahrhaftigkeit und auf eine unaufhörliche Bemühung. Alles geht ein in das Vollendetseinwollen der dichterischen Erscheinung, und sie wieder ist es, von der nun alles auch ausgeht. Nicht allein das Erzieherische, sondern das Ethische überhaupt, ja das Erhobensein bis ins Fromme. Denn so erscheint das Wunder der Kunst: ist sie nur ehrlich, so hält sie alles Humane und – den göttlichen Ursprung des Menschen vorausgesetzt – auch alles Divine unverlierbar in sich beschlossen. Wir nehmen unsern Zweifel zurück: auch die Rübe, wofern sie nur ehrlich gemalt ist, ist fähig, den Geist zu Gott zu erheben. Ehrlich und nichts sonst. Darin wahrscheinlich liegt noch die einzige Möglichkeit des heutigen Menschen zur Kunst: ehrlich und nichts sonst. Schon ein Ding, das vorgibt, in franziskanischem Geiste gemalt zu sein, geschweige denn eine Madonna, erscheint uns heute verdächtig. Nach solcher Meinung aber ist die Kunst Prousts in ungewöhnlichem Maße verdachtlos. Mit Beifall hat André Gide das Inferno des Immoralismus betrachtet, das Proust in »Sodome et Gomorrhe« entwirft. Aber indem es rein, indem es tendenzlos geschildert ist und unter keiner anderen Beleuchtung steht als unter dem Licht der Tagwirklichkeit, die von ihm selbst ausgeht, zollt ihm auch Mauriac, der Romancier des Katholizismus, nicht weniger Beifall. Die Bewertung des Gestalteten vollzieht der Leser. Proust zeigt nur, was erscheint, zeigt es aber durchschaubar geworden in seiner geheimsten Inwendigkeit. Vor solcher Treue der Kunst finden sich die Gegner in Bewunderung und Verehrung zusammen. Der Immoralist wird sich freilich nicht umstimmen lassen. Doch vermöchte dies etwa eine Schilderung in Schwarz-Weiß? Wem eigentlich dient der Kontrast? Allein der Bigotte wird eine rechthaberische Befriedigung dabei finden, die ebenso billig wie unnütz ist. Der wirklich Sittliche erbaut sich an der Wahrhaftigkeit. Prousts Kunst vermag die Kraft der Katharsis. *(1936)*

Victor Klemperer
Frühe Skepsis

Wenn ich feststellen will, was sich mir bestimmt in Bromberg eingeprägt hat, so muß ich mit einem Negativum beginnen: Ich habe aus dieser Zeit fast gar keine Natureindrücke, fast gar nichts Räumliches und Farbiges zurückbehalten, ich weiß rein gar nichts von der Stadt, von ihrem Fluß, der Brahe, von ihrer umgebenden Landschaft. Ich sehe ein großes Haus an einem großen Platz, das lichterloh zum Dach hinaus brennt, das Theater, sagt man. Aber das Haus und der Platz haben keine bestimmte Form in meiner Erinnerung, die Flammen züngeln nicht ein bißchen malerisch in ihr, ich weiß auch nichts von einer sonderlichen – sei es angstvollen, sei es bewundernden – Erregung. Ich sehe eine tiefverschneite, glitzernde Straße, menschenleer, bei mattem Laternenschein mehr von sich aus Helle gebend. Mein erster Wintereindruck; aber er haftet in mir nur durch die verlorenen Pfannkuchen. Mutter, die mich oft zum Einkaufen mitnimmt, hat mich die Tüte tragen lassen: Als wir in die Haustür treten, halte ich die Tüte noch fest in der Hand, aber ihr Boden ist aufgeplatzt, sie ist ganz leer – wo mögen die schönen Pfannkuchen im Schnee begraben liegen? Nein, es ist nichts Räumliches um seiner selbst willen oder für sich allein in mir hängengeblieben. Dafür leben zwei Gerüche von damals in mir fort, und so stark und so ganz von allen andern Gerüchen unterschieden, daß mir die körperlose Stadt und das Wort Bromberg nach ihnen riechen. Irgendwo an der Brahe sind große Poststallungen, und dort riecht es immer nach Nässe, nach Dung, ineinandergeschmolzen, penetrant, ein klein bißchen widerlich, aber doch auch ganz angenehm nach nassem Pferdemist. Und irgendwo ist der Voigtsche Garten – ich weiß nur noch den Namen, ich weiß nicht, war es eine große Gärtnerei, ein Privatpark, ein Kinderspielplatz oder etwas von alledem. Ich weiß nur, ich bin oft dagewesen, an den Bäumen hingen, auf dem Rasen lagen große, glatte, feste weiße Äpfel, ich durfte manchmal von ihnen essen, ich roch sie immer, und gerade dieser Geruch, der sich mit der Farbe, der Festigkeit, dem Knirschen, dem säuerlichen Geschmack zur Einheit verbindet und diese Einheit beherrscht, ist mir für alle Zeit die Vorstellung des Apfels, gewissermaßen das platonische Ideal des Apfels geblieben. Meine Frau kann es bezeugen, wie oft ich kritisierte: »Ganz schön – aber in Bromberg, im Voigtschen Garten, gab es einen Apfel...« Als Jahrzehnte später die neue Kunst gerühmt wurde, mit der Marcel Proust Kindererinnerungen aus dem Geruch und Geschmack einer Tasse Tee und des eingetauchten Gebäcks aufsteigen läßt, als ich selber pflichtgemäß gerade dieses Kapitel den Studenten in meiner »Modernen französischen Prosa« vorsetzte, da kam mir das gar nicht so neu vor, und ich fragte mich, warum man eigentlich so viel Aufhebens davon machte. Aber in diesem Augenblick fragte [!] ich mich, ob ich ohne Prousts *Madeleines* den Mut oder auch nur den Einfall gehabt hätte, hier meine Apfelerinnerung zu erwähnen, und weiter und peinlicher, was nun an meinen Äpfeln noch mir selber und mir ganz allein gehört. *(1940)*

Klaus Mann
Zur sexuellen Inversion

Proust... Diese Geistesblitze – Miniatur-Erleuchtungen. Zum Beispiel, wenn er die Anstrengung analysiert, sich eines Namens zu erinnern; die Qual des *Wartens* (auf Albertine.) »Wenn wir warten, leiden wir so heftig unter der Abwesenheit der ersehnten Person, daß wir die Gegenwart einer anderen nicht ertragen.« »Wenn wir warten, ist der doppelte Weg vom Ohr, der die Geräusche zum Geist trägt, der sie zergliedert und analysiert, und der vom Geist zum Herzen, dem er seine Ergebnisse mitteilt, so schnell, daß wir nicht einmal seinen Verlauf nachvollziehen können und uns einbilden, wir hätten direkt mit dem Herzen gehört.«

Der Charakter von *Françoise* ist vielleicht noch bewundernswerter als der der Herzogin von Guermantes. (Die entzückende Szene, als sie spät abends Albertines Besuch ankündigt – »den Nacken gebeugt von Erschöpfung und Gehorsam.«)

– *Albertine* bleibt natürlich die schwächste Figur in dieser unvergleichlichen Comédie Humaine. Als verkleideter Junge gelingt es ihr nicht, lebendig und liebenswert zu erscheinen. Es gibt ausgezeichnete Hinweise auf die geheimnisvollen Verwicklungen ihres Lebens »verwurzelt hinter dem Feuer von sechs Verteidigungslinien.« Aber wenn Proust fortfährt: »... so daß, wenn man versucht, die Frau zu sehen«, klingt das Wort »Frau« störend falsch und verlogen. *(1943)*

Rudolf Kassner
Proust infinitesimal

Ich habe Marcel Proust persönlich nicht gekannt. Der erste, der mir von ihm sprach, war Rilke. Eines Abends in München während des Krieges. Rilkes Bewunderung für ihn war um so größer, als ihm die große französische Prosa des siebzehnten und achtzehnten Jahrhunderts fremd geblieben war und es weiter bleiben sollte. Da ich mir vorgenommen habe, hier meine Erinnerungen an Paris, soweit sie Geistiges betreffen, zu erzählen, will ich mich, indem ich von Proust rede, auf das Wenigste und ganz Wesentliche beschränken, und dies nur um des geistig-sinnlichen Wortes willen, von dem ich ausgehe. Prousts Prosa ist, wenn ich so sagen darf, infinitesimal, weil oder indem für sie und in ihr Welt und Gesellschaft zusammenfallen und diese Welt (vor dem Weltkrieg) in Gefahr war, aus Raffinement chaotisch zu werden, jede Form verloren hat und sozusagen von Tag zu Tag, von Stunde zu Stunde ins Unendliche, Nicht-Abzusehende fortzuleben gewillt schien, ohne Sanktionen welcher Art immer. Bossuets Mensch lebt noch zwischen dem Anfang und dem Ende der Zeiten in einem großen, herrlichen, meßbaren Bogen, als welchen eben diese Prosa zu beschreiben sucht, und er lebt, um dereinst dem Richter unterstellt zu werden. Um des Jüngsten Gerichtes willen unterscheidet er, unterscheidet zwischen Nackt und Kostüm, Mensch und Priester, Mensch und König, Mensch und Krieger, Menschheit und Gesellschaft, oder was sonst noch für Unterschiede und Differenzen gemacht werden sollen im Sinne der großen Entscheidung und des

Gerichtes oder, was dasselbe aussagt, um des ersten Menschen willen am Anfang der Zeiten. Der Mensch Prousts hat nun, da er alles das, jegliche Sanktion, auch die der Verborgenheit, der Einsamkeit, preisgeben mußte, den Entschluß gefaßt, unter der Haut zu leben. In einem Gewebe aller Dinge, in einem neuen Unendlichen der Nerven und jenes Lebens, das sich nicht im Geist und nicht im Herzen und nicht in den Eingeweiden, sondern in den Nerven verfängt und abspielt. Darauf deutet das hin, was ich das Infinitesimale der Prosa und Psychologie bei Proust nenne. Die Psychologie ist hier absolut geworden, es gibt nichts anderes mehr außer oder über ihr, die Psychologie ist unendlich geworden. Es gibt weder Handlung noch Idee. Oder Idee ist Erinnerung geworden an die verlorene Zeit.

Die Menschen handeln, weil sie Tugenden oder Laster haben, oder weil die Menschen darin übereingekommen sind, das eine Tugend und das andere Laster zu nennen. Sie haben Tugenden aus Ideen heraus. Damit wir aber das eine Tugend und das andere Laster nennen und also aufzeichnen können, uns aller Verwirrung damit begebend, müssen wir eine Oberfläche aufweisen, müssen wir eben jene Haut haben, unter welche die Psychologie und Prosa Prousts einzudringen gezwungen ist. *(1949)*

Berthold Viertel
Prousts Verzicht auf Zukunft

»Streich aus und geh weiter«, sagte zu sich selber ein autobiographischer Dichter, der sonst wahnsinnig geworden wäre. Und ein anderer, der kranke Proust, machte, daß sein Leben stillstand bis zum Tode, er ließ nichts Neues mehr herein und lag jahrelang auf seinem Totenbett, bis er die Zeit seines Lebens, die er verloren gab, zurück aufgehaspelt und in die subtilste Häkelei verarbeitet hatte: ein wahrer Sisyphos der Erinnerung, ein Tantalus der Vergangenheit, ein Historiker des Details, das nur für ihn Wert besaß, den Wert des Erfahrenhabens zu seiner verlorenen Zeit. Dieses Wiederbeginnen eines Sterbenden vom Ende her, dieser endgültige Verzicht auf jede Zukunft, die nicht in der Vergangenheit beschlossen war, die subjektive Ewigkeit des Gewesenen: das war, menschlich begriffen, nicht ohne Heroismus, dieser Wahnsinn hatte Methode: es war die Absage an die Welt ohne ihn, die doch ohne ihn und gegen ihn weiterging. So handelt ein Ich, das eine Kultur repräsentierte, die ein Proust, ihres Todes gewiß, als Letzter besaß. Er konnte nicht ausstreichen und weitergehen, denn da ging nichts weiter.

*

Es gibt Menschen, die sich selbst richten und mit diesem Akt die Gesellschaft nachahmen, die sich sonst das Richteramt zuschreibt. Sie mögen die Vollzieher eines Urteils sein, das ihnen von außen suggeriert wird. Solche Leute sind gute Medien. Andere erleiden einen Betriebsunfall ihrer Existenz, dem sie erliegen, etwa einer Drohung, der sie nicht gewachsen sind: Krankheit, soziale Entehrung, Gefängnis, die Folter. Alle diese Fälle erlauben die feinsten und besondersten Abwandlungen und Kombinationen. Es gibt noch andere Selbstmörder, die sich mit einem Zeitalter erledigt sehen. Sie machen sich klar, daß sie keine Zukunft mehr für ihresgleichen zu sehen imstande sind. Eine merkwürdige Ausnahme bildet ein Mensch wie Marcel Proust, der abschließt, jede Zukunft ausschließt, und nun mit großer Entschlossenheit zurückzuleben beginnt: ein eigensinniger Krebsgang, eine Forschungsreise in gelebte Zeit, Experiment eines Historikers seiner selbst. Jeder Autobiograph versucht dergleichen, wenn auch nicht als ein so umfassendes Unternehmen. Die Erinnerung begleitet jeden Menschen als eine mit ihm wandernde Dimension, deren Funktion vergleichbar wäre dem an der Front eines Automobils angebrachten Spiegel zur Beobachtung der hinter ihm schwindenden Strecke. Historie überhaupt ist solch ein Spiegel. Wir sind im Begriff, Geschichte als eine sich mit uns bewegende Perspektive aufzufassen und sie zu betreiben, während wir es treiben und getrieben werden. *(1949/50)*

Hans Carossa
Der übermächtige Proust

Mein besonderes Vergnügen wird in diesem Winter die Arbeit an dem Schlußband meiner Jugendgeschichte sein; er schließt sich an ein früheres Buch, das »Jahr der schönen Täuschungen« an, das Sie vermutlich nicht kennen, ich wüßte es so gern in Ihren Händen;

Sie brauchten nur eine Postkarte zu schreiben, wenn ich es schikken darf. Seit ich aber Proust kennenlernte, wurde mir mein ganzes Sinnen und Treiben etwas fragwürdig, seinen autobiographischen Romanen, die leider nur zum Teil ins Deutsche übersetzt sind, haben wir Deutsche nichts Vergleichbares entgegenzustellen. Es sind im Grunde nur die eigenartigen Situationen, die sich aus der Vermischung des ärztlichen Lebens mit dem dichterischen ergeben, die mir doch immer wieder den Mut geben, die Arbeit fortzuführen. *(1951)*

Walter Mehring
Ein ambivalenter Autor aus der Bibliothek des 19. Jahrhunderts

Die gedämpfte Konversation unter den Eingeladenen, von denen einige die Belegexemplare ihrer neuesten Werke herumreichten, war schon geraume Zeit im Gange, bevor sich die schwere Samtbrokatportiere auftat, der Hausherr hereinschlüpfte und piepste, als ob er etwas höchst Indiskretes mitzuteilen hätte: »Unser teurer Marcel Proust hat seine Seele ausgehaucht!«

Mit einem Schlag sank das Geplauder zu einem Geraun Leidtragender an einem offenen Grabe über den Dahingegangenen. Jeder der Anwesenden schien von zwei Gedanken absorbiert: der Formulierung des Nekrologs – und welcher Zeitschrift er diesen anbieten sollte...

Die Eigenschaften des Toten wurden erst jetzt so recht lebendig.

»Ein retrospektives Genie!«

»Ich vergesse nie, als ich ihn das letzte Mal sprach, meine Worte: Marcel! Sie residieren in der Sackgasse des Esprit Latin.«

»So eitel sein œuvre sein mag – daß er die Psychoanalyse anwandte: das bleibt sein ungeschmälertes Verdienst...«

»Eine männliche Mademoiselle de Scudéry des depravierten Kapitalismus...« (Das eine Urteil so geistvoll und so schief wie das andre.)

Und es mag sein, daß man beim ersten Anlesen einen höchst peinlichen Eindruck von Proust empfängt, gleich – wenn dieser uns in seinen Familienkreis fossiler Großeltern, spinöser alter

Tanten und eines obsoleten Onkels einführt; – wenn er dem Leser mit dem ganzen Gesippe des »*Bottin mondain*« scheinbar zu imponieren trachtet, mit sämtlichen Bekanntschaften aus dem »*Gothaer Adelsalmanach*« (den er übrigens auswendig lernte); – peinlich, unerfreulich in solchem Grade, daß man zögert, ob man ihn schon beiseite legen oder gerade deswegen, um sich zu ärgern, weiter lesen solle.

Proust redet unaufhörlich von sich, überspannt wie ein hypochondrisches, schwer neurotisches Muttersöhnchen – selbstverliebt, taktlos über die Jugendlieben seiner Pubertät – manieriert im Jargon eines Klüngels, dessen fade Sticheleien, dessen verblasene platte Kunstklischees, dessen niedriger Hausmeisterklatsch dem Außenstehenden auf die Nerven gehen; und man möchte sich so rasch wie möglich »auf französisch« empfehlen, wäre man nicht von seiner Diktion gefangen, von ihr bestrickt wie von einem virtuosen, perlenden Präludieren arabesker Passagen – Paul Ducas, Albert Rousselle? Was ist das doch gleich? Woran erinnert das, was da von irgendwo nebenan mitphantasiert, mitklirrt, mitschwingt? Und in dieser musikalischen Sinnesverwirrung verharrt man, horcht man genauer hin; das Ohr gewöhnt sich an seine raffiniert mokante Dissonanz; an den affektierten Sprachschnitzer aus dem Munde einer Fürstin; die Scherznote eines Diplomaten, die eine Karriere, eine Ehe und ein Leben zerstört; an einen mit Racine verbrämten Antrag des Päderasten M. de Charlus (des illustren Robert de Montesquiou, wie er wirklich hieß – des abgefeimten »Duc des Esseintes«, als Romanheld von Huysmans)...

Man schmunzelt nun – zur Gesellschaft – verständnisinnig mit, man lacht wirklich aus vollem Halse über die makabre, tiefe Ironie einer urkomisch blamablen Situation.

Und erst im Nachhinein, wenn der letzte Akkord der proustischen Symphonik verklungen ist, empfindet man den Schock: Man ist bei Marquis-de-Sade-Gespenstern zu Gast gewesen, bei antisemitisch-chauvinistisch Pervertierten des Dreyfus-Skandals; in einem parfümierten, sophistisch schillernden Pfuhl toter Seelen, deren abgründige Infamie ein proustisches Wetterleuchten nur hie und da, hin und wieder fahl angeleuchtet hatte, weil es dort ins Grundlose ging.

»An der Berufsähnlichkeit erkennt sich alles, und auch am gleichen Laster.«

Erst hinterdrein besinnt man sich: Diese eingebildeten, geschwätzigen, verbuhlten Schemen hätte man eigentlich eher durchschauen müssen, gewitzigt durch Anatole France (oder durch den Schriftsteller Bergotte bei Proust) – unterrichtet über ihre Herkunft durch Balzac...

Denn zu dessen »*Comédie Humaine*«, die er so absichtsvoll einem Zoologen, Geoffroy de Saint-Hilaire, gewidmet hatte, und in der alle Geltungstriebe, Geldinstinkte, Paarungsgewohnheiten der species Homo sapiens göttlich-pedantisch klassifiziert waren, hatte Marcel Proust in der Ich-Form eines vergnügungssüchtigen Weltenbummlers lediglich das Postscriptum nachgeliefert.

Auch die Histörchen seiner Fauna spielen im »Juste Milieu«, in einer versunkenen Welt und Halbwelt, im Ur- und Geistesadel; und wie bei Balzac findet sich auch der Proust-Leser unversehens unter Salonhyänen, Finanz-Haifischen und Wölfen der Politik.

Auch Combray – Prousts Kleinstadtallegorie seiner Jugend – ist ganz und gar ein Balzacisches »*Cabinet des Antiques*«, ein Naturkundemuseum ausgestopfter, hochtrabend betitelter Adelsbälge; ein Felsenhorst, wo zwei feindliche Sippen horsteten: die Duc de Guermantes, konservativ und Anti-Dreyfusards bis auf die Knochen, und die wagnerianischen, radikalsozialistischen de Verdurins; – und auf der andern Seite des Bürgersteigs ein simpler Monsieur Swann: der nur mit Vorbehalt empfangene, nicht ebenbürtige Arrivist (Prousts Porträtstudie nach dem Leben des Weltmannes Charles Haas, Freund des Prinzen Edward von Wales, Sondermitglied des exclusiven britischen Jockey-Clubs), – der hochgezüchtete, veredelte Sprößling vom Stammbaum der Wechsler (bei Balzac der holländische Halbjude Gobseck und sein Compagnon, der bäuerische Exmönch Rigou).

Ja, erst hinterdrein, sich besinnend, fragt man sich: Sollte vielleicht eine Großmama der Mme. Swann, der ehemaligen »grande cocotte« Odette de Crécy, eine Maîtresse des Baron de Nucingen (aus Balzacs Geldadel), – sollte ein Vorfahr von Prousts Busenfreund Saint-Loup etwa mit Balzacs Priester-Raubmörder und späterem Polizeichef Herrera-Vautrin einstmals liiert gewesen sein?

Aber das Proustische »*Sodom und Gomorrha*« hatte sich am Schluß schon so anämisch sublimiert, so altersschwach vergeistigt, daß man ihm gar nicht mehr zutraute, es könne noch jemals so gefährlich rabiat, so bösartig werden.

Und erst ein Jahrzehnt nach seinem Erscheinen in Buchform bestätigte es in facto, wie so gar nicht Proust übertrieben hatte, wie bis auf Herz und Nieren sein Befund zutraf, daß es reif für den Kollaps war, daß Frankreich gerade in seinen edelsten Körperteilen schon rettungslos angegriffen war. Es rechtfertigte vollauf seine Kaustik, jede Fiber einer Empfindsamkeit bloßzulegen, jeden verborgensten Gedanken mit dem Skalpell seiner Federspitze zu sezieren, die ihm »so unentbehrlich war wie die Instrumente einem Chirurgen«.

Eine ihm durch geistige Inzucht vererbte Anfälligkeit, eine ihm angeborene asthmatische Konstitution hatten ihn, den Arztsohn und Halbjuden, prädestiniert; hatten ihn in einem Dauerzustand sexuell überhitzter, morgendlich überhöhter Temperatur so ermattet, daß ein »in eine Tasse Tee getauchtes Madeleinegebäck« aus den Händen seiner heimlich begehrten Mutter schon genügte, um bei ihm einen heftigen Blutsturz schmerzhaft süßer Erinnerungen zu provozieren.

Doch seine beiden Gebrechen, seine Verweichlichung von frühester Kindheit an und seine bronchitischen Erstickungskrämpfe jede Nacht vor dem Morgengrauen, die ihn dann für die letzten Lebensjahre ans Krankenbett fesselten, waren in seiner Wiege von zwei Wunschfeen in Begabungen umgezaubert worden, so daß er kraft ihrer, vom Tod schon angerührt und schon im Koma, mit der nachtwandlerischen Sicherheit eines Orpheus zu seiner geliebtesten, mondänen Vergangenheit hinuntersteigen, wieder zu sich kommen und sein Hadeserlebnis uns Lebenden mitteilen konnte…; und daß ihm der Höllenrachen der Tradition und das künstliche Gebiß, das nach ihm schnappte, und die Chimären, die ihn anfauchten, nichts anhaben konnten…; und daß der nimmersatte Schlund des Nimmermehr ihn so sacht, so behutsam überwölbte wie der Gaumen seines nachkostenden Ich die Brocken des Madeleinegebäckes.

»*Aber im selben Moment, da der mit Kuchenkrümeln gemengte Schluck meinen Gaumen berührte, schrak ich zusammen, gespannt auf das, was in mir vorging. Ein wonniges Empfinden überkam mich, ganz aus sich, ich wußte nicht warum; und auf der Stelle machte es mich indifferent gegen die Zufälle des Lebens, ließ mir seine Katastrophen harmlos, seine Kürze illusorisch scheinen; gerade so wie die Liebe es bewirkt, indem es mich mit einer köstlichen Essenz erfüllte; oder eigentlich: diese Essenz war nicht in mir; sie war mein Ich...*

Ich denke mich zurück (›Je rétrograde par la pensée même...‹), *wo ich den ersten Löffel Tee nahm... Und plötzlich ist die Erinnerung aufgetaucht...«*

Und plötzlich, auf Proust zurückblickend, schienen mir die Anwesenden alle furchtbar alt, und unser Gastgeber erschien mir wie ein Gespenst aus den Miasmen eines Krankenzimmers, als er wiederholte: »Mein teurer Marcel Proust hat seine Seele ausgehaucht, oder...«, setzte er neckisch hinzu, »darf ich sagen: seine Halbseele?«

Und dieses billige Bonmot war alles, was dem Geizhals einfiel, um rasch unter dem Rechtstitel: *»Mein teurer Proust«* seine literarischen Erbansprüche anzumelden.

Aber nicht einmal dieser Einfall war ganz sein eigen, sondern ihm nur in den Mund gelegt, um sich proustisch zu charakterisieren; er war selbst ganz und gar eine Proust-Kreatur – er und sein Kreis – und so nachträglich und ad usum Delphini erfunden wie die dort verbreitete Anekdote: *»Als unser unvergeßlicher Marcel Proust im Sterben lag, verlangte er noch einmal nach seinen Manuskripten, um eine darin beschriebene Agonie an Hand der seinen nun zu revidieren...«*

Proust war kaum tot, als die Nachwelt ihn mit so viel Würdigungen und Erläuterungen schmückte, wie er es in seinen höchsten Ambitionen nur je hätte beanspruchen dürfen. – Selbst einer seiner strengsten Kritiker, André Gide, erwies ihm nun alle Ehren und bedauerte es aufrichtig, wenn er je versehentlich den zu früh Verstorbenen gekränkt hatte – durch die Refüsierung einiger ihm eingereichter Manuskripte, die ihn durch gewisse Stilunebenheiten, durch eine allzu willkürliche Behandlung der Tempi, durch einen verschwenderischen Mißbrauch von Subjonctifs irritiert hatten.

Doch diese von Gide gerügten Abweichungen von der Regel haben gute Gründe; weil Marcel Proust nicht einer historisch bedingten, sondern einer in Wachträumen gültigen consecutio temporum folgte; weil er im Passé défini einer Tradition schon deren gegenwärtigen Verfall vorwegnehmen möchte; und im Indikativ eines imperfekten Liebeskummers, den ihm Gilberte – das Töchterchen der Swann – angetan, schon den Konjunktiv, den Möglichkeitsfall eines generellen Betruges aller Gefühle vorausgespürt hatte...

Den Verrat aller menschlichen Bindungen überhaupt... *(1952)*

Louis Fürnberg
Über Marcel Proust und andere Schmockereien

Es mögen an die zwanzig Jahre her sein. In einer Abendgesellschaft bei einem reichen Prager Kunsthistoriker trafen einander bekannte und unbekannte Leute, unter den Bekannten der Maler Kokoschka und der Dramatiker Paul Kornfeld, unter den übrigen ein äußerst affektierter französischer Literat, der, Berühmtheiten sammelnd, in der Welt herumfuhr, ein Prager Regisseur mit seiner Gattin, ein präexistentialistischer junger Dichter und ein Privatgelehrter. Wie ich in den Kreis geriet, weiß ich heute nicht mehr zu sagen. Wahrscheinlich erhielt ich versehentlich eine Einladung, denn auch der Kunsthistoriker war mir nur flüchtig bekannt.

Während man Backhendeln aß und mährischen Wein trank, den der Franzose mit grimassierender Höflichkeit ablehnte, brachte jemand das Gespräch auf Proust. Man fand ihn delikat, amüsant, großartig, tief, dekadent, liebenswürdig, offenherzig, raffiniert, geistreich und psychotherapeutisch. Da ich noch kein Wort von Proust gelesen hatte und mich schämte, es einzugestehen, durfte ich auch nicht fragen: wogegen? Der Franzose hatte Proust natürlich persönlich gekannt und erzählte pikante Einzelheiten aus dessen Privatleben. Man erfuhr von Gelüsten und Perversionen des Meisters, von seiner Menschenscheu und Verdauungsstörungen. Es war nicht sehr erbaulich, aber äußerst konkret, – das einzige Konkrete, was über Proust gesagt wurde. Kokoschka gebärdete sich interessant, gab tief verschleierte Aphorismen von sich, Kornfeld ergänzte sie, indem er seinerseits Aphorismen erzeugte, und der Gastgeber beklagte, daß es in Prag eigentlich keine gute Gesellschaft gäbe, der Schilderung eines Proust würdig. Jeder fand, wie gesagt, etwas beizutragen, nur ich saß und schwieg verstört. Welch eine Bildungslücke! sagte ich mir. Wieviel bleibt mir noch zu lesen.

Es vergingen Jahre, und was mehr heißen will, es vergingen die Abendgesellschaften bei Kunsthistorikern. Die Welt wandelte sich, die Zeit trug die tiefe Furche der Erfahrung an der Stirn. Die Gräber der ersten Hälfte der vierziger Jahre klafften auf und blieben offen, und vor ihnen erhob sich die Alternative: Memento oder Untergang. Die Menschheit entschloß sich, bei Gedächtnis zu bleiben. Ein Rest von ihr begriff vielleicht nicht ganz oder nicht schnell genug. Um die Pestträger gesammelt, wird er wohl oder übel im Verlaufe der großen sanitären Aktion mit verschwinden müssen.

Einmal, während meiner Berliner Diplomatenzeit, fiel mir Prousts Swann-Roman in die Hände. Ich las, langweilte mich und legte ihn weg. Aber unlängst, verführt durch einen Hinweis in einer alten literarischen Revue, nahm ich ihn wieder vor. Es war in einem Bauernhaus, in dem ich mich an die Lektüre machte, in einem Bauernhaus im Riesengebirge und glücklicherweise beim heilsamen Geruch von Misthaufen und Senkgruben. Die Gattin meines früheren Chefs behauptete immer, daß das Aroma von Senkgruben besonders gegen seelische Störungen gut sei. Mag sein, daß Proust deshalb so fröhlich an mir vorüberging.

An sich bezweifle ich, daß die Gesellschaft, für die Proust schrieb, seine Romane las. Die Romane Prousts, für Analphabeten geschrieben, spielen auch unter solchen. Ein Parasit durchleuchtet die Parasitenseele, ein Eingeweidewurm windet sich durch die verwickelten Schläuche und Bänder des bourgeoisen Unterleibs oder kitzelt die Ganglien der großen Halbwelt. Man könnte sagen: wenn er keine anderen Sorgen hat, oder: laßt ihm sein Vergnügen...

Das Unglück will es, daß die Analphabeten, die gegen Proust immun wären, immun sind, weil sie Analphabeten sind, und daß die Romane Prousts von denen gelesen werden, die lesen können, aber sie nicht lesen sollten, weil sie Gift für ihre Seelen sind. Was hilft es dem Literaturfreund, zu erkennen, daß es sich um Pornographie handelt? Was hilft die Entdeckung der Verwandtschaft zwischen Proust, Lawrence und Joyce? Für anfällige Menschen, Menschen, die korrupte Seelen haben, haben die Romane Prousts, Lawrences und Joyces etwas Verführerisches. Natürlich kommt es nicht auf die korrupten Seelen an! Aber unterschätzen wir die Miserabilität nicht, in die die alte kapitalistische Gesellschaft den

Menschen stürzte. Seine Wandlung geht verschieden schnell vor sich. Übersehen wir vor allem den Kleinbürger nicht, der sich auf den Höhen des Intellekts bewegt! Er ist anfällig, er neigt dazu, zwar nicht für ein Linsengericht, wohl aber für einen Hummercocktail seinen besten Anspruch zu verkaufen. Er ist das allzu bereite Opfer der Proustschen Manipulationen im Mastdarm der »guten« Gesellschaft. *(1953)*

Peter Suhrkamp
Prousts therapeutische Wirkung

Endlich 1926 kam auch in Deutschland eine Übersetzung von »Du côté de chez Swann« heraus. Meine erste Reaktion beim Lesen war Enttäuschung. Die minutiösen Schilderungen, die Fülle sinnlicher und intellektueller Nuancen, die Verschränkungen und Einschübe ermüdeten. Es war unmöglich, viel auf einmal zu lesen; zehn Seiten, das war das Äußerste. Mühselig arbeitete ich mich durch die beiden Bände; es war wirklich ein »Arbeiten«. Ein paar Stellen rührten mich jedoch sofort an, und das auf eine Weise wie bis dahin noch nie ein dichterisches Prosawerk. Die Schilderung der blühenden Weißdornhecke, die drei Türme von Martinville, wie sie dem Knaben während einer Wagenfahrt erschienen, sich gegeneinander verschoben und schließlich hinter Hügeln untertauchten, und noch einige andere. Ich selbst hatte auf Reisen Landschaften immer mit dem Gefühl betrachtet, die Linien und Flächen seien Zeichen, eine Schrift, die zu lesen wäre. Und ich war unermüdlich bemüht gewesen, sie zu entziffern und ihren Text zu verstehen, nicht selten mit dem Gefühl, dem Verständnis so nahe zu sein, daß im nächsten Moment die Dechiffrierung erfolgen müsse. An Stellen wie der Schilderung der Fahrt nach Martinville führte die Lektüre überraschend in eine Tiefendimension, die ich nur geahnt hatte. Aber was war das Ganze für ein seltsames episches Werk! Ein Unikum, wie jedes unvergängliche Werk! Gewiß kein Roman. Ein Memoirenwerk? Dazu fehlte das Anekdotische. Eine Autobiographie? Dafür fehlte der Faden, die Folge und jede Entwicklung. Gewiß war es Aufzeichnung von Erinnerungen, aber nicht von der üblichen Art Erinnerungen, die man las oder auch selbst pflegte, indem man sein Gedächtnis bemühte, darin zurückging. Der Vorgang der Erinnerung in Prousts Büchern war ein anderer. Es war wie das Erwachen nach Träumen: man kann gerade noch feststellen, daß in dem Traum etwas aus dem Reich des Vergessens aufgetaucht war, in das der bewußte Erinnerungsakt niemals hinabreichte; und nach dem Erwachen ist es bei aller Bemühung doch nicht mehr möglich, es wieder zu fassen zu kriegen und festzuhalten. Das ins absolute Vergessen Getauchte, dessen Gewebe einen Teil unseres Unterbewußtseins bildet, wird bei Proust wieder erinnert.

Die Darstellung Prousts ist am ehesten mit einem großen Teppich, einem riesigen Gewebe aus Linien, Farben, Verschlingungen und Einschlägen zu vergleichen, der in seiner ganzen Fläche über und über bedeckt ist. Das Bild eines Teppichs allein gibt noch nicht einen vollen Begriff: das Gewebe geht plötzlich, wie manchmal die Wipfel eines Waldes, auf den man von oben blickt, auseinander und gibt Einblicke auf einen Teppich darunter, und dann wieder neue Durchblicke, bis hinab auf einen tiefen Grund. Die Durchblicke sind keine Schächte in die Tiefe, sondern sie sind überall ausgebreitet und füllen in jeder Schicht die gesamte Fläche des Teppichs bis an den Rand. Und Prousts Sätze haben etwas von darin hinabgelassenen Strickleitern, an denen er auf und ab, hin und her steigt, indessen er mit äußerster Sensibilität aller Sinne, nicht zuletzt des Geruchs, und einer allseitigen überwachen und kritischen Intelligenz das Aufgetauchte zusammenrafft und belichtet. Es braucht lange, bis man als Leser diesen geistigen Vorgängen folgen und sie selbst stümperhaft üben kann. Dann ist der Genuß allerdings groß, und man hat das Gefühl, der Wahrheit, der eigentlichen Wirklichkeit in der Welt und in sich selbst immer näher zu kommen.

Der Rang und die literarische Bedeutung von »A la recherche du temps perdu« sind allgemein anerkannt. Das Werk zählt zu den großen Werken der Weltliteratur. So ist es notwendig, daß es auch bei uns komplett erscheint. Die Frage ist, ob die Ausgabe in diesem Moment nur noch die Erfüllung einer literarischen Verpflichtung darstellt, oder ob sie für den heutigen Menschen auch unmittelbar etwas bedeuten kann. Außer den Schwierigkeiten, die die Lektüre in den zwanziger Jahren bereitete, gab es damals schon noch ein entschiedenes Hemmnis in dem Milieu, das »A la recherche du temps perdu« heraufbeschwört, dem Paris um die letzte Jahrhundertwende, dem Fin de siècle. Besonders können die Adelsgesellschaft, in der zu verkehren Prousts Lust war, und Prousts Snobismus einem nicht behagen. Der Widerstand dagegen wird mit der Zeit schwächer geworden sein; die Erscheinungen sind inzwischen in weitere Fernen gerückt, sie wirken schon historisch. Andererseits liegen sehr ernste Erschütterungen von weltgeschichtlichem Ausmaß zwischen heute und damals, und wir haben noch zu tun, um damit fertig zu werden.

Vor allem haben uns unsere Erfahrungen seit dem ersten Weltkrieg desillusioniert und skeptisch gemacht. Dem wird mit dem Werk von Proust eine Wendung zum Positiven gegeben, und das nicht durch Ablenkung oder dadurch, daß andere Illusionen anstelle der alten gesetzt werden, sondern durch äußerste Konsequenz; indem durch die trübe, halbdunkle Gefühls- und Erlebensschicht hindurch vorgestoßen wird bis dahin, wo in einer bisher unbekannten Tiefe wieder Realität hervortritt. Der traditionelle Schriftsteller arbeitet zwar auch mit seinen Erinnerungen; er benutzt sie als Material, um daraus vergangene Dinge zu restaurieren. Da sein Gedächtnis von der ursprünglichen Wirklichkeit nur Bruchstücke recht willkürlicher Art bewahrt, ergänzt er diese durch Beobachtungen in der Gegenwart und fügt ihnen eigene Hypothesen und seine Ideen ein. Bei Proust hingegen sind die Sujets von beiläufigem Interesse, und er tut nichts Eigenes oder gar nicht dazu Gehöriges dazu; er vervollkommnet das Erinnerte, wenn es für ihn nicht genügend sinnliche Fülle hat, durch sorgfältige Studien an Objekten der Zeit, die, durch eine vorübergehende sinnliche Berührung gerufen, aus dem Gewebe des Vergessenen in der unbekannten Vegetation seiner Tiefe an die Oberfläche getaucht ist; oder er beläßt es in seiner Unvollkommenheit. Die uns geläufigen Romane sind im wesentlichen eine Folge von lebenden Bildern um einen Kreis von Personen oder eine Einzelperson, am Faden einer Geschichte aufgereiht. Und diese Geschichte dient einer der Illusionen vom Menschen, wie wir sie in dem Bildnis, das wir uns von uns und anderen machen, gerne pflegen. Bei Proust ist davon nicht die Rede. Wenn er »eine Liebe Swanns« darstellt, ist das eine Kette ständiger Wandlungen, in keinem Moment erscheint darin unser gewohntes, mit schönen Lügen drapiertes Bild von der Liebe. Überhaupt kein Bild, sondern nur wechselnde Zustände, die unser Bild, ohne daß es erwähnt ist, entlarven.

Wenn es uns heute bitter ernst ist, mit den Daseinslügen und den Illusionen, die in unserem Leben so Verhängnisvolles anrichteten, aufzuräumen, dürfte gerade jetzt der richtige Moment sein für die Begegnung mit dem Werke Prousts. Freilich bietet dieses nicht neue Bildnisse und neue Begriffe für die alten, weil das nur neue Lügen sein würden. Wir halten an einer Unbeweglichkeit und Unveränderlichkeit der Dinge um uns her noch aus alter Gewohnheit fest und ebenso an der Unbeweglichkeit unseres Denkens ihnen gegenüber. Proust läßt keine der beiden konventionellen Starrheiten zu. Er versetzt mitten hinein in die Bewegung, und seine Intelligenz ist von einer Beweglichkeit, die es ermöglicht, wie in einem Observatorium das unaufhörliche Fließen und Fluten zu überwachen. Um dabei nicht wieder ins Unverbindliche zu geraten, bedurfte es der minuziösen und weitschweifigen Darstellung der Oberfläche der Erscheinungen auf Grund einer Fülle genauester Details und Beobachtungen, und ebenso bedurfte es der intelligenten Zickzackwege seines Geistes sowie endlich der Beweglichkeit und Vielmaschigkeit seiner Sätze. Bietet seine Methode uns keine festen Ergebnisse, an die wir uns wieder halten könnten, so kann sie uns doch einen deutlichen Begriff von unserem Sein im Gegenwartsstande vermitteln und uns lehren, es in einer bisher nur geahnten Dimension in den Griff des hellen Bewußtseins zu bringen. Die Dinge der Realität aber, die Proust bietet und mit minuziöser Genauigkeit der Beschreibung nachbildet, sind zugleich mehr als diese Dinge selbst; um sie leuchtet der intensive Glanz alles Erinnerten.

Das sind für uns allerdings Dinge aus einer Welt, die für den Heutigen nicht nur sehr fern liegt, sondern, da das Leben sich inzwischen grundlegend gewandelt hat, uns sogar konträr sind. Ich höre voraus, was von einigen Seiten eingewandt werden wird: »Das brauchen wir nicht« – von allen, für die ein Werk in erster Linie aus seinem Stoff sowie in der Erfüllung einer fixen Moral besteht. Sie mögen sogar das Klima, den Grad von Prousts Sensibilität ablehnen. Ich nehme an, sie sind aber doch imstande, die Bilder von Claude Monet, Manet, Renoir, Degas und Toulouse-Lautrec zu genießen, daß sie diese nicht wegen der Sujets: der Bardamen, verwöhnten Frauen, Büglerinnen, Tänzerinnen, Jockeys und Kokotten ablehnen. »Die Sujets«, sagt Ortega y Gasset, »die in Prousts Romanen an die Oberfläche kommen und wieder verschwinden, sind für ihn nur von beiläufigem und zweitrangigem Interesse, sie sind wie Bojen, die den tiefen Fluß seiner Erinnerungen abwärts schwimmen.«

Unsere Distanz zum Fin de siècle kann, wenn man sich nicht Voreingenommenheiten verschrieben hat, sogar eine Hilfe sein, das Werk Prousts richtig zu lesen, so zu lesen, wie er sich das wünschte. Er lehnte den Leser ab, der sich mit den Personen eines Romans identifiziert und die Dinge des Romans mit den Dingen der Realität verwechselt. Bertolt Brecht fordert den »Verfremdungseffekt«, der zwischen dem Leser oder Zuschauer und einer Dichtung eingeschaltet werden sollte. T. S. Eliot arbeitet in seinen Dichtungen bewußt jeder Möglichkeit beim Leser entgegen, sich mit dem Dichter und seinen Geschöpfen zu identifizieren, und nötigt ihn zu Studium und eigenem Denken. Paul Valéry macht in seinen Gedichten den reinen Kunst-»Genuß« unmöglich. In diesem Sinne schrieb Proust: »Die Rolle der Lektüre wird gefährlich, wenn sie, statt uns zum persönlichen Geistesleben zu erwecken, dahin tendiert, sich in dessen Stelle zu setzen; wenn die Wahrheit uns nicht mehr als ein Ideal erscheint, das wir nur durch den intimen Fortschritt unseres Denkens und die Anstrengung unseres Herzens verwirklichen können, sondern als eine materielle Sache, die zwischen den Blättern eines Buches liegt wie der Honig, der für andere bereitet wurde, und die wir nur aus den Regalen einer Bibliothek zu nehmen brauchen, um sie passiv in vollkommener Ruhe des Körpers und des Geistes zu verspeisen.« Das sind heute nicht mehr bloß Forderungen der Dichter und Künstler, sie haben seit den zwanziger Jahren, als Prousts Werk vollendet wurde, in unserem Verhältnis zur Kunst immer mehr Raum gewonnen.

(1953)

Maria Müller-Gögler
Marcel Proust »In Swanns Welt«

Man beginnt zu lesen: Selbstbeobachtungen eines einschlafenden und aus dem Schlaf erwachenden, wieder einschlafenden und wieder erwachenden Menschen, unterbrochen durch weit abschweifende Assoziationen, durch Reflexionen und allgemeine Feststellungen, die scheinbar willkürlich auseinander hervorgetrieben werden, – bis Marcel Proust Aufschluß gibt über den Sinn dieses Wirbels von Bildern. »...wenn ich jetzt auch noch so gut wußte, daß ich mich nicht in den Behausungen befand, von denen mir die Unwissenheit des Erwachens... glaubhaft gemacht hatte, daß sie vielleicht um mich gegenwärtig wären, so hatte doch meine Erinnerung einen Anstoß erhalten; ich versuchte nicht, gleich wieder einzuschlafen, den größten Teil der Nacht brachte ich damit zu, mir unser Leben von früher vorzustellen, in Combray bei meiner Großtante, in Balbec, in Paris, in Doncières, in Venedig und an andern Orten...«

Der Leser begreift, daß er auf den ersten Blättern des Buches etwas wie eine Ouvertüre erlebte, die den Stil des Kommenden bereits erkennen und auch vom Inhalt einiges ahnen läßt; vielleicht beginnt er nochmals von vorn zu lesen, und nun mit größerem Genuß und wachsender Neugier. An der zitierten Stelle ebenso wie im Titel seines Gesamtwerks »Auf der Suche nach der verlorenen Zeit« spricht Marcel Proust mit aller Klarheit aus, welche Aufgabe er sich gestellt hat: Erinnerungen aufzuwecken. Das haben wohl andere Schriftsteller und Dichter unabhängig von ihm auch getan. Aber die Art und Weise, wie er es tut, mag einzigartig sein. Er findet sozusagen eine eigene Technik, Erinnerungen aufzuwecken, oder er bildet sie zum mindesten zu virtuoser Meisterschaft aus, nämlich das Wachrufen von Erinnerungen auf Grund sinnlicher Assoziationen, auf Grund der Übereinstimmung von Sinneseindrücken in der Gegenwart und in der Vergangenheit. Es gibt dafür wohl kein besseres Beispiel als die Episode aus der Kindheit in Combray, als Marcel durchfroren nach Hause kommt, seine Mutter ihm vorschlägt, eine Tasse Tee zu sich zu nehmen, und ihm dazu eine Madeleine, ein Sandtörtchen, holen läßt; später nach vielen Jahren sucht sich Marcel Proust »den noch ganz frischen Geschmack jenes ersten Schluckes« wieder vorzustellen und spürt, wie etwas in ihm »sich zu erheben versucht«, und er schreibt: »Sicherlich muß das, was so in meinem Innern in Bewegung geraten ist, das Bild, die visuelle Erinnerung sein, die zu diesem Geschmack gehört und die nun versucht, mit jenem bis zu mir zu gelangen.«

Solche Beobachtungen, solche Experimente mit Erinnerungen und mit den Erscheinungen des eigenen Seelenlebens überhaupt bilden für Proust den eigentlichen Inhalt seiner künstlerischen Gestaltung. In dem Roman »Eine Liebe von Swann« schreibt er: »Wenn er sein Leiden« – er meint Swanns Verliebtheit – »so sachlich beobachtete, als habe er es sich zu Studienzwecken selber durch Impfung beigebracht, mußte er sich sagen, daß er, einmal geheilt, alles, was Odette beträfe, als gleichgültig ansehen werde. Aber aus dem Grunde seines krankhaften Zustandes heraus fürchtete er wie den Tod eine solche Heilung, die in der Tat das Ende von allem bedeutet hätte, was er im Augenblick war.«

Es gibt im ganzen Buch vielleicht keinen Satz, der aufschlußreicher wäre für das Verständnis Marcel Prousts. Wie für Swann sein Leiden alles bedeutet, was er im Augenblick ist, also sein eigentliches Leben, so ist für Proust das, was sich in seinem Innern abspielt und was er davon durch seine Kunst festzuhalten vermag, das eigentliche Leben, jenes, dem er eine gewisse Unsterblichkeit beimißt. Es gibt da eine wunderbare Stelle am Schluß des ersten Teils, der die Kindheit in Combray erzählt, sie heißt: »Die Blumen, die damals auf dem Grase spielten, das Wasser, das hinfloß im Sonnenschein, die ganze Landschaft... begleiten auch die Erinnerung daran mit ihrem seiner selbst nicht bewußten, gedankenlosen Gesicht; und gewiß, wenn sie lange betrachtet wurden von dem bescheidenen Wanderer, von dem seinen Träumen nachhängenden Kind – so wie ein König von einem in der Menge verlorenen Chronisten unbemerkt begleitet wird – hat dies Eckchen hier der Natur, jener Gartenwinkel dort nicht geahnt, daß sie es ihm zu danken haben, wenn sie dazu berufen sind, in ihren flüchtigsten Eigentümlichkeiten die Zeiten zu überdauern.«

Weil alles, was Proust dem Leser vor Augen stellt, ja nur aus inneren Vorstellungen besteht, erscheint seine Welt monadisch eingeschlossen. Die Monade hat nach Leibniz keine Fenster. Dennoch ist sie ein Spiegel des ganzen Universums. Darum kann auch die Liebe von Swann, können die inneren Erlebnisse anderer Gestalten in Prousts Seele zu Vorstellungen werden. Aus diesem Grunde ist auch in seinem Stil der mehrmalige, zunächst befremdende Wechsel der Perspektive gerechtfertigt.

Manchem Leser mag Proust wie ein virtuoser Artist erscheinen, ein Zauberer, der mit Hilfe von Worten eine Welt aus dem Nichtmehrsein zu neuem Leben beschwört, eine in ihren Erscheinungen kunstvoll ineinander verwobene, vielfarbig schimmernde Welt, von der man in jedem Augenblick das Empfinden hat, daß ihre ganze Existenz an diesen genialen Wortwebereien klebt, von ihnen getrennt sich jedoch wieder ins Nichts auflösen müßte, und man mag sich fragen, ob im Brillieren mit einer solchen Kunst der Sinn und Zweck aller Anstrengungen beschlossen liege, die Proust als schwerkranker Mann machte, um sein Werk zu vollenden. Für snobistische Literateneitelkeit scheint dem oberflächlichen Leser auch die Art und Weise zu sprechen, wie Proust Erscheinungen und Personen der Pariser Gesellschaft behandelt, mit denen sich seine Vorstellungen beschäftigen. Doch kann der gründliche Leser nicht verkennen, daß der Ästhet Marcel Proust zugleich ein ehrlicher, ja ein verbissener Wahrheitssucher ist. Was er unternimmt, ist mehr als das aus Lebenslangeweile betriebene geistige Spiel eines Müßiggängers, und wenn es ein Spiel wäre, so das eines Menschen, der sich nicht zu den völlig Eingeweihten zählt und der fortwährend angespannt lauert, um die Gesetze und Regeln zu ergründen, nach denen das Leben abläuft. Aber merkwürdig: je mehr er hinter den Erscheinungen her ist, um ihr Wesen, ihren Wahrheitsgehalt zu ergründen, desto mehr fliehen sie vor ihm; die Welt, die er zu fassen versucht, scheint vor ihm zurückzuweichen. Da ist nichts Festes, Endgültiges, an das man sich halten könnte. Die Charaktere sind in dem Augenblick, in dem sie sich uns zu enthüllen scheinen, schon wieder daran, sich zu wandeln und zu verwandeln, nicht nur der Kirchturm von Combray – die Blätter, die Proust diesem widmet, muß man immer wieder lesen, so bewunderungswürdig und liebenswert tritt uns daraus der Dichter entgegen –, auch die Dinge also wandeln immerfort ihr Gesicht, je nach den Assoziationen, die sich zu ihnen gesellen, und je nach den Beziehungen, in denen sie sich zu der betrachtenden Person und zu andern Personen und Dingen befinden.

Nichts spricht dafür, daß Proust in seinem Buch über das Gebiet des Ästhetischen hinausstrebt. Die Kunst mag für ihn der letzte Sinn des Daseins, Kunst und Leben mögen für ihn ein und dasselbe sein. An einer Stelle freilich finden wir den Gedanken, daß die Kunst, die Musik nämlich, über den Menschen hinaus in eine Götterwelt hineinweise. »Vielleicht ist das Nichts das Wahre, und all unser Träumen hat kein wirkliches Sein; dann aber wissen wir aus dem Gefühl, daß diese musikalischen Ideen und alles, was in Beziehung auf sie entsteht, ebenfalls nichts ist. Wir gehen dahin, doch als Geiseln haben wir diese Gefangenen göttlichen

Geschlechts, die unser Schicksal teilen. Der Tod mit ihnen aber hat weniger Bitternis, ist weniger ruhmlos, ja vielleicht nicht ganz so wahrscheinlich mehr. Swann hatte also nicht unrecht, zu glauben, daß das Thema der Sonate wirklich existiere. Gewiß war es menschlich in dieser Sicht, dennoch aber gehörte es einer Ordnung übernatürlicher Wesen an, die wir niemals gesehen haben und doch mit Entzücken erkennen, wenn es einem Erforscher des Unsichtbaren gelingt, eines davon einzufangen und es von seiner Götterwelt her einen Augenblick über der unsern erstrahlen zu lassen.«

Daß die Musik sehr stark auf Proust wirkte, ist durch das ganze Buch spürbar, vor allem auch im Aufbau seines Werkes: Themen tauchen auf, werden überspielt und kehren zurück, um sich weiter zu entfalten. Kann man von *einem* Stil Prousts reden, müßte man nicht richtiger von seinen Stilen reden? Bald zeichnet er fast nüchtern, gewissenhaft genau und kühl Handlungen und Gespräche von Personen auf, bald wird eine Beschreibung oder die Erzählung eines Vorgangs von üppig blühenden Bildern und Vergleichen überwuchert, bald versucht die Sprache tastend, umständlich prüfend und bohrend in die dunkeln Bezirke der Seele einzudringen.

Das Werk Marcel Prousts kann auf das Prosaschaffen der jungen Generation nicht ohne Einfluß bleiben; es mag dieses vor allem stilistisch befruchten. Man könnte sich sogar einen Einfluß auf den deutschen Prosastil ähnlich dem von Rilke auf die deutsche Lyrik denken. Er würde allerdings vermutlich neben der Bereicherung auch die gleichen Gefahren mit sich bringen. Ist doch Proust selbst der Gefahr der Manie nur durch die erschütternde Ehrlichkeit seines Bemühens und durch seine ernste Hingabe an die Kunst entgangen, in der sich sein Leben buchstäblich erschöpfte.

Man darf auch nicht übersehen, daß eine genaue Nachzeichnung, sei es der äußeren Wirklichkeit wie beim Naturalismus, sei es der seelischen Inhalte, der Erinnerungen, wie bei Proust, eine genaue Nachzeichnung um ihrer selbst willen, nicht mehr das ist, was die Dichter unserer Zeit innerhalb und außerhalb Deutschlands bewegt, daß sie vielmehr, welcher Stilrichtung sie auch angehören, das Metaphysische heranzuholen oder doch eine mittelbare oder unmittelbare Daseinsdeutung zu geben versuchen, ob sie nun zur Bejahung oder zur Verneinung kommen. Vielen wird

Proust heute schon als ein Fremdling aus einer hinabgesunkenen Welt erscheinen. Die Masse der Leser hat für die einsamen Großen, die ihr eigenes Gesetz aufstellten und erfüllten, ja nie Verständnis aufgebracht. Wer sich aber mit der Art und Weise seines Schreibens vertraut gemacht hat, der wird immer mit Bewunderung zu der einsamen und zeitlosen Größe Marcel Prousts aufblicken. *(1954)*

Willy Haas
Zur Proust-Debatte der zwanziger Jahre

Bei vielen Nummern der *Literarischen Welt* kann ich heute nur den Kopf schütteln. Ich war so ahnungslos, daß ich Bücher, die mir wichtig schienen, zwei-, drei-, ja viermal rezensieren ließ, und jedesmal über ganze Spalten. So kam damals zum Beispiel der erste Band der Übersetzungen von Marcel Proust heraus. Der wurde viermal besprochen, von Ernst Robert Curtius, von Friedrich Burschell, dann nochmals als Selbstanzeige vom Übersetzer selbst und noch einmal von Curtius, der dem Übersetzer antwortete.

Proust war vielleicht der interessanteste ausländische Autor in den Anfängen der *Literarischen Welt*. Ich versuchte alles mögliche, mich in den Besitz irgendeiner unveröffentlichten Arbeit von Proust zu setzen. Das bedeutete, daß ich jemand finden mußte, der in den Adelspalästen von St. Germain verkehrte, denn Proust, solange er überhaupt noch in Gesellschaft ging, verkehrte vor allem mit Hocharistokraten. Schließlich fand ich jemanden, und dieser vermittelte eine Beziehung zur liebenswürdigen Herzogin von Clairmont-Tonerre, von der es hieß, daß sie unveröffentlichte Manuskripte des jungen Proust besaß. *(1957)*

Wolfgang Koeppen
Marcel Proust und die Summe der Sensibilität

»Darin nähert sich der Roman formal dem Traume; man kann sie beide durch die Betrachtung folgender seltsamer Eigentümlichkeiten definieren: daß alle ihre Abschweifungen zu ihnen gehören.« Diese Bemerkung von Paul Valéry findet sich in einer französischen Huldigung für Marcel Proust. Erstaunlich! Denn Abschweifungen und Träume waren in Frankreich nie angesehen. Aber seit Proust – er selber betonte: ich schreibe keinen klassischen Roman – haben sich die Kriterien des Romans, ja die Anschauungen über die Gesetze der Dichtung weitgehend geändert. Sie haben sich geändert, wie sich die Gesetze der Physik, unsere Vorstellungen von Raum und Zeit, geändert haben, und zwischen der neuen Physik und dem neuen Roman nach Proust gibt es Berührungen, die nicht berechnet, die nicht Nachahmung, nicht Anbiederung der Dichter an die Gelehrten sind, sondern der Ausdruck eines neuen Weltempfindens, eines gewandelten Daseinsgefühls, eines anderen Sehens, erweiterter Möglichkeiten des Denkens.

Der Roman des Marcel Proust ist nicht länger wissenschaftlich unterbaut, ist nicht wissenschaftshörig, wie es der naturalistische, der realistische und der psychologische Roman oft waren, der eine darwinistisch fortschrittsgläubig, der andere analytisch kulturpessimistisch. Proust hat den Roman wieder zur reinen Poesie befreit. Proust ist zugleich naiver und intellektueller als die französischen Romanciers vor ihm. In einem Brief vergleicht er sich sogar und sonderbar mit Einstein, von dessen Werk er wenig gewußt haben dürfte, dessen Bedeutung er aber geahnt haben muß, und in seinen Romanen gibt er uns einen Einsteinischen Kosmos, der dauernd ins Unendliche flieht und doch in unserem Herzen ist, Materie vom Geist durchdrungen, Geist in den Dingen. Proust arbeitet psychologisch und physiologisch, er beobachtet – das taten die Naturalisten auch –, aber er beobachtet so ungeheuer genau, daß er sich in den Gegenstand seiner Betrachtung versenkt, daß er eins wird mit ihm, und so ist im kleinsten und gleichsam mikroskopisch erschlossen die Welt neu beseelt, ist flüchtig und von Dauer, und da der geistdurchwebte Stoff des Romans die Erinnerung ist, die verlorene Zeit, die erlittene, betrauerte, verklärte, mit Heimweh zurückbegehrte Zeit, entspricht er einer Forderung Goethes, die Proust sich auch gestellt hatte: daß es keine Poesie außer über Dinge gibt, die man noch selber fühlt.

»Auf der Suche nach der verlorenen Zeit« – der unvergleichliche Roman des großen Marcel Proust erscheint nun sehr spät auch in deutscher Sprache. Es fällt aber schwer, jeden einzelnen Band, zuletzt »Die Gefangene« als Neuerscheinung vorzustellen und zu besprechen. Proust starb 1922. Das große Werk war getan, es teilte sich der aufhorchenden Welt mit, es war abgeschlossen, soweit ein solches Œuvre abzuschließen ist, dessen Gestalten wie Vampire an der Lebenskraft ihres Verfassers bis zu seiner letzten Stunde zehrten. Der erste Roman erschien in Paris 1913, der letzte 1927. Aber 1922 war Proust schon berühmt, er erlebte den Ruhm noch, genoß ihn auf seinem Schreib- und Sterbebett, und in jenen Jahren wurde sein Werk begrüßt, gewürdigt, kritisiert, leidenschaftlich angegriffen und noch leidenschaftlicher verteidigt. Die Romane des Marcel Proust kennt man nun, wie man Balzac, Stendhal und Flaubert kennt; sie als Neuerscheinungen fraglichen Wertes zu wägen wäre anmaßend, wäre lächerlich, wäre ein Zeichen großer Ahnungslosigkeit. Proust müßte ein Thema für Doktorschriften sein, für Buchankündigungen ist er es nicht mehr. Einen Romanteil, sei es nun »Sodom und Gomorra« oder »Die Gefangene« zu betrachten heißt, sich in die Schönheit eines Details einer mächtigen Architektur zu verlieren, eines Baues, der wunderbar proportioniert und herrlich vermauert bis in die Wolken reicht. Die Erinnerung gab der Poesie wieder Rechte und Flügel. Aber der Flug geschah nicht ohne Plan. Proust war ein großer Dichter und ein großer Künstler; der erste Satz der vielen tausend Seiten seines Werkes stand zum letzten in der Verbindung des Grundsteins zur hohen Spitze eines Turms. Proust, der in seinem Krankenzimmer, auf seinem Schreibbett liegend, gelegentlich Freunden aus dem Roman vorlas, bemerkte, daß das Abnehmen eines Hutes im ersten Kapitel seinen Sinn im letzten Band finden würde.

Glücklicherweise kennt Proust, kennt seine Erinnerung keinen Anfang und kein Ende. Wo man und in welchem seiner Teile man den großen Roman auch aufschlägt, man gerät in den Bann seiner langen Sätze, die einer unverständlich, mancher langweilig finden wird, die aber für den von ihnen Berührten die Bibel einer neuen literarischen Harmonie sind. »Es ist keine Geschichte, deren Ausgang man schnell erfahren möchte, sondern ein wundervoller Spaziergang von der Erde zum Himmel und hinab in die Tiefen des Ozeans«, urteilte eine Freundin des Dichters, die Herzogin von Clermont-Tonnere. Die Handlung ist nach Prousts eigener Ansicht unwichtig. Man kann ein Zimmer aus der Kindheit beschreiben oder eine Gesellschaft eitler Menschen oder die Eisspezialität einer Konditorei, und man wird ein Meisterwerk schaffen, wenn man ein Dichter, wenn man Marcel Proust ist. Die Gefangene ist Albertine, die begehrteste aus der kleinen Schar der bewunderten und gefürchteten Mädchen am Strande des mondänen Seebades der ersten Bände. Das erzählende Ich liebt Albertine, und das heißt bei Proust, daß es die Qual der Liebe erleidet, die immer zur Qual der Eifersucht wird. Im Band »Sodom und Gomorra« verdächtigt der Eifersüchtige Albertine zu Gomorra, zur lesbischen Gemeinde zu gehören. Dennoch teilt er am Ende dieses Romanabschnittes der verehrten Mutter mit, daß er Albertine heiraten möchte. In der »Gefangenen« ist Albertine die Geliebte des Erzählers und lebt in seiner Wohnung. Sie hat sich in die Gewalt des Eifersüchtigen, sie hat sich in die Gefangenschaft begeben. Seine Liebe aber existiert allein noch durch die Eifersucht. In endlosen Überlegungen, im Labyrinth aus Tatsachen und Hirngespinsten bemächtigt sich die Eifersucht der Vergangenheit und der Zukunft der Freundin. Eifersucht ist es, die den Erzähler einen Salon besuchen läßt, in dem Eifersucht, diesmal gesellschaftliche, den Baron Charlus fällt, die Spukgestalt aus dem homoerotischen Sodom, in tragischer Liebe und Eifersucht an einen Geigenkünstler minderen Herkommens und Charakters gekettet. Eifersucht, diese so begreifliche und so unverständliche Qual wird infinitesimal verfolgt und geschildert.

Der eigentliche Gefangene ist der Erzähler, er ist der Gefangene Albertines, nicht ihrer Schönheit (sie ist gar nicht schön), nicht ihrer Gegenwart (diese langweilt ihn eher), sondern er ist der Gefangene der Summe ihrer Möglichkeiten, ihrer Möglichkeiten, Verbindungen mit jedermann eingehen, Verbindungen mit jedermann haben zu können. Der Erzähler könnte aufhören, er hat vielleicht schon aufgehört, Albertine zu lieben. Aber der Eifersüchtige kann sie nicht freigeben, er liebt seine Qual –, Cocteau hat Marcel Proust einmal ein Gespenst des Sacher-Masoch genannt –, und er ist auch wie ein Geiziger, der sich von einem Besitz – es freute den Erzähler, der Welt die junge Blüte entzogen zu haben – nicht trennen kann. Einmal nennt er Albertine ein Wesen halb Mensch, halb Tier, halb Pflanze. Und immer wieder beschreibt er sie, manchmal die Liebe, die er für sie empfindet, öfter die Qualen, die sie ihm bereitet. Hier schildert er, wie er die Schlafende betrachtet: »Mir, der ich mehrere Albertinen in einer einzigen kannte, kam es vor, als sähe ich noch viele andere ebenfalls neben mir ruhen. Ihre Brauen, die so geschwungen waren, wie ich es niemals gesehen hatte, umgaben die Wölbung der Augenlider wie ein weiches Seevogelnest. Rassen, Atavismen, Laster lagerten ruhevoll über ihrem Gesicht! Jedesmal, wenn sie den Kopf bewegte, schuf sie eine neue, für mich oft ganz ungeahnte Frau. Es schien mir, als besäße ich nicht nur eines, sondern zahllose junge Mädchen. Ihre nach und nach immer tiefere Atmung hob regelmäßig ihre Brust und darüber auch noch ihre gekreuzten Hände, ihre Perlen, die auf so verschiedene Art bei der gleichen Bewegung ihren Platz verschoben wie Fischerboote und Ankerketten, die eine Bewegung der Wellen zu leisem Schaukeln bringt.« Das sind Empfindungen, Betrachtungen, Sätze von großer Schönheit und nur zu bewundern.

Ich muß aber gestehen, daß ich Liebe und Eifersucht in den ersten Bänden des Romans noch eindringlicher, noch genialer beschrieben fand. Die Liebe des Erzählers zu dem jungen Mädchen Gilberte, die Liebe seines Freundes Saint-Loup zu Rahel, die mit jedem, nur nicht mit ihm schläft, bringen Beschreibungen der Liebes- und der Eifersuchtsqual, die nicht mehr übertroffen werden konnten, und in den Albertine-Kapiteln wiederholt sich Proust, ohne die eigene Höhe des Ausdrucks und der Empfindung wieder zu erreichen. Vielleicht aber rührt diese Einschränkung des Lesers gegen einen Teil des Werkes, gegen das Buch, das ihm jetzt in deutscher Sprache vorgestellt wird, auch daher, daß er inzwischen zu viel über Proust erfahren hat, die Umstände seines Lebens, die Geschichte der Entstehung des Romans und auch das Verhängnis des Invertierten und damit das zwangsläufig Tragische all seiner Lieben kennt. So vermutet oder weiß man, daß Albertine ein Jüngling war, was wiederum manche Unstimmigkeit in Albertines Lebensumständen und einer besonderen Form der von Proust geschilderten Eifersucht, der Eifersucht des Mannes auf die möglicherweise pervers veranlagten Freundinnen der Geliebten erklärt. Aber Proust schildert die Liebe schlechthin, die Eifersucht schlechthin, und da ist im Sinne Platos der Liebende bedeutungsvoller als der Geliebte, er liebt und erleidet die Liebe, nur in seiner Vorstellung lebt sie, und das Mädchen oder der Jüngling sind nur Objekt der Liebe und beinahe gleichgültig.

Proust arbeitete und feilte an seinem Werk bis in seine Todesstunde. Er wollte die Summe seines Lebens, die Summe seiner

Erfahrung, die Summe seines Leidens, das ganze Maß seiner einmaligen Sensibilität in das Werk bringen, selbst was ihm der Tag zuführte, sollte noch, und sei es in einer Randbemerkung, untergebracht werden. Man hat Proust vorgeworfen, daß er in seinem großen Roman eine Welt ohne soziale Probleme, eine Erde ohne Armut geschildert habe und dies, um sich in einem eigentlich langweiligen und überlebten Marionettenreich des hohen Adels anzusiedeln. Die dünne Luft der aristokratischen Gesellschaft aber war literarisches Neuland und für Proust die Gelegenheit, wie unter einem Vakuum zu arbeiten, eine Verfremdung des Menschen zu erreichen, einen Versuch unter den besonderen Bedingungen eines Experimentes zu Ende zu führen, und die Leiden des Menschen, die Proust bewegen, sind schließlich an keine soziale Stellung, nicht an Armut oder Reichtum gebunden. Und indem er das tat, hat er die Welt reicher gemacht, reicher um sein Werk.

In einer sehr sorgsam gearbeiteten, in einer klassischen, und man könnte so fast sagen recht unproustschen Biographie »Auf den Spuren von Marcel Proust«, beschreibt André Maurois die letzte Arbeitsstätte, das Sterbezimmer von Marcel Proust. Es war, schreibt er, »die asketische Zelle eines Mystikers der Kunst«.

(1957)

Max Rychner
Verewigte Wiederkehr. Anmerkung zu Marcel Proust

Der Icherzähler in Prousts Romanwerk berichtet von den Neigungen zur Literatur, die ihn schon als Knaben erfaßten. Sein Vater schaute dem mit Mißvergnügen zu; ihm schwebte Besseres vor für seinen Sohn, Diplomat sollte er werden. Immerhin, eine Chance mochte er haben, denn Herr von Norpois, der Diplomat und Freund der Familie, hatte da letzthin durchblicken lassen, gar so übel sei die Schriftstellerei nicht. Ihm sollte der Fall zur Beurteilung unterbreitet werden. »Also schreib etwas Gutes, das wir ihm zeigen können!« ermuntert der Vater. Der Junge setzt sich hin, aber bald gibt er es auf, unter Tränen der Enttäuschung: »Ich bin eben unbegabt und talentlos und werde es bleiben!« Es ist eine Niederlage großen Stils.

Gegen das Ende der Romanfolge *Auf der Suche nach der verlorenen Zeit* schildert derselbe Icherzähler, wie er, ein Mann in der Mitte des Lebens, sich zu einer Einladung des Prinzen Guermantes begibt, wo es Musik zu hören geben soll. Unterwegs trifft er den ihm nahbekannten Baron Charlus an, der spazieren gefahren wird; kürzlich hat er nämlich einen Schlaganfall erlitten und ist seither nicht mehr ganz von dieser Welt, wenn auch noch weltgierig wie in seiner kraftvollen Zeit, Bekannte, die er nicht mehr recht erkennt, mit überbetonter Höflichkeit grüßend, ja sogar immer noch auf erotische Begegnungen aus, ein Wrack, in dem aber Triebe und Gewohnheiten noch ihr herrisches Wesen treiben. Der Erzähler plaudert mit ihm, erschüttert im Gedenken an den einst glanzvollen Charlus, gezwungen zu Erwägungen über die Vergänglichkeit, über das Verrinnen des eigenen Lebens. Damit ist das Thema der bevorstehenden musikalischen Matinee angeklungen: Tod und Vergänglichkeit. Krankheit hat den Erzähler viele Jahre der Gesellschaft ferngehalten, in der er sich früher eifrig bewegte – Proust, der Dichter der Zeit, ist in Zeitangaben sehr vag; die zwanzig Jahre, von denen er zwischendurch beiläufig spricht, sind auf ihn bezogen nicht überzeugend, wohl aber auf die Gesellschaft bezogen. Ein unheimliches Wiedersehen steht ihm bevor; an denen, die er auf ihrer Lebenshöhe kannte, tritt das Alter kraß in Erscheinung. Die mildernden Übergänge ihres Alterns hat er in seiner Ferne versäumt, er wird mit dem an Menschen vollzogenen unerbittlichen Werk der zwanzig tätigen Jahre konfrontiert: Ticks, Schwerleibigkeit, gekerbte Schädel, Harthörigkeit, Gedächtnisschwund, alle Arten von Entstellung sind da in der lebendigen Substanz angerichtet worden, in diesem Kreis, wo Schönheit und Eleganz zählen wie nirgends sonst. Und wie viele fehlen – dahingegangen für immer! Die letzte Schilderung einer gesellschaftlichen Vereinigung in dem Roman ist ein Gespenstertanz, zwischen dem, wahrnehmbar für das zweite Gesicht des Dichters, ein Totentanz mitspukt. Menschen sind untergegangen, aber in den Überlebenden auch gute oder bedeutende Eigenschaften, bei andern haben sich Duldung, Güte, Teilnahme ausgebildet, keiner und nichts jedoch hat sich der Wandlung entzogen.

Noch aber ist der Erzähler nicht unter sie getreten, die sich, von Musik überwältigt, alterslos durch einen idealen Raum bewegen, während er in der Bibliothek auf das Ende des Konzerts wartet.

Dem Wartenden geschieht das Seltsamste seines Lebens. Es hat sich angekündigt, wie er über den Hof zur Haustüre schritt: da ist er in die Vertiefung eines eingesunkenen Pflastersteins leicht gestolpert – sogleich erhob sich in ihm die Erinnerung an Venedig, wo vor Jahren seinen Füßen im Baptisterium von Sankt Markus dasselbe zugestoßen war. Sie erinnerten sich (und ihn) an das gleichartige frühere Stolpern, und ihre Erinnerung weckt die seine an Venedig und die Gestimmtheit seines damaligen Lebens. Erfüllt davon gelangt er nach oben, doch die Verzauberung hält an, ja sie wird dringender: die Umstände haben sich verschworen, ihn tiefer in eine Welt zu ziehen, die er stückweise kennt. Das Gewöhnlichste spricht ungewöhnlich zu ihm. Ein Diener geht durch den Raum; im Bemühen, kein Geräusch zu verursachen, läßt er natürlich gerade den Löffel auf dem Teller in seiner Hand scheppern, was zum Anlaß wird, daß wieder eine Erinnerung im Erzähler angeklungen wird, nämlich die an einen Halt im Zuge, wo ein Bahnarbeiter mit dem langstieligen Hammer an die Waggonräder geschlagen hatte, und an die Gefühle, die ihn beim Blick aus dem stehenden Zug auf ein Wäldchen bewegt hatten. Und noch einmal erhebt sich ein früherer Mensch im jetzigen: nachdem er den ihm vorgesetzten Orangensaft getrunken hat, wischt er sich die Lippen und erkennt an der besonderen Steifheit der Serviette eine Serviette seiner Jugend, die er an seinem ersten Ferienmorgen in Balbec beim Frühstück ergriffen hatte, während er durchs Fenster auf das Meer hinausschaute. Dreimal gibt die körperhafte Welt ihm ein Zeichen, dreimal lösen sich versunkene Zeiten vom Grunde, steigen hoch und dringen auf sein Ich ein, das keine Gewalt hat über sie und geschehen lassen muß, was ihm geschieht. Es ist mitten drin und zugleich entrückt, überflutet von Glückseligkeit.

Diese Glückseligkeit jedoch, auch sie naht ihm nicht zum erstenmal; er erkennt sie wieder, und dieses Wiedererkennen verleiht ihr eine neue, gesteigerte Bedeutung. »Du mußt es dreimal sagen«; auch sie gibt ihm drei Zeichen in der Form von Erinnerungen an Glücksmomente gleicher Art in der Vergangenheit, die wiederzukehren scheinen. Es erstehen in ihm: das Bild der Kirchtürme von Martinville, die er als Junge bei einer Wagenfahrt sich so rätselhaft gegeneinander verschieben sah, daß ihm alle Wunder der Welt in diesem Wandern der Türme enthalten waren; es ersteht der Augenblick seiner Jugend, wo er ein Gebäck, die berühmte Madeleine, in den Tee stippte und rätselhaft überwältigt die ganze Fülle des Daseins erfuhr; und drittens fallen ihm die späten Werke Vinteuils ein, in deren Musik, wie er glaubt, solche unsagbaren Erlebnisse auf einer höchsten Ebene ausgesagt werden.

Zweimal drei Erinnerungskomplexe, sie kommen aus verdekkenden Weltkulissen hervor wie im Ballett. Die Glückseligkeit, die sie ihm bereiten, ist die einer Entrückung; in ihr, die er wiedererkennt, erkennt er zugleich die Identität seines heutigen Ichs mit dem früheren in einem Taumel des Staunens. Wo bin ich, fragt er sich, im Damals? Im Heute? Und er erkennt: Jetzt eben, wo mir das widerfährt, bin ich in beiden Zeiträumen, in dem vergangenen und im gegenwärtigen Augenblick zugleich, das heißt aber: im Außerzeitlichen. Das Ich, dem diese Erfahrung zustößt, nämlich das Wunder der Analogie des jetzigen mit einem verflossenen Augenblick, erkennt etwas, das der Zeit und ihrer Vergänglichkeit entzogen ist, und o Wunder, sich selbst erfährt er in solcher Entrückung als teilhabend am Außerzeitlichen! Diese erweckenden Momente treten zufällig ein, oder als Geschenk einer Gnade; das bewußte, vom Willen angestrengte Gedächtnis ist unfähig, sie herbeizulocken. Aller Verstand, alles Nachdenken hätte nicht zustande gebracht, was durch das doppeldeutige Stolpern, den Löffelklang, das Tuchgefühl des Dichters an der Serviette willenlos aufgerufen wurde. Dreischichtig ist die Erinnerung: der Körper hat daran teil wie die unbewußte Seele und der Geist, aus seinem Dunkel steigt sie der Helle entgegen, und sie gipfelt in der Entrückung des Dichters, die für ihn nicht zur mystischen Weltenthebung wird. Nicht die Weltleere des Mystikers, den die irdischen Gesichte und Erinnerungen fliehen, wird ihm zuteil, sondern eine neue Art von Weltverflechtung. Ja, ihm ist so, als käme er neu zur Welt, und er spricht auch von einer Wiedergeburt. Davon hat auch Jakob Böhme gesprochen, als er beim Anblick eines Zinnkruges durch dessen »lieblich jovialen Schein« zu dem »innersten Grunde oder Zentro der geheimen Natur eingeführt worden«. Das Kennzeichnende an Prousts erneutem Zurweltkommen jedoch ist die Anamnese, die Wiedererinnerung an durchlebte Zustände: der erhöhte Augenblick wird ihm zum zweiten Male geschenkt, und in der Wiederholung erst erkennt er paradoxerweise seine Einzigkeit. Er sagt auch einmal, die Schönheit eines Dinges sei ihm immer erst lange nachher an einem andern Ding aufgegangen, an einer Ähnlichkeit oder einem Gegensatz, jedenfalls in einem von ihm erkannten – oder geschaffenen – Bezuge zwischen den beiden.

»Unwillentlich und vollständig« ist die Erinnerung, auch wenn sie nur ein Bruchstück gelebten Lebens heraufhebt; vollständig, weil wesentlich, das heißt auf das Grundgesetz allen menschlichen Daseins hinweisend. In dem Bezug zweier Dinge oder Augenblicke offenbart sich ein Zeitfragment im Reinzustande, reine Zeit, *Wirklichkeit*. Das Leben des Alltags erscheint, damit verglichen, fast unwirklich, bloßer Stoff, der sich dem Vergessen überliefert. In Bildern der vergänglichen Tageswirklichkeit ist die echte, die wesentliche enthalten; neues Paradox: das vom Dichter nun plötzlich abschätzend bewertete Alltagsleben bringt ihm doch die Momente an, die allenfalls in die unbewußte Erinnerung eingehen und von einem späteren Augenblick aus eine ungemeine Bedeutung enthüllen; in jedem Augenblick jeden Tages wäre demnach die Möglichkeit höchsten Wertes. Daran denkt der Erzähler nicht, da ihm sein früheres Leben, vom Berge Nebo der Entrückung aus gesehen, unwesentlich erscheint, das künftige jedoch als wesentlich. Denn jetzt eben ist er über seine Grenzen hinweggetragen worden und ist ein anderer als der vor wenigen Minuten im Hofe noch stolperte. Was er als Wiedergeburt empfindet und bezeichnet, ist die Geburt des Dichters in ihm und die der Werkidee. Er erfährt es, und in blitzschnellen Operationen durchdenkt er es nach allen Richtungen.

Noch ist er nicht völlig entschlossen, seinen Bau zu bauen, aber er ist bereit dazu, bereit, aus der von seiner Einbildungskraft erfaßten Erinnerung die »lebendige Wirklichkeit« des Kunstwerks zu schaffen, in welchem die Empfindungen als Zeichen waltender Daseinsgesetze und Ideen gelten sollten. Was heißt ihm ein Kunstwerk schaffen? Empfundenes in eine geistige Ordnung überführen, aus der beliebigen Zeit die wesentliche herauslösen wie der Bildhauer aus wirr begrenztem Marmorblock die Statue. Mit einemmal weiß er, daß sein bisheriges zerstreutes Leben – er nennt es sogar ein verfehltes – heimlich auf diesen Augenblick hingeordnet war und daß es ihm nun alles, was es an unerkannter Wahrheit enthält, verfügbar macht zu seinem Werk: seine Leidenschaften und Leiden haben dieses entworfen, ausführen muß es die Erkenntnis, indem sie die Momente eigentlichen Lebens vertieft und die Anlage ihrer Ordnung begreiflich macht. Sie muß nur »entdecken«, was im Dichter bereits vorhanden ist – Proust spricht dem Kunstwerk eine Präexistenz zu, der gegenüber das Bewußtsein keine Freiheit hat; die Schöpferkraft ist eben auch paradox, gebunden an das Vorgegebene des Stoffes und frei in der Formbildung.

Fast am Ende des mächtigen Romanwerkes schildert der Erzähler also die Inspiration, in welcher dessen Elemente ihm über die Schwelle des Bewußtseins traten. Die Erinnerung an die Inspiration inspiriert ihn aufs neue; in jagenden Seiten, über siebzig, entwickelt er seine Theorie der Kunst, die, wie er glauben macht, am Anfang war, dem Werke vorausexistierend. Es geht ihm, rückblickend auf seine verlorene Zeit, auf, daß »diese ganze Sphäre der empirischen inneren und äußeren Welt nicht die Welt wahrhafter Wirklichkeit ist, sondern vielmehr, in strengerem Sinne als die Kunst, ein bloßer Schein und eine härtere Täuschung zu nennen. Erst jenseits der Unmittelbarkeit des Empfindens und der äußerlichen Gegenstände ist die echte Wirklichkeit zu finden...«

Es ist eine fremde Stimme, die da Prousts Erkenntnisse noch einmal ausspricht; sie kommt von fern her, aber sie habe noch einmal das Wort: »In der gewöhnlichen äußeren und inneren Welt erscheint die Wesenheit wohl auch, jedoch in der Gestalt eines Chaos von Zufälligkeiten, verkümmert durch die Unmittelbarkeit des Sinnlichen und durch die Willkür in Zuständen, Begebenheiten, Charakteren usw. Den Schein und die Täuschung dieser schlechten vergänglichen Welt nimmt die Kunst von jenem wahrhaften Gehalt der Erscheinungen fort und gibt ihnen eine höhere, geistgeborene Wirklichkeit. Weit entfernt also, bloßer Schein zu sein, ist den Erscheinungen der Kunst, der gewöhnlichen Wirklichkeit gegenüber, die höhere Realität und das wahrhaftigere Dasein zuzuschreiben.« – Ist es doch Proust, der so spricht?

Die Geburt der Idee zu dem Romanbauwerk findet (nicht zufällig) in der Bibliothek des Prinzen von Guermantes statt, wo jedoch zufällig, wer weiß, allenfalls auf einem Regal das Buch zugegen war, dem wir diese Sätze entnehmen. Es ist Hegels *Ästhetik*, in Vorlesungen erstmals 1818 in Heidelberg verkündet, 1835 bis 1838 erstmals gedruckt, zu einer Zeit, als die Kunst sich dem Realismus zuwandte und die idealistische Theorie als »überwunden« zum ausgedienten Gerümpel warf. Sie suchte eine andere Realität als Hegel, und als Proust sie dann wieder suchte und fand.

Auch die geringste Begebenheit, gesteht Proust, habe ihm eine idealistische Lehre erteilt, das heißt eine Lehre vom Wirklichsten. Ja, »die Falschheit gerade der vorgeblich realistischen Kunst hat sie mir bestätigt«. Ein strenges Wort, denn das »Falsche« hatte in der Literatur des 19. Jahrhunderts wahrhaft große Ergebnisse. Doch unter die ihm besonders nahen Dichter zählt er nicht die großen Romanciers, sondern Chateaubriand, Gérard de Nerval, Baudelaire: bei ihnen findet er gleichartige Erlebnisse aufgezeichnet wie seine Entrückung beim Genuß der in Tee getunkten Madeleine, dieselbe Beziehung von sinnlicher Empfindung, Erinnerung, Idee, die eine Entfaltung der unsern Sinnen gegebenen Welt zur Idee und ihren Bewußtseinsprozessen ist. Wäre das nicht der Weg von der *perception* zur *apperception*, den Leibniz gewiesen hat? »Ich begriff, daß noch die unscheinbarsten Episoden meines vergangenen Lebens mitwirkten, um mir diese Lehre des Idealismus zu erteilen, die mir heute zugute kommen sollte«, heißt es bei Proust; der Inspirierte erinnert sich an seine Liebe zu Mme de Guermantes und zu Albertine, durch die Erinnerung darin bestärkt, »wie sehr die Materie indifferent ist und daß der Geist ihr alles einzubilden vermag«.

Das ist der Gipfel der ideellen Verfügbarkeit, die der Dichter von seinem Stoff erträumen kann, und es ist ein hochgestimmtes Allmachtbewußtsein des seiner selbst gewiß gewordenen Geistes. Proust weiß auch, daß seine allgemeine Forderung nach dem Enthusiasmus des Künstlers sich nun an ihm erfüllt und daß sein Enthusiasmus dieser Stunde bereits zum Entstehungswillen des Werkes gehört, dem er von nun an sein Leben in rasendem Gehorsam unterordnet. Daß etwas Großes entstehe, war ihm gewiß, denn mehr als einmal legt er dem Leser den Vergleich seines Romanbaus mit einer Kathedrale nahe; er hatte auch erwogen, den einzelnen Teilen Titel wie »Halle«, »Apsisfenster« usw. zu geben. Schließlich schreibt er mit dem Humor, der ihm reich zu Gebote stand, nicht wie eine Kathedrale werde er sein Werk fügen, diesen ehrgeizigen Vergleich wage er nicht, sondern wie eine Robe...

Die Aufmunterung des Vaters an den Knaben: »Also, schreib etwas Gutes, das wir Herrn von Norpois zeigen können«, wird eine späte Erfüllung finden, freilich eine, welche die Urteilssphäre dieses Herrn weit unter sich läßt. Und die Verzweiflung des Knaben an seiner Talentlosigkeit findet ihr spätes Gegenstück: das rauschhafte, ihn beseligende »Zusichkommen der Idee« in dem Dichter, der aus dem Knaben erwuchs und der, ein Konzert versäumend, sich und seine Zeitwelt, im Geiste wiedergeboren, noch einmal gewinnt. Die in durchgehend hoher Spannung entwikkelnde Darstellung der Inspiration ist ein Wunderwerk innerhalb des gesamten Werkes, das auch schon vom Wunder hat. Ihm zuordnen ließe sich aus neuer Literatur am ehesten die nächtliche Szene im *Jugendbildnis* (Portrait of the Artist as a Young Man) von James Joyce, wo Stephan Dädalus auf armseligem Bett die in allen ihren Momenten geschilderte Eingebung eines wunderschönen Gedichtes, einer Villanelle, erfährt, in welcher Erinnerungen und Visionen sich in Tanzfiguren elegisch vereinen und die er mit einem Bleistiftstummel auf den Boden einer Zigarettenschachtel hinkritzelt. *(1957)*

Theodor W. Adorno
Kleine Proust-Kommentare

Gegen kleine Kommentare zu einigen Abschnitten aus der ›Suche nach der verlorenen Zeit‹ ließe sich sagen, daß bei dem verwirrend reichen und krausen Gebilde der Leser mehr der orientierenden Überschau bedürfe, als daß er noch tiefer ins Einzelne verstrickt werden möchte, aus dem ohnehin nur schwer und mühsam der Weg zum Ganzen sich bahnen ließe. Der Einwand scheint mir der Sache nicht gerecht zu werden. An großen Übersichten fehlt es nicht länger. Das Verhältnis des Ganzen zum Detail jedoch bei Proust ist nicht das eines architektonischen Gesamtplans zu seiner Ausfüllung durchs Spezifische: eben dagegen, gegen das gewalttätig Unwahre einer subsumierenden, von oben her aufgestülpten Form hat Proust revoltiert. Wie die Gesinnung seines Werkes die herkömmlichen Vorstellungen von Allgemeinem und Besonderem herausfordert und ästhetisch ernst macht mit der Lehre aus Hegels Logik, das Besondere sei das Allgemeine und umgekehrt, beides sei durcheinander vermittelt, so kristallisiert sich das Ganze, allem abstrakten Umriß abhold, aus den ineinandergewachsenen Einzeldarstellungen. Eine jede birgt Konstellationen dessen in sich, was am Ende als Idee des Romans hervortritt. Große Musiker der Epoche, Alban Berg etwa, wußten, daß die lebendige Totale gerät nur durchs vegetabilisch wuchernde Gerank hindurch. Die produktive Kraft zur Einheit ist identisch mit dem passiven Vermögen, schrankenlos, ohne Rückhalt ans Detail sich zu verlieren. Der inneren Formzusammensetzung des Proustschen Werkes aber, das den Franzosen seiner Zeit nicht bloß um der langen und dunklen Sätze willen so deutsch dünkte, wohnt trotz seiner vorwiegend optischen Begabung, und ohne alle billige Analogie mit dem Komponieren, ein musikalischer Impuls inne. Er bewährt sich am eindringlichsten in der Paradoxie, daß der große Vorwurf, die Rettung des Vergänglichen, durch die eigene Vergängnis, die Zeit hindurch gerät. Die Dauer, der das Gebilde nachfragt, konzentriert sich in ungezählten, vielfach voneinander isolierten Augenblicken. Einmal verherrlicht Proust mittelalterliche Meister, die in ihren Kathedralen Zierate so verborgen angebracht hätten, daß sie wissen mußten, es werde nie ein Mensch sie erblicken. Die Einheit ist keine fürs menschliche Auge veranstaltete, sondern unsichtbar mitten im Zerstreuten, und erst einem göttlichen Betrachter würde sie offenbar. Im Gedanken an jene Kathedralen ist Proust zu lesen, beharrend vorm Konkreten und ohne vorwitzigen Griff nach dem, was bloß durch die tausend Facetten hindurch, nicht unmittelbar sich gibt. Darum will ich weder bloß auf vorgebliche Glanzstellen hinweisen noch eine Interpretation des Ganzen vorbringen, die noch im glücklichsten Fall bloß wiederholte, was der Autor von sich aus an Intentionen ins Werk hineintat. Sondern ich hoffe, durch Versenkung ins Bruchstück etwas von jenem Gehalt aufleuchten zu lassen, der sein Unverlierbares von nichts anderem empfängt als von der Farbe des hic et nunc. Mit solchem Verfahren glaube ich Prousts eigener Intention besser die Treue zu halten, als wenn ich sie abzudestillieren versuchte.

Zu ›In Swanns Welt‹, 115–123

Henri Bergson, Prousts Verwandter nicht nur im Geist, vergleicht in der ›Einleitung in der Metaphysik‹ die klassifizierenden Begriffe der kausal-mechanischen Wissenschaft Konfektionskleidern, welche um den Leib der Gegenstände schlotterten, während die Intuitionen, die er preist, so genau auf der Sache säßen wie Modelle der haute couture. Könnte ein wissenschaftliches oder metaphysisches Verhältnis ebenso bei Proust in einem Gleichnis aus der Sphäre der mondanité ausgesprochen sein, so hat er umgekehrt nach der Bergsonschen Formel sich gerichtet, mochte er sie kennen oder nicht. Freilich nicht durch bloße Intuition. Deren Kräfte balancieren sich in seinem Werk mit denen französischer Rationalität, einer gehörigen Portion welterfahrenen Menschenverstandes. Erst die Spannung und Zusammensetzung beider Elemente macht das Proustische Klima aus. Wohl aber ist ihm eigentümlich die Bergsonsche Allergie gegen die Konfektion des Gedankens, das vorgegebene und etablierte Cliché: unerträglich ist seinem Takt, was alle sagen; solche Empfindlichkeit ist sein Organ für die Unwahrheit, und damit für die Wahrheit. Während er in den alten Chor über gesellschaftliche Heuchelei und Unwahrhaftigkeit miteinstimmte, aber gleich jenem Chor am gesellschaftlichen Grund nirgends ausdrückliche Kritik übte, ist er dennoch gegen seinen Willen, und darum um so authentischer, zum Kritiker der Gesellschaft geworden. Er respektierte weithin ihre Normen und Inhalte; als Erzähler indessen hat er ihr Kategoriensystem suspendiert, und damit ihren Anspruch auf Selbstverständlichkeit, den Trug, sie wäre Natur, durchbrochen. Nur der wird Proust begreifen, gefeit dagegen, ihn als den verzärtelt in sich selbst Verliebten zu verkennen, der er freilich auch war, wer die ungemessene Energie des Widerstandes gegen die Meinung spürt, der tendenziell jeder Satz des Platonikers Proust abgerungen ist. Dieser Widerstand, die zweite Entfremdung der entfremdeten Welt als Mittel zu ihrer Restitution, verleiht dem Raffinierten seine Frische. Er macht ihn so untauglich zum literarischen Vorbild wie nur Kafka, denn jede Nachahmung seines Verfahrens setzte diesen Widerstand als bereits geleistet voraus, dispensierte sich von ihm und verfehlte damit vorweg, was Proust traf. Die Anekdote von jenem alten Mönch, der in der ersten Nacht nach seinem Tod einem befreundeten Ordensbruder im Traum erscheint und ihm »Alles ganz anders« zuflüstert, könnte Prousts Recherche zur Maxime dienen, als einem corpus von Recherchen darüber, wie es denn nun im Gegensatz zu dem, worin alle einig sind, wirklich gewesen sei: der ganze Roman ist ein einziger Revisionsprozeß des Lebens gegen das Leben. Die Episode von der Entzweiung mit dem bewunderten Onkel Adolf enthüllt am Schluß die völlige Disparatheit von subjektiven Motiven und objektiv Geschehendem. Die Kokotte aber, die ohne Schuld das Unheil auslöst, bleibt trotz jenes Bruchs dem Roman unverloren. Sie wird als Odette Swann eine seiner Hauptfiguren und bringt es zu den größten gesellschaftlichen Ehren, so wie der Sohn des Kammerdieners jenes Onkels, Morel, Tausende von Seiten später den Sturz des hochmögenden Barons Charlus herbeiführt. In Prousts Werk ist eine der sonderbarsten Erfahrungen aufgefangen, eine, die jeglicher Verallgemeinerung sich zu entziehen scheint und darum im Sinne der Recherche das Urbild wahrer Allgemeinheit ist: daß die Menschen, mit denen wir im Leben entscheidend zu tun haben, wie von einem unbekannten Autor designiert und abgezählt auftreten, als hätten wir sie an dieser und keiner anderen Stelle erwartet; und daß sie, auch aufgeteilt zwischen mehrere Personen, uns immer wieder begegnen. Diese Erfahrung aber läuft wohl darauf hinaus, daß gegen ihr Ende die liberale Gesellschaft, die sich noch als offene verkennt, nach Bergsons Begriffen zu einer geschlossenen wird, einem System prästabilierter Disharmonie.

Zu ›In Swanns Welt‹, 259–265
Zu ›Die Welt der Guermantes‹, 37–39; 113–114

Unter den verhärteten Vorstellungen, welche das allgemeine Bewußtsein wie einen Besitz hütet und welche Prousts Eigensinn, der eines Kindes, das es sich nicht ausreden läßt, zerstört, ist die wichtigste vielleicht die von der Einheit und Ganzheit der Person. An kaum einer Stelle speichert sein Werk so heilsames Gegengift gegen falsche Heiltümer von heutzutage auf als an dieser. Die Vormacht der Zeit holt ästhetisch den von Hume abgeleiteten Satz Ernst Machs ein, das Ich sei nicht zu retten; aber haben jene es nur als Einheitsprinzip der Erkenntnis verworfen, so präsentiert er dem vollen empirischen Ich die Rechnung seiner Nichtidentität. Der Geist jedoch, in dem das geschieht, ist dem des Positivismus nicht nur verwandt sondern auch entgegengesetzt. Wohl führt Proust konkret durch, was die Poetik sonst nur als formale Forderung aufstellt, die Entwicklung der Charaktere, und dabei zeigt sich, daß die Charaktere keine sind; eine Hinfälligkeit des Festen, die vom Tod ratifiziert, keineswegs aber erst hervorgebracht wird. Diese Auflösung jedoch ist gar nicht so sehr psychologisch als eine Flucht der Bilder. Mit ihr greift Prousts psychologisches Werk die Psychologie selber an. Was an den Menschen sich ändert, entfremdet wird bis zur Unkenntlichkeit, und wie in musikalischer Reprise wiederkehrt, sind die imagines, in die wir sie versetzen. Proust weiß, daß es ein An sich der Menschen, jenseits dieser Bilderwelt, nicht gibt; daß das Individuum eine Abstraktion ist, daß sein Fürsichsein allein so wenig Wirklichkeit hat wie sein bloßes Fürunssein, wie es dem vulgären Vorurteil für Schein gilt. Das unendlich komplexe Gefüge des Romans ist unter diesem Aspekt der Versuch, durch eine Totalität, welche Psychologie, Beziehungen zwischen Personen, und Psychologie des intelligiblen Charakters, also Verwandlung der Bilder, zusammennimmt, jene Wirklichkeit zu rekonstruieren, die durch jeglichen aufs bloß tatsächlich Psychologische oder Soziologische gerichteten Blick um dessen Vereinzelung willen nicht zu gewinnen wäre. Auch darin ist sein Werk das Ende des neunzehnten Jahrhunderts, das letzte Panorama. Die oberste Wahrheit aber sieht Proust in den Bildern der Menschen, die über ihnen sind, jenseits ihres Wesens und jenseits ihres zum Wesen selber gehörigen Erscheinens. Der Entwicklungsprozeß des Romans ist die Beschreibung der Bahn dieser Bilder. Sie hat Stationen wie die drei Stellen, die sich auf Oriane Guermantes beziehen; die erste Konfrontation ihres Bildes mit der Empirie in der Kirche von Combray, dann ihre Wiederentdeckung und Modifikation, als die Familie des Erzählers im Pariser Haus der Herzogin, in ihrer unmittelbaren Nähe wohnt, schließlich das Erstarren ihres Bildes in der Photographie, die der Erzähler bei seinem Freund Saint-Loup bemerkt.

Zu ›Die Welt der Guermantes‹, 54–56

Eine von den Formulierungen, die zur Charakteristik Prousts taugen, könnte in seinem wie ein Spiegelsaal in sich reflektierten Werk ganz wohl selber stehen. Es ist die, daß der 1871 Geborene die Welt bereits mit den Augen der dreißig oder fünfzig Jahre Jüngeren sah; daß er also, auf einer neuen Stufe der Romanform, auch die einer neuen Weise von Erfahrung repräsentiere. Das setzt sein mit so vielen Modellen aus der französischen Tradition, etwa den Memoiren des Herzogs von Saint-Simon und der Comédie humaine Balzacs spielendes Werk in die unmittelbare Nähe einer traditionsfeindlichen Bewegung, deren Anfänge er eben noch miterlebte, des Surrealismus. Diese Affinität beschließt Prousts Moderne in sich. Ihm wird das Zeitgenössische mythisch wie für Joyce. Surrealistische Störungsaktionen, wie die Dalis, der eine Abendgesellschaft im Taucheranzug besuchte, hätten, als Metapher verbrämt, durchaus ihren Ort in einer Beschreibung wie der

der großen Soirée der Princesse de Guermantes in ›Sodom und Gomorra‹. Prousts mythologisierender Zug will aber keine Reduktion des Gegenwärtigen aufs Uralte und sich Gleichbleibende; ganz gewiß zeitigt ihn keine Gier nach psychologischen Archetypen. Sondern er ist surrealistisch insofern, als er mythische Bilder der Moderne entlockt, wo sie am modernsten ist; darin verwandt der Philosophie Walter Benjamins, seines ersten großen Übersetzers. Im Guermantes-Teil wird ein Theaterabend beschrieben. Der von einem Publikum in großer Toilette besuchte Zuschauerraum verwandelt sich in eine Art jonischer Seelandschaft, ja ähnelt sich dem Unterwasserreich maritimer Naturgottheiten an. Der Erzähler selbst aber spricht davon, daß »Gestalten der Meeresungeheuer«, mythische Bilder sich fügen einzig nach den Gesetzen der Optik und dem jeweiligen Einfallswinkel – also einer dem Bewußtsein äußerlichen, naturwissenschaftlichen Notwendigkeit gehorchend. Was wir um uns erblicken, blickt vieldeutig, rätselhaft auf uns zurück, weil wir in nichts das Erblickte mehr als Unseresgleichen wahrnehmen: Proust redet von »den Mineralien und Leuten, zu denen wir keine Beziehung haben«. Die gesellschaftliche Entfremdung der Menschen voneinander in der hochliberalen bürgerlichen Gesellschaft, wie sie im Theater sich zur Schau stellte und genoß; die Entzauberung der Welt, welche den Menschen Dinge und Menschen zu bloßen Dingen werden ließ, verleiht dem Unverständlichen zweite Bedeutung. Daß sie wahnhaft sei, daran erinnert Proust mit der Wendung, wir zweifelten in solchen Augenblicken an unserem Verstande. Dennoch ist sie Wahrheit. Durch die vollendete Entfremdung hindurch enthüllt sich das gesellschaftliche Verhältnis als blind naturwüchsiges, so wie die mythische Landschaft es war, zu deren allegorischem Bild das Unerreichbare und Unansprechbare gerinnt; und die Schönheit, welche die Dinge in solchen Beschreibungen annehmen, ist die hoffnungslose ihres Scheinens. Im geschichtlichen Einstand drücken sie die Naturverfallenheit von Geschichte aus.

Zu ›Die Welt der Guermantes‹, 56–59

Die Beschreibung des Theaters als vorweltlich mediterraner Landschaft leitet einige Seiten über die Prinzessin von Guermantes-Bayern ein, welche, dank jener Beschreibung, als Große Göttin eingeführt werden kann. Was von ihr gesagt wird und von der

Wirkung, die sie auf die Anwesenden ausübt, ist ein Exempel jener durchs ganze Werk hindurch verstreuten Passagen, die unsympathische Leute veranlassen, über Prousts Snobismus zu zetern, und die den Schwachsinn des mittleren Fortschritts herausfordern, der fragt, warum man für eine schon zu Prousts Zeiten ihrer realen Funktion enteignete und statistisch keineswegs repräsentative Hocharistokratie sich interessieren solle. Auch André Gide, der von Haus aus in gewissem Sinn gesellschaftlich mehr dazugehörte als Proust, scheint zunächst an den Proustschen Prinzessinnen sich geärgert zu haben, und noch André Maurois, dessen Buch in manchen subtilen Details über die Vermittlersphäre hinausweist, aus der es stammt, weiß vom Snobismus als einer Gefahr Prousts zu melden, die er überwunden habe. Statt dessen stünde es an, Proust gegenüber nach dem Satz von Hofmannsthal zu verfahren, der eine ihm vorgeworfene Schwäche lieber gut erklären wollte als verleugnen. Denn daß Proust selber von seinem Swann sich imponieren ließ, weil dieser, wie der Erzähler nicht müde wird zu wiederholen, tatsächlich dem Jockeyklub angehörte und als Sohn eines Börsenmaklers in der großen Gesellschaft reçu war, ist so offenbar, daß Proust es darauf angelegt haben muß, die eigene provokatorische Neigung hervorzukehren. Man wird aber ihrem Sinn am ehesten auf die Spur kommen, wenn man der Provokation folgt. Snobismus, so wie der Begriff Prousts Recherche durchherrscht, ist die erotische Besetzung gesellschaftlicher Tatbestände. Darum verletzt er ein gesellschaftliches Tabu, das an dem gerächt wird, der auf die heikle Sache zu sprechen kommt. Bekennt der Antipode des Snobs, der Zuhälter, durch seinen Beruf die Verflochtenheit des Sexus mit dem Erwerb ein, welche die bürgerliche Gesellschaft zudeckt, so demonstriert umgekehrt der Snob, was nicht minder allgemein gilt, die Ablenkung der Liebe von der Unmittelbarkeit der Person auf die sozialen Verhältnisse. Der Zuhälter vergesellschaftet den Sexus, der Snob sexualisiert die Gesellschaft. Gerade weil diese die Liebe eigentlich nicht duldet, sondern dem Reich ihrer Zwecke unterwirft, wacht sie wütend darüber, daß Liebe mit ihr nichts zu tun habe, daß diese Natur, reine Unmittelbarkeit sei. Der Snob verschmäht die approbierte Neigungseinheirat, aber verliebt sich in die hierarchische Ordnung selbst, die ihm die Liebe austreibt und die solche Gegenliebe schlechterdings nicht ertragen kann. Er läßt die Katze aus dem

Sack, der dann das Proustsche œuvre die Schelle anhängt: nicht umsonst wird ihm, wie vor vierzig Jahren Carl Sternheim, automatisch der Vorwurf gemacht, daß er als Kritiker des Snobismus jenem von ihm übrigens harmlos genannten Laster verfallen gewesen sei, während doch bloß der dem gesellschaftlichen Verhältnis die eigene Melodie vorzuspielen vermag, der ihm idiosynkratisch verfallen war, anstatt mit der Rancune des Ausgeschlossenen es zu verleugnen. Was ihm aber an den vorgeblich überflüssigen Luxusexistenzen aufging, rechtfertigt seine Vernarrtheit. Dem Hingerissenen wird die gesellschaftliche Ordnung ins Märchenbild transfiguriert wie einmal die Geliebte dem wahren Liebenden. Den Proustschen Snobismus entsühnt, was ihm die Instinkte der nivellierten Mittelstandsgesellschaft insgeheim vorwerfen: daß die angebeteten Erzengel und Mächte kein Schwert mehr haben, selbst schutzlose Nachbilder ihrer liquidierten Vergangenheit wurden. Wie jede Liebe möchte der Snobismus aus der Verstrickung bürgerlicher Verhältnisse hinaus in eine Welt, die nicht länger durch universale Nützlichkeit übertüncht, daß sie die Bedürfnisse der Menschen nur akzidentell befriedigt. Prousts Regression ist ein Stück Utopie. Wie die Liebe scheitert er daran, aber im Scheitern denunziert er die Gesellschaft, die befiehlt, daß es nicht sein soll. Jene Unmöglichkeit der Liebe, die er an seinen society-Leuten, allen voran an der eigentlichen Zentralfigur der Recherche, dem Baron Charlus, darstellte, dem am Ende nur noch ein Zuhälter die Freundschaft wahrt, hat sich unterdessen als Kältetod über die gesamte Gesellschaft ausgebreitet, in der die Totalität des Funktionierens selbstvergessene Liebe, wo sie sich noch regt, erstickt. Darin war Proust, was er einmal den Juden zuschreibt, prophetisch. Demütig hat er um die Gunst von Stockreaktionären wie Gaston Calmette und Léon Daudet geworben; aber einer, der an gewissen Tagen das Monokel trug, hieß Karl Marx.

Zu ›Im Schatten junger Mädchenblüte‹, 475–478

Baron de Charlus ist der Bruder des Herzogs von Guermantes. Die Szene seines ersten Auftritts bezeugt das Verhältnis Prousts zur französischen Décadence, die er verkörpert zugleich und unter sich läßt, indem sein Werk sie geschichtlich beim Namen ruft. Ein berühmter Roman aus jener Epoche heißt A Rebours, Gegen den Strich: Proust hat die Erfahrung gegen den Strich gekämmt. Aber das »Alles ganz anders« bliebe geschlagen mit der Ohnmacht des Aparten, wäre nicht seine Kraft auch die des »So ist es«. Aufmerksam machen möchte ich auf Prousts Bemerkung, daß manche Leute einen Laut ausstoßen, als wäre es ihnen übermäßig schwül, ohne daß sie doch so empfänden. Ihre Evidenz kommt ihrer Abseitigkeit gleich. Das schlechte Allgemeine zersetzt sich unter Prousts süchtigem Blick, aber was für zufällig gilt, gewinnt dafür eine quere, irrationale Allgemeinheit. Einem jeden, der überhaupt die Voraussetzungen zur Lektüre Prousts mitbringt, wird es vielerorten zumute sein, als wäre es ihm so, eben so ergangen. Mit der Tradition des großen Romans teilt Proust die vom jungen Lukács herausgearbeitete Kategorie des Kontingenten. Er schildert das sinnverlassene, vom Subjekt her nicht als Kosmos zu rundende Leben. Trotzdem aber ist seiner Beharrlichkeit, welche die der Romanciers des neunzehnten Jahrhunderts übertrifft, der Zufall nicht gänzlich sinnverlassen. Er führt einen Schein von Notwendigkeit mit sich: als wäre doch ins Dasein wirr, äffend, geisternd in seinen dissoziierten Bruchstücken, ein Bezug auf Sinn eingesprengt. Diese Konstellation einer bloß negativ zu spürenden Notwendigkeit in dem ganz Zufälligen – auch sie vorweisend auf Kafka – reißt das besessen individuierte Werk Prousts hoch über die eigene Individuation: in deren Kern legt er das Allgemeine frei, durch das sie vermittelt ist. Solche Allgemeinheit aber ist die des Negativen. Proust hat, wie seine Antipoden, die Naturalisten vor ihm, mit der entlegensten Beobachtung Recht, aber dies Recht ist das der Desillusion und verweigert jeden tröstlichen Zuspruch. Er gibt, wo er nimmt: wo er Recht hat, ist Schmerz. Sein Medium ist der Verfolgungswahn, dem Prousts Triebstruktur nahe verwandt war und der auch in der Physiognomik seines Charlus nicht fehlt. Der hinter sich die Brücken abbrach, besetzt das Sinnlose mit Sinn und Bedeutung, aber gerade sein Wahn reicht an das heran, was die Welt gemacht hat aus sich und aus uns.

Zu ›Die Gefangene‹, 101–104

Der fünfte Band der Recherche, Die Gefangene, ist, wie schon der zweite Teil des ersten, eine Darstellung der Eifersucht. Der Erzähler hat Albertine zu sich genommen, mißtraut all ihren Worten und Handlungen und hält sie unter einer Kontrolle, der sie sich schließlich durch die Flucht entzieht; danach erleidet sie einen tödlichen

Unglücksfall. Nicht müde wird der Autor zu versichern, daß er, während er alle Qualen um Albertine auskostet, sie schon gar nicht mehr liebe. Liebe und Eifersucht sind nicht so miteinander verbunden, wie die gängige Vorstellung es möchte. Eifersucht pocht allemal auf ein Besitzverhältnis, das die Geliebte zum Ding macht, und frevelt so gegen die Spontaneität, an der Liebe ihre Idee hat. Aber Prousts Eifersucht ist nicht bloß der ohnmächtige Versuch, die Flüchtige festzuhalten, die er liebt um ihrer Flüchtigkeit, um des nie ganz zu Haltenden willen. Sondern es möchte diese Eifersucht, wie Proust das Leben, Liebe wiederherstellen. Das gelingt ihr aber nur um den Preis der Individuation der Geliebten. Sie muß, um unbeschädigt zu sein von der eigenen Lüge, in Natur sich zurückverwandeln, ins Gattungswesen. Indem sie ihre psychologische Individualität einbüßt, empfängt sie jene andere und bessere, der Liebe gilt, die des Bildes, das jeder Mensch verkörpert und das ihm selber so fremd ist wie, der Kabbala zufolge, der mystische Name dem, der ihn trägt. Das geschieht im Schlaf. In ihm legt Albertine ab, wodurch sie nach der Ordnung der Welt zum Charakter wird. Sich lösend ins Amorphe, gewinnt sie die Gestalt ihres unsterblichen Teils, an welche Liebe sich heftet: die blickloser, bilderloser Schönheit. Es ist, als wäre die Beschreibung von Albertines Schlaf die Exegese des Baudelaireschen Verses von der, welche die Nacht schön macht. Diese Schönheit gewährt, was das Dasein verweigert, Geborgenheit, aber im Verlorenen. Die arme, hinfällige, verwirrte Liebe findet Unterschlupf, wo die Geliebte dem Tode sich anähnelt. Seit dem zweiten Akt des Tristan ist, im Zeitalter des Verfalls von Liebe, diese nicht inniger verherrlicht worden als in der Beschreibung von Albertines Schlaf, die mit erhabener Ironie den Erzähler Lügen straft, der seine Liebe verleugnet.

Zu ›Die Gefangene‹, 276–278

Von den letzten Dingen ist nicht unmittelbar mehr zu reden. Das ohnmächtige Wort, das sie selber nennt, schwächt sie selbst; Naivetät sowohl wie trotzige Unbekümmertheit im Ausdruck metaphysischer Ideen verrät deren Mangel an Verbürgtheit. Aber Prousts Geist war metaphysisch ganz und gar inmitten einer Welt, welche die Sprache von Metaphysik verbietet: diese Spannung bewegt sein gesamtes Werk. Einmal nur, in der Gefangenen, öffnet er einen Spalt, so hastig, daß das Auge keine Zeit hat, an solches

Licht sich zu gewöhnen. Selbst das Wort, das er findet, läßt nicht beim Wort sich nehmen. Hier, in der Darstellung des Todes Bergottes, findet wirklich sich ein Satz, dessen Ton zumindest in der deutschen Version an Kafka anklingt. Er lautet: »Der Gedanke, Bergotte sei nicht für alle Zeiten tot, ist demnach nicht völlig unglaubhaft.« Die Reflexion, die darauf führt, ist die, daß die moralische Kraft des Dichters, dem er das Epitaph schreibt, einer anderen Ordnung als der natürlichen angehöre und darum verheiße, diese sei nicht die letzte. Vergleichbar wäre diese Erfahrung der an großen Kunstwerken: daß ihr Gehalt unmöglich *nicht* wahr sein könne; daß ihr Gelingen und ihre Authentizität selber auf die Realität dessen verwiesen, wofür sie einstehen. Tatsächlich möchte man die Stellung der Kunst im Proustschen Werk, sein Vertrauen in die objektive Macht von dessen Gelingen, mit jenem Gedanken zusammenbringen, dem letzten, blassen, säkularisierten und dennoch unauslöschlichen Schatten des ontologischen Gottesbeweises. Der, an dessen Tod im Werke Prousts einzig die Hoffnung sich knüpft, ist nicht nur der Zeuge von »Güte und Gewissenhaftigkeit«, sondern selber ein großer Schriftsteller. Sein Modell war Anatole France. Erinnerung ans ewige Leben entzündet sich an dem Voltairianischen Skeptiker: Aufklärung, der Prozeß von Entmythologisierung soll umschlagend die ihrer selbst eingedenkende Natur hinausführen über den eigenen Zusammenhang. Authentisch ist das Proustsche Werk, weil seine auf Rettung abzielende Intention frei ist von aller Apologie, allem Versuch, irgendeinem Seienden Recht zu geben, irgend Dauer zu verheißen. Aufs non confundar hofft er in der schutzlosen Preisgabe an den Zusammenhang von Natur; der Rest ist ihm noch einmal, mit dem äußersten Hintersinn, Schweigen. Darum wird Zeit, die Macht von Vergängnis selber, die oberste Wesenheit, zu der Prousts Werk, in seinen tausend Brechungen auch ein Roman philosophique wie die Voltaireschen und die Franceschen, aufblickt. Sein Gehalt ist dem theologischen so viel näher als der der Lehre Bergsons, wie er ferner sich hält von jeglicher Positivität. Die Idee von Unsterblichkeit wird nur geduldet an dem, was selber, wie er wohl wußte, vergänglich ist, den Werken als den letzten Gleichnissen von Offenbarung in der wahren Sprache. So träumt an einer späteren Stelle Proust in der Nacht, nachdem sein erstes Feuilleton im Figaro erschien, von Bergotte, als wäre er noch am Leben – als erhöbe das gedruckte Wort Einspruch gegen den Tod, bis der erwachende Dichter der Vergeblichkeit noch dieses Trostes innewird. Jede Interpretation der Stelle bleibt hinter ihr zurück; nicht, wie das Cliché es will, weil ihre künstlerische Würde höher stünde als der Gedanke, sondern weil sie selbst an der Grenze angesiedelt ist, auf die auch der Gedanke stößt. *(1958)*

Ingeborg Bachmann
Proust und die Liebe

Die Idee der Liebe ist also eine andere als die klassische und romantische, die bis zu dieser Zeit die Literatur beherrschte. Die Darstellungen der Liebe sind bei Proust ganz neu und basieren auf einer exakteren Untersuchung ihrer Entstehung, ihrer Kristallisation, ihres Erlöschens und zuletzt der Gleichgültigkeit.

Er kommt zu einer tragischen Liebesauffassung, auf die uns bisher der Blick verstellt war. Nicht der Wert der Frau oder des Mannes, die wir lieben, ist für die Tiefe unseres Gefühls und die Dauer der Leidenschaft maßgebend, sondern unser eigener Zustand. Wir tragen Musik, Flamme und Parfum an den anderen heran und nähren sein Wesen für uns. Deshalb sind die Liebesaffairen anderer für uns so schwer zu begreifen. Alle Liebenden bei Proust lieben eigentlich Menschen, die ihrer nicht würdig sind und oft tief unter ihnen stehen. Odette, eine Halbweltdame, zerstört dem überlegenen geistvollen Swann Jahre seines Lebens und die gesellschaftliche Position; Albertine, vulgär und mittelmäßig, wird die große Liebe des Erzählers und vergiftet und bezaubert ihn noch über ihren Tod hinaus; dem plebejischen Geiger Morel ist Charlus, einer der größten Herren Frankreichs, verfallen; der junge strahlende Saint-Loup verliert ein Vermögen an Rahel, die kurz zuvor noch jeder andere für ein paar Francs hätte haben können.

Alle Liebe ist glücklos, und unter ihrem grausamen Gesetz geraten die Liebenden in ein Räderwerk von Angst, Eifersucht und Lüge und einen Schmerz, den Tod und Abwesenheit noch nicht zu heilen vermögen. Erst das Vakuum, das aus dem Vergessen entsteht, erlaubt ihnen, sich wieder an die Wirklichkeit anzupassen – für eine Weile wenigstens, bis ein anderer Mensch an diese Stelle tritt. So hat der Erzähler, das Ich des Romans, jedesmal gedacht, ein einziger Mensch bedeute die ganze Welt: seine Großmutter, seine Mutter, Gilberte, die Herzogin von Guermantes und Albertine, und jedesmal durchmißt er den Leidensweg, der die Liebe ist, bis die Zeit das Ihre tut und Vergessen sich einstellt.

Die tragische Auffassung der Liebe – Liebe als Katastrophe und Verhängnis – ist natürlich durch Prousts besondere Erfahrungen bestimmt und leidet hier und da an der »Übertragung«, die er vornimmt, so etwa von Albert in Albertine – aber nur insofern, als dauerhafte Beziehungen oder Ehen aus der Analyse herausgelassen werden.

Auch geben natürlich die Momente des Glücks, der Freude und Erfüllung ihren Geist auf in der Analyse und minutiösen Zergliederung. Zu den Ausnahmen gehören nur die Augenblicke der Kontemplation und einer mystischen Versenkung. Die berühmte Stelle, mit der der Band ›*Die Gefangene*‹ beginnt, wenn der Erzähler in den Anblick der schlafenden Albertine versunken ist, fällt mit dem Stillstand von Verlauf, Handlung und Bewegung zusammen; gleich darauf wird das Erwachen den Schmerz zurückbringen und die Hölle wieder da sein und es wird an dem Lügengewebe, in das beide ihre Stickereien kunstvoll eintragen, weitergearbeitet werden. Die Geheimnisse um Albertine werden wieder wirksam sein, die Schatten von Gomorra über sie fallen, und es wird Gespräche geben, die eine einzige Tortur sind: [...]

Diese Allianz von erniedrigender Leidenschaft und Kunst ist, nach Proust, eines der rätselhaftesten Vorkommnisse des Lebens, und sie deutet wieder zurück auf seine Idee der Liebe, die zwar reine Illusion und Selbstbetrug ist, aber zugleich befähigt, die besten Kräfte freizumachen. Ohne die Leiden, selbst die erniedrigendsten, währen wir unmenschlich in unserer Selbstgerechtigkeit, und wir wären geistlos, weil nur der Schmerz uns instand setzt, andere zu verstehen und zu erkennen, zu unterscheiden und Kunst zu machen.

Das gespannte Verhältnis zwischen Individuum und Gesellschaft, seiner Intimsphäre und seiner öffentlichen Manifestation, erfährt noch eine Verschärfung durch die Macht- und Positionskämpfe, zu denen der Einzelne in der Gesellschaft dauernd gezwungen wird. Dieser Krieg aller gegen alle findet Ausdruck im Snobismus, besser gesagt in vielerlei Snobismen. Es gibt in Prousts Welt niemanden, keine Herzogin und keine Köchin, keinen Arzt und keinen Literaten, der nicht dabei betroffen würde, diese Waffen nach unten oder oben zu gebrauchen. Und wir sehen der Entlarvung aller zu. Die Ausgeschlossenen möchten Auserwählte werden, die Auserwählten verteidigen ihre Vorrechte und strafen die Ausgeschlossenen mit Verachtung. An welchen sozialen Gruppen Proust dabei seine Beobachtungen anstellt, bleibt gleichgültig, da seine Schlußfolgerungen allgemeingültig sind. Obwohl er ja nie Wert darauf gelegt hat, ausdrücklich als Gesellschaftskritiker aufzutreten, hat er doch diese Gesetzlichkeiten in einer stupenden Weise enthüllt und mit ausgedrückt. Der Vorwurf, er habe dem öffentlichen Leben, der gesellschaftlichen und politischen Entwicklung seiner Zeit gleichgültig gegenübergestanden, ist wohl der törichtste, der ihm je gemacht wurde. Man wird vielmehr einen Schritt weiter tun und mehr als eine Gesellschaftskritik in der ›*Suche nach der verlorenen Zeit*‹ sehen und sie als eine Gesamtschau der »conditio humana« begreifen.

Ich möchte mich jetzt noch einer anderen Seite von Prousts Werk zuwenden, die mit der eben aufgezeigten am Ende aber zusammentreffen soll; von dem letzten Band her gesehen, der ›*Wiedergefundenen Zeit*‹, gehen die entdeckten Wahrheiten in *eine* Bilanz ein. In diesem Buch führt uns Proust, der Autor, mit Marcel Proust, dem Ich des Romans, in das Paris des Ersten Weltkriegs, das nun nicht mehr die Stadt ist, in der er auf den Champs Elysées als Kind mit seiner ersten Liebe Gilberte spielte, auch nicht mehr die Stadt, in der er seine ersten gesellschaftlichen Erfolge hatte und den Zugang zu der Welt der Hocharistokratie fand, oder seines Lebens mit Albertine, der gefangenen und entflohenen Geliebten, sondern ein Paris, das [!] sich nicht weniger verändert hat als seine Menschen – unter dem grausamen Zugriff überindividueller Leidenschaften. [...]

Weil der Krieg auf den Roman Prousts eine tiefe überraschende Wirkung ausgeübt hat und fast den ursprünglichen Aufriß sprengte, scheint es mir wichtig, ein paar Proben und neue Gesichtspunkte, unter denen er seine Menschen sich pathologisch weiterentwickeln läßt unter dem Schock des Krieges, zu geben. Er wandte sich mehr und mehr einer schonungslosen Beobachtung der Kollektivgefühle zu, die so sehr den individuellen Gefühlen ähneln, und registriert in dieser hektischen krankhaften Atmosphäre die Entgleisungen der Menschen, der Klassen und Nationen. Noch mehr als im Fall der Affaire Dreyfus, der Proust zum erstenmal die ganze Problematik von Gesinnung und Gesinnungswandel, von Meinung und Meinungswandel abschaut, hat ihn der Krieg herausgerissen aus der Welt des guten Geschmacks, der Konvention und der aristokratischen und artistischen Haltung dem Leben gegenüber. Erst durch die Beobachtung der jähen Wandlung und der Konstanten im Krieg entrückt er seinen Standort allen Milieus, die ihn verdächtig machen könnten, und vom Ende des Buches aus gesehen, gewinnen alle Partien die richtigen Akzente. So werden aus seinen Menschen die »Ungeheuer«, die für uns eine erschreckende Gültigkeit haben. Aus Saint-Loup wird ein Held, der er unbewußt schon immer gewesen ist; Madame Verdurin schwingt sich mit übertriebenen Chauvinismen zu den allerersten Kreisen hinauf, [ein] ehemals antimilitaristischer Literaturkritiker wechselt hinüber zur Betrachtung der militärischen Ereignisse, Charlus, jetzt schon gemieden von vielen und vereinsamt und einem entsetzlichen Verfall entgegengehend, erinnert sich seiner bayerischen Vorfahren und kann die Vernichtung Deutschlands nicht wünschen. [...]

So wird er zum Übersetzer, zum Interpreten jener Wirklichkeit, die sich ihm in der Zeit gezeigt hat und die in ihm existierte, und sein Buch mußte hinauslaufen auf die Preisgabe aller Menschen und Dinge, die ihn berührt hatten, weil anders die Wahrheit nicht zur Sprache kommen konnte. Als Abschiednehmender kommt er Jahre nach dem Krieg noch einmal zurück nach Paris in die »Welt«. Er betritt noch einmal den Salon der Prinzessin von Guermantes und ist noch einmal überrascht. Denn da so viele Jahre vergangen sind, sieht er sich Menschen gegenüber, auf die die Asche gefallen ist, die er nicht mehr erkennt, Greisen und Greisinnen, und jungen Leuten, die er noch nie gesehen hat. Was hat die Zeit getan? – Alte Freunde sind überworfen und neue Freundschaften geschlossen; politische Leidenschaften erkaltet, Familien auseinandergefallen; die Klassen haben eine neue Verschiebung erfahren; Schönes und Kostbares sind nicht mehr, und wer geliebt worden ist, wird nicht mehr geliebt. Ein erbarmungsloser Strom hat Sieger und Besiegte fortgerissen, dem Tod entgegen. Aber auch ihn erkennt man nicht mehr. Er muß begreifen, daß auch er alt geworden ist – und eine Idee der Zeit kommt ihm, die jedes Nachleben, auch das der Kunst, in Frage stellt. Aber dieselbe Idee gibt ihm auch als einzige den schöpferischen Impuls und den Willen zur Ausführung des Kunstwerks. Er beginnt nun den Tod zu fürchten und die Tage zu zählen, nicht weil er seine eigene Zerstörung fürchtet, denn er fühlt, daß er schon durch alle Kreise gegangen und viele Male gestorben ist. Das Ich, das Albertine liebte, ist gestorben, als es sie zu lieben aufhörte, und das Ich, das die Herzogin von Guermantes liebte, als es sie zu lieben aufhörte. Er war nicht länger das Wesen, das solcher Leidenschaften und Leiden fähig war, sondern eines, das eine Arbeit vor sich sah, die um jeden Preis getan werden mußte. Das Grauen davor hat jedes andere abgelöst. [...]

Er meint, auf einem Gipfel zu hocken und hinunterzuschauen in die Tiefe der Jahre, selbst gefährdet bei dem Versuch, sich mit aller Kraft festzuhalten, um nicht ins Gleiten zu kommen, und schließt sein Werk mit einem Satz, das [!] dessen Anfang vorbereitet. Das Ende ist ein Beginn geworden. Das letzte Wort kommt vor dem ersten. [...]

Aber wie ergeht es uns selbst, wenn wir auf diesen Roman zurückblicken, auf seine Stätten, die nicht die unseren sind, auf die Leben und Tode dieser Monstren, die er für uns aufbewahrt hat. Sie sind, meine ich, da, damit wir sie besetzen können, von einer neuen erschreckenden Offenheit, so daß wir in jeden Ablauf von Liebe, Eifersucht und Lüge, Ehrgeiz und Enttäuschung und endlich Wahrheit und Untergang eintreten können. Es ist ja kein Buch, das von diesem oder jenem handelt, sondern in dem diese und jene Grundfiguren mit Leben erfüllt werden können – ein Buch reiner Beziehungen, in dem jeder Satz und jede Stelle ein »Sesam öffne dich« ist und eine Tür in uns aufgehen läßt. *(1958)*

Heimito von Doderer
Die gedehnte Zeit

Er war kein unbewußter Autor und seine Erzählung entstand aus der Analyse, wurde aus analytisch gewonnenen Empfindungsdetails raffiniert konstruiert, verbindet Darstellung und Erkenntnis, Gestalt- und Zerlegungsweises auf eine einmalige Art. Proust war weder »Impressionist« noch »Individualist«, noch »Chronist«, noch »Snob« noch »Naturwissenschaftler«, sondern er war alles zusammen und noch mehr: er war Marcel Proust als sein eigener Interpret und deshalb ein genialer Schriftsteller. Und als ein solcher gibt er auch nicht zu, daß es ihm um die Erzählung der Ereignisse in seinem privaten Leben oder in seiner Epoche mitsamt Dreyfusaffäre, Krügerdepesche, Marokkokrise, Burenkrieg und erstem Weltkrieg ginge, sondern er war Franzose und durfte frei verkünden, daß es ihm einzig und allein auf Literatur ankomme. Über Idee und Theorie hat er seine ganz bestimmten klaren Ansichten, ebenso natürlich über das, was heute litterature engagée genannt wird: »Das wahre Leben, das endlich entdeckte und aufgehellte, das einzige infolgedessen von uns wahrhaft gelebte Leben, ist die Literatur: jenes Leben, das in gewissem Sinne bei allen Menschen so gut wie bei dem Künstler in jedem Augenblick wohnt. Sie sehen es nicht, weil sie es nicht dem Licht auszusetzen versuchen, infolgedessen aber ist ihre Vergangenheit von unzähligen Negativen ausgefüllt, die ganz ungenützt bleiben, da ihr Verstand sie nicht ›entwickelt‹ hat. Das bezieht sich auf unser eigenes Leben sowohl wie auf das der anderen, denn der Stil ist für den Schriftsteller wie die Farbe für den Maler nicht eine Frage der Technik, sondern seine Art zu sehen. Er bedeutet die durch direkte und bewußte Mittel unmöglich zu erlangende Offenbarung der qualitativen Verschiedenheit in der Weise, wie uns die Welt erscheint, einer Verschiedenheit, die, wenn es die Kunst nicht gäbe, *das ewige Geheimnis jedes einzelnen* bliebe.«

Daraus ist deutlich zu ersehen, daß wir nichts dabei gewinnen, wenn wir den »Inhalt« der Proustschen Romane zusammenraffend »besprechen«. Es gibt keinen kürzeren Waldweg durch das Dickicht dieser Bücher: man muß sie lesen! Das tut man nicht durchwegs geduldig und mit Genuß; von manch amüsantem Passus, von manch schillernder Einsicht und wunderbar lyrischer Schilderung abgesehen, ist einem öfters herzlich langweilig bei der Lektüre; aber im letzten Band steckt dann das Bonbon. Die Krone des Ganzen, der Schlußstein, der das Gebäude erst als bewußt und gekonnt errichtet, als Komposition ausweist, ist »Die wiedergefundene Zeit«, und zwar nicht wiedergefunden in den Gespenstern der gealterten Zeitgenossen und Mitgeschöpfe beim Fest der Guermantes, sondern wiedergefunden als »temps pur«, als der rote Faden des wirklichen Wesens, das Proust nicht gewesen ist, sondern immer sein wird. Dieses ist das »Anliegen«, wenn man will, des Werks: die unabhängige Zeit, die Ewigkeitlichkeit der bestimmten zündenden eigentlichen Augenblicke im Leben eines jeden. Um nach diesen kostbaren Momenten zu fischen, ist der endlos lange Exkurs in die Vergangenheit unternommen und ist in der »Wonne der Wehmut« geschwelgt worden. Um diesem eigentlichen Leben nachzuspüren, hat die »nagende Maus«, wie Robert Musil in seinen Tagebüchern Marcel Proust nennt, kein Terrain gescheut, auch »Sodom und Gomorra« nicht; mutig hat sie sich ans Licht der Literatur gekämpft. *(1958)*

Martin Walser
Leseerfahrungen mit Marcel Proust

Ich muß gestehen, ich lese nicht zu meinem Vergnügen, ich suche weder Entspannung noch Ablenkung, noch andere Freuden dieser Art. Ein Buch ist für mich eine Art Schaufel, mit der ich mich umgrabe. Obwohl ich das nicht zu meinem Vergnügen tue, sondern einfach aus einem Bedürfnis, für das ich keine Gründe mehr anzugeben weiß, keine Gründe auf jeden Fall, die von anderer Art wären als die, die uns veranlassen zu atmen oder zu essen, trotzdem macht mir das Lesen, dieses Herumgraben in mir selbst, oft mehr Vergnügen als das Atmen, ja es macht mir zuweilen sogar das Atmen wieder vergnüglicher.

Als ich aber die sieben Bände der deutschen Proust-Ausgabe gelesen hatte, war ich unzufrieden. Wenn ich mich an das Gelesene erinnern wollte, was wußte ich da noch von *Swanns Welt*, vom *Schatten junger Mädchenblüte*? Und von den zwischen den Salons hin-und-herkutschierenden Adeligen und Snobs, die die *Welt der Guermantes* bevölkerten, was war davon anderes zurückgeblieben als Knäuel von Empfindungen, die sich nicht greifen, nicht auflösen und nicht gesondert in Gedanken, Einsichten und Urteile auf den dafür bestimmten Gedächtnis-Spulen meines Bewußtseins unterbringen ließen? Natürlich lagen Namen in mir herum, eine Menge von Namen sogar, auch Schauplätze, ein paar Intrigen, die Affäre Dreyfus, die vielen Homosexuellen, ein paar Künstler, eine kleine Schar von Dienstboten und als Kulisse auch noch der Krieg von 14/18. Aber da war nichts mehr in eine rechte Reihenfolge zu bringen, da war kein sinnvolles Nacheinander mehr herzustellen; schön, der Erzähler Proust, der diese sieben Bände lang als Ich-Erzähler auftritt, verliebt sich in drei Frauen auf diesen fünftausend Seiten, er verreist zweimal oder dreimal, nein ich glaube doch nur zweimal von Paris nach Balbec, einmal reist er nach Venedig: sowas merkt man sich zwar, aber das ist noch nicht einmal die Spur einer Handlung; und tatsächlich gelang es mir auch, als ich die sieben Bände das zweite Mal durchlas, nicht, so etwas wie eine Handlung oder auch nur das sinnträchtige und bedeutungsvolle epische Nacheinander zu entdecken.

Und wie deutlich waren dagegen die Erinnerungen, die ich an Romane anderer Autoren hatte! Ich stellte fest, daß es bei Proust fast nichts gibt, was man dem mechanischen Gedächtnis anvertrauen kann. Wenn man des Gelesenen bewußt habhaft zu werden versucht, entgleitet es einem, wird schemenhaft. Man muß es mit weniger zielbewußtem Willen noch einmal und noch einmal versuchen. Sobald ich alle Mühe des Bewußten ausschaltete, drängte sich eine Fülle von Szenen in meiner Vorstellung; Szenen ist eigentlich schon zuviel gesagt; es waren ganz einfach Situationen; und ich glaube, jeder Proust-Leser wird in sich immer wieder solche Situationen vorfinden: Albertine mit den Freundinnen auf der Strandpromenade, eine Wagenfahrt in der Normandie, das Gespräch mit einer Weißdornhecke, Marcel Proust wartet als Kind auf den Gutenachtkuß der Mutter; er taucht sein Sandtörtchen in eine Tasse Tee; er sieht auf dem Spaziergang zum ersten Mal Gilberte; er geht mit seiner Großmutter in die Champs Elysées; Swann eilt durch das nächtliche Paris, um Odette zu finden; die Großmutter stirbt und der Arzt hält lange Reden, undsoweiter. Man weiß nicht genau, an welcher Stelle des Werks diese Situationen stehen, man sieht nicht genau ihre Bedeutung für das Ganze. Und man hat den Eindruck, wenn man sich dem Reigen solcher Situationen überläßt, als habe man es nicht mit einem Gegenstand der Kunst zu tun, da doch Kunst immer schon als das Organisierte, gesetzmäßig Geordnete erscheint; denn jenseits der Einsichten, die die Kunst vermittelt, soll doch – wie man immer wieder hört – schon im Erkennen der Gesetzmäßigkeit eines Kunstwerkes ein Teil des Genusses begründet sein, den es uns schenkt.

Aber wenn wir in unserem eigenen Leben an eine Situation denken, an einen Vormittag in einem Seebad, an einen Osterbesuch bei einer Tante oder an den Tod eines Verwandten, wissen wir dann gleich, was dieses oder jenes Ereignis für unser Leben bedeutet? Meistens sind diese Situationen ja gar keine Ereignisse, wir sehen einfach in unserer Erinnerung, daß es so und so war, daß die Tante eine Brosche trug an diesem Tag, daß der Badewärter sich mit einer eleganten Dame zankte und daß bei der Beerdigung der Ministrant in den weihevollsten Satz der Predigt nieste; aber wir würden unser Leben doch zu sehr zu einer ausgetüftelten Konstruktion machen, die auf drei Dutzend Begründungen wie auf Pfählen aufgespießt hinge, wenn wir diese unwillkürlich in unserer Erinnerung haftengebliebenen Situationen auf ihre Bedeutung hin ausquetschen wollten, um unseren Lebensweg daraus als ein wertvolles Kausalgefüge abzuleiten. Ebensowenig forscht auch Proust nach der Bedeutung dieser Situationen. Er schrieb ja keinen deutschen Entwicklungs- oder Bildungs-Roman, wo die Helden kaum zum Taschentuch greifen können, ohne daß ihnen daraus ein Schicksal erwächst.

Es gibt einen Satz in »Wilhelm Meisters Lehrjahre«, der auf den ersten Blick anmutet wie ein Satz von Proust: »Alles was uns begegnet läßt Spuren zurück, Alles trägt unmerklich zu unserer Bildung bei.« Was in diesem Satz an Proust erinnern könnte, ist der Hinweis darauf, daß der Mensch eine Art Summe seiner Vergangenheit sei; aber die Verfeinerung, die größere Genauigkeit, die Proust dieser Einsicht hat angedeihen lassen, unterscheidet ihn von seinen Vorläufern (und von vielen Nachfolgern). Die Situationen seines Romans sind Erinnerungen Prousts, aber er hat gerade durch die Genauigkeit, mit der er seinen Erinnerungen nachgegangen ist, bewiesen, daß eben nicht Alles Spuren in uns zurückläßt und daß schon gar nicht Alles zu unserer Bildung beiträgt. Er forscht in den Situationen, die er heraufbeschwört, nicht danach, welche Bedeutung sie für sein Dasein haben, sondern er verwendet alle Genauigkeit darauf, seine Erinnerungen nicht mit falschen Bedeutungen zu beladen, ihre Unwichtigkeit oder ihre Folgenlosigkeit einzusehen; ihm kommt es nicht darauf an, eine Gesetzmäßigkeit, die sich in der menschlichen Entwicklung vielleicht sogar nachweisen ließe, nun gleich zum Postulat zu machen und die ganze Erzählung seines Lebens zum Paradigma zu erheben.

Die größere Genauigkeit, das ist Proust. Er versteht seine Schriftstellerei nicht im mindesten als ein Herstellen von Vorbildern; alles Beispielhafte ist ihm fremd.

Ich habe mich auch schon vor der Bekanntschaft mit Prousts Roman manchmal gewundert über die Sicherheit, mit der manche Autoren über die Welt verfügen: da marschieren ganze Generationen und Städte auf, der Erzähler stellt vor, beschreibt Inneres und Äußeres, urteilt, charakterisiert in unanzweifelbaren Mitteilungssätzen, eines folgt aus dem anderen, es geschieht fast nichts, was ohne Folge bliebe, nichts also, wovon der Erzähler nicht ganz genau die Bedeutung anzugeben wüßte. Ich dachte mir dann, daß eben diese Sicherheit im Erschaffen einer solchen Roman-Welt das Schöpferische sei, etwas für mich Unbegreifliches, weil ich mir einfach nicht vorstellen konnte, daß ein Mensch so sehr zu einem kleinen Gott avancieren könne, wie es diese Autoren doch offensichtlich taten. Die Wirklichkeit, unser Leben, darüber verfügten sie souverän und machten daraus Kunstwerke. Und doch wuchs mein Ungenügen an diesen Kunstwerken; die leicht begreifbare Rundheit dieser Romanfiguren enthüllte ihr Baugeheimnis: sie waren Repräsentanten, sie waren das, was mit ihnen bewiesen werden sollte. Ich wunderte mich darüber, daß die Leser sich immer noch mit diesen Figuren identifizieren konnten und dabei vergaßen, was bei diesen Figuren alles vergessen worden war, was aber doch jeder Leser in seinem eigenen Leben nicht übersehen konnte. Die Wirklichkeit bestand doch nicht nur aus Problemen und Ereignissen und Handlungen, sie war doch viel unübersichtlicher. Und die Menschen waren doch viel unerkennbarer und unbegreiflicher. Dann sollte man – dachte ich – nicht so tun, als könne man eine geschlossene Welt darstellen, dann sollte man die Unübersehbarkeit des Wirklichen nicht durch Kunst überspielen, nicht durch Komposition überhöhen, sondern sollte die Unerkennbarkeit des Menschen und auch die nicht überschaubare Wirklichkeit in die Thematik der Romane einbeziehen.

Und das hat Proust getan. Er hat gesehen, daß die Wirklichkeit nicht in zusammenfassender Verkürzung und in objektiv erzählten Lebensläufen darstellbar ist, ja daß sie eigentlich überhaupt nicht repräsentierbar ist. Man könnte sagen, Proust gehe ehrlicher und genauer ans Werk, aber Ehrlichkeit und Genauigkeit sind zwei Worte für eine einzige Fähigkeit bei einem Schriftsteller.

Eigenliebe, Verstand und Gewohnheiten sind nach Prousts Worten die Baumeister der Fassaden, die wir für die Wirklichkeit halten. Und seine »so komplizierte Kunst« will uns nun die Augen wieder freimachen für die wahre Wirklichkeit. Was aber ist das, woran merkt der Leser, daß er es nicht bloß mit einer ästhetischen Konstruktion zu tun hat? Denken wir wieder an die Situationen, aus denen dieser Roman besteht, die uns zu Lesern unseres eigenen Lebens machen, obwohl unsere Kindheit nicht in Combray, unser Leben nicht in Balbec und Paris beheimatet ist. Daß uns das so selbstverständlich, so natürlich entgegenkommt, daß es uns vertrauenswürdig anmutet, das ist sicher nicht von selbst so geworden, das ist das Produkt feinster künstlerischer List, die den Stoff des wirklichen Lebens gewissermaßen ohne Verlust in die Kunst hinüberrettete.

Daß alles der Zeit verfallen ist, das ist sicher jene Bedingung der Wirklichkeit, der Proust am empfindlichsten ausgesetzt war; deshalb kann er gewissermaßen nicht anders, als in jeder Erscheinung, in jeder Empfindung das Hinfällige zu sehen; aber es wäre zu simpel für Proust, den Fanatiker der Genauigkeit, in der Zeit nun einfach die große Feindin zu schildern; den Moloch, der alles, was existiert, schon in den Zähnen hält. Es gibt in Prousts Roman (mit Ausnahme des letzten Bandes) keine endgültigen Festlegungen. Und schon gar nicht über die Zeit, denn gerade das hat ihre ungreifbare, stets neue Blüten des Aufstiegs und Zerfalls hervorbringende Kraft ihn ja gelehrt, daß es nichts Endgültiges gibt.

Und wie könnte er die Vergänglichkeit zur bloßen Feindin erklären, da doch gerade sie die Hervorbringung seines Werkes provozierte. An vielen Stellen des Werkes erfährt man, daß er sich unfähig fühlt, zu beobachten, daß er dem gerade Gegenwärtigen gegenüber gewissermaßen hilflos ist. Hier ist Proust wieder einem Gesetz des menschlichen Verhaltens der Wirklichkeit gegenüber auf der Spur, und er läßt nicht nach, bis er dieses Gesetz in einer Vielzahl von Erscheinungen und Vorgängen nachgewiesen hat. Man kann sich diese Stellen beim Lesen natürlich nicht alle merken, aber wenn man dann später mit einem Freund einen Spaziergang macht, die Frau des Freundes ist auch dabei, es ist schon fast Abend, und das befreundete Paar beginnt laut und deutlich auf diesen Sonnenuntergang zu reagieren, Adjektiva perlen ihnen wie glitzernde Schnüre aus dem Mund, man selbst schweigt, schämt sich ein bißchen, daß einem so gar nichts einfällt zu diesem glühenden Panorama, dann fällt einem vielleicht Proust ein, man erinnert sich an seine Einsicht, daß die jeweils gegenwärtige Wirklichkeit zu massiv, zu grob sei; daß die Empfindung unfähig sei, gleich richtig darauf zu antworten; daß das Bewußtsein aber doch ununterbrochen tätig sei, Wirklichkeit gewissermaßen zu photographieren; die Gegenwart sei aber nur eine Art Negativ, das erst in der Erinnerung entwickelt werde; erst wenn die Sonne untergegangen ist, erst wenn wir uns später daran erinnern, dann wissen wir, wie wir diesen Sonnenuntergang erlebt haben. Wenn wir nie mehr an ihn denken, dann haben wir ihn eben nicht erlebt.

Proust ist ehrlich genug, das heißt genau genug, zu erkennen, daß das, was man sich gerne merken möchte, nicht das ist, was man sich dann wirklich merkt. Er bedauert sogar, daß er in dieser oder jener Situation den Anruf der Wirklichkeit nicht begreift, er sagt sich, daß diese oder jene Erscheinung eigentlich dem Hörensagen nach, der Konvention entsprechend, auf ihn Eindruck machen müßte, aber er ruft hier nicht die Phantasie zu Hilfe, um aus der Wirklichkeit etwas zu machen, was nicht von selbst entsteht.

Proust gelesen zu haben, heißt, immer wieder an ihn erinnert zu werden: wenn man zu einem Freund kommt, der eine Schallplattensammlung hat, und der uns bei jedem Besuch mindestens eine Platte vorspielt, der dann mit glücklichem Besitzergesicht uns gegenübersitzt, uns aber auch andauernd allzu aufmerksam beobachtet, um in unserem Gesicht festzustellen, ob diese Bartók-Platte auch genau den Eindruck auf uns macht, den er, der die Platte schon zehnmal gehört hat, für den einzig angemessenen hält, wenn wir unsererseits aber unter den saugenden Blicken uns ausgesetzt fühlen als stünden wir am Pranger, und wenn uns die Musik einfach roh im Ohr tost und gar nicht tiefer in uns eindringt (warum, wissen wir nicht), dann fällt uns wieder Proust ein, der sagt, daß man bei Musik, die man zum erstenmal hört, oft zunächst nichts hört. Der sich aber mit dieser Feststellung nicht zufrieden gibt: daß man beim Hören das erstemal oft nichts hört, das wäre ein Aphorismus, eine Floskel; Proust aber analysiert, er will ja wissen warum:

Hätte man wirklich, wie man meint, beim ersten Anhören überhaupt keinen Eindruck gehabt, so würde das zweite oder dritte Anhören wiederum ein erstes Mal sein, und es wäre nicht einzusehen, weshalb beim zehnten Male plötzlich das Verstehen kommt.

Was das erste Mal fehlt, ist offenbar nicht das Verständnis, sondern nur das Gedächtnis... Das Gedächtnis ist nicht imstande, von so vielfältigen Eindrücken uns auf der Stelle ein Erinnerungsbild zu liefern. Dies aber bildet sich nach und nach, und mit Werken, die man zwei- oder dreimal gehört hat, geht es einem wie dem Schüler, der vor dem Einschlafen mehrmals eine Lektion durchgelesen hat, die er nicht zu können meinte und die er am Morgen auswendig hersagen kann.

Das Gefühl freilich, daß ich dieser sieben Bände in meinem Bewußtsein nicht habhaft zu werden vermochte, daß ich gewissermaßen nicht intellektuell über sie verfügen konnte, dieses Gefühl entstand nicht bloß, weil da keine klaren Handlungskurven ihre Bedeutung in mein Gedächtnis einzeichneten, sondern auch dadurch, daß ich mir die Personen dieses Romans nicht mehr recht vorstellen konnte, nachdem ich zu lesen aufgehört hatte. In den meisten Romanen weiß man ja ganz genau wie die Hauptpersonen aussehen und wie sie sind, weil sie meistens schon am Anfang sorgfältig beschrieben werden, innen und außen, weil man auch bald merkt, welches Instrument sie in dem Konzert dieses Romans zu spielen haben. Ein Beispiel dafür ist immer Thomas Mann mit seinen unverlierbaren Charakteristiken; so daß es dann völlig genügt, wenn Tony Buddenbrook von Herrn Grünlich sagt: »Ich weiß nur, daß er einen goldgelben Backenbart hat und ein reges Geschäft.« Sind die Züge der Personen einmal gegeben, so repetieren die Autoren die Charakteristika im Laufe ihrer Erzählung fast mechanisch.

Natürlich gibt es auch schon vor Proust Autoren, auf die diese Schilderung der schriftstellerischen Technik nicht zutrifft. Vor allem russische Romanciers, bei denen die Erkennbarkeit des Menschen ebenso in Frage gestellt ist wie bei Proust. Was zu dem Eindruck führt, daß man sich Personen nicht ohne weiteres ins Gedächtnis zurückrufen kann, ist wahrscheinlich, daß der Autor nie aufhört, sie zu charakterisieren. Eigentlich handeln diese Personen ja nie, sondern sie sehen nur immer wieder anders aus. Sie erscheinen dem Erzähler jedesmal, wenn er ihnen wieder begegnet, wieder anders, denn inzwischen ist er wieder ein anderer geworden, und die Personen sind ebenso der Zeit unterworfen, also in stetiger Veränderung befindliche Wesen. Da sich nun der Beobachter, der Erzähler, dauernd im Wandel befindet und ebenso das Beobachtete, wie sollten daraus eindeutige und leicht dem Gedächtnis anzuvertrauende Personen entstehen? Proust ist so empfindlich für die Wirkungen der Zeit, daß er selbst, als die Hauptperson, genauso wie alle anderen Personen, andauernd in Gefahr ist, seine Identität zu verlieren.

Was auch die Wahrscheinlichkeitsrechnung mir darüber beruhigend versichern mag, das junge Mädchen mit den runden Wangen, das mir so kühn in die Augen blickte an der Ecke, wo die kleine Gasse auf den Strandweg stieß, und von dem ich glaubte, ich könne vielleicht ihre Liebe erlangen, habe ich im wahrsten Sinne des Wortes niemals »wiedergesehen«.

Das sagt er von Albertine, mit der er dann jahrelang zusammenlebte, der er Hunderte und Aberhunderte von Seiten seines Buches widmete.

Jedes Wesen zerfällt, wenn wir es nicht mehr sehen; erscheint es dann das nächste Mal wieder vor uns, findet gleichsam eine Neuschöpfung statt. Wenn wir uns an einen energischen Blick, eine kühne Miene erinnern, so werden wir unvermeidlich das nächste Mal von einem fast schmachtend weichen Profil, einer Spur träumerischer Süße überrascht, von Dingen, auf die wir bei unserer vorausgehenden Erinnerung nicht geachtet hatten, ja es sind fast die einzigen Züge, die wir diesmal sehen. Durch die Gegenüberstellung unserer Erinnerung und dieser neuen Wirklichkeit wird unsere Enttäuschung oder Überraschung bestimmt, sie tritt als Korrektur der Wirklichkeit auf und belehrt uns darüber, daß wir uns schlecht erinnert haben. Anderseits wird nun der das vorige Mal vernachlässigte Aspekt des Gesichts, der aus diesem Grunde für uns nun gerade der packendste ist, zu einem besonders wirklichen, der alle Fehler richtigstellt, zum Stoff unserer Träumereien und Erinnerungen.

Natürlich ist die Analyse der Veränderlichkeit damit noch längst nicht beendet, aber schon der winzige Ausschnitt aus dieser nicht enden könnenden Einfühlung in die Gesetze der Zeitlichkeit zeigt, daß die Personen Prousts niemals endgültig charakterisiert werden können; wann ist ein Autor je so genau mit seinen Personen umgegangen! Und wenn man auch Prousts Personen nicht einfach als ein paar Sprachphotographien oder Signalementsfetzen ins Gedächtnis aufnehmen kann, wenn man sie auch niemals auf eine deftige Formel bringen kann, denn sie haben ja, da es eigentlich keine Handlung gibt, auch keine repräsentative Funktion, wenn man jede dieser Personen nur als eine schier endlose Folge von Erscheinungen in der Erinnerung bewahren kann, so macht doch gerade die ungeheuer genaue Verfahrensweise Prousts sie so lebendig und intensiv: man hat nicht mehr das Gefühl, Romanfiguren mit sich zu tragen, denn der Autor gesteht ja immer wieder, daß er sich ihrer gar nicht bemächtigen kann, daß sie, der zeitlichen Wirklichkeit wie er unterworfen, niemals ganz zu erfassen sind.

Nun müßten wir eigentlich zugeben, daß Proust offensichtlich übertreibt; wir leben doch alle von Tag zu Tag mit solide umrissenen Menschen zusammen, wir geben ihnen die Hand, grüßen sie mit einem Namen, den wir, wenn wir an ihn denken, als etwas Bekanntes empfinden. Herr XY, ja das ist der mit dem Monokel, und dann zählen wir sechs Eigenschaften auf und ein paar Daten, und dann können wir das Gefühl haben, daß wir Herrn XY kennen. Wo kämen wir hin, wenn wir der Veränderlichkeit Rechnung trügen? Ist also Prousts Sensibilität vielleicht nur ein Kunstprodukt, und nicht ein Instrument, mit dem er uns hilft, in uns selbst und in der Wirklichkeit zu lesen?

Ich sage nicht, daß nicht ein Tag kommen wird, an dem wir sogar diesen strahlenden jungen Mädchen ganz deutlich abgegrenzte Charaktere zuerkennen werden, aber das bedeutet dann, daß sie aufgehört haben, uns zu interessieren; daß ihr Auftreten für unser Herz nicht mehr jenes plötzliche Aufgehen sein wird, das wir jedesmal anders erwartet haben… Ein unverrückbares Bild von ihnen wird aus unserer Gleichgültigkeit geboren, die sie der Beurteilung durch den Verstand anheimgibt.

Gleichgültigkeit und Gewohnheit also lassen uns die Menschen als solide umrissene Figuren erkennen; das, was Proust die »Nomenklaturen, die praktischen Zwecke« nannte, die uns hindern zu erkennen, was unter der Kruste lebt, die wir für die Wirklichkeit halten. Nun ließe sich freilich sagen, Proust mit seiner Genauigkeit, das sei ja gerade nicht die Wirklichkeit, wie sie ist; die Wirklichkeit sei eben nichts anderes als der flüchtige Händedruck, der Blick ins Gesicht: jawohl, es ist der mit dem Monokel, also Herr XY, die Maske, die wir kennen, die fünf Eigenschaften und die paar Daten, mehr brauchen wir ja von ihm gar nicht, was interessiert uns, wie der das letzte Mal ausgesehen hat, was der wirklich denkt und wie viele verschiedene Gesichter der in seinem Leben schon gehabt hat, für uns ist er der Kunde, oder der Lieferant, oder der Portier, oder der Liftboy, für uns hat er eine Funktion, wir haben ein Geschäft mit ihm: alles andere ist für uns uninteressant.

In der Welt der Handlungen und Zwecke ist dieser Standpunkt vernünftig. Trotzdem ist Proust nicht bloß ein Phantast. Er erfüllt die Aufgabe des Schriftstellers vollkommen. Wer Tag für Tag einer Sache zugewandt ist, am Schalter steht und sechzehntausend Gesichter sieht, wer ein paar hundert Schrauben zu drehen hat, Zimmerwände tapezieren, Zähne aufbohren oder Schülern das kleine Einmaleins beibringen muß, der kommt nicht dazu, die Möglichkeiten seines Bewußtseins zu erschöpfen; für den muß die Menschheit, die Wirklichkeit eine vielgliedrige Maschinerie sein, bei der es aufs Funktionieren ankommt. Wie der Arzt nun dafür zu sorgen hat, daß der Leib all dieser Handelnden nicht verkümmert, nicht zu einer einzigen rechten Hand wird, oder zu einer Schulterbewegung, weil alles andere nicht mehr gebraucht wird, so kann der Schriftsteller dem Bewußtsein sich zuwenden; seine Sache ist der Mensch in allen seinen Beziehungen. Der Schriftsteller, durch keine andere Hantierung abgelenkt, ist der Beobachter und als solcher auch Korrektiv. Das wäre zumindest eine seiner Möglichkeiten.

Wer Proust liest, wird sich selbst vielleicht als eine Kümmerform menschlichen Daseins empfinden. Man hat das Gefühl, als habe man eigentlich von den Möglichkeiten des eigenen Bewußtseins bisher noch kaum Gebrauch gemacht! Proust befreit die von Zwecken und Gewohnheiten verschüttete Wirklichkeit; ich kann mir nicht vorstellen, daß man nach dieser Lektüre in einem Eisenbahnabteil genauso halbblind zwischen den Leuten sitzt wie vorher.

Trotzdem könnte man sagen: was er beschreibt, ist nicht unsere Wirklichkeit, wir werden durch die Lektüre nun nicht alle zu höchst sensiblen Prousts. Das ist leider wahr. Aber nur zum Teil. Denn es genügt schon, einmal zu sehen, zu lesen, zu erleben, wie unendlich vielgestaltig die Wirklichkeit ist, wie unendlich differenziert jeder Mensch, ganz gleich wie dumm oder klug oder gut oder böse er sein mag, es genügt, den Reichtum zu erleben, den

Proust sichtbar macht, um selbst wenigstens ein bißchen reicher zu werden.

Nun hat Proust seinen Roman am Anfang ganz auf die Erinnerung stellen wollen. Aber er muß dann, als er ins detailreiche Erzählen geriet, wohl selbst bemerkt haben, daß die Erinnerung nicht alles erbringen kann. Er hat ja auch direkt beobachtet, Notizen gemacht, obwohl er immer daran festhalten wollte, daß nur das »Abwesende Gegenstand der Imagination« sein könne, daß die »Einbildungskraft«, die er sein »einziges Organ für den Genuß der Schönheit« nannte, sich für die gegenwärtige Wirklichkeit nicht verwenden lasse. Trotzdem sah er sich einfach durch seine Erfahrung genötigt, auch die Empfindung dem Gegenwärtigen gegenüber, den Eindruck, als eine Quelle der Erzählungen gelten zu lassen. Aber den Eindruck von einer Sache beschreiben heißt für Proust natürlich nicht, die Oberfläche der Wirklichkeit durch Sprache zu imitieren.

In den Augenblicken..., in denen wir die uneigennützigen Betrachter der Natur, der Gesellschaft, der Liebe oder sogar der Kunst selber sind, beeilen wir uns, da jeder Eindruck doppelt, nämlich halb im Gegenstand versteckt ist, mit der anderen Hälfte aber, die nur wir kennen konnten, in uns selbst hineinragt, gerade diese letztere, das heißt die einzige, an die wir uns halten sollten, zu übersehen und nur die andere Hälfte zu berücksichtigen, die, da sie äußerlich bleibt und infolgedessen nicht vertieft werden kann, uns keinerlei Ermüdung bereiten wird.

Die Sinne haben in einem Bruchteil der Zeit ihre Arbeit getan, dann aber beginnt erst die wahre Arbeit, um den Eindruck zum Bild zu machen.

Um welche vom Leben in uns zurückgelassene Idee es sich auch handelt, ihre materielle Gestalt, die Spur des »Eindrucks«, den sie in uns hinterlassen hat, ist noch immer das Unterpfand ihrer notwendigen Wahrheit. Die vom reinen Verstand gelieferten Ideen bergen nur eine logische Wahrheit in sich, eine mögliche Wahrheit, ihre Wahl steht noch in unserem Belieben. Das Buch mit den in uns eingegrabenen, nicht von uns selbst eingezeichneten Charakteren ist unser einziges Buch. Nicht, daß Ideen, die wir selbst gestaltet, nicht logisch richtig sein können, aber ob sie wahr sind, wissen wir gleichwohl nicht. Nur der Eindruck, wie hauchdünn seine Substanz zu sein scheint, wie ungreifbar seine Spuren, ist ein

Kriterium der Wahrheit und verdient daher als einziges geistig akzeptiert zu werden... Der Eindruck ist für den Schriftsteller, was das Experiment für den Naturwissenschaftler ist, mit dem Unterschied, daß bei dem Naturwissenschaftler die Arbeit des Verstandes vorausgeht, bei dem Schriftsteller aber folgt.

Nun müßte eigentlich deutlich werden, wie Proust zu seiner Genauigkeit gelangt: Erinnerung und Eindruck sind seine Mittel, beide aber als Kräfte des Unbewußten; nicht das intellektuelle Gedächtnis ruft er an, nicht den bewußt beobachtenden und immerzu urteilenden Verstand benützt er zur Beobachtung, er verläßt sich viel mehr ganz auf sein poröses Bewußtsein, er wartet auf die von selbst erwachende Erinnerung und auf den gewissermaßen ohne seinen Willen haftengebliebenen Eindruck: und der Kraft, der Bewegung und der Richtigkeit dieser unwillkürlichen, unfreiwilligen Strömungen überläßt er sich, läßt sein Bewußtsein von ihnen erfüllen, um sie der Sprache anzuvertrauen, die der Verstand dann prüfen kann. Nun könnte man sagen, daß ja auch expressionistische oder surrealistische Schriftsteller sich einfach ihren Emotionen oder Eruptionen überließen, im zuweilen recht anmaßenden Vertrauen darauf, daß das, was aus ihnen herausdrängte, ein vertrauenswürdiges Bild vom Menschen ergebe. Der Unterschied zu Proust ist aber, daß Proust nicht das Unbewußte als solches einfach schreiben ließ, daß dieses Unbewußte ihm nicht die Hand geführt hat beim Schreiben, daß er als Erzähler diese eruptiven Monologe, diese Selbstdarstellung der Gefühle nicht erlaubte: er hat das Unbewußte, den Instinkt auf das zarteste und strengste kultiviert und hat daraus ein Werkzeug zur Beobachtung der Wirklichkeit gemacht. Die Welt löst sich nicht auf in Kaskaden von Empfindungen, sondern sie wird mit den Werkzeugen Erinnerung und Eindruck beobachtet auf Gesetzmäßigkeit hin. Immer wieder begegnet man bei ihm diesem Willen, das Allgemeine, die Gesetze zu entdecken, Klarheit in die feinsten und dunkelsten Zusammenhänge zu bringen durch eine kontrollierte (nicht wildwuchernde) Sprache.

Denn von dem Instinkt bewogen, der ihm innewohnte, unterließ es der Schriftsteller, lange bevor er eines Tages ein solcher zu werden meinte, mit Regelmäßigkeit, soundso viele Dinge zu registrieren, die andere zu beobachten pflegten, worauf er von jenen der Zerstreutheit, von sich selbst jedoch des Mangels bezichtigt wurde, weder zuhören noch beobachten zu können; während dieser Zeit jedoch gebot er seinen Augen und Ohren, Dinge für immer festzuhalten, die andere als kindische Nichtigkeiten abgetan hätten, den Tonfall, in dem jemand einen Satz gesagt, den Gesichtsausdruck und die Schulterbewegung, ... und das nur, weil er diesen Tonfall schon einmal vernommen hatte oder weil er spürte, daß er ihn werde wiederhören können, daß er etwas darstellte, was... von Bestand sein würde; das Gefühl für das Allgemeingültige ist die Funktion, die in dem künftigen Schriftsteller selbst auswählt, was allgemein gültig ist...

Es ist natürlich nicht ganz einfach auszudrücken, wie der Schriftsteller dieses »Gefühl für das Allgemeingültige« ausbildet, wie er sich davor bewahrt, ein Schilderer einmaliger, bloß noch kruder Signalements zu werden, und wie er sich auch davor bewahrt, der Schreibsklave unprüfbarer Emotionen zu werden. Proust selbst hat in einem einzigen Satz dieses Zusammenwirken aller Kräfte festgehalten:

...das Talent eines großen Schriftstellers [ist] nichts anderes, als ein – nachdem alles andere zum Schweigen gebracht worden ist – ehrfurchtsvoll angehörter Instinkt, ein vollkommener und begriffener Instinkt...

Ich kann mir vorstellen, daß man kaum geneigt sein mag, diesem künstlerischen Credo mehr als wohlwollende Duldung zuzugestehen, wenn es einem nur so abstrakt vorgelegt wird. Eines aber kann vielleicht auch schon in der abstrahierenden Verkürzung begreiflich werden, das Zentrum, die Herzkammer des Proustschen Schaffens: daß er nämlich dem Unwillkürlichen, dem unfreiwillig Erfahrenen, dem von selbst in ihm wieder Auftauchenden, dem Instinktiven allein die Fähigkeit zur Entdeckung von Wahrheit zutraut. Das heißt, daß er etwa das Meer nicht sieht als ein bekanntes und schon vielfach benanntes Naturereignis, dem gegenüber man immer schon festgelegt ist, sondern daß er alle Eindrücke vom Meer vor seinem »vollkommenen und begriffenen Instinkt« nacheinander vorbeiziehen läßt und das Gesetz zu erkennen sucht, das in ihnen wirkt, und das ist das Gesetz der Veränderlichkeit, die Einsicht, daß eine Benennung immer nur einmal gilt: daraus entsteht seine große Erzählung, er sieht sich, um seine Erinnerung und Eindrücke auszudrücken, gezwungen, alles und alles noch einmal zu erzählen, nichts ist ein für alle Male bekannt; wer sich offenhält für das Leben, ja man kann es nicht anders sagen als mit diesem etwas großen Wort, wer sich dafür offenhält, wer nicht die Gewohnheit zur zweiten Natur werden läßt, die einen hindert, die erste zu entdecken (wie Proust sagt), der wird und wird nicht damit fertig, das, was die Konvention für das immer Gleiche hält, immer wieder neu zu benennen, neu zu erzählen; denn Gleichgültigkeit gibt es eigentlich gar nicht in einem Leben, das in der Zeit verläuft, Gleichgültigkeit entsteht bloß aus der Übereinkunft, daß sich etwas wiederhole auf der Welt; aber wer genau hinschaut, der weiß, daß keine Wiederholung mit dem gleichen Namen zu benennen, mit dem gleichen Satz auszudrücken ist. In der Abstraktion vielleicht, in der Logik mag es Gleichgültigkeit geben, oder in der Mathematik, in der Wirklichkeit gibt es sie nur als eine Mangel-Erscheinung, als das Resultat einer allmählichen Schrumpfung des Bewußtseins, als eine im Verfall begriffene Empfindlichkeit: deshalb ist die Sprache sehr genau, wenn sie das Wort »Gleichgültigkeit« mit einem Akzent des Ungenügenden, Besserungswürdigen, mit einer negativen Charakteristik versieht. In der Bewertung der Haltung »Gleichgültigkeit« drückt die Sprache aus, daß es sich hier um einen Zustand handelt, den es nur zu Unrecht gibt, nur in Unwahrheit; denn dadurch, daß jemand so tut, als wären ihm mehrere Dinge gleichgültig, irrt er, weil es niemals zwei wirkliche Dinge geben kann, die einem Menschen gleich gelten; und diesen Irrtum der Gleichgültigkeit versieht der genau bewertende Geist der Sprache mit einer Ahndung: um dieser Ahndung willen hat die Sprache dieses gewissermaßen künstliche Wort hervorgebracht, künstlich, weil ihm eigentlich nichts entspricht, nichts außer jener Kümmerform menschlichen Bewußtseins, zu deren Ahndung eben dieses Wort entstanden ist.

Proust ist durch nichts genauer zu charakterisieren, als durch die Feststellung, daß ihm nichts gleichgültig war; deshalb geschieht in diesem Riesen-Roman so wenig, Proust kommt nicht über ein paar Salons und zwei, drei Orte hinaus, deshalb kommt schon nach dem ersten Band kaum mehr stofflich Neues hinzu, weil Proust nicht fertig wird, in den wiederkehrenden Situationen und Menschen den Wandel zu studieren, dem sie unterworfen sind.

Nach dem Lesen wundert man sich dann ein bißchen, ist vielleicht sogar unzufrieden, weil man in sich so wenig vorfindet von dem Gelesenen. Wo um alles in der Welt sind bloß diese fünftausend Seiten geblieben? Aber die Verwunderung löst sich auf, wenn wir uns dann nicht mehr mit Proust beschäftigen, etwa wenn wir eine Freundin besuchen und in der Unterhaltung plötzlich merken, daß sie in einer halben Stunde dreimal einen Satz mit den Worten begann: Wenn ich ganz ehrlich sein darf... Da sitzen wir dann auf einmal einer Art Albertine gegenüber, und wir hören von jetzt an alles, was unsre Freundin sagt, mit ganz anderen Ohren. Und wir sehen auf einmal mehr als wir hören.

Ich muß gestehen, wenn ich durch eine Geste oder eine Phrase an Proust erinnert werde, an eine Situation aus seinem Roman, nicht weil jemand einen Satz gesagt hätte, der genauso bei Proust steht, oder weil jemand gar eine von Proust beschriebene Bewegung gemacht hätte, sondern durch ein logisch nicht mehr zu erklärendes Signal, durch eine Analogie vielleicht, immer wenn ich meinem Gesprächspartner gewissermaßen als Proust-Leser gegenübersitze, habe ich das Gefühl einer Unlauterkeit ihm gegenüber; es ist, als ob ich mich im Besitze eines Zaubergerätes befände, eines Mittels zumindest, das mich dem anderen gegenüber überlegen macht und ihn gewissermaßen ausliefert. Ich durchschaue ihn leichter, ich weiß mehr von ihm als er von mir. Mir ist in einer solchen Situation einmal eingefallen, daß ich, wenn Proust ein Industrieartikel wäre, zu dem Slogan raten würde: Proust-Leser sind im Vorteil.

Nun mag jemand einwenden, daß es doch wohl nicht ganz angebracht sei, ein so gewaltiges Werk wie die *Suche nach der verlorenen Zeit* in solch alltägliches Kleingeld umzumünzen, daraus banale Schlüsselchen für noch banalere Situationen zu machen. Ich kann dieser Empörung nur entgegnen, daß Proust mir täglich viele Male in Erinnerung gerufen wird, und daß ich durch diese Erinnerung in meiner Meinung, in meinem Urteil wahrscheinlich beeinflußt werde, ob ich will oder nicht. Und was die *Suche nach der verlorenen Zeit* anbelangt, so hat mir gerade das, was dieser Titel ausdrückt, keinen so nachhaltigen Eindruck gemacht wie die Genauigkeit der Proustschen Bewußtseinserforschung.

Ich habe von jenem Strang des Romans, der sich mit der Suche nach der verlorenen Zeit beschäftigt, so gut wie nichts erwähnt, weil die Suche mit einem geradezu unproustischen Ergebnis beendet wird: in gewissen, auch sehr genau beschriebenen Erinnerungsfeiern findet Proust die verlorene Zeit wieder, und damit etwas gegen den sonst übermächtigen Gedanken an den eigenen Tod. Proust sieht ein, daß diese kurzen Erinnerungsfeiern, diese paar »der Zeit entzogenen Fragmente des Daseins« noch nicht genügen, dem Tod seine ständige Bedrohlichkeit zu nehmen, und da findet dann Proust im Kunstwerk das Mittel, die verlorene Zeit für immer wiederzufinden; die Kunst vermöchte dann für ihn also die Ordnung der Zeit aufzuheben und uns den Gedanken an den Tod weniger schrecklich, ja sogar leicht zu machen. Das habe ich zwar interessiert gelesen, weil es ja vom Tod handelt, aber es ist mir weder ein- noch aufgegangen, wieso eine wiedergefundene Zeit und ihre Auferstehung im Kunstwerk die Zeit aufheben soll; da für mich also alles, was Proust darüber schreibt, nur eine taube Lese-Erfahrung wurde, habe ich davon nichts erwähnt.

Ich halte die unscheinbaren Situationen des Alltags, den die Gleichgültigen den banalen Alltag nennen, für ebenso wichtig wie irgendeine Festwoche voller Metaphysik: das ist ja gerade das Wunder der Genauigkeit, das Proust vollbrachte, daß es den Unterschied wichtig – unwichtig nicht mehr gibt. Daß er im Gegenteil alles das in seiner ganzen Wichtigkeit erzählte, was man bis dahin überhaupt nicht bemerkte. Und daher mag es kommen, daß die Wirkungen Prousts uns im Alltag aufgehen, daß wir beim Schlafengehen und in der Eisenbahn und beim Schwätzen mit einem Jugendfreund, im Theaterfoyer und während der Bestellung eines Glases Bier, die wir einem schmächtigen Ober aufgeben, daß wir immer, wenn wir gerade wieder alles durch die verschmutzten Brillengläser unserer Gewohnheit sehen, plötzlich auf eine Stimmung aufmerksam werden, auf eine Deutlichkeit des Augenblicklichen, auf einen Anruf, den wir noch nicht ganz begreifen, dem wir aber doch folgen, indem wir die Gleichgültigkeit für ein paar Atemzüge überwinden und unser gewecktes Interesse sich sättigen lassen an den Erscheinungen; und wenn wir dann vielleicht spüren, vielleicht auch viel später erst spüren, daß wir eine Einsicht um eine Nuance bereichert, eine Freude um ein Gran vermehrt und einen Schmerz um eine Schwingung heftiger empfunden haben, dann dürfen wir vermuten, daß dabei vielleicht etwas von der Wirkung Prousts in uns mit im Spiele war. *(1958)*

Peter Jokostra
Bei Proust

Balbec, die Pappeln, schlank,
und dahinter die windstille Nacht.
Sein Weg endet hier.
  Betrogen fühlt sich die Zeit.
  Proteisch, sibyllinisch, grenzenlos.

Er spielt mit der Zeit,
den Bällen, den Farben, den Träumen.
Magier, Mystagoge, Masochist.
  Mutlos, allein, zerklüftet.
  Ein furchtbarer Steinbruch.

Wo die Straße abfällt ins Meer,
Albertines Schulter den Duft bewahrt,
unter den Händen das Obst schmilzt,
der Nacken zu Sand zerstäubt –
verlacht ihn das Haar mit dem Winde.
  Hier mündet die endlose Spur
  dieses herrlich geduldeten Wahns.
  Hier fängt sie sich wieder,
  begleitet vom Krönungsschatten
  eines ländlich geharnischten Mars.

Niemals zu Ende denkt er Vergessenes:
Balbec, die Pappeln, schlank.
Die Nebel bluten ins Schweigen.
Da holt ihn die Dämmerung ein.

(1959)

Siegfried Kracauer
Proust – Fotografie und Film

Die fotografische Einstellung

Die Einstellung des Fotografen zu seinem Medium kann man »fotografisch« nennen, wenn sie dem ästhetischen Grundprinzip entspricht. Das heißt aber, daß er im ästhetischen Interesse unter allen Umständen der realistischen Tendenz folgen muß. Das ist freilich nur die Mindestforderung. Aber wenn er sie erfüllt, wird er wenigstens Aufnahmen zustande bringen, die seinem Medium Genüge tun. Damit ist gemeint, daß eine unpersönliche, vollständig kunstlose Aufnahme ästhetisch einwandfrei ist, während es einer sonst schönen und vielleicht sogar sinnvollen Komposition an fotografischer Qualität gebrechen mag. Kunstlose Übereinstimmung mit dem Grundprinzip ist besonders befriedigend im Falle von Bildern, die unsere Sehweise mit unserer wirklichen Situation ins Einvernehmen bringen. Aufnahmen dieser Art brauchen keineswegs aus dem absichtlichen Bemühen des Fotografen hervorgegangen zu sein, den Eindruck von Kunstschöpfungen zu vermitteln. So verweist Beaumont Newhall auf die »Schönheit« von Luftaufnahmen, die während des Krieges mit automatischen Kameras zu rein militärischen Zwecken gemacht wurden. Diese besondere Spielart von Schönheit ist wohlverstanden nur ein unbeabsichtigtes Nebenprodukt, das der ästhetischen Legitimität solcher mechanischen Naturerkundungen von sich aus nichts hinzufügt.

Wenn aber »Schnappschüsse« im Sinne von ungestellten Aufnahmen *(candid shots)* dem Medium entsprechen, dann scheint es natürlich, sich den Fotografen als ein »Kamera-Auge« zu denken, als jemanden, der, aller formgebenden Impulse entratend, ganz und gar dem Künstlertyp entspricht, wie er im Manifest der Realisten vom Jahre 1856 gefordert wurde. Darin hieß es, die Haltung des Künstlers gegenüber der Realität solle so unpersönlich sein, daß er zehnmal denselben Gegenstand reproduzieren könne, ohne daß seine Reproduktionen auch nur im geringsten voneinander abwichen. So faßt auch Proust die Aufgabe des Fotografen an jener Stelle von *Die Welt der Guermantes* auf, wo der Erzähler nach langer Abwesenheit unangemeldet den Salon seiner Großmutter betritt: [...]

Proust geht von der Voraussetzung aus, daß Liebe uns blind mache für die Veränderungen, die ein von uns geliebter Mensch im Lauf der Zeit erleidet. Deshalb ist es nur logisch, daß er gefühlsmäßige Abgelöstheit als die höchste Tugend des Fotografen hervorhebt. Er veranschaulicht diesen Gedanken noch weiterhin dadurch, daß er den Fotografen mit dem Zeugen, dem Beobachter, dem Fremden vergleicht – drei Typen, die nicht in die Vorgänge verstrickt sind, die sich vor ihren Augen abspielen. Sie können alles wahrnehmen, weil nichts, was sie sehen, von Erinnerungen beschwert ist, die sie fesseln und so ihren Blick beschränken würden. Der ideale Fotograf wäre demnach das Gegenteil des durch Liebe Geblendeten. Er gleicht einem Spiegel, der nicht zu unterscheiden weiß; er ist identisch mit der Kameralinse. Fotografie ist nach Proust das Produkt völliger Entfremdung.

Die Einseitigkeit dieser Definition liegt am Tag. Aber aus dem Zusammenhang ergibt sich, daß es Proust an dieser Stelle vor allem um die Darstellung eines inneren Zustandes zu tun war, in dem die Gewalt unfreiwilliger Erinnerungen die sie auslösenden äußeren Phänomene trübt. Und der Wunsch, den Kontrast zwischen diesem Bewußtseinszustand und dem des Fotografen klar herauszuarbeiten, veranlaßte ihn vielleicht dazu, sich den Glaubenssatz der extremen Realisten des 19. Jahrhunderts zu eigen zu machen, wonach der Fotograf – wie überhaupt jeder Künstler – der Natur einen Spiegel vorhält.

In Wirklichkeit gibt es einen solchen Spiegel gar nicht. Fotografen kopieren die Natur nicht bloß, sondern verwandeln sie dadurch, daß sie dreidimensionale Erscheinungen ins Flächenhafte übertragen und so aus dem Zusammenhang ihrer Umwelt lösen, wobei Schwarz, Grau und Weiß anstelle des äußeren Farbenspiels treten. Was aber den Vergleich mit einem Spiegel vollends unmöglich macht, sind nicht einmal so sehr diese unvermeidlichen Verwandlungen – die man außer Betracht lassen kann, weil, ihrer ungeachtet, Fotografien dennoch den Charakter von unabdingbaren Reproduktionen bewahren – es ist vielmehr die Art, in der wir die sichtbare Realität zur Kenntnis nehmen. Selbst Prousts entfremdeter Fotograf ordnet und gliedert spontan die auf ihn zuströmenden Eindrücke; die gleichzeitigen Wahrnehmungen seiner übrigen Sinne, gewisse seinem Nervensystem innewohnende Formkategorien des Wahrnehmens und nicht zuletzt seine allgemeinen inneren Anlagen drängen ihn dazu, den visuellen Rohstoff im Vorgang des Sehens zu organisieren. Und diese unbewußt sich abspielenden Tätigkeiten bedingen zwangsläufig die Aufnahmen, die er macht.

Wie verhält es sich aber mit den oben erwähnten Schnappschüssen, die auf eine fast automatische Weise gewonnen werden? In ihrem Fall obliegt es dem Beschauer, ihnen Struktur zu geben. (Die von Newhall herangezogenen Luftaufklärungsbilder erschweren die konventionellen Prozesse des Strukturierens ihrer kaum zu identifizierenden Formen wegen, deren Undurchsichtigkeit den Betrachter oft zum Rückzug in die Dimension des Ästhetischen veranlaßt.) Objektivität im Sinne des realistischen Manifests ist unerreichbar. Wenn es sich aber so verhält, liegt keinerlei erkennbarer Grund vor, weshalb der Fotograf seine schöpferischen Fähigkeiten im Interesse des notwendigerweise vergeblichen Bemühens um diese Objektivität unterdrücken sollte. Vorausgesetzt, daß er sich bei der Wahl seiner Objekte von dem Entschluß leiten läßt, die Natur wiederzugeben und zu enthüllen, ist es sein gutes Recht, Motive, Blickfeld, Objektiv, Filter, Emulsion und Korn nach Maßgabe seiner künstlerischen Empfindungsfähigkeit zu wählen. Oder vielmehr, er muß wählerisch sein, um über die Mindestforderung hinauszugelangen. Denn die Natur wird sich ihm nicht erschließen, wenn er sie nicht unter Aufgebot all seiner Sinneskräfte und seines ganzen Wesens in sich aufzunehmen sucht. Das formgebende Streben braucht also mit der realistischen Tendenz nicht in Konflikt zu geraten. Im Gegenteil, es mag sie verwirklichen und erfüllen – eine Wechselwirkung, deren sich die Realisten des 19. Jahrhunderts noch nicht bewußt sein konnten. Im Gegensatz zu Prousts Auffassung sieht der Fotograf die Dinge in und mit seiner »Seele«.

Dennoch hat Proust recht, wenn er die fotografische Einstellung mit einem Zustand der Entfremdung in Zusammenhang bringt. Obwohl der Fotograf, der die Eigenschaften seines Mediums berücksichtigt, selten, wenn überhaupt je, gefühlsmäßig so unbeteiligt ist, wie Proust es ihm zuschreibt, so kann er darum doch nicht seine inneren Gesichte frei vergegenständlichen. Sein Problem besteht darin, die »richtige« Mischung zwischen Wirklichkeitstreue und formgebendem Bemühen herzustellen – das heißt eine Mischung, in der dieses, so stark es auch entwickelt sein mag, seine

Unabhängigkeit jener zuliebe aufgeben muß. »Statt sich in subjektiven Fantasien zu ergehen«, sagt Lewis Mumford, »muß der innere Impuls (des Fotografen) stets mit den äußeren Gegebenheiten im Einklang bleiben.« Einige frühe Kunstfotografen wie Nadar, David Octavius Hill und Robert Adamson wußten dieses prekäre Gleichgewicht zu erzielen. Wie stark sie auch von der Malerei beeinflußt waren, es kam ihnen doch in erster Linie darauf an, die wesentlichen Beschaffenheiten ihrer Modelle zu reproduzieren; die fotografische Qualität ihrer Porträtaufnahmen, erklärt Newhall, läßt sich auf die »Würde und Tiefe ihres Wahrnehmungsvermögens« zurückführen.

Damit ist aber auch gesagt, daß die Wahl, die der Fotograf unter seinen Gegenständen trifft, mehr eine Sache der Einfühlung als die einer abgelösten Spontaneität ist. Er gleicht vielleicht noch am ehesten einem fantasiebegabten Leser, der sich bemüht, einen schwierigen Text zu studieren und zu entziffern. Dem Leser ähnlich, vertieft sich der Fotograf ins Buch der Natur. Dabei sollte, wie Paul Strand fordert, »die Intensität seines Schauens« in »echter Achtung vor dem Gegenstand wurzeln, dem er sich gegenüber befindet«. Edward Weston meint dasselbe, wenn er sagt, daß »der Fotograf mit der Kamera über ein Mittel verfügt, das ihm gestattet, tief in die Natur der Dinge zu schauen und seine Gegenstände in ihrer elementaren Wirklichkeit darzustellen«. Dank der enthüllenden Kraft der Kamera hat der Fotograf auch etwas vom Entdecker an sich; unersättliche Neugier treibt ihn dazu, bisher noch unerschlossene Bezirke zu durchstreifen und ihre seltsamen Formen einzufangen. Er ruft alle Kräfte seines eigenen Wesens auf, nicht um sie in autonomen Schöpfungen zu entladen, sondern um sie in die Essenzen der auf ihn eindringenden Gegenstände aufzulösen. Nochmals, Proust hat recht: der subjektive Einsatz innerhalb dieses Mediums ist unabtrennbar von Prozessen der Entfremdung. [...]

Viertens endlich hat das Medium eine Affinität zum Unbestimmbaren, deren sich Proust aufs deutlichste bewußt war. Innerhalb des oben teilweise zitierten Abschnitts stellt er sich auch die Fotografien eines »Académicien« vor, der gerade das »Institut de France« verläßt. Was die Platte uns zeigen wird, so sagt er, wird »nicht das Heraustreten eines ›Académicien‹ sein, der eine Droschke herbeirufen will, sondern sein stolpernder Gang, sein vorsichtiges Bemühen, nicht hintenüber zu fallen, die Kurve des Sturzes, die der berühmte Mann vollzieht, als wäre er betrunken oder der Boden mit Glatteis bedeckt«. Die Aufnahme, die Proust im Sinn hat, deutet nicht darauf hin, daß man sich das Mitglied der Akademie nun als eine würdelose Figur zu denken habe; sie unterläßt es nur, uns etwas über sein Gehabe im allgemeinen oder seine typischen Charakterzüge mitzuteilen. Sie isoliert ein momentanes Verhalten des »Académicien« in so radikaler Weise, daß die Funktion dieses Verhaltens innerhalb der Gesamtstruktur seiner Persönlichkeit völlig offen bleibt. Die Szene ist in einen Zusammenhang gestellt, der selber nicht mitgegeben ist. Fotografien übermitteln, Proust zufolge, Rohmaterial, ohne es zu definieren.

Zweifellos übertreibt Proust die Unbestimmbarkeit von Fotografien ebenso sehr wie ihren entpersönlichenden Charakter. Tatsächlich verleiht der Fotograf seinen Bildern Struktur und Bedeutung in dem Maße, in dem er eine überlegte Wahl trifft. Seine Bilder reproduzieren die Natur und spiegeln gleichzeitig seinen Versuch wider, sie zu assimilieren und zu entschlüsseln. Trotzdem hat Proust auch hier wieder, wie vorher schon mit dem Hinweis auf die Entfremdung des Fotografen, das Entscheidende richtig erkannt: denn wie wählerisch der Fotograf auch sein mag, seine Aufnahmen können die Tendenz zum Diffusen und Unorganisierten, die ihnen als Reproduktionen innewohnt, nicht verleugnen. Deshalb sind sie unvermeidlicherweise wie von einem Saum undeutlicher und vielfältiger Bedeutungen umgeben. (Gewiß läßt sich auch das traditionelle Kunstwerk in mehr als einem Sinne interpretieren. Aber da es aus deutbaren menschlichen Intentionen und Umständen hervorgeht, kann man die in ihm verkörperten Gehalte im Prinzip ermitteln; die der Fotografie hingegen sind zwangsläufig unbestimmbar, weil sie genötigt ist, ungestellte Natur selber zu zeigen, Natur in ihrer Undurchdringlichkeit. Mit einem Foto verglichen, hat jedes Gemälde einen relativ festlegbaren Sinn. Darum ist es eigentlich nur beim Werk des Fotografen angebracht, von vielfältigen Bedeutungen, vagem Sinngehalt und ähnlichem mehr zu reden.) [...]

In seinem Bemühen ums Kleine ist der Film den Naturwissenschaften vergleichbar. Wie sie zerlegt er materielle Phänomene in winzige Partikel und macht uns dadurch für die ungeheuren, in den mikroskopischen Konfigurationen der Materie aufgestauten Kräfte empfänglich. Diese Analogien haben wohl etwas mit der Natur des Films zu tun. In der Tat ist es gut möglich, daß die Konstruktion des Filmbildes aus Aufnahmen winziger Bewegungsphasen die umgekehrte Tendenz zur Zerlegung gegebener Ganzheiten begünstigt. Ist es wirklich verwunderlich, daß ein Medium, das der Hingabe des 19. Jahrhunderts an die Wissenschaft so viel zu verdanken hat, Merkmale aufweist, die für die wissenschaftliche Einstellung charakteristisch sind? Übrigens haben die gleichen Ideen und Impulse, die dem Film zum Aufstieg verhalfen, auch im Romanwerk Prousts ihre Spuren hinterlassen. Daraus erklären sich seine Parallelen zum Film – besonders der ständige, konsequent durchgeführte Gebrauch, den Proust von Großaufnahmen macht. Auf wahrhaft filmische Weise vergrößert er immer wieder kleinste Elemente oder Zellen der Realität ins Riesenhafte, als sei er vom Wunsche getrieben, sie als die Quelle und den Sitz der explosiven Kräfte zu identifizieren, die das Leben zum Leben erwecken. […]

Erinnerungen an Gregorianische Choräle

Daß sich literarisch darstellbares Leben stets in filmisch unzugängliche Bereiche erstrecken kann, wird durch den Proust-Roman schlagend illustriert. In dem Teil »Die Gefangene« beschreibt Marcel, wie er bei Tagesanbruch wach daliegt und den Rufen der Straßenhändler lauscht, die in sein Schlafzimmer dringen. Soweit scheint diese Episode für eine Verfilmung geradezu prädestiniert zu sein. Aber Proust schildert die stereotypen Rufe und Modulationen der Händler hauptsächlich der Erinnerungen wegen, die sie in ihm erwecken. Die Rufe erinnern ihn an Gregorianische Choräle. Und dementsprechend gipfelt die Episode in Vergleichen zwischen den Pariser Straßenrufen und diesen liturgischen Wechselgesängen. Aber indem Proust so das endlose Gewebe von Beobachtungen und Erinnerungen spinnt, in denen sich sein Leben erfüllt, stellt er eine Kontinuität her, die sich der Kamera verschließt.

Das Kino kann diese Vergleiche und die Meditationen in ihrem Gefolge nicht suggerieren, ohne seine Zuflucht zu abwegigen Notbehelfen und künstlichen Mitteln zu nehmen; und sobald es sich ihrer bedient, hört es auf, Kino zu sein. Angemessen darstellen kann es nicht das geistige Kontinuum in seiner Gesamtheit, sondern nur die physischen Begebenheiten, die zu ihm hinführen – die Händler auf der Straße am frühen Morgen; ihre gesungenen Rufe, die durch Fensterläden und Vorhänge dringen; und die spontane Reaktion des Erzählers auf sie. Die Aufnahmen dieser Vorgänge mögen dann den Zuschauer dazu anregen, die Wege einzuschlagen, die sie ihm eröffnen; aber wenn er ihre Bedeutungen und Hinweise imaginiert, dürfte er kaum auf die im Roman angesprochenen inneren Bilder stoßen. Wer diese Episode verfilmen wollte, stünde vor einem Dilemma. Arbeitete er die Straßenhändler und ihre Rufe heraus, so hätte er nur eine geringe Chance, die Erinnerungen, mit denen sie verwoben sind, organisch einzubeziehen; und wollte er die Erinnerungen ins Licht rücken, so könnte er das nur in der Form unfilmischer Passagen tun, die zwangsläufig die Straße und ihre Geräusche in den Hintergrund drängen. Jeder Versuch, das seelisch-geistige Kontinuum des Romans in Kamera-Leben zu verwandeln, scheint zum Scheitern verurteilt zu sein.

Die ganze Episode ist symptomatisch für Prousts zwiespältige Beziehung zum Film. Auf der einen Seite besteht er darauf, daß an sich belanglose physische und physiologische Ereignisse – eine in Tee getauchte Madeleine, die besondere Position eines Körperteils, die Sensation eines leicht unebenen Steinpflasters – folgenschwere unwillkürliche Erinnerungen wachrufen; und selbstverständlich sind diese Ereignisse ihres materiellen Charakters und ihrer Kleinheit wegen die gegebenen Objekte für die Kamera. Auf der anderen Seite schwelgt er, dem Zug der Erinnerungen folgend, in Erfahrungen und Gedanken, die in der sichtbaren Welt keine Entsprechungen mehr haben. Sie sind sprachgebunden; selbst die einfallsreichste Kamera-Arbeit wäre nur ein armseliger Ersatz für die durch die Worte beschworenen Visionen. Als Zeitgenosse des im Aufstieg begriffenen neuen Mediums erkennt Proust den Film in mehr als einer Weise an; als Schriftsteller jedoch ignoriert er ihn völlig. Seine Affinität zum Kino macht ihn empfänglich für so flüchtige Eindrücke wie die drei Bäume, die ihm vertraut vorkommen; wenn er aber die Bäume als noch unentzifferte Phantome der Vergangenheit identifiziert, die »mich zu bitten [schienen], ich möchte sie mit mir nehmen, dem Dasein wiedergeben«, so vertauscht er die Welt des Kinos mit Bereichen, die ihm fremd sind.

(1960)

Johannes Bobrowski
Proust

Licht.
Wende dich,
Licht, auf dem Haar: eine Landschaft,
Straße mit Apfelbäumen
und Himmel, ein weißes Blatt
reglos im Wind, mit Linien gerandet,
dünn, eine Liste langer
Namen, Geläut von Silber-
und Kupferschellen.

Wende dich,
Licht, auf dem Haar:
eine Landschaft, weit,
Meer. Der geschlossene Mund.
Eine junge Rose,
auf eine Schläfe gelegt.

(1961)

Georg Lukács
Proust und die sozialistische Ästhetik

[...] selbst ein Schriftsteller wie Proust kann nicht umhin, auf die Widerspiegelung zurückzugreifen, wenn er sich die Lyrik eines so modern-subjektivistischen Dichters wie Mallarmé, der in den modernen Theorien ein Vorbild der »reinen«, also nicht widerspiegelnden Subjektivität vorstellt, zu verdeutlichen sucht. Er schreibt in einem Jugendbrief über Mallarmé: »...möchte ich... von diesem Dichter im allgemeinen sagen, daß dessen dunkle und leuchtende Bilder zweifellos noch Abbilder von Dingen sind, denn wir können uns nichts anderes vorstellen; aber sozusagen widergespiegelt von der glatten und dunklen Fläche des schwarzen Marmors.« In diesem Fall ist nicht bloß die von der Logik der Dinge erzwungene Anerkennung der Widerspiegelungslehre wichtig, sondern das geistvoll und treffend hingestellte Bild vom subjektiven Medium der Widerspiegelung. Und damit sind wir mitten in unserem gegenwärtigen Problem. Die Widerspiegelungstheorie des dialektischen Materialismus wie jede ihrer Anwendungen auf Gebiete, wo der Mensch als Subjekt figuriert, ist weit entfernt davon, Rolle und Bedeutung der Subjektivität herabzusetzen, geschweige denn zu leugnen. Ja, man kann im Gegenteil ruhig behaupten, daß gerade er imstande ist, diese weitaus konkreter zu fassen als irgendeine extrem subjektivistische moderne Theorie. Denn in diesen Theorien erscheint die Subjektivität als etwas derart abstrakt Unmittelbares, daß darin alle echten Bestimmungen und Unterscheidungen verschwinden oder verkümmern müssen; daß der Subjektivität abstrakt-emphatisch ein ungeheures, ihr nicht gebührendes, von ihr nicht zu tragendes Gewicht zugesprochen wird; daß sie sich – in ihrer partikularen Einzelheit – zum alleinigen Demiurgen jedes Schöpferischen deklarativ erhöht. So kann hier dem Wesen der Sache nach nichts Konkretes über die Subjektivität ausgesagt werden. Der dialektische Materialismus dagegen, gerade weil er von der realen Funktion der Subjektivität in der ästhetischen Widerspiegelung (und in der Ethik, in der geschichtlichen Praxis etc.) ausgeht, kann die Subjektivität in einer weitaus reicheren und tieferen Differenzierung erhellen, als diese Lehren. Wenn wir nun bei der ästhetischen Widerspiegelung bleiben, aber bedenken, welch große und komplizierte Aufgaben diese dem schöpferischen Subjekt aufbürdet, wird es klar, daß eine Analyse auf dieser Grundlage Probleme der Differenzierung aufwirft, in welchen die ästhetische Geeignetheit des Subjekts zu einer solchen Widerspiegelung der Wirklichkeit den schöpferischen Menschen in seiner bewegten Totalität, in seiner ganzen Persönlichkeit erfaßt, also auch seinen Intellekt, seine Moral etc. So hat Gorki diese Frage nicht allzulange Zeit nach Proust gestellt. Er schreibt in seinem Essay »Die Zerstörung der Persönlichkeit«: »Für die alten Schriftsteller typisch sind ein weites Auffassungsvermögen, harmonische Weltanschauung, intensive Lebensempfindung; in ihrem Gesichtsfeld liegt die ganze Welt. Die ›Persönlichkeit‹ des Autors der Gegenwart ist – seine Art zu schreiben; das andere: die Gesamtheit von Gefühlen und Gedanken wird immer unfaßbarer, nebelhafter und die Wahrheit zu sagen, kläglicher. Der Schriftsteller ist nicht mehr Spiegel der Welt, sondern ein kleiner Splitter; die soziale Amalgamschicht ist heruntergewischt und im Straßenstaub der Großstadt hat er nicht mehr die Fähigkeit, mit seinen Bruchstücken das große Leben der Welt widerzuspiegeln, und gibt nur Fragmente des Straßenlebens, kleine Reste erdrückter Seelen wieder.«

Es gehört nicht allzuviel Scharfsinn dazu, um eine gewisse Verwandtschaft im Prinzip beider Fragestellungen zu erblicken: die Tatsache der Widerspiegelung als solche hingenommen, interessieren sich beide Schriftsteller dafür, wie jener Spiegel beschaffen sein müsse, in welchem ein dichterisches Abbild der Welt erscheinen könne. Während aber Proust bei der geistvollen Feststellung eines bizarren Faktums stehenbleibt, nämlich dabei, daß die Oberfläche des schwarzen Marmors nur eine interessant-verschwommene, stimmungsvolle, aber kontur- und körperlose Reproduktion der Umwelt im menschlichen Subjekt zuläßt, geht Gorki direkt auf das zentrale Problem los und zeigt, daß die Zerstörung der subjektiven Verbundenheit des Menschen seiner Zeit mit dem gesellschaftlichen Leben und mit dessen Problemen im Subjekt das Instrument der ästhetischen Widerspiegelung zerschlägt und die zerbrochenen Stücke in den Straßenstaub schmeißt. Diese Differenz der Auffassungen mindert aber nicht im geringsten die Bedeutung dessen, daß sich zwei so hervorragende Vertreter von extrem entgegengesetzten Auffassungen über die Literatur nicht nur in bezug auf das Faktum ihres Widerspiegelungscharakters einig sind, sondern auch darin, daß die spezifische Eigenart des dichterischen Subjekts auf die Qualität der Spiegelung entscheidend einwirkt. Bei Gorki wird, wie wir gesehen haben, auch der soziale Untergrund dieser Qualität deutlich. *(1963)*

Alfred Andersch
In Vermeers Manier

Vermeer ist, abgesehen von der Qualität seiner Peinture, deshalb ein so merkwürdiger Maler, weil in seinen Bildern das Holland seiner Gegenwart so wirkt, als sei es bereits das alte Holland, das wir historisch betrachten, museal genießen. Auf diese Weise hebt aber Vermeer die Zeit und den Begriff des Musealen auf, denn wir können uns sagen, daß wir ein Recht haben, Holland zu sehen, wie Vermeer es sah, wenn er es schon so gesehen hat, wie wir es heute sehen. War der Maler, der vor dreihundert Jahren lebte, schon mit der Witterung für unseren Historismus begabt, oder besitzen wir die Fähigkeit, unsere Erinnerungen mit der Gegenwart abgelebter Zeiten eins werden zu lassen?

Proust, dessen ganzes Werk sich um den Gedanken solcher Auflösung des Zeitbegriffs dreht, hat an das Genie unseres Erinnerungsvermögens geglaubt, und deshalb macht er Vermeer zu Swanns Lieblingsmaler. Derartige Überlegungen während einer Wanderung die Vecht entlang, an deren Ufer fortwährend Bilder in der Manier der Holländer und der nordfranzösischen Impressionisten auftauchen: weiße Zugbrücken über dem olivgrünen Fluß, Herrenhäuser grau in Ulmengärten, Hausboote, ein ruderndes Paar, gekachelte Herbergen, der stumpfe Kirchturm über dem Dorf Oudekerk, Kühe neben Ziehbrunnen, – lauter Guckkastenbilder, eingelassen in die Weite der Polderlandschaft, die nicht unendlich ist, sondern nur ein Hintergrund. Der Polder ist nicht die Ferne; er deutet sie nur an. *(bis 1966)*

Eva Rechel-Mertens
Zur Übersetzung der *Recherche*

[...] Als erstes stellte sich natürlich für mich, als ich 1954 die Aufgabe einer Übertragung übernahm, das Problem der auch für Franzosen ungewohnten und schwierigen, überlangen, komplizierten Sätze. Ich erinnere mich noch, daß ich in jenem Frühjahr in Baden-Baden Friedrich Sieburg traf und mit ihm darüber sprach. »Natürlich muß man sie teilen«, war seine erste Reaktion. Es gelang mir dann aber, glaube ich, ihn vom Gegenteil zu überzeugen. Die Sätze Prousts sind ja nicht etwa aus mangelnder Befähigung zum Stilisieren oder aus Schwülstigkeit geborene Ungetüme, sondern sie folgen genau dem Gang der fortschreitenden Versenkung ihres Schöpfers in die Vergangenheit oder ein ihm vor Augen stehendes Phänomen, von dem er, banal gesagt, »nichts auslassen« will, was ihn zu immer neuen Abschweifungen und Abzweigungen veranlaßt. Er schreibt, wie ein begeisterter Schilderer eines ihn drängenden Erlebnisses spricht, d.h. atemlos, mit immer neuen Einschiebungen, Seitenblicken, Rückblenden, wie man heute sagen würde.

Hier nun freilich bildet auch wieder die Verschiedenheit der Idiome für den Übersetzer einen Fallstrick. Für den Franzosen ist die Haupttonstelle des Satzes bekanntlich der Schluß. Er kann der seiner Sprache eigentümlichen Wortstellung zufolge alles ans Ende rücken, was ihm wichtig ist. Ein Wortgefüge à la Proust weist aber unbedingt zahllose Nebensätze auf, die man der Übersichtlichkeit halber nicht alle gleichsam unterwegs in den Hauptsatz einschachteln kann. Am Ende aber steht bei uns im Nebensatz das tonlose Hilfsverb, und es ist oft sehr schwer, einen Satz dann doch so zu bauen, daß man ganz markante Worte – »ins Herz!« (Ich denke dabei an einen Satz, den Curtius als charakteristisch zitiert) oder – »die Zeit« – das letzte Wort der ganzen »Recherche« ans Ende manövriert.

Auch bei der Proustübertragung gab es Stellen, wo es Mühe machte, die Gedankenfolge richtig durchzuführen, weil sie ein bestimmtes Geschlecht des Hauptbegriffes zur Voraussetzung hatte. Gleich im 1. Band gibt es die »petite phrase« in der Komposition von Vinteuil. »Phrase« bedeutet in der Musik im Deutschen etwas anderes. »Thema« wäre die natürlichste und ist auch in der Übersetzung des Suhrkamp Verlages die am häufigsten verwendete Wiedergabe, aber wie soll man Sätze gestalten wie den folgenden, wenn man nicht die »petite phrase« als feminine Wesenheit anschaulich macht?

> Als aber nun der junge Pianist bei Madame Verdurin kaum ein paar Minuten zu spielen begonnen hatte, fühlte Swann, wie nach einem zwei Takte hindurch angehaltenen Ton die geliebte Melodie, hinter dem weitgespannten Klang verborgen, der wie ein Vorhang vor dem Mysterium ihres Entstehens hing, heimlich raunend, luftig und durchgetränkt sich langsam loslöste und erschien. Sie war so unverkennbar in ihrem einzigartigen Reiz, der durch nichts zu ersetzen war, daß es Swann so vorkam, als habe er in einem befreundeten Salon eine Frau getroffen, die er auf der Straße bewundert und die jemals wiederzusehen er doch nie gehofft hatte. Schließlich entfernte sie sich wieder, bedeutungsvoll winkend, und ließ ihren Duft auf allen vielfältigen Wegen, die sie durchmaß, auf Swanns Zügen aber den Widerschein ihres Lächelns zurück. Jetzt konnte er nach dem Namen der Unbekannten fragen... er hatte sie jetzt in der Hand, er konnte sie bei sich haben, so oft es ihm gefiel, und

konnte versuchen, hinter ihre Sprache und hinter ihr Geheimnis zu gelangen.

Ich weiß, daß weder »Weise« noch »Melodie« ganz befriedigend sind, aber mir schien doch die Hauptsache, den unendlich zarten Vorgang des Bildhaftwerdens dieser musikalischen Einheit in eine Form zu bringen, in der das Wesentliche erhalten bleibt.

Streifen möchte ich noch – weil ebenfalls das Vokabular bei Proust betreffend – die häufige Verwendung von »être«, vor allem »être aimé« = das geliebte Wesen, um ganz offen zu lassen, ob hier Mann oder Frau gemeint ist. Man kann aber nicht einen langen Vorgang mit vielen besitzanzeigenden Fürwörtern auf »Es« aufbauen. Ein eigener Versuch wird das dem Zuhörer leicht zum Bewußtsein bringen.

(Ich erinnere mich dabei des meiner Meinung nach häßlichen Brauchs mancher modernen Schriftsteller, eine »das Mädchen« betreffende Erzählung nicht mehr nach Art unserer Klassiker mit »sie« fortzusetzen, sondern mit »es« – was ebenfalls zu unmöglichen Härten führt.)

Wichtigere Begriffe noch sind gerade im Werke Prousts etwa solche wie »évoquer« – ein stets und ewig schwer wiederzugebendes, wiewohl im Original wunderschönes und poetisches Wort. Man kann nicht immer »heraufbeschwören« sagen – was im Deutschen viel schwerer wirkt, muß sich also mit »zurückrufen«, »ins Bewußtsein bringen« oder schlicht mit »erinnern« begnügen. Auch der – beinahe – Hauptbegriff: DIE ZEIT ist nicht ohne Tücken für den Übersetzer, da er manchmal fast unmerklich zwischen den beiden Bedeutungen von »le temps« – im Französischen Zeit und Wetter – spielt, wie etwa bei Proust in »couleur de temps«.

Etwas zu sagen wäre auch noch zu dem gesellschaftsgeschichtlichen oder sozialpsychologischen Aspekt des Werkes und den Schwierigkeiten, die sich daraus für die Übersetzung ergeben. Man hat die »Recherche du Temps perdu« als das Bild einer ganzen Epoche geradezu mit dem Geschichtswerk Saint-Simons verglichen. Um aber ein solches Bild vollkommen zu gestalten, muß man auch den Ton der Zeit und der Individuen treffen. Ernst Robert Curtius hat sich in seinem Essay über Proust im Jahre 1925 über eine Wiedergabe dieser Nuancen in anderen Sprachen eher skeptisch geäußert, denn:

...Jede Gestalt des Proustschen Romans hat ihre eigene Sprache. Wortschatz und Syntax eines Norpois sind so verschieden von denen der Madame Verdurin wie das Französisch der Herzogin von Guermantes (welche die Sprache Saint-Simons benutzt, wenn sie nicht »mit den Modernen wetteifern« will), von dem ihres Neffen Saint-Loup, wie der Literatenjargon Blochs von den volkstümlichen Archaismen der Françoise ... Der Akademiker Brichot hat die Spezialität journalistischer Modernismen ... Ein Hoteldirektor schwelgt in der Talmieleganz des Geschäftsstils wie die Verdurins in der gesuchten Nachlässigkeit des kameradschaftlichen Tons, »wie er unter Künstlern herrscht« ...

Ich darf sagen, daß ich mich nach Kräften um eine annähernd entsprechende Wiedergabe dieser verschiedenen »Tonarten« bemüht habe. (Selbst meine strengsten Kritiker haben mir hier einen gewissen Erfolg zuerkannt.) Sehr heikel für die Übertragung war auch die Vorliebe Prousts für Wortspiele im Munde seiner Personen (z. B. Forchevilles in »Swanns Welt«). Auch hier habe ich Lob geerntet, doch nicht so gern entgegengenommen, denn diese Dinge bleiben immer höchst unbefriedigend.

Im Rückblick auf die früheren mehr oder weniger tragisch geendeten Übersetzungsversuche möchte ich noch die Frage berühren: Wie sollen die Personen einander anreden? Ich sehe von den Titulaturen ab – eine Frage, die gar nicht einfach zu lösen ist in einer Gesellschaft, die unsere Unterschiede z. B. zwischen Hoheit und Durchlaucht nicht kennt und in der Damen höchster Stände meist nur mit »Madame« angesprochen werden. Benjamin-Hessel lassen in ihrer verdienstvollen Übertragung der ersten Bände Herzog und Herzogin von Guermantes »Sie« zueinander sagen. Ich halte das nicht für gut. Den deutschen Leser, für den es seit langem kein entsprechendes Gesellschaftsphänomen mehr gibt – auch in den »Wahlverwandtschaften« schon reden Eduard und Charlotte einander mit »Du« an und gehen Eduard und Ottilie dem Verlauf der Beziehung entsprechend zum »Du« über –, muß diese Form befremden, ja archaisierend anmuten. Hierhin aber gehört auch noch die Erwähnung einer Schwierigkeit, die die Länge des Werkes betrifft: sowohl in Bezug auf Anreden wie bei der Wiedergabe von bestimmten wiederkehrenden Wendungen hätte man sich nicht zu früh festlegen dürfen (ich habe das leider manchmal getan), denn es konnte vorkommen, daß in einem späteren Band gerade diese Wendung oder jene Anredeform in einer Verkettung auftauchte, in der man beides unbedingt anders hätte wiedergeben müssen. Die Länge brachte noch eine andere sehr schwere Problematik für die Übersetzerin mit sich: Scylla und Charybdis – hier Routine, dort Überdruß. Nur tägliches Neuaufraffen und Kräftesammeln hat ihr – vielleicht – gestattet, beiden zu entgehen.

Zum Schluß sei noch eines Problems gedacht, das nicht eigentlich die Arbeitskraft der Übersetzerin strapaziert und ihre Leistungsfähigkeit in Anspruch genommen, aber doch vielerorts schlaflose Nächte gekostet hat: die Titel der einzelnen Bände. Im Suhrkamp Verlag wird man sich noch erinnern, daß der Telefondraht zwischen Frankfurt, Heidelberg und Zürich – wo damals noch der unvergessene Max Rychner weilte – gespielt hat und daß Telegramme hin und hergeflattert sind, um schließlich die sehr schlichte – freilich auch wenig erschöpfende – Lösung »In Swanns Welt« für den ersten Band zu zeitigen. Die Bezeichnung des zweiten Bandes hat viele Kontroversen auf den Plan gerufen, zumal sie vielfach grammatisch mißverstanden, vor allem nicht das Beiwort jung als ganz zwanglos zu »Mädchenblüte« als Ganzes gestellt betrachtet wurde – wobei in der Übersetzung »Mädchenblüte« als eine Formulierung wie »Fliederblüte« oder »Apfelblüte« gedacht und damit doch eigentlich recht proustisch konzipiert war. Selbst für »La Fugitive« fand sich nicht leicht das unmißverständliche Äquivalent. Dr. Unseld – wenn ich mich recht erinnere – meinte einmal im Gespräch, »die Flüchtlingin« – eine fast hölderlinisch anmutende Form – sei, wenn auch vom buchhändlerischen Standpunkt aus undenkbar, eigentlich das Entsprechende. »Die Flüchtige« hätte falsche Vorstellungen erweckt, da eine Person, flüchtig entweder in dem Sinne von »unsorgfältig« oder im Polizeijargon »flüchtig gegangen« wäre. Die »Entflohene« ist um eine Nuance zu perfektivisch – wenn man so sagen darf. Der Charakter Albertines, ihr Handeln und dann auch schon noch ihr Entschwundensein – das alles müßte in diesem Titel enthalten sein. Aber hier rührt man wie auch sonst so vielfach an die Grenzen der Übersetzungsmöglichkeit.

Ich habe vieles an Schwierigkeiten nicht berührt, was wohl ebenso bedeutsam wäre, aber den Zuhörer sicher langweilen und das mir zugebilligte Zeitmaß sprengen würde, zumal man dabei viel zitieren müßte. Eines freilich glaube ich sagen zu können: wenn man die gesamte »Recherche du Temps perdu« und den »Jean Santeuil« übersetzt hat, darf man wohl für sich in Anspruch nehmen, gewissermaßen die Hohe Schule der Übersetzung durchlaufen zu haben. Mit welchem Prädikat? Sie hier, meine Herren, haben mir zu meiner großen Freude ein gutes zuerkannt. Aber das endgültige wird eine andere Instanz mir erteilen, und zwar – ich schließe mit dem Wort, das Proust an das Ende seines großen Werkes gesetzt hat – die ZEIT. *(1966)*

Siegfried Kracauer
Proust und die Geschichte

Proust löscht radikal jeglichen Akzent von Chronologie. Ihm zufolge, scheint es, ist Geschichte überhaupt kein Prozeß, sondern ein Sammelsurium kaleidoskopischer Veränderungen – etwas wie Wolken, die sich nach Belieben ballen und zerstreuen. Er hält sich an diese platonische Sicht, lehnt es ab, den Historiker zu spielen, und verwirft die Idee des Werdens und Entwickelns. Es gibt keinen Fluß der Zeit. Was allerdings besteht, ist eine diskontinuierliche, nicht kausale Abfolge von Situationen, oder Welten oder Zeiträumen, die wie bei Proust als Projektionen oder Gegenpole des jeweiligen Ichs zu denken sind, in das sein Sein – aber sind wir berechtigt, ein identisches Ich darunter anzunehmen? – sich nach und nach verwandelt. Es versteht sich, daß diese verschiedenen Welten oder Situationen in Zeiten verschiedener Formen sich erfüllen und vergehen. Mit großer Erfindungsgabe weist Proust nach, daß jede Situation eine Wesenheit mit eigenem Anspruch ist, die nicht aus vorhergehenden abzuleiten ist, und daß in der Tat ein Sprung erforderlich wäre, um den Abgrund zwischen angrenzenden Welten zu überwinden. Durch seinen ganzen Roman verschleiert er systematisch die Momente ihrer Berührung, so daß wir von einer neuen Welt erst erfahren, nachdem sie schon in vollem Schwung ist. Und um unseren Glauben an die Wirkkraft der Zeit vollends unglaubwürdig zu machen, beseitigt er das unvergänglichste und zerbrechlichste Verbindungsstück zwischen zwei sukzessiven Welten – Hoffnung. Marcel, der Protagonist des Romans und die Verkörperung von Prousts je vergangenem Ich, nimmt künftige Erfüllungen in jeder Situation vorweg; doch kaum sind seine Hoffnungen wahr geworden, löst sich ihr Zauber auf wie das Ich, das sie nährte; und das nachrückende Ich beginnt von neuem auf einem Pfad, der besetzt ist mit anderen, wenngleich zunehmend geringeren Erwartungen. Der Abgrund ist nicht zu überbrücken; Zeit, alles andere als ein All-Erzeuger, erzeugt nichts.

Warum sie nicht einfach übergehen? Gerade dies tut Proust. Durchweg wirft er Licht auf Zeitatome – Erinnerungsbilder von so blitzartigen Augenblicken oder Eindrücken, daß Zeit keine Zeit hat, sie zu formen. Durch zufällige Sinnessensationen ausgelöst, melden sich seine unwillkürlichen Erinnerungen mit völliger Gleichgültigkeit gegen Chronologie an. Die Ereignisse, die sie im großen und ganzen beschwören, sind zum Teil von der gleichen Natur wie die scheinbar unbedeutenden Einzelheiten täglicher Existenz, die Tolstoi für wirklicher und bedeutsamer hält als große Siege und Helden, wie sie in Geschichtsbüchern hochgespielt werden. Proust setzt diese mikroskopischen Einheiten in ihre wahre Position dadurch wieder ein, daß er sie riesig vergrößert darstellt. Jede solche »Großaufnahme« besteht aus einer Textur von Reflexionen, Analogien, Reminiszenzen usw., die unterschiedslos auf alle die Welten verweisen, die er, nicht nur Marcel, durchschritten hat, und insgesamt dazu dienen, die wesentlichen Bedeutungen des Augenblickes aufzudecken, von dem sie herstrahlen und zu dem sie hinstreben. Der Roman ist voll von derartigen Großaufnahmen. Sie dringen in die Tiefe, deren Bestandteile – jene Meditationen und Erinnerungen – nicht erkennbaren Zickzack-Wegen folgen, die sich über die ganze Schriftrolle der Vergangenheit ziehen. Die Muster, die sie bilden, sind nicht länger in Hinsicht auf die Zeit zu definieren; ihre Funktion ist vielmehr, Dinge, die zeitlich sind, ins fast zeitlose Reich der Essenzen zu erheben.

Bislang sieht es so aus, als ob Proust aus Desinteresse an Dialektik sich darauf beschränkte, für die Sache der diskontinuierlichen Welten und deren geformte Zeiten einzutreten. Dies ist jedoch nur ein Teil der Geschichte *(story)*. Und wenn Proust die Chronologie auch trübt, bemüht er sich, sie intakt zu halten. So sehr die Großaufnahmen und ihre zeitverwirrenden Muster auch dazu neigen, unser Bewußtsein vom Zeitfluß zunichte zu machen, weisen sie nicht nur auf die Situationen, die sie hervorrufen, sondern sind in eine Schilderung eingeblendet, die Marcels je folgendes Ich in chronologischer Ordnung spiegelt. Im Ganzen hält der Roman sich streng an eine Reiseroute. Oder, wie Jauss es formuliert, hinter dem Mosaik hält sich, der Sicht entzogen, das »präzise Uhrwerk der irreversiblen Zeit« verborgen.

Da er mit dessen Einbau sich nicht zufrieden gibt, versucht Proust die chronologisch sukzessiven Welten – Welten, die als spontane Schöpfungen von nirgendher erstehen – dem Zeitfluß wieder einzubetten. Der Grund dafür ist sein Wunsch, jenen Zeitfluß zum gleichberechtigten Partner im Spiel zu machen. Denn er vermag die Antinomie, die er in Angriff nimmt, nicht zu lösen, es sei denn, er stellte wirklich ihre beiden gegnerischen Aspekte einander gegenüber und versöhnte sie dialektisch: die inkohärente Reihe geformter Zeiten und chronologische Zeit als homogener Fluß. Seine Lösung führt unausweichlich auf einen Umweg: er errichtet zeitliche Kontinuität retrospektiv. Gegen Ende des Romans entdeckt Marcel, der dann mit Proust eins wird, daß sein je unverbundenes früheres Ich im Grunde eine Phase oder Station auf dem Weg war, auf dem er sich fortbewegte, ohne je davon zu wissen. Erst jetzt im Nachhinein erkennt er, daß dieser Weg durch die Zeit ein Ziel hatte; daß er einzig dem Zweck diente, ihn auf seine Berufung als Künstler vorzubereiten. Und erst jetzt ist Proust als Künstler in der Lage, nicht nur die diskontinuierlichen Welten seiner Vergangenheit als Kontinuität in der Zeit auszuweisen, sondern auch stellvertretend seine Vergangenheit vom Fluch der Zeit zu erlösen, indem er ihre Essenzen einem Kunstwerk einverleibt, dessen Zeitlosigkeit sie um so unverletzbarer macht. Er beginnt, den Roman zu schreiben, den er geschrieben hat.

Die Tiefgründigkeit dieser Lösung sollte nicht dazu führen, die Reichweite ihrer Gültigkeit zu überschätzen. Es gelingt Proust nur a posteriori, chronologische Zeit als ein substantielles Medium wieder einzusetzen; die Geschichte *(story)* seines (oder Marcels) fragmentarisierten Lebens muß ihre Endstation erreicht haben, bevor sie sich ihm als ein gemeinsamer Prozeß enthüllen kann. Und die Versöhnung, die er zwischen den anstehenden antithetischen Sätzen zuwege bringt – sein Verneinen des Zeitflusses und dessen (verspätete) Bejahung – hängt von seinem Rückzug in die Dimension der Kunst ab. Nichts dieser Art trifft aber auf Geschichte zu. Weder hat Geschichte ein Ende, noch unterliegt sie ästhetischer Errettung.

Die Antinomie im Innersten der Zeit ist unauflösbar. Die Wahrheit ist vielleicht, daß sie erst gegen Ende *der* Zeit zu lösen ist. Prousts persönliche Lösung ist gewissermaßen ein Vorschein oder tatsächlich die Bedeutung dieses undenkbaren Endes – der imaginäre Augenblick, in dem Ahasver, ehe er sich auflöst, das erste Mal imstande sein mag, auf seine Wanderungen durch die Zeiträume zurückzusehen. *(1969)*

Dieter Saupe
Auf der Suche nach dem verlorenen Ende. Des 11. Bandes 23. Teil

»Du liebst doch den weißdornfarbenen Käse, der dich an die rosaroten Mieder der Heckenrosen erinnert, weil er sich rötlich färbt, wenn du Erdbeeren hineindrückst«, sagte meine Mutter. Die Gute! Schon längst war ich über diesen Abschnitt meines Frühstück-Kapitels hinausgerückt, schon schätzte ich mehr den breitgedrückten Souvenirkäse, schon formte ich geduldig am Hohlkäse der manipulierten Erinnerung (wie ich auch damals schon glaubte, daß man die verlorene Zeit nur dadurch wiederfinden könne, indem man auf der Suche nach ihr das Vielfache an Zeit vergeudet. Aus diesem Grunde habe ich auch die Parenthesentechnik eingeführt, eine Klammerpraxis, mit deren Hilfe man eine allzu kurz geratene Satzperiode von drei Druckseiten mühelos auf das Doppelte ihrer Länge ausdehnen kann).

Marcel Swann war mir eine Hilfe. »Du solltest«, sagte er, »der vornehmen Tagedieberei in deinem begüterten Hause durch die Niederschrift aller Belanglosigkeiten ein Ende bereiten, wobei du nur beachten solltest, daß der Strom deiner Prosa nicht als ausgedehntes Rinnsal erkannt wird, indem du ihm durch den Gebrauch sämtlicher Konjunktionen innerhalb eines Satzes zu unvergleichlicher Breite verhilfst, was dich, wenn auch noch nicht in den Ruf eines Erzählers, so doch in den eines Kenners der Grammatik bringen wird. Alle elfhundert Seiten solltest du zu einem erfrischend kräftigen Scherzwort greifen, wie etwa dem deiner Mutter (an das, du erinnerst dich, ich mich besonders gern erinnere):

Qui du cul d'un bavard s'amourose
Il lui paraît une rose.«

Ich las ihm die vierte Variation der Madeleine-Episode vor, die, wir erkennen sie wieder, von einer Madeleine handelt, einem mit süßem Zuckerpuder überstäubten Gebäck, dessen faden, an autobiographische Romane erinnernden Geschmack ich noch jetzt wiedererkenne, so oft ich daran denke, wie oft ich mich erinnerte, den Geschmack jener Madeleine wiedererkannt zu haben, die meine Tante mir, in Lindenblütentee eingetaucht (die Madeleine und nicht die Tante), zu verabfolgen pflegte.

Die Spannung und die Knappheit solcher Episoden brachten mich bald außer Goncourtrenz. Und ich befleißigte mich, den Rest meiner Suche nach dem schon winkenden Ende auf nur weitere achtzehnhundert Seiten zu beschränken. *(1969)*

Jean Améry
Das Ende der Erkenntnis

Daß man ihn lesen sollte, weiß ein jeder. Viele aber schieben es hinaus, die Lektüre ist eine geistige Arbeit, die manche Mühe erfordert. Angenommen aber, es habe dieser oder jener Leser, der Proust bislang auswich, sich entschlossen, einzutreten in die Welt dieses Werkes, dann könnten allenfalls ein paar Hinweise darauf, *wie* Proust zu lesen ist, von gutem Nutzen sein. Jeglicher muß es auf seine Weise aufnehmen mit diesem Autor. Die hier erteilten Ratschläge wollen sich denn auch gar nicht allgemeinverbindlich, richten sich vielmehr an jene Proust-Debutanten, die annähernd gleichen literarischen Temperaments sind wie der Verfasser dieser Schrift, sie werden sich als Anverwandte gleich erkennen. Mit ebensolcher Sicherheit werden andere merken, daß für sie mein Rat nichts taugt, und auf eigene Faust ihr Glück versuchen. [...]

Es hätte wenig Sinn, wollte ich mich hier anhand weiterer Beispiele auf das uferlose Problem sprachlicher Übertragbarkeit einlassen. Das französische Diktum, nach welchem die Übersetzungen seien wie die Frauen – wenn schön, dann nicht getreu, und wenn treu, dann nicht schön – gilt für unseren Fall in hohem Maße. Festgehalten sei, daß, wer sich im Französischen einigermaßen fest fühlt, Proust, dessen Perioden zwar lang und kompliziert sind, dessen Vokabular aber vergleichsweise einfach ist, im Original lesen sollte. Wer dies nicht vermag, der greife immerhin zur deutschen Ausgabe, denn ein Leben ohne Proust ist ein Leben des Mangels, selbst das Risiko eines durch die Übersetzung bewirkten Mißverständnisses da, eines Unverständnisses dort fällt nicht ins Gewicht gegen die völlige Unkenntnis dieses Werkes, des epischen Gipfels unseres Jahrhunderts.

Eine Anzahl von Vorbereitungen sind zu empfehlen. Die erste ist Übung in Geduld und Drangabe von Zeit, sehr viel Zeit, denn die *»Recherche«*, deren Hauptthema gerade die *Zeit* ist, gestattet keine Hast. Wer glaubt, er könne in Proust blättern, der lasse es lieber bleiben. Wir müssen uns in hartnäckiger Ausdauer den Gestalten annähern, müssen vertraut werden mit ihnen wie mit Freunden oder Feinden. Die Landschaften sind an- und abzuschauen, zu erforschen, gerade weil sie ja alle etwas eigentümlich Geisterhaftes und optisch schwer Erfaßbares haben. Unser Ohr muß sich schärfen. Wie spricht der Baron Charlus und wie die Herzogin von Guermantes? Welche komisch bildungsbeflissenen, antikisierenden Wendungen gebraucht der Kamerad des Erzählers, der ehrgeizige junge Bloch? Hören wir nicht, wenn er die Götter Griechenlands beschwört, den jüdischen Singsang seiner Väter mitschwingen? Nur dann, wenn wir nicht meinen, wir könnten heute ihn, Bloch, oder St.-Loup oder Swann oder Madame Verdurin zu uns sprechen lassen und morgen vielleicht irgendeine Gestalt aus einem modernen Roman, werden wir die Obertöne vernehmen, auf die alles ankommt. Das heißt: Marcel Proust fordert gebieterisch, daß wir ihm für die Zeit der Lektüre uns ganz ergeben und hingeben. Der Idealfall des Proust-Lesers ist der Mann, der sich für Wochen zurückzieht in ein nicht allzu hell erleuchtetes Zimmer, der nicht ausgeht, keine Besuche empfängt, kein Telefongespräch führt. Dergleichen ist schwer zu bewerkstelligen, ich weiß; darum sprach ich auch vom Idealfall. Die Forderung aber, Proust nicht mit anderen Büchern durcheinander zu lesen, ist absolut: von diesem Kosmos führt kein bequemer Weg zu einem anderen, und wer Proust verläßt, sei es auch nur für Tage, um zwischendurch anderer Lektüre zu pflegen, findet so leicht nicht zurück. [...]

Merkwürdig ist, daß der literarisch Beflissene, in Frankreich sowieso, aber nachgerade in Deutschland, allerwegen von der *Per-*

son dieses Romanciers einiges weiß, bevor er noch eine Zeile des Werkes gelesen hat. Proust, der Homosexuelle, der Egozentriker, der Snob, der Hypochonder; Proust, der Asthma- und Ödipuskranke, der Verschwender, der elegante Weltmann erst, der vernachlässigte Eremit danach – man hat in zahllosen Feuilletons darüber gelesen. Es geht diese Pseudo-Kenntnis des Menschen Proust – vom Autor sei vorläufig noch gar nicht gesprochen – sehr weit, so daß eine deutliche Gefahr besteht, es könnten die zahlreichen Fragmente der Proust-Legende die Proust-Realität überwuchern. Ganz knapp sei darum hier notiert, was uns über die Person dieses Schriftstellers, bezogen auf sein Werk, ein exemplarisch autobiographisches, als wissensnötig, wissenswürdig erscheint. Meine selektive Methode kann angefochten werden; ich verfahre da, unbekümmert um Einwände von romanistischer Seite, nach bestem Gewissen und einem, wenn auch gewiß nicht besten, so doch nicht unerheblichen Wissen.

So will mir denn erscheinen, daß es für Lebensgefühl und Lebenslauf Marcel Prousts von einschneidender Bedeutung war, daß er als christlich getaufter, jüdischer Mischling geboren wurde und aufwuchs. Der Vater, Adrien Proust, Mediziner, Universitätsprofessor und angesehene Persönlichkeit im wissenschaftlich-öffentlichen Leben Frankreichs, entstammte einer provinziellen Bürgerfamilie. Er war ein solider, mit sich, seinem Lande, seinem Volk und der hochbürgerlichen Klasse, in die er hineinwuchs, in Frieden lebender Mann. Von ihm hatte der Sohn Marcel – was? Hélas, weder die pyknisch-stämmige Statur noch des Lebens ernstes Führen! Vielleicht aber die Land- und Bodenständigkeit, das, was sich zusammenfassen läßt in dem Begriff »*Combray*« (Illiers im Département Eure-et-Loir): die starke Gebundenheit an eine heimatliche Landschaft, die Achtung vor der Rang- und Klassengesellschaft der Dritten Republik, die Proust auch als Kritiker der Sozietät nicht verlor; das sichere Gefühl für Bienséance, Manieren, Diskretion, wohl auch das Verständnis für die kleinen Leute und die Hochachtung vor der nachweisbaren bürgerlichen Arbeitsleistung, die am Ende einer der Gründe war dafür, daß der junge Schlingel und Aristokraten-Anbeter trotz schwerster gesundheitlicher Behinderung später eine Arbeit vollbrachte, die man konventionellerweise »titanisch« nennen mag, der man aber vielleicht gerechter wird, wenn man einfacher von einer schweren und großen spricht.

Und vom Mütterlein? – Ach nein, keinerlei Frohnatur. Madame Adrien Proust, née Jeanne Weil, war eine ernste, sogar tragische Frau. Sie, die ihrem Gatten ein bedeutendes Vermögen in die Ehe mitgebracht hat, so daß der Sohn während mancher Jahre eine Existenz führen konnte, die man heute als die eines Playboys bezeichnen würde, war sparsam, bis zum Ende beunruhigt um die Zukunft des Lieblingssohnes Marcel, strenge noch in ihrer Verzärtelung des Kindes, das, so lange sie lebte, niemals so recht zum Manne hat heranwachsen wollen. Mme. Proust war eine hochgebildete, etwas schwerblütige Jüdin voll Stolz und Trauer, und sie vererbte dem Sohn ein paar der Klischeevorstellung widersprechende, gleichwohl charakteristische Züge der jüdischen Rasse: Geistigkeit in eigentümlicher Verbindung mit gesellschaftlichem Ehrgeiz, Güte, die aber sehr wohl mit Selbstsucht sich paaren kann; vor allem aber die – in ihrem Falle freilich durch strikte Disziplin gebändigte – Nervosität derer, denen Wurzeln zu schlagen man verwehrte. Sie war schön als junges Mädchen, später als Frau etwas zu massig, und die äußeren Züge ihrer Stammeszugehörigkeit traten mit den Jahren stärker hervor.

Die Mutter Marcel Prousts war entschieden eine sehr weitgehend an die französische Kultur assimilierte Jüdin. Es hat sie aber das Bewußtsein ihres Judentums niemals verlassen: dieses Bewußtsein hat sie ihrem Sohne, ohne es eigentlich zu wollen, eingepflanzt, so daß der Knabe, der in Illiers dem katholischen Gottesdienst regelmäßig beiwohnte, der Jüngling, der um den Faubourg St.-Honoré, das Aristokratenviertel, warb, der Schriftsteller, der die gotischen Kathedralen Nordfrankreichs mit zärtlicher Liebe beschrieb, uns dennoch auf höchst eindringliche Weise als ein jüdischer Mensch entgegentritt. Damit meine ich nicht nur, daß Marcel Proust entgegen seinen aristokratischen Freunden zur Zeit der Affäre Dreyfus ein entschiedener *»Dreyfusard«* war, nicht nur, daß er in der Person des jungen Bloch in der *»Recherche«* uns eine der köstlichsten und charakteristischsten Judengestalten der Weltliteratur vermittelte, nicht einmal nur, daß er in einem der Briefe an seine Mutter sehr unerwartet schreibt: *»il y a beaucoup de ›unsere Leute‹ ici«*. Ich meine etwas schwer Greif- und noch schwerer Definierbares, vielleicht die befremdende Mischung aus Anmaßung und Furcht, aus eleganter Lebenssicherheit und tiefankernder Lebensangst, vielleicht auch nur die bis ins Groteske gehende Ambition, sich ausgerechnet an die Herrenklasse von gestern, den Adel, zu assimilieren – am Ende aber etwas ganz anderes: nicht mehr und nicht weniger nämlich als das, was Thomas Mann in der Josephs-Tetralogie die »Gottessorge« nennt und was bei diesem Kind des bürgerlichen neunzehnten Jahrhunderts als zugleich metaphysische und physische Unrast sich kundtut. [...]

Was sollte uns noch biographisch als Ausgangspunkt dienen, den Zugang zu Marcel Proust zu finden? Blättere ich in der um mich versammelten Literatur, erfaßt mich Bangnis, schließlich Verzagen. Worüber hat man denn nicht schon geschrieben, mehr oder weniger gescheit, mehr oder weniger gründlich! Marcel Proust und das Asthma, Marcel Proust und die Musik, Proust und die Zeit, Prousts Moral, Bergson und Proust, Proust und die Malerei, der Schlüsselroman Prousts, der Idealismus Prousts, Prousts Landschaft. – Man gibt es auf, ist eher geneigt, wie aussichtslos das Unternehmen auf den ersten Blick auch erscheine, den ganz eigenen mühseligen Weg zu gehen. Irre ich mich nicht, dann ist für Prousts Existenz als Mensch und Schriftsteller neben den oben schon andeutend skizzierten Umständen – der halbjüdischen Abstammung, der pathologischen Mutterbeziehung, der erotischen Umkehrung – sein gestörtes Verhältnis zu Geld und Besitz überhaupt entscheidend, das seinerseits wieder rückführbar ist auf ein Grundproblem der bürgerlich-kapitalistischen Ordnung seiner Zeit. [...]

Die Größe der »Recherche« ist nicht die Dichtung-Verdichtung der Wirklichkeit, sondern ihre *Auflösung*. Der traumhafte Charakter der Existenz, die Traum ist in ihrer Flüchtigkeit und nicht geballter Kafka'scher Albtraum, noch strukturiert-visionärer Traum eines Joyce, ist die Entdeckung Marcel Prousts. Doch wollen wir uns recht verstehen: wenn hier von Traum gesprochen wird, dann meint dies nicht, es habe der Romancier in diesem Riesenwerk auch nur einen Augenblick lang gerade jene Tagesrealität, die unser aller intersubjektiv mitteilbare Gewißheit ist, aus den Augen verloren. Es findet keine bewußte Transformation der Realität in Sprache statt. Der Traum ist kein Sprachtraum. Er ist auch nicht der Traum träumerischer Gestalten, denn was da insektenhaft kriecht und fliegt, das sind kleine und kleinste Leute, führen sie auch allenfalls die höchsten Adelstitel, meskine Figuren, die über ihr physisches Elend sich so wenig erheben wie über ihre ärgerlichen Eitelkeiten und mondän berechnenden Intentionen. Der Traum ist nicht Prousts Traum, sondern die Widerspiegelung der sich selbst in all ihrem Jammer träumenden Realität.

Ich will versuchen, nicht ins Ungenaue zu geraten, spüre, dies niederschreibend, daß schon die Gefahr mir droht, ziehe mich zurück, gebe die ganze Traumhypothese dran, trachte aufs Einzelne, ohne auf schöne Allgemeinbegriffe mich zu stützen, will das, was hier im Annäherungsversuch als »traumhaft« bezeichnet wurde, beschreiben. Statt von Traum hätte ich besser von der Unwirklichkeit des Wirklichen sprechen sollen, wenn dies nur auch nicht wieder so ein lässiger Ausdruck wäre, oder von der durch Proust exemplifizierten Unmöglichkeit, im Roman über die Realität Verbindliches auszusagen. Werfen wir einen Blick auf Prousts Gestalten, um uns dessen inne zu werden.

Die Menschen bei Proust werden nicht beschrieben. Da und dort wird ein Blick, ein Ausdruck, ein Kleid, die Art einer Haltung, eines Ganges uns angedeutet, aber eine umfängliche optische Abschilderung der Personen, wie wir sie im klassischen Roman kennen, ist nicht vorhanden. Proust hat – als erster großer Epiker – erkannt, es sei unstatthaft, *sein* Anschauen (und innerhalb dessen einen bestimmten räumlichen Winkel und einen zeitlichen Moment) für *das* Anschauen schlechthin zu halten. Was hätte es etwa für einen Sinn, den eleganten Swann zu zeichnen, wo doch im Verlaufe der Erzählung klar wird, daß dieser Swann nicht nur von verschiedenen Mitspielenden je anders gesehen wird, sondern daß, darüber hinaus, die gleichen Personen im Abrollen der Zeit ihren Freund Swann aus ganz unterschiedlichen Perspektiven wahrnehmen. Die einen sagen etwa: Nun, er ist nicht eigentlich hübsch, wenn Sie so wollen, aber er hat Schick: dieser Haarschopf, dieses Monokel... Und andere: Er ist nicht positiv häßlich, wenn Sie so wollen, aber er ist lächerlich: dieser Haarschopf, dieses Monokel... Da erübrigt es sich, nein, da verbietet es sich für den Erzähler, Haarschopf und Monokel zu veranschaulichen und ästhetisch zu bewerten, denn der Erzähler ist nur er selber und nicht die »anschauende Welt«, die es nicht gibt, da sie doch allzuviele, allzu different beobachtende Augen hat.

Was für die optische Wahrnehmung und Beurteilung gilt, ist in noch weit höherem Maße verbindlich für die soziale Gruppierung der Figuren. Bleiben wir der Einfachheit des Beispiels wegen weiter bei Swann. Diesen ist er der modisch kultivierte Dandy des Jockey-Clubs, der mit dem Prinzen von Wales frühstückt und um dessen Gesellschaft Herzoginnen und Hoheiten werben; jenen aber ist er ein absonderlicher Kauz, der sich zu gewissen Stunden des Tages mit Regelmäßigkeit in einer Patisserie einfindet, weil dort ein Mädchen serviert, das ihm gefällt. Bei der Verschiebung der Perspektiven spielt als Agent des Werdens und Vergehens das unheimliche und durchaus unergründliche Faktum der *Zeit* seine destruktive Rolle. Swann – um noch bei ihm auszuharren – hat in den hohen Tagen seiner Präsenz die Herzogin von Guermantes fast täglich besucht. Nur ein paar Jahre nach seinem Tode wird Swanns Tochter Gilberte, die seinerzeit nicht akzeptiert wurde, weil ihre Mutter als nicht gesellschaftsfähig galt, unter ihrem neuen Namen de Forcheville bei den Guermantes eingeführt. Das junge Mädchen erwähnt Swann, ihren Vater, erinnert daran, daß das herzogliche Paar ihn doch gekannt habe. Gekannt? Gewiß doch. Aber es ist *Zeit* vergangen. Und distanziert nennen der Herzog und die Herzogin nun den einstigen intimen Freund einen »trefflichen Mann«, als wollten sie ihn »für die Stellung eines Gärtners« empfehlen.

Die Größe der *»Recherche«*, sagte ich, sei nicht Verdichtung, sondern Zerlösung der Wirklichkeit. Man kann die Formulierung auch variieren. Die Leistung dieses Autors besteht in der Sichtbarmachung der Unerkennbarkeit. Niemand vor ihm, kaum einer nach ihm hat eine solche Mühe aufgewendet, Realität dichterisch nicht zu suggerieren, sondern zu erkennen. Und bei keinem anderen wurde das schließliche Scheitern des vorgenommenen Unternehmens zu einem vergleichbaren künstlerischen Triumph. Proust hat geglaubt, es könne ihm gelingen, eine Wirklichkeit, die sich ihm als Präsenz stets entzogen hatte, in der Erinnerung zu konstituieren und zu festigen. Gerade aber das Erinnern und zwar das unmittelbar spontan gelebte Erinnern, *»le souvenir«*, stellt sich am Ende im abschließenden Band »Die wiedergefundene Zeit« als ein geisterhaftes Irren und Verirren heraus. Waren die Menschen, die der Erzähler gekannt hat, jemals Wirklichkeit gewesen? Der Leser, der nach den letzten Seiten des letzten Bandes nun dem Gesamteindruck nachspürt, zweifelt daran. Wer war Odette? Die Dame in Rosa, kleine Kokotte mit großer Zukunft? Die in der

Bourgeoisie sich ihren Platz erobernde Gemahlin Swanns? Die Gräfin von Forcheville, Geliebte des nunmehr total senilen und pathologisch eifersüchtigen Herzogs de Guermantes, die als solche par alliance jetzt in der Hocharistokratie naturalisiert ist? Jede einzelne. Alle zusammen. Keine von ihnen. Es hat keine Odette gegeben, keinen Monsieur de Charlus, keinen Bloch, keine Madame Verdurin. Die ZEIT, le TEMPS, was Proust da und dort mit Großbuchstaben schreibt, um dem Wort Wucht und Magnifizenz zu geben, hat mit ihnen gespielt, hat sie verwandelt, verborgen, enthüllt und wieder neu verschleiert, so daß gegen sie, diese Zeit, weder die Erinnerung aufkommen kann, noch die Gewohnheit, L'HABITUDE, die gleichfalls da und dort mit großen Anfangsbuchstaben zu stehen kommt.

Das, was man das Proust'sche Raum-Zeit-Kontinuum genannt hat – die Wirklichkeit im Erinnern des Gewesenen – es ist in Wahrheit ein temporal-spatiales Diskontinuum, ein hoffnungsloses Chaos, das zum Kosmos sich nicht ordnen läßt, ohne daß durch Entfremdung ihm Gewalt angetan würde. Die Größe Prousts wird kenntlich in seiner Niederlage vor dem Werk, das er sich vornahm. Er selbst, ein Ich, das nichts war als das Mach'sche »Bündel von Empfindungen«, war zu weit fortgeschritten in der Erkenntnis der Unerkennbarkeit, als daß er hätte zurückfinden können zur Naivität des »Jetzt und Hier«, des »So-ist-es-gewesen«, war zu tief vorgedrungen in die Wirklichkeit, als daß er Wirklichkeit noch hätte formen können. [...]

Rund siebzehn Jahre, von 1905 bis knapp vor seinem Tode im Jahre 1922, hat Marcel Proust an seinem Œuvre gearbeitet. Er hat sich als leidender Mensch zurückgezogen aus der Welt, die er unter soviel Aufwand von Kräften mondän erobert hatte, in abgedichtete Zimmer, in denen er äußerlich verwahrloste, inmitten von Manuskriptblättern, umgeben von Medikamenten, Schlafmitteln, die er verschlang, Aufpeitschpillen, die ihn dem Halbschlummer wieder entrissen, im Dunst der fast ununterbrochen in großen Mengen hinuntergespülten Tassen brühheißen Kaffees, betreut nicht mehr von seiner Mutter, nur noch von der Haushälterin Céleste, den Freunden schon entfremdet: er suchte sie nicht als Präsenz, nur noch als Erinnerungsschatten, die ihm höheren Realitätsgrad zu haben schienen.

Ja, er war während vieler Jahre auf der Suche nach der verlorenen Zeit, auf den Spuren der erloschenen Jahre. Er schrieb »*Die wiedergefundene Zeit*«. Aber kann man wiederfinden, was man niemals besaß? Die nicht aufgreifbare und darum auch nicht wiederzufindende Zeit – dies wäre wohl der entsprechende Titel des monumentalen Epos gewesen, das er uns hinterließ. Er hat ein jahrhundertprägendes Werk vollendet und stand, sterbend, doch mit leeren Händen da. Leer sind auch unsere Hände, wenn wir die letzten Seiten der »*Recherche*« umblättern; denn dann haben wir ja erfahren, daß allerwegen die Welt sich uns entzieht, als Gegenwart so gut wie als Erinnerung. Doch ist diese Leere unser kostbarster Besitz. Wer sie nicht kennt, weiß nichts von einer Welt, die Wille ist und Vorstellung, die unser Ich bündelt, das wir so wenig uns aneignen können wie der Erzähler die Kirchtürme von Martinville und die kleine Melodie von Vinteuil. *(1971)*

Hans Mayer
Marcel Proust und Albert Bloch

Auch Marcel Proust – oder sein Erzähler, der gleichfalls Marcel heißt – denkt sogleich an Shylock aus Venedig, wenn es gilt, einen alten oder alternden, nicht besonders erfreulichen Juden zu kennzeichnen. Albertine ist tot, Robert de Saint-Loup fiel an der Front, mehr als zwanzig Jahre trennen die Welt des Faubourg Saint-Germain im Weltkrieg von den Zeiten der Dreyfusaffäre. Marcel kommt einmal noch, einer Einladung folgend, wozu einzig der Name Guermantes ihn veranlaßte, ins Haus des Prince de Guermantes: übrigens ein neugebautes an der Avenue Du Bois, wie der Geladene mißvergnügt konstatiert. Verlorene und wiedergefundene Zeit in einem. Auch den Jugendfreund Bloch sieht er dort nach Jahren wieder.

»Bloch war im Sprung eingetreten, wie eine Hyäne. Ich dachte: ›Er kommt in Salons, wo er vor zwanzig Jahren nicht hätte eindringen können.‹ Aber er war zwanzig Jahre älter. Er war dem Tod näher. Was brachte ihm das ein? Nah besehen hielt sich, in der Durchsichtigkeit eines Gesichts, worin ich, von fern und bei schlechter Beleuchtung, nur heitere Jugend gesehen hatte (weil sie dort überlebte, oder weil ich sie emporgerufen hatte), das nahezu erschreckende, angstvolle Gesicht eines alten Shylock, welcher geschminkt in der Kulisse auf sein Stichwort wartet und halblaut bereits den ersten Vers vor sich hinspricht.« Shylock-Bloch im Salon eines gleichfalls gealterten Antisemiten und einstigen Anti-Dreyfusards, welcher die Baronin Alphonse de Rothschild nicht hatte empfangen wollen und mit Swann bloß, der jüdischen Abkunft Swanns ungeachtet, befreundet war, weil dieser jüdische Katholik und Sohn eines Katholiken angeblich irgendwie und illegitim von einem Bourbonen abstammen sollte. Albert Bloch hatte einen langen und erfolgreichen Aufstieg vollbracht. Erfolgreich? »Was brachte ihm das ein?« Der Erzähler wiederholt sich selbst die Frage. Bloch hat »eingeheiratet«: in jenem Sinne, den Karl Kraus meinte, wenn er Monogamie mit Einheirat übersetzte. Vater Bloch ist tot. Der Sohn hält sein Andenken geradezu kultisch in Ehren: mit gutem jüdischem Familiensinn, der sich gründlich, durch Gefühlsechtheit, vom Familiensinn der Herzöge von Guermantes oder La Tremoïlle unterscheidet, welcher Genealogie meint, nicht den einzelnen Träger berühmter Namen.

Zu Beginn des Roman-fleuve von der Verlorenen Zeit war Bloch nicht eben glanzvoll eingeführt worden. Der junge Marcel darf den bewunderten Schulfreund in den Ferien nach Combray einladen, wenngleich der liberale, doch nicht besonders judenfreundliche Großvater moniert, Blochs seien nicht gerade die Zierde einer jüdischen Bourgeoisie. Der junge Bloch selbst, seines Außenseitertums bewußt, tut alles, um es weiter und sorgfältig zu stilisieren. Manieren, Sprechweise, scheinbare Verachtung der Konventionen aus übermäßiger innerer Verehrung der Konventionen: alles macht ihn zum unerträglichen Gast.

Nach seiner Gewohnheit und Meisterschaft führt Proust den jungen, gebildeten, reichen und scheinbar so ungeselligen Juden durch dessen Sprech- und Ausdrucksweise ein. Bloch redet, wie könnte es anders sein, über Literatur: aber in einem Tonfall, der einerseits an den Polizeibericht gemahnt, zum andern die Adjektive homerischer Epen anklingen läßt. Alfred de Musset ist, wie im Vernehmungsprotokoll eines Hochstaplers, »le sieur de Musset«, ähnlich verdächtig wird von »le nommé Racine« gesprochen. Das klingt etwa so: »Mißtraue« – so wird Freund Marcel belehrt – »Deiner ziemlich niedrigen Vorliebe für den Musset. Das ist eine besonders schädliche Type und ein finsterer Rohling. Übrigens muß ich gestehen, daß er, und sogar ein gewisser Racine, in seinem

Leben einen ziemlich gut rhythmisierten Vers gemacht hat, der sich überdies, was für mich das höchste Verdienst ist, darauf berufen kann, daß er überhaupt nichts aussagt. Nämlich: ›La blanche Oloossone et la blanche Camire‹ und ›La fille de Minos et de Pasiphaë‹. Die Verse wurden mir zur Entlastung der beiden Strolche durch einen Artikel meines sehr lieben Meisters mitgeteilt, des Paters Leconte, der den unsterblichen Göttern wohlgefällig ist.« Nichts ist hier ferner als spontane Respektlosigkeit eines frechen jungen Studenten. Alles ist gewollt und stilisiert. Die vollkommene Konvention der Unkonvention. Das »debunking« der geheiligten Klassiker und Romantiker; Montage der Sprachebenen, vom Polizeistil bis zum Epos; der sehr liebe Meister dieses jungen Juden, der ein Pater ist; Lob des extremen artistischen Formalismus. Bloch schwört »Bei Apollon« oder »Bei Zeus«, nennt den Freund Marcel »cher maître« und will auch von ihm so genannt werden.

Blochs Manieren sind dieser Ausdrucksweise streng angepaßt. Perfekte Konvention der Unkonvention. Er wird zum Mittagessen eingeladen, erscheint eineinhalb Stunden später, kommt ganz beschmutzt aus dem Regen, entschuldigt sich nicht allein nicht, sondern belehrt die bürgerlichen Gastgeber: »Ich lasse mich niemals durch die Trubel der Atmosphäre oder die herkömmlichen Zeiteinteilungen beeindrucken. Gern würde ich die Opiumpfeife oder den malaiischen Kris wieder zu Ehren bringen, aber ich ignoriere die viel gefährlicheren, und übrigens platt bourgeoisen Instrumente: die Uhr und den Regenschirm.«

Jedenfalls wird Bloch nicht wieder eingeladen, so daß Marcel ihn vorerst auch nicht fragen kann, warum das höchste Verdienst eines Verses darin bestehen muß, »überhaupt nichts auszusagen«.

Das waren die Anfänge. Die Herzogin von Guermantes übersieht ihn: ihr Schwager, der Baron de Charlus, erkundigt sich bei Marcel zuerst, ob Bloch jung sei und schön, nennt ihn aber einen Ausländer. Auf die Auskunft, er sei Franzose, repliziert der Aristokrat, der gleichzeitig, im Gegensatz zu seiner ganzen Familie, den verurteilten Hauptmann Dreyfus verteidigt: »Ach so, ich glaubte, er sei Jude.« Übrigens ist Charlus' Argumentation zu Gunsten von Dreyfus schlimmer als die nackte antisemitische Negation. Dreyfus könne, so erläutert der Baron, gar keinen Landesverrat gegen

Frankreich verübt haben, höchstens gegen »Judaea«; schlimmstenfalls sei ihm folglich, falls die Anklage sachlich stimmt, ein Verstoß »gegen die Gesetze der Gastfreundschaft« vorzuwerfen.

Der *unmittelbaren Konfrontation von Bloch und Charlus* geht Proust aus dem Wege. Sie ergäbe abermals den Antagonismus von *Shylock und Antonio*, oder *von Heine und Platen*. In der Gesamtkomposition des großen Romans aber ist sie als wichtiges Bauelement verarbeitet. Nicht minder wichtig für das Verständnis der ›Recherche du Temps Perdu‹ als die »intermittences du cœur«, als die Erinnerung und als die Philosophie der verlorenen und wiedergewonnenen Zeit.

Antithetik und Vermischung sind auch hier Darstellungsmittel des Erzählers. Indem Proust alle scheinbar starr-antithetischen Positionen im Zeitvergang aufschmelzen läßt, so daß die Diener mit den Herren kommunizieren, schließlich zu deren Herren werden können, machen sich die Frauenjäger auf den Weg nach Sodom, die tadelfreien Ehefrauen brechen auf nach Gomorrha, die jüdischen Außenseiter werden zu Stützen des adlig-antisemitischen Faubourg.

Darum sind zwar Bloch und Charlus die reinsten Exponenten des absoluten Außenseitertums in jener Gesellschaft französischer Aristokraten, Bürger, Plebejer und Domestiken: *als Freund-Feindschaft von Judäa und Sodom*, allein gibt es ein höchst kunstvolles System der Verschmelzungen und Überschneidungen. Swann bleibt, wenngleich auf höchster Stufe der Assimilation, der Familie Shylocks zugerechnet. Er will das nicht wahrhaben, lenkt ab, weicht aus, als die Rede auf Bloch kommt, den er zwar als Mitglied des Jockey-Klubs verachten müßte, was er aber als »Judenstämmling« nicht kann. Weshalb er die Kunstgeschichte zu Hilfe holt. Bloch? »Ach ja, der Junge, den ich einmal hier sah, der so sehr dem Porträt Mohammeds II. von Bellini gleicht...«

Auch Heines Addition von Sodom und Judäa gibt es bei Proust. So wie Heine in den ›Bädern von Lucca‹ den Marchese Gumpelino gleichzeitig als jüdisch-aristokratischen Assimilanten *und* als Seelenfreund des Grafen Platen präsentiert hatte, gibt es im Epos von der verlorenen Zeit die erstaunlichsten – und lustigsten – Querverbindungen. In den Sommerferien am Meer etwa, in Balbec, wo Mlle. Bloch, die Schwester, in aller Öffentlichkeit mit der Freundin-Schauspielerin eine lesbische Szene exekutiert, was zwei Offiziere, die mit ihren Frauen zu Gast sind im Grand-Hotel de Balbec (Baalbek!), dazu veranlaßt, beim Hoteldirektor die Abreise der Damen zu verlangen. Erfolglos übrigens. Blochs Onkel, Herr Nissim Bernard, ist einer der wichtigsten Dauergäste im Hotel, denn für ihn ist Sodom hier; in Gestalt eines Hoteldieners. Bernard aber ist dem Hotelier wichtiger als die Offiziere vom Sonntagsbesuch. Den Damen wird lediglich Vermeidung öffentlicher Exhibitionen angeraten.

Bloch selbst reagiert als guter jüdischer Bruder und Neffe. Als Erotiker mag er vor Sodom und Gomorrha nur Fremdheit empfinden; allein die doppelte Kommunion ist stärker: als Gemeinsamkeit der Familie und des Judentums. Er selbst freilich bleibt, in Reinheit, der *jüdische* Außenseiter der Gesellschaft, so wie Charlus, der seinen Stammbaum bis zu den Kreuzzügen zurückverfolgen kann, in Reinheit der *erotische* Outsider bleibt und – schließlich – auch bleiben will.

Ihre Bahnen allerdings verlaufen im Zeitvergang immer mehr zentrifugal. Im Maße wie Bloch in die Gesellschaft der aristokratischen Salons hinweinwächst, wird Charlus unaufhaltsam von ihr ausgeschieden. An ihm vollzieht – und wiederholt – sich der Ablauf seines Freundes Swann. Hier die Kokotte Odette de Crécy, dort der Plebejer und Musiker Morel. Der Schatten auf dem gesellschaftlichen Glanz der aristokratischen Odette wird schließlich nicht mehr durch Herkunft und Gewerbe geworfen, sondern durch ihre Liaison und Ehe mit Swann, dem Freund der Herzöge. Der arrivierte Morel, der alles dem Baron verdankt, müht sich ab, jene Protektion vergessen zu machen.

Bloch hingegen stieg und steigt. Er war Dramatiker: schrieb ein Buch über Philipp II. von Spanien; der einstige Dreyfusard (zu Zeiten übrigens jüdischer Antisemit) wandelte sich während des Krieges zuerst zum Chauvinisten, dann zum Pazifisten: nun ist er als Schriftsteller etabliert und hat sein neues Milieu gesucht und gefunden: den Faubourg Saint-Germain. Übrigens heißt er jetzt, indem der Künstlername einfach zum Familiennamen gemacht wird: *Jacques du Rozier*. Trägt auch ein Monokel. Die krausen Haare von einst wurden planiert; die starke Nase könnte sich als Merkmal alter französischer Adelsrasse ausnehmen. »Hinter dem Spiegel dieses Monokels hatte er sich so hochmütig, zurückweisend und behaglich eingerichtet, als wäre es ein Spiegel mit acht Reflexen, und um sein Gesicht den flach gewordenen Haaren und dem Monokel anzupassen, drückten seine Züge von nun an nichts mehr aus.«

Jetzt hat er Zutritt bei der Prinzessin von Guermantes. Freilich ist die jetzige Trägerin dieses Namens den Proustlesern längst bekannt als gänzlich bürgerliche, übrigens sehr reiche Madame Verdurin. Die verfließende Zeit machte alles möglich: Madame Verdurin als Prinzessin, Bloch-du Rozier als Salonlöwe der Aristokratie. Für die jungen und ›authentischen‹ Herzöge der neuen Generation gehörten beide von jeher dazu. Er selbst blieb der Religion nach Jude: vielleicht aus Respekt vor dem väterlichen Über-ich oder aus dem Hochmut der Unwiderruflichkeit wie die Rothschilds. Seine Tochter heiratet einen Katholiken.

Die Romanfigur des Albert Bloch, Sohn des Salomon, illustriert für Proust, den Halbjuden, der in aller gesellschaftlichen Ebenbürtigkeit stets Illegitimität gewittert hatte, die künstlerisch zu inspirieren vermochte, zugleich Absurditäten des Zeitvergangs wie Unzuverlässigkeiten des menschlichen, »intermittierenden« Gedächtnisses. Für ihn ist Bloch am Ende des Romans, als es gilt, durch Schreiben die verlorene Zeit wiederzufinden, ebenso legitim in der Welt der Guermantes installiert wie alle anderen, nämlich illegitim. So legitim wie die Herzogin de Broglie, Tochter der Madame de Staël, Enkelin des bürgerlichen Bankiers Necker. (Proust selbst wählt diesen Vergleich.)

Für Proust vollzieht sich damit, durch Zeitablauf, Besitz, literarische Aktivität (die er im Falle Blochs als mittelmäßig und usurpatorisch kennzeichnet) und allgemeine Vergeßlichkeit eine *erfolgreiche jüdische Assimilation.* Shylock wurde erlöst durch Zeitvergang und bürgerlich-kapitalistische Rechts- wie Finanzgleichheit.

Bleibt die Frage nach der *Identität Blochs mit sich selbst.* Proust sieht die Figur willentlich von außen: ihn beschäftigt Blochs Verhalten, kaum dessen Motivation. Allein Bloch bleibt, wäre er selbst bei der »echten« Herzogin von Guermantes zu Gast, nicht bloß bei ihrer »eingeheirateten« und bürgerlichen Kusine, der Prinzessin von Guermantes, vor sich selbst der Eindringling, der durch Monokel und Ausdruckslosigkeit ein Zuviel an Prägung, also auch an Ausdruck, vergessen machen will. Die neue Stilisierung zur äußersten Anpassung korrespondiert genau zur einstigen Stilisierung einer permanenten Provokation, als einer scheinbaren Nichtanpassung. Der große du Rozier, welcher so überschwenglich (und alle Zuhörer dabei störend) der jüdischen Schauspielerin Rachel im Salon der falschen Guermantes dafür dankt, daß sie schlecht und falsch einige Verse Lafontaines vortrug, treibt das gleiche Spiel wie der junge Bloch, der nicht Hohn genug hatte für die Strolche Racine und Musset. Damals die Konvention der Unkonvention; jetzt die Konvention der Konvention, jedoch praktiziert von einem, der aus allen Konventionen fällt. Ein Snob? Nur insoweit, als er keine Wahl hat. Aber ist das noch Snobismus? Shylock taugt nicht zum Snob. *(1975)*

Herbert Asmodi
Landmarken

Für meinen Vater ist es Proust gewesen.
Jene Madeleine, geformt aus Kuchenteig
Wie eine Sankt-Jakobs-Muschel,
An einem Sonntagmorgen in Combray
In Lindenblütentee getaucht,
Ruhte im Ziborium seines Herzens.
Sie erinnerte ihn
An seine französischen Jahre
Als junger Mensch.
Aber auch daran, daß man ihm,
Einer Brustschwäche wegen, verwehrt hatte,
Sich in seines Königs Rock
Der Braut zu präsentieren
Als deutscher Mann Modell 1914
Und im Argonnerwald oder in Flandern zu fallen.
Weit ist das Land der Seele.

Erwähnte er sie,
Schien er dem Lied des Lebens zu lauschen,
Seiner Verheißung, seiner Süße, seinem Verlust.
Über der genauen Krawatte und dem steifen Kragen
Fielen die fremden Wörter wie ein Mairegen

Auf die ernste Landschaft seines Gesichts
Und verwandelten es in eines Jünglings Antlitz
Sehnsüchtig einem Lichte zugewandt,
Das nur noch in seinem Gedächtnis leuchtete
Und im Alltag seines Lebens
Längst erloschen war.

Für mich und viele meinesgleichen
Aus den verheizten zwanziger Jahrgängen
Waren es die Amerikaner,
Wolfe und Faulkner vor allem.
Mit Zärtlichkeit hörten wir Bens dunkles Lachen
Droben in Altamont in Elizas Boardinghouse,
Und durch unsere Jugend schallte Eugens Schrei:
O VERLORENES, VOM WIND GEKRÄNKTES GESPENST,
KEHRE ZURÜCK!
Und jener Landstrich beiderseits des Mississippi,
Yoknapatawpha,
Von ungeheuerlichen Gestalten bevölkert,
Verwüstet von Terror und Mord,
Von Inzest und Vergewaltigung,
War uns wahrer als alle Gaue
An den deutschen Strömen,
Und Hitler und seine Leute
Waren sehr nebulose Figuren im Vergleich mit
Quentin Compson, Rosa Coldfield
Und Shreve McCannon.

Das hat uns das Herz groß gemacht,
So daß es nie wieder kleinzukriegen war,
Nicht durch Parteibonzen und Offiziere
Und das Kötergezücht der Chargen,
Nicht durch Hunger, Kälte, Durst,
Lager und Demütigungen.
Es ließ uns in böser Zeit das Böse
Nicht oder nicht gern und mit Skrupeln tun.
Es hat uns die Nächte erhellt
In Gräben und Geschützstellungen.
Wir trugen es unter der Uniform

Wie ein geheimes Erkennungszeichen
Immer begierig
In den wandernden Heerhaufen
Einen unseresgleichen zu finden: Einen Leser,
Wünschend ruhig auf einem Stuhl zu sitzen,
Rauchend, trinkend, ein Buch in der Hand,
Lesend über sich selbst gebeugt.
Und war er gefunden,
Ein grauer Kuli des Kriegs wie wir,
Und war das Paßwort getauscht,
So waren die Feuerschlünde nicht mehr
Und über der Walstatt flogen die Tauben.
Orpheus sang.
Und war Menschenbruderschaft
Wie nie mehr wieder.
Und ist ein Vaterland gewesen,
Anders, schutzlos, aber wie Liebe groß.

Das ist lange her.
Heute scheint mir eine Zeit denkbar,
Wo drei sehr alte Männer
In einer erkaltenden Welt
Fröstelnd zusammensitzen
Und ihre Verstörung zu vergessen suchen
Indem sie das Totenerweckspiel spielen
Mit Wörtern, die es nicht mehr gibt,
Die sie aber noch gekannt haben,
Wörtern, die erst an den Rändern erblaßten,
Um dann zu sterben und zu verschwinden,
Unbetrauert, unvermißt.
Sie hauchen sie an wie erstarrte Schmetterlinge
Und noch einmal öffnen sie ihre Flügel
Und beginnen ein wenig zu glänzen.
Güte, sagt der Eine,
Ehre, sagt der Andere,
Und der Dritte murmelt vielleicht nur:
Salomonsiegel... Erzengelwurz... *(1976)*

Alfred Andersch
Odette, Gilberte, Albertine

der geschmack der madeleine
die weißdornsträucher
die glockentürme von martinville
die richtung méséglise und
die richtung guermantes
und wie das piepen der vögel am morgen
françoise abgeschmackt vorkam

entzückend gewiß
aber sein gegenstand ist nicht
die wiedergefundene zeit

das thema von tausend
dissertationen

sondern die darstellung einer einzelnen
psychischen tatsache

des schattens
der die liebe begleitet der
eifersucht

in finsternis hüllt er
odette
gilberte
albertine

wenn die liebe
ihren schatten verliert
hört sie auf

wenn der erzähler
keine eifersucht mehr empfindet
hört er auf
zu erzählen

ein thema   nicht
universitätsreif

aber wir
zu gewissen zeiten
geschüttelt von
eifersucht

finden bei ihm
die finstere   die
absolute
wahrheit
über eine einzelne
psychische tatsache

die wahrheit
ist konkret

die erzählte wahrheit
interpretiert sich selbst

in finsternis hüllt sie
odette
gilberte
albertine

(bis 1977)

Ludwig Hohl
Die Apotheose Prousts II

Eine Literaturgeschichte der Gegenwart sollte in diese zwei Teile zerfallen:

I) Proust
II) Die Kleineren.

*

Des Verständnisses von Proust unterscheide ich drei Stufen; genauer gesehen ist die erste die des Unverständnisses, die zweite die des vorwiegenden Unverständnisses und die dritte die des Verstehens; auf der ersten sieht man ihn als »Darsteller einer gewissen Gesellschaft«; auf der zweiten sieht man ihn vielheitlich, auf der dritten einheitlich und als den Spinoza Verwandtesten.

*

(Als ich die frühere Gegenüberstellung zweier Prosagruppen – wenigstens grob *charakterisiert durch kurzen und langen Satz; Montaigne gegenüber Thomas Mann – machte, kannte ich Proust noch nicht.)*

Proust hat auch einen langen, aber einen vom langen Satz Thomas Manns grundsätzlich verschiedenen. Der lange Satz Prousts ist in erster Linie ein Notmittel gegen das gleichzeitige Zufließen unerhört zahlreicher einzelner Tatsachen (man könnte diesen langen Satz deshalb in viele einzelne kleine Hauptsätze auflösen); Thomas Manns langer Satz dagegen ist ein ruhiges Sichgefallen in der reichen Exposition *einer* Tatsache (von Auflösen in kleine Hauptsätze könnte daher nicht die Rede sein). Proust *faßt* in großen Nöten (die oft gebrauchte *Klammer* ist Hinweis genug!) so viele wie möglich von den von allen Seiten wie Rosse hereinstürmenden Dingen *zusammen* (würde er einzelne Hauptsätze schreiben, ginge die Übersicht, die Orientierungsmöglichkeit verloren; und würde er kaum nachkommen, noch weniger nachkommen); Thomas Mann, von ruhiger Position aus, *zerteilt* zu möglichst reicher Beleuchtung, Detaileinsicht, zerteilt, windet, dreht seine Idee.

Ich stelle mir vor, Thomas Mann schreibt in großer Ruhe; Proust dagegen mußte sich immer fürchterlich beeilen und doch ging viel verloren.

(Diese Gegenüberstellung dürfte aber doch etwas übertrieben, zu schematisch sein.)

*

[...] Bei einem gewöhnlichen (oder gewöhnlicheren) Schriftsteller, etwa einem Hesse, gibt es Höhepunkte, poetische Orte, um derentwillen das andere da ist: man liest 20, 30 Seiten zu einem solchen Höhepunkt hin, oder mehr. Man ist es gewohnt so. Das eben, daß man so gewohnt ist, ist der Grund, daß die meisten Leute Proust nicht lesen können.

Denn während sie auf der ersten Seite beginnen und rasch die ersten Seiten zu dem zu erwartenden Höhepunkt hin lesen (was schon schwierig genug ist), finden sie den Höhepunkt nie: aus demselben Grund, wie einer, der auf dem höchsten Plateau, einem zum Plateau gedehnten Gipfel sich befindet und über das Plateau hin eilig weiterzieht, um den Gipfel zu finden, den Fuß eines sich erhebenden Gipfels zu erreichen, nie... Es gibt bei Proust keine solchen poetischen Höhepunkte, wie man anzutreffen gewohnt ist; *alles*, von der ersten Seite, vom ersten Satze an, ununterbrochen, ist höchste poetische Höhe gewesen; alles andere läßt Proust weg; was er bringt, ist immer integral Geschaffenes. [...]

*

Er habe nur »seine Lebensgeschichte«, nur »autobiographisch« geschrieben. Wenn das mehr bezeichnen soll als Äußeres, ist es vollkommen falsch.

Er ist das Höchste an objektiver Beleuchtung, das je erreicht wurde. Kein Shakespeare, kein Balzac kann objektiver sein.

Redet er von sich: so nicht um sich zu verteidigen, sondern sich sehend. (Man denke etwa an einen Rousseau, um das extremste Gegenbeispiel zu haben!) Sich selber sehen, ist aber am schwersten. Wenn einer sich selber sieht, sieht er auch alle andern. (Und wenn Proust wirklich meistens von sich selber geredet haben sollte – ich habe darauf nie achtgegeben –, so wandte er sich dahin und wählte er diesen Stoff nur ganz zufälligerweise; völlig mühelos und ebensogut hätte er sich irgendanderem zuwenden können; denn er sah ja nur, ob auch der nennbare Stoff er selber war, *Dinge*.) *(bis 1980)*

Wolfgang Weyrauch
Proust beginnt zu brennen

Er löscht nicht. Er kann nicht löschen, weil er keine Zeit dazu hat. Er hat keine Zeit dazu, weil er aufschreiben muß, warum er keine Zeit dazu hat. Er muß den Brand schildern, seinen Anfang, seine Fortsetzung, sein Ende. Falls er bis zum Ende kommt, denn es kann ja sein, daß sein eignes Ende einunddasselbe ist wie das Ende des Brandes, oder er ist schon vorher erledigt. Aber das muß er auf sich nehmen, oder er ist keiner, der etwas aufschreibt. Zufällig, oder nicht zufällig, telephonierte er im größten Zimmer der Wohnung, als es losging. Gleich hat er einen Tisch und einen Stuhl in die Mitte des Zimmers gestellt, wo sonst nichts steht. Oder stand, sollte er wohl eher schreiben. Er fängt mit dem Anfang an, wobei er sich allerdings eilen muß, um mitzukommen, das heißt, den Brand einzuholen. Er schreibt vom ersten Flämmchen in der linken Ecke des Zimmers, dort, wo der Plattenspieler steht. Oder stand. Er schreibt nichts von der Ursache des Feuers. Er kennt sie nicht. Vielleicht wird er sie nie kennenlernen. Er schreibt vom Spaß, den er am ersten Flämmchen gehabt hat. Er schreibt von der Angst, die er gehabt hat, als das Feuer den Vorhang hinaufflammte. Er schreibt von der Flamme, die ein Flämmchen gewesen ist. Er schreibt vom Vorhang, der lodert, verkohlt, und in Fetzen fällt. Aber die Fetzen und Fetzchen hüpfen von den Resten des Vorhangs auf den Teppich und zur linken Ecke hin. Während der Teppich die Vorhangstücke und -stückchen abweist, so, als wären sie aus Wasser, glimmen die Bücher und Zeitschriften im Regal augenblicklich. Sofort beginnt der Proust zu brennen, dann der Thomas Mann, dann die Kinderbücher mit den Elefanten und Igeln und Feldmäusen und Prinzessinnen. Dann schwappt das Feuer vom Bosch und vom Piranesi über die Kissen auf der Couch bis zur Madonna auf dem kleinen Schrank. Dazwischen hat er das Feuer eingeholt, ja, er kommt sogar mit. Die Bücher sind weg. Sie haben nicht widerstanden, doch die viereckigen Kissen krümmen sich und werden rund. Die Madonna scheint gefeit zu sein. Nein, sie ist nicht gefeit, denn mit einemmal riecht es nach ihrem Holz. Er kennt ihren Geruch, der schon fast ein Gestank ist. Sie hat schon einmal gekokelt, früher, ein wenig, doch er löschte. Nun löscht er nicht, weil er genau sein muß. Auch die Kissen sind verbrannt, beinah bloß, indem ihre Federn, bald glimmend, bald brennend, im ganzen Zimmer herumfliegen, schon bis zum Tisch, woran er sitzt, und schreibt, fast schon auf das Papier herunter, das er in die Schreibmaschine gespannt hat. Die Federn bräunen das Schreibmaschinenpapier, doch er wischt sie weg. Er sieht zur Madonna hin, um zu sehen, was aus ihr geworden ist. Ein knisterndes, knarrendes, zerspringendes, grinsendes Weib ist aus ihr geworden. Sie ist kein stehendes Weib mehr, sondern ein stürzendes, liegendes Weib, das sich der Flamme öffnet, vielleicht der einzelnen Flamme, die dafür bestimmt ist. Schließlich schreibt er nicht mehr. Er brennt.

(bis 1980)

Karl-Heinz Bohrer
Der epiphane Moment

Prousts »mémoire involontaire«: Bei Adorno, dem im Unterschied zu dem gewalttätigen Benjamin unvergleichlichen Anempfinder von Prousts Werk, findet sich unter vielen präzisen Formeln der Satz, »Proust bemühe sich um geistige Atomzertrümmerung«, er »trachte, kleinste Elemente des Wirklichen als Kraftfelder aufzuschließen«. Damit ist jene Methode von Prousts Stil gekennzeichnet, die den ideellen Zusammenhang der Dinge, der durch unsere herkömmlichen Zeit-Raum-Anschauungskategorien geschaffen wird, nur retten kann, indem sie ihn zerschlägt und das Allgemeine vor den Prüfstand des Besonderen bringt. Die von Proust geschilderte Welt ist also a priori eine solche, in der die Kontinuität der Zeit nur in der Summe von »Augenblicken« des Sichtbaren gewährleistet ist. Die Rigidität, mit der das wahre Wirkliche nur im allerintimsten Bruchstück des »Hier und Jetzt« gesucht wird, bewahrt diese Methode vor dem Mißverständnis, es handele sich um Impressionismus. Um die geballte, reflexive Kraft dieses Momentanismus, welcher den utopischen »Augenblick« vorbereitet, noch nicht sein Vollzug ist, richtig einzuschätzen, hat man sich an die erkenntniskritischen Arbeiten des Wiener Psychologen Ernst Mach zu erinnern, dessen aus der Analyse unserer inkohärenten Sinneseindrücke gefolgerter Schluß, das Ich sei eine Fiktion, tiefgreifende Wirkung auf die literarische Generation der Jahrhundertwende gehabt hat und der damals einsetzenden phänomenologischen Frage nach der kleinsten Zeiteinheit als Bewußtseinstatsache wesentliche Anstöße gab. Hugo von Hofmannsthals »Chandos«-Krise kann als das der »Recherche« vorangehende wichtigste Datum des Objekt-Verlusts angesehen werden. Ihr formal-ästhetisches Indiz: Hofmannsthals Prosa ist stigmatisiert durch intuitive »Augenblicke«. Das Flüchtige, Profane des Proustschen Moments einer Wahrnehmung ist also, insofern es den Bruchteil eines Wirklichkeitspartikels betrifft, nicht zu verwechseln mit bloß Stimmungshaftem, bloß Atmosphärischem. Schon Walter Pater, der neben Nietzsche theoretisch einflußreichste Repräsentant des Ästhetizismus, und der die »Augenblicks«-Epiphanie des frühen Joyce beeinflußte, hat den Begriff der »Situation« gegen den der »Kontinuität« gestellt und in ihr das »Außergewöhnliche« gesucht. So wie aber die besondere, die geheimnisvolle Stunde Verlaines, »L'heure exquise« aus dem Zyklus »La bonne chanson«, wie die Entdeckung des ästhetisch zelebrierten Moments im Zeit-Erlebnis der Dekadenz-Künstler letztlich das »Momentum« im subjektiven Erlebnis begrenzen, so hat auch der Theoretiker Pater diese Grenze nicht utopisch überschritten, auch wenn er das »Erlebnis« zu einer ästhetischen Erfahrung erhob. Was dem Begriff des »Augenblicks« bei Pater im Vergleich zu Proust, Joyce und Musil fehlte, war die dialektische Reflexion auf eine doppelte Opposition hin, die erst die Wahrnehmung des »Momentums« in der Kontinuität der Zeit zu einem utopischen »Augenblick« macht: Die Opposition, den Moment zu reflektieren, und die Opposition, der Außenwelt bewußt zu sein. Der besondere »Augenblick« Paters war eine letzte Steigerung des spätromantisch-neuplatonischen Sensualismus. Er war noch keine Problematisierung der personalen Identität im »Nu des Augenblicklichen«, die erst der phänomenologische Ansatz Husserls im gleichen Zeitraum formulierte, als Proust die »Recherche« begann: Husserl hat den Begriff der Punktualität dahin bestimmt, daß zwar »eine punktuelle Phase niemals für sich sein kann«, er hat aber gleichzeitig den »aktuellen Jetztpunkt« als »Quell-Punkt« der zeitlich-reflektorischen Ablaufmodi bestimmt: Das »aktuelle *Jetzt*« ist wohl Mittelpunkt von »Retentionen«, aber es verbleibt ein »Punktuelles«. Husserl besteht also auf einer Priorität des jeweiligen »Jetzt« unserer Wahrnehmung, so daß Jacques Derrida in seiner Husserl-Studie von der »Punktualität des Augenblicks« als einem »Mythos« sprechen konnte. Obwohl Proust die in Deutschland einsetzende phänomenologische Systematik noch nicht kennen konnte, ist der Hinweis auf diese nicht bloß wegen einer allgemeinen Analogie zwischen der philosophischen und literarischen Entdeckung des »punktuellen Jetzt« notwendig, sondern wegen der besonderen Ähnlichkeit zwischen Husserls Annahme einer Interdependenz von »Punkt« und »Retentionen« einerseits, Prousts skandiertem Momentum und der »mémoire involontaire« andererseits. Dem entspricht bei Musil die Unterscheidung von manischer und kontemplativer Ekstase. Die Tatsache dieser Analogie zeigt den qualitativen Sprung von der ästhetischen Sensation der Dekadenz zum profunden Einstand der Zeit bei Proust. Erst die in dem von Husserl entwickelten, von Proust intuitiv entdeckten Bewußtseins-Modell enthaltene Opposition von »Nu« und »Früher« schafft die Voraussetzung, daß der »Augenblick« nicht bloß ein emphatischer, sondern ein utopischer wird.

Herausragende »Augenblicke« dieser Struktur finden sich mehrere in den 13 Büchern der »Recherche«. Wir beschränken uns zur Erfassung des utopischen »Augenblicks« auf jene Szene aus dem ersten Teil des Buches »Du Côté de chez Swann«, die als die »Madeleine«-Situation berühmt geworden ist. Der Ich-Erzähler schildert eine Kindheits-Szene, als er dem Drängen der Mutter, eine Tasse Tee zu trinken, erst nach Zögern folgt, dabei jenes Gebäck, das »Madeleine« genannt wird, in einem Löffel Tee aufweichend. Die für unseren Zusammenhang wichtige Text-Passage lautet:

»In der Sekunde nun, als dieser mit dem Kuchengeschmack gemischte Schluck Tee meinen Gaumen berührte, zuckte ich zusammen und war wie gebannt durch etwas Ungewöhnliches, das sich in mir vollzog. Ein unerhörtes Glücksgefühl, das ganz für sich allein bestand und dessen Grund mir unbekannt blieb, hatte mich durchströmt.«

Diese Passage enthält das erste Element des utopischen »Augenblicks«: die reine Selbstpräsenz des »Jetzt«, in der temporalen Verfaßtheit der »Sekunde« (instant). Ihre metaphorische Ausstattung als spezifische Bewußtseinstatsache enthält den Hinweis auf ein »Zusammenzucken«, ein »Gebanntsein«, bezogen auf das Gefühl, das unbegriffen bleibt, ein »Ungewöhnliches«, dessen Grund unbekannt (sans cause) ist. Was bewußt wird, ist ein »unerhörtes Glücksgefühl« (plaisir délicieux). Die rein punktuelle Qualität dieses einmalig selbstreferentiellen »Jetzt« erreicht systematische Genauigkeit durch den Hinweis, das Glücksgefühl bestehe »ganz für sich allein« (isolé), sein »Grund« bleibe »unbekannt« (sans cause). Soweit bedeutet der von Proust dargestellte Moment das Verfahren, das Bloch kritisch »punktualisieren«, »monadisieren«, genannt hat, wo der »Jetzt«-Punkt nicht mehr mit anderen »Jetzt«-Punkten korrespondiert. Proust hat dem Momentum des reinen »Jetzt« jedoch das Momentum des Reflexes, wenn nicht der Reflexion folgen lassen. Er bildet das zweite Element des utopischen »Augenblicks«: Der Ich-Erzähler schildert, wie der Sekunde des Glücks unmittelbar das Bedürfnis nach »Wahrheit«, nach Aufklärung der Ursache dieses Erlebnisses folgt. Wie im Experiment stellt er erinnernd den »unbekannten Zustand« (état inconnu) des eben verflossenen »Moments« wieder her, zunächst abermals, ohne eine Erklärung zu finden, bis die Phase der Rekonstruktion einen »Augenblick« der Intensität erreicht, den zwar noch immer Unbewußtes prägt, aber etwas »zitternd« in ihm sich regt, das zweite Element, die Wiedererinnerung, einleitend:

»Wird sie bis an die Oberfläche meines Bewußtseins gelangen, diese Erinnerung, jener Augenblick von einst, der, angezogen durch einen ihm gleichen Augenblick, von so weit her gekommen ist, um alles in mir zu wecken, in Bewegung zu bringen und wieder heraufzuführen?«

Mit diesem fortschreitenden Erlebnis ist das ursprüngliche »Punktualisieren« aufgegeben und für den utopischen »Augenblick« eben jene Struktur erahnt, die Bloch mit Blick auf Benjamins politisch gemeintes »Aufsprengen« der Zeit charakterisierte. Proust führt den Prozeß der Erkenntnis, d.h. der Erinnerung unter der Kategorie des »Augenblickhaften«, weiter bis zum Punkt der Aufklärung: »Und dann mit einem Male war die Erinnerung da.« Die gewußte Erinnerung nämlich an den Geschmack einer Madeleine, in den vergangenen Tagen von Combray. Diese gewußte Erinnerung erklärt, daß der »unbekannte Grund« des Glücksgefühls in der *unbekannt* gebliebenen Erinnerung, eben der »mémoire involontaire« gelegen hat, die durch das Kosten der Madeleine hervorgerufen wurde. Diese Rückkoppelung des gegenwärtigen, jähen »Augenblicks« an einen zeitlich lange vorausgegangenen, der jenen erst ermöglicht, ohne ihm seine Dignität zu nehmen, macht das zweite Element des utopischen »Jetzt« vollständig. Es hieße in Husserls Terminologie »Retention«. Die durch die »mémoire involontaire« hervorgerufene Erscheinung des »ungewöhnlichen« Bewußtseinszustandes ist keine Wiederholung des allerersten. Die zeitliche Differenz zwischen ursprünglichem und erinnertem Erlebnis bildet keinen bloß mechanisch-kausalen Begründungszusammenhang, sondern fundiert erst eigentlich das »Glücks«-Gefühl des sekundären »Augenblicks«. Hier ist in einer quasi-phänomenologischen Präzision der Mythos von der durch Reflexion verlorenen, nie wieder erreichbaren Anmut, den Kleist in seiner Parabel vom sich im Spiegel erkennenden Jüngling in »Über das Marionettentheater« für die klassische

Ästhetik erzählt hat, umfunktioniert: Das »Glück« (Anmut) wird gerade durch einen Akt des unbewußten Bewußtseins festgehalten bzw. erreicht. Kleists Parabel schloß mit einer Kultur-Utopie: wieder vom Baum der Erkenntnis zu essen, um in den Stand der Unschuld zurückzufallen, »das ist das letzte Kapitel von der Geschichte der Welt«. Die Deckung zweier gleicher, nicht gleichzeitiger »Jetzt«-Punkte schafft im Augenblick des zweiten jenes Unbewußtheits-Glück, in dem man schon früh eine Aufhebung der Zeit erkannt hat. Und dieses Auslöschen von Vergangenheit und Zukunft im Moment einer objektiven Ekstase des »Augenblicks« ist als die Zeit-Struktur des utopischen Glücks bei Proust, Joyce und Musil zu erkennen.

Es ist wesentlich, zu sehen, daß der in der Erinnerung begründete »Augenblick« bei Proust von seiner Zufälligkeit nichts verliert. Jauß hat, wie auch Adorno andeutete, das platonische Mißverständnis dieses »Augenblicks« ausgeschlossen und auf die reine »Immanenz« einer »Erfahrung« verwiesen. Die wiedergefundene Zeit deutet also auf keine »transzendente Heimat«, sondern auf ein »irdisches Jenseits zurück«. Es kann in diesem Zusammenhang nur angedeutet sein, inwiefern sich Prousts komplexe Zeit-Struktur darin fortsetzt, indem die erinnerte Zeit eine doppelt erinnerte ist: erinnert im Bewußtsein des Knaben und erinnert im Bewußtsein des schreibenden Autors. Insofern ist die »promesse de bonheur«, wie Jauß dargestellt hat, nicht im Utopismus der erzählten Erinnerung endgültig verschlossen, sondern in die Zukunft des zu schreibenden Werks verlängert, in dieser dem Autor verbliebenen realen Identifikation. Dieses Argument impliziert allerdings auch den Verdacht, daß die »Negativität des Zufalls« die utopische Qualität des »souvenir involontaire« zu sehr belaste. Das hat zur Konsequenz, daß Jauß der Utopie des »Augenblicks« gleichsam als flankierende Stütze einen Subjekt-bezogenen und nicht Phänomen-bezogenen Begriff einer quasi-Entelechie des Künstlers beifügt. Dadurch verwandelt sich aber die phänomenologisch garantierte Utopie des »Augenblicks« in eine des Inhalts, der Idee. Diese alternative Konsequenz soll hier ausgeklammert bleiben.

Das »unerhörte Glücksgefühl« des Knaben, so hat sich herausgestellt, ist begründet in der noch nicht begriffenen Erinnerung an den Augenblick einer noch früheren Kindheit. Die erinnerte Kindheit ist das einzige durchgängig faßbare Zeichen personaler Identifikation: »Die Treue zur Kindheit«, so Adorno, »ist eine zur Idee des Glücks, das Proust um nichts in der Welt sich wollte abhandeln lassen.« Es ist ein an den erzählerischen Konzentrationspunkten traumatisches Festhalten, so als ob jeder zeitliche Schritt darüber hinweg den Verlust der Identität bedeute. Diese produktive Regression erinnert an Freuds Erklärungsmodell künstlerischer Kreativität: Die Phantasie des Dichters wird angeregt durch die Erinnerung an ein frühes Kindheitserlebnis, dessen Wunsch sich wiederholt und sich im ästhetischen Akt eine sublimierte Erfüllung verschafft. Es war Novalis, der dieses Freudsche Modell von der Rückkehr zur Kindheit in seinen ästhetischen Mythen vorwegnahm. Formalästhetisch und gattungsgeschichtlich bedeutet der Rekurs auf die Kindheit die Evokation der Idylle und deren utopische Implikationen. Dieser Rekurs auf den Topos Kindheit/utopische Idylle wird ergänzt durch die damit verbundenen Bilder der anmutig-friedlichen Natur: Garten, Flußlandschaft, Wolkenbildung, Meer, die Augenblicke von »Balbec« – sie bilden zusammen ein symbolisches Inventar, das seit der arkadischen Renaissance utopische Züge trägt. Daß die Raum-Zeit-Utopie vom paradiesischen Zustand der Kindheit und Natur sich zum resignativen Fluchtmuster verhärten kann, hat Ernst Bloch warnend dargetan. Durch die geschilderte Abfolge bzw. Dialektik von Jetztpunkt und Erinnerung ist hier jedoch gesichert, daß keine Repräsentation im Raume stattfindet, sondern eine Metapher statuiert ist für das zeitliche Bewußtsein, daß Idylle in diesem erinnerten Sinne eben vergangen ist. Bei Proust ist das ab und wann erscheinende Aufblitzen von Kindheit und Natur ein ideologisch unverbildetes, gesellschaftskritisches Zeichen: Es sind die poetischen Örter, die nicht angetastet werden von den satirischen Eigenschaften, welche die von Proust geschilderte Gesellschaft trägt. Die Teilnahme des Großbürgers und Millionärs Proust an dieser Gesellschaft, die Attitüde des Dandys und die genießende, ja verehrende Kennerschaft eines Kodex und einer zivilisatorischen Ordo können die durchdringende Distanz zur Leere dieser Gesellschaft nicht verdecken. Die Genauigkeit der addierten Momente gesellschaftlicher Situationen, die charakteristischerweise nicht »aufleuchten«, stellt eine spezifische Form der objektiven Satire dar: Das Gelächter kommt nicht aus der Parteilichkeit des satirischen

Blicks, sondern aus der Authentizität des Materials selbst. Eine »Physiologie des Geschwätzes« nennt es Benjamin, und Adorno macht auf die Radikalität dieses satirischen Blicks aufmerksam, indem er Prousts Fähigkeit, gesellschaftliche Realität »so genau abzuhören«, aus der Aufkündigung des Zwangs, sich anzupassen, begründete. Proust habe die »falsche Reife der Resignation nicht mitgemacht« und »der Möglichkeit ungeschmälerter Erfahrung aus der Kindheit die Treue gehalten«. Der utopische »Augenblick« in Gestalt des »Glücks« erinnerter Kindheit, so schließen wir ab, ist hier eine Funktion sozialer Kritik. Idylle und Satire sind notwendige Oppositionen in der Struktur dieses utopischen »Augenblicks« im Diesseitigen. *(1981)*

Volker Schlöndorff
Zum Film *Un amour de Swann*

Wenn ich einen Film drehe, will ich von dem reden, was mich erschüttert hat, was mir eigen ist. Nun sind beinahe alle meine Filme, jedenfalls die besten, Adaptationen von Werken der Literatur. Steckt da ein Widerspruch? Zweifellos, aber er ist Teil meines Lebens. Ich brauche die Literatur immer, genauer: ich brauche immer Romane.

Zunächst, um mich zu entdecken, dann aber auch, um mich zu verstecken. Ich enthülle mich mir selbst, indem ich lese und die Charaktere der anderen analysiere, und indem ich meine Filme auf literarischen Texten aufbaue, nicht etwa auf meinen eigenen Erfahrungen, verstecke ich mich vor den anderen, wobei ich mich doch ausdrücke. Dieses Bekenntnis fällt nicht ganz zu meinem Vorteil aus, aber – lassen wir die Frage des Talents beiseite – ich habe nie den Mut besessen, in meinem eigenen Namen zu schreiben, aus Furcht, man möge mich sofort erkennen.

Weil aber die Literatur auf diese Weise Teil meines Lebens ist, erscheint mit die Adaptation von Literatur weder so problematisch noch so sekundär, wie die Diskussionen der Kritiker zuweilen glauben machen.

Lesen ist für mich schon immer ein tägliches Bedürfnis. Oft haben mich die literarischen Fiktionen stärker berührt als die Wirklichkeit, und an einem Text Prousts habe ich verstanden warum.

Für ihn waren die Stunden des Lesens »voller an dramatischen Ereignissen als oft ein ganzes Leben. Es waren die Ereignisse, die in dem Buch geschahen, das ich las. Zwar waren die Personen, die von ihnen berührt wurden, nicht ›wirklich‹. Aber alle Gefühle, die uns die Freude oder das Unglück einer wirklichen Person spüren lassen, entstehen in uns nur vermittels eines Bildes von jener Freude oder jenem Unglück.«

Wenn es also nicht – wie Proust schreibt – die Wirklichkeit ist, die die Emotion erzeugt, wenn sie immer reflektiert werden muß durch »ein Bild«, dann erkennt man die bevorzugte Beziehung, die das Kino zur Literatur unterhält.

Wie macht man eine Verfilmung? Muß man nach der kritischen Methode Sainte-Beuves vorgehen, die darin besteht, sich »mit allen möglichen Informationen über einen Schriftsteller zu versehen, seine Briefe zusammenzutragen, die Menschen zu befragen, die ihn kannten, d. h. mit ihnen zu plaudern, wenn sie noch leben, oder zu lesen, was sie über ihn schreiben konnten, wenn sie tot sind«? Folgt man Proust, so verkennt diese Methode, was wir lernen durch »einen etwas tieferen Umgang mit einem anderen Ich als dem, das wir in unseren Gewohnheiten, in Gesellschaft und durch unsere Laster darstellen«.

Wollen wir jenes Ich begreifen, so »kann dies uns gelingen auf dem Grund unseres Selbst, wenn wir versuchen, es in uns wiedererstehen zu lassen. Nichts kann uns von dieser Bemühung unseres Herzens befreien.«

Ein Film kann noch so wortgetreu einem Text folgen – ohne diese »Bemühung des Herzens« wird er immer nur eine flache Bebilderung sein.

So kann sich die berühmte Frage des »Stils« stellen. Die Art und Weise, die Erzählung zu gliedern, die Dialoge zu schreiben, die Schauspieler auszuwählen und zu leiten, Ausstattung und Kostüme zu entwerfen, sie zu beleuchten und zu fotografieren, Einstellungen und Tonspur zu schneiden, das Vergehen der Zeit durch den Rhythmus fühlbar zu machen, die Musik zu komponieren – die Gesamtheit dieser Arbeit wird dem Film einen Stil verleihen. Jeder Regisseur hat einen solchen Stil, der nie eine Nachahmung von dem des Autors sein kann. Man kann ihn sich nicht durch irgendeine willkürliche Entscheidung aneignen. Er existiert, er wird immer Frucht jener »Bemühung des Herzens« sein.

Bei der Verfilmung genügt es nicht, vom Text auszugehen; man muß vielmehr den Schwung des Autors wiederfinden, jene Kraft, die ihn zum Schreiben getrieben hat. Ich muß in mir genauso mächtige Gründe finden. Für die »Verwirrungen des Jünglings Törleß« waren es die Provinzinternate, die Machtkämpfe innerhalb einer Eliteklasse, meine eigene jugendliche Verzweiflung, mein Schuldgefühl als Deutscher und meine Pubertätsängste. Für die »Blechtrommel« war es noch greifbarer. Ich habe den Roman erst an dem Tag verstanden, als ich durch die kleine Vorstadtstraße in Danzig spazierte, wo Günter Grass seine Kindheit verbracht hatte. Wenn Grass, ausgehend von dieser kleinen Geschäftsstraße und diesem Lebensmittelladen, ein solches Universum hatte schaffen können, dann mußte ich mich an meine eigene Kindheit erinnern, um ihn dort zu treffen, ich mußte noch einmal beginnen bei der Erfahrung, die das Buch trug, um sie meinerseits im Medium des Films zu erzählen.

Natürlich bleibt, ganz im Sinne Sainte-Beuves, eine große Materialsammlung über die Epoche, die Gesellschaft und den Schauplatz erforderlich, aber das Wesentliche wird immer sein, sich, wie man sagt, »selbst einzubringen«. *(1983)*

Hubert Fichte
Schreiben wie Proust?

Jäcki las auf der umgestürzten Pyramide Auf der Suche nach der verlorenen Zeit.

Er bewunderte es sehr.

Und vergaß alles gleich wieder, was er gelesen hatte.

Es blieb ihm von dem Buch eher wie ein Geruch.

Jäcki konnte jederzeit in sich Prousts Zeit wiederfinden, aber nicht als Anekdoten, Bonmots, Abhandlungen, sondern als einen Duft, der alles dies enthielt, Wörter, Namen, Orte – Virgin Islands, Fleurs de Rocaille, Soir de Paris, Je reviens.

– So werde ich nie schreiben können.

– Ich will gar nicht so schreiben. *(1984)*

Zu Prousts Homosexualität

Joachim Schickel stellt ans Ende seiner Reflexionen zu Sappho Proust, wie zu Beginn der meinen der lesbische Orpheus steht.

– In der Travestie Albert/Albertine, in *Die Gefangene*, *Die Entflohene*, in der *Wiedergefundenen Zeit*, wo Mademoiselle de St. Loup Proust als Verkörperung der eigenen Vergangenheit erscheint, vor allem aber im Titel *A l'Ombre des jeunes filles en Fleurs*, der auf archaische Baummädchen verweist, und der aus Baudelaires Lesbos-Gedicht übernommen wurde

– Pour chanter le secret de ses vierges en fleurs

– Um das Geheimnis dieser blühenden Mädchen zu singen.

Im Schatten junger Mädchenblüte – bei Sappho hieß es: Im Schatten der Rosen rinnt aus den geschüttelten Bäumen der Schlaf:

Proust singt Frauenlob trotz allen Männlichkeitswahns, trotz der Montesquieu, der Charlus, der St. Loup, der Léon Daudet, der Chauffeure, der Sachs.

Sappho Proust – Proust Orpheus.

Die Mädchenblüte hat die Mänaden als Gegenbild, das Kreischen des Klimakteriums.

Auch davon sang Proust sein asthmatisches Lied.

Wer will, kann ein Gran Madame Verdurin in Sappho entdekken, einen Funken des Zynismus der feinen Oriane de Guermantes.

(1984)

Hanns-Joseph Ortheil
Das innere Medium der Zeitdehnung

Mach und Taylor – das waren zwei wirkungsvolle Repräsentanten des wissenschaftlichen Positivismus, dessen Problemstellungen ich auch in den schriftstellerischen Versuchen Musils und Prousts widergespiegelt fand. Eine genauere Analyse dieser Versuche führt nun allerdings dahin, zu zeigen, wie sich Musil und Proust von diesem Positivismus entfernten. Damit wäre das Thema präzisiert, um das es mir geht. Wie antworten die Schriftsteller auf die Herausforderungen des Positivismus, oder – modern gesprochen – in welchem Sinn läßt sich die Kultur der ›Neuen Medien‹, die ja nichts anderes als das Endprodukt jenes verschmähten Positivismus ist, mit der Kultur jenes ›Buches‹, an dessen Hervorbringung die Schriftsteller auch in der Gegenwart mit soviel Zähigkeit festhalten, konfrontieren?

Ich will die Pointen dieser Konfrontation noch einmal hervorheben, indem ich endgültig zu Marcel Proust zurückkehre. Ich hatte behauptet, die Organisation der ›geistigen Arbeit‹, die sich Proust zum Problem machte, lasse sich mit jener Leitungsorganisation des Managements vergleichen, die Frederick W. Taylor beschrieben hatte. Diese mit leichter Ironie eingesetzte Pointe habe ich inzwischen ausgedehnt. Zieht man die Forschungen Ernst Machs (der übrigens nur knapp ein Jahr später als Taylor [1916] starb) hinzu, so könnte man mit einem gleichzeitigen Blick auf die heutige Computerkultur behaupten, daß sich die Proustsche Fragestellung mit der eines hoch entwickelten Computerprozesses vergleichen lasse. Es geht bei derartigen Prozessen ja um gar nichts anderes als die Verarbeitung von Daten in rationellerer Manier, also darum, diese Daten zu speichern, sie für ein programmiertes Rechenwerk bereitzustellen, sie zu steuern und abrufbereit zu machen. Genau mit diesem Problem sah sich der einsame, isolierte Matineebesucher im Guermantesschen Palais konfrontiert, der – anscheinend unter einer plötzlichen Anwandlung so altmodischer Empfindungen wie Genuß, Dauer, Intensität – mit allen Mitteln danach trachtete, sein bisheriges Leben, diese schwankende, flüchtige, sich andauernd wandelnde Masse von Eindrükken zu ordnen, sie zu einem dauerhaften, gültigen Netz »außerhalb der Zeit« zu verknüpfen.

Blickt man also mit gleichsam Proustschen Augen auf die Untersuchungen von Mach und Taylor, so kann man bereits feststellen, daß all diese historisch etwa gleichzeitig ablaufenden Analysen und Versuchsanordnungen einander auffällig korrespondierende Intelligenzen herausfordern. Diese Intelligenzen antworten offensichtlich auf einen durchaus ähnlichen Problembestand, und ich habe nun keineswegs vor, die Antworten dieser Intelligenzen zu werten, die eine über die andere zu stellen. Statt dessen will ich, um die mir am nächsten liegende Antwort – die Marcel Prousts nämlich – zu charakterisieren, versuchen, nun *die Unterschiede* deutlicher hervorzuheben, nachdem ich die Ähnlichkeiten ausschweifend genug betont habe.

Ich habe den Erzähler Marcel noch immer in der Bibliothek des Guermantesschen Palais allein gelassen. Das Leben war ihm merkwürdig geworden, eine Fülle »unbekannter Zeichen«, die es zu zerlegen, zu vereinzeln galt. Der Speicher des Gedächtnisses war gefüllt, ja er war durch ein bestimmtes Vorkommnis so in Bewegung geraten, daß zwei dieser sonst unbekannten Zeichen für einen Moment zur Deckung geraten waren. Daraus hatte sich für Marcel die Haltung des isolierten, distanzierten, beobachtenden Forschers ergeben, die ich mit der Haltung Musils, aber auch mit der von Mach und Taylor verglichen hatte.

Nun ging es aber Mach wie Taylor darum, dieser verwirrenden Fülle von Zeichen, Empfindungen und ungenauen Substraten deutlich fixierbare Größen gegenüberzuhalten. Taylor wollte die vielfältigen Prozesse der menschlichen Arbeit vereinfachen, Mach wollte die Empfindungen durch ihnen entsprechende exakte Symbole und Daten abgebildet wissen. Beide Positivisten drängten gleichsam auf *einen* bestimmten Vorgang, den einer entscheidenden Verkürzung von Zeit. Diese Verkürzung sollte sich nach Taylors Begriffen so darstellen, daß dieselbe Arbeit mit einem geringeren Aufwand an Zeit getan werden könnte; auch in Machs Analysen wurden die Empfindungen zu handhabbaren, funktionalen Größen zusammengeschweißt, den Begriffen und Daten, die es erlaubten, metaphysische Spekulationen zu verabschieden.

Prousts Antwort jedoch, die ich für die exemplarische des Schriftstellers halte, zielt nun darauf, einen genau entgegengesetzten Weg einzuschlagen. Dieser gewinnt nicht eine Verkürzung, sondern im Gegenteil eine Verlangsamung, eine unendliche Dehnung der Zeit. Mit unvermeidlicher Vergröberung ließe sich sagen, daß der Erzähler Marcel darauf aus ist, die Zeit zu verräumlichen und den Raum zu verzeitlichen.

Für diese Vorgänge hat er einen wichtigen Begriff gefunden, der seine weitere Arbeiten bestimmt: es ist der Begriff der Lektüre, des ›Lesens‹, der im Werk Prousts eine entscheidende Rolle spielt. Proust hat alle Folgerungen für seine schriftstellerische Methode aus einer Analyse des Lesens gezogen, ja man könnte sein ganzes Werk von diesem Molekül her erklären. Schon in der frühen Prosasammlung *Tage der Freuden (Les Plaisirs et Les Jours)* ist davon die Rede. Die kleine Skizze *Journées de lecture*, die in seinem Werk eine entscheidende Stellung einnimmt, erscheint noch während der Arbeit an der »Recherche«. (Ich brauche nicht weiter auszuführen, daß Joyce und Musil diesen Weg teilen.)

Ich will zunächst – unabhängig von Proust – beschreiben, was man sich unter einem derartigen Lesen vorstellen könnte.

Die Lektüre von Prosawerken macht uns mit der Einzigartigkeit von Individuen bekannt, mit den Räumen, in denen sie sich bewegen, den Menschen, mit denen sie umgehen, den Farben, Stoffen, Gerüchen und Gegenständen, die sie umgeben. Plötzlich nämlich zeigen sich all diese Verhältnisse, die uns im alltäglichen Leben keineswegs bemerkenswert oder bedeutend, sondern – entsprechend der mangelnden Aufmerksamkeit für dieses Leben – nur noch matt, mittelmäßig, kaum ausgeleuchtet erscheinen, im Licht einer anhaltenden Konzentration. Wir entwickeln einen gewissen Appetit auf diese Welt, die da vor uns entsteht, wir wollen alles hören, schmecken, riechen, jede Kleinigkeit, die berichtet wird, trägt dazu bei, das Bild anzureichern, aufzubauen und letztlich zu füllen. Was hier – im Vorgang des Lesens – geschieht, ist ein seltsamer ›Einbruch‹: der Einbruch der Dauer in unser zerstückeltes, zerfetztes und aufgetrenntes Zeitbewußtsein. Das Lesen veranlaßt uns zur Aufbietung einer Bereitschaft, die wir sonst kaum noch den Dingen entgegenbringen: wir nehmen diese Umgebung, die sich vor uns ausbreitet, hin, ja wir werden geradezu süchtig nach ihr. Offenen Mundes sitzen wir da, ein Buch in der Hand.

Proust hat im ersten Teil der *Recherche*, im berühmten Combray- und Kindheitskapitel, das Lesen in ähnlicher Weise analysiert. Da streckt sich das Kind nach dem Mittagessen in der Kühle seines Zimmers aus, es beginnt zu lesen: »Auf der Art von Schirm, den mein Bewußtsein beim Lesen in mir ausspannte, erschienen in bunter Folge verschiedene Zustandsbilder, angefangen von den geheimsten Regungen meines Innern bis zu der rein äußerlich wahrgenommenen Horizontlinie des Gartens.« Das Lesen baut also Bilder auf, die für eine intensive Weile zuständlich, unveränderlich bleiben. Diese inneren Bilder tastet das Einfühlungsvermögen, die phantasierende Produktivität des Lesenden, ab, sie vermischt sie mit anderen, sie setzt sie aus eigener Anstrengung immer wieder neu zusammen. Proust spricht von »einer Art von Schirm«, den das Lesen in einem ausspannt.

Man kann den Lesevorgang, wie er hier beschrieben wird, nun leicht etwa mit den technischen Funktionen des Fernsehens beschreiben. Die Aufnahmeröhre der Kamera entwickelt ja aus einem optischen Bild ein elektrisches; dieses elektrische Bild wird von einem Kathodenstrahl Punkt für Punkt abgetastet und auf eine Signalplatte übertragen. Die räumlich *nebeneinander* liegenden Helligkeitspartikel werden in eine zeitliche Folge von elektrischen Werten übersetzt. Die Wiedergabe im Bildschirm reproduziert diesen Vorgang. Nach Übertragung des Bildes über elektromagnetische Wellen an den Sender gibt dieser – wiederum zeitversetzt – das Bild an das Empfangsgerät weiter, das das elektrische Abbild zurückverwandelt. Die Abtastung des räumlichen Bildes in einer zeitlichen Folge geschieht dabei so schnell, daß das Auge derartige Veränderungen nicht wahrnehmen kann.

Hier, im Bereich der Medien, haben wir es also gleichsam mit positivistischen Phänomenen der Art zu tun, wie Mach und Taylor sie untersuchten oder organisierten. Der zeitliche Eindruck ist von kaum noch berechenbarer Kürze; er kommt dem Auge zuvor, auf die Dauer übermüdet er es durch eine unendliche Folge von Wiedergaben, die das Auge nie festhalten oder erfassen wird. Daher werden die Eindrücke weniger durchdrungen als geschluckt.

Wiederum zeigt sich der Unterschied zur geistigen Arbeit des Lesens: dieses Lesen entwirft »auf dem Schirm des Bewußtseins«, der allmählich ausgespannt wird, Zustandsbilder, Bilder einer intensiven Dauer, die nicht geschluckt, sondern gerade erst gestaltet und vom Leser hervorgebracht werden.

Proust notiert: »Das Werk des Schriftstellers … ist lediglich eine Art von optischem Instrument, das der Autor dem Leser reicht, damit er erkennen möge, was er in sich selbst vielleicht sonst nicht hätte erschauen können.«

Die Zustandsbilder, die das Lesen im Inneren des Lesers zur Entwicklung bringen will, sind von anderer Art als die, die wir im alltäglichen Leben wahrnehmen. Es sind, wie gesagt, Bilder, die *dauern* müssen. Proust hat sie als vereinfachte, zusammengesetzte Bilder beschrieben, und er ist damit jenen Regeln der Zerlegung, Vereinfachung und erneuten Zusammensetzung gefolgt, die Mach und Taylor (als die Vorfahren der Computerkultur) in anderer

Absicht und mit anderen Zielen entwickelten. »Der geniale Einfall des ersten Romanschriftstellers bestand in der Entdeckung, daß, da in unserer emotionalen Sphäre das Bild das wesentliche Element ist, die Dinge entscheidend vereinfacht und vervollkommnet würden, wenn man die wirklichen Personen kurzerhand ausschaltete. Ein wirklicher Mensch, mögen wir noch so sehr mit ihm sympathisieren, wird von uns zum großen Teil durch die Sinne aufgenommen, das heißt, große Partien an ihm bleiben undurchsichtig für uns und bilden eine Art toter Last, mit der unser Empfindungsleben nichts anzufangen weiß... Die Erfindung des Romanschriftstellers war nun, diese für die Seele undurchdringlichen Partien durch eine gleiche Menge immaterieller Teile zu ersetzen, das heißt solcher, die unsere Seele sich anverwandeln kann.«

Das Kind Marcel gräbt sich während seiner Lektüre immer tiefer in den zuständlichen Kosmos des Buches ein. Die Empfindung intensiviert sich, sie läßt den Lesenden nicht mehr los, der immer von neuem Bilder zusammensetzt, ihnen einen Raum gibt, sie durch neue verdrängt. Während dieser Lektüre hört das Kind wie von ferne die Stundenschläge der Glocken von Saint-Hilaire. »Bei jedem Stundenschlag aber schien es mir, als sei der vorhergehende eben erst gefallen; die jüngstverflossene Stunde stand noch ganz nah der anderen am Himmel, und ich konnte nicht glauben, daß sechzig Minuten in dem durchmessenen kleinen blauen Bogen zwischen den beiden goldenen Markierungen des Sonnenstandes Platz gehabt haben sollten.«

Die Lektüre – so sagt man dahin – verkürzt die Zeit. Wäre sie also mit jener Zeitverkürzung zu vergleichen, um die es auch Mach und Taylor ging?

Schauen wir genauer hin. Das Lesen entwickelt eine besondere Form der Zeit, eine Dauer »außerhalb« der alltäglichen Zeit. Dies ist der Grund dafür, daß sich der Leser nicht von seinem Buch trennen möchte. Er möchte es zu Ende lesen, was nichts anderes heißt als: er möchte möglichst lange in diesem Zustand »außerhalb« der Zeit verweilen. Die alltägliche, uns bekannte Zeit wird dadurch verkürzt, sie wird durch jenen Sog vernichtet, der die Zustandsbilder des Lesens regeneriert. Indem die Lesezeit eine gleichsam unendliche Dehnung erfährt, nimmt die alltägliche Zeit an

Bedeutung ab. Die positivistische Verkürzung der Zeit ersetzt dagegen diese Verkürzung durch kein anderes Moment, ja sie macht diese Verkürzung nicht einmal wahrnehmbar. Vielmehr ist die Verkürzung hier nur ein Mittel, alltägliche, eigentlich unbekannt bleibende (und kaum noch wahrgenommene) Vorgänge möglichst schnell und bewußtlos zu organisieren.

Das Lesen im positivistischen Sinne ist ein Vereinfachen, das den Leser erschöpft, leer, unbefriedigt zurückläßt; das Lesen im Proustschen Sinn ist eines, das die Verkürzung der alltäglichen Zeit zu ihrer Überwindung, zu einem kreativen, produzierenden Dasein der Dauer nutzt. Daher wird durch dieses Lesen die Zeit gleichsam verräumlicht, sie wird in Zustandsbildern eingefangen.

Es war nun die entscheidende Entdeckung Prousts, diese wichtigen Erkenntnisse auf sein Leben angewandt zu haben. Proust wurde danach zum exemplarischen Leser seines Lebens.

(1984)

Thorsten Becker
Proust in der DDR?

Schlitzer machte mich aufmerksam, daß am Nachbartisch allein mit einem Glas vor einer Flasche Wein Glatzes Bruder saß. Ich grüßte ihn ohne Auftrag, was ich später bereuen sollte, von seinem Bruder im Westen. Ich bereute es schon unmittelbar ein wenig, denn er schien von dieser Aufmerksamkeit seines Bruders nicht im geringsten überzeugt und murrte, statt zu danken, nur etwas Unverständliches in die Richtung seiner Weinflasche. Ich gab der Sache nicht weiter nach, denn Schlitzer hatte den Namen Prousts in unsere Konversation blitzen lassen. Ich wollte meiner Begeisterung für diesen Schriftsteller Ausdruck geben und hob mein Glas, um mit Schlitzer auf den Impressionismus anzustoßen. Das führte in Sekundenschnelle zu einem Temperatursturz in unseren frisch geknüpften und vorsichtig erwärmten Beziehungen. »Quatsch«, hatte Schlitzer zu meiner Prädikation, die er wohl als Klassifizierung aufgefaßt haben muß, gesagt. Keine Buchstabenkombination hätte mich aber ernster verletzen können als diese, die mir einen Schmerz in der Brust verursacht, selbst wenn sie aus dem dümmsten Munde kommt. Wie erst aus diesem klugen und gelehrten! Mein Versuch, das vermutete Mißverständnis aufzuklären, verstärkte nur die Brusquerie, da Schlitzer vermutete, ich suchte meine Unwissenheit unter logischen Spitzfindigkeiten, deren Fährte er in seinem angetrunkenen Kopf nicht zu verfolgen gedachte, zu verstecken.

Ich war mir durchaus wohl bewußt, daß es eine Verletzung des Common sense ist, Proust einen Impressionisten zu nennen, und doch ist mir, auch ohne lange Interpretationen auf der Rolle, welche die Figur des Malers Elstir in Prousts Roman spielt, aufzubauen, die Welt Swanns, die Welt der Guermantes immer als die Welt Degas', Pissarros und Monets erschienen. Es gab keinen Weg, die Verstimmung aufzulösen. Wir tranken unsere Flaschen aus. Ich warf, um abzulenken, aber doch beim Thema zu bleiben, die Frage in die Runde, ob man Proust in der DDR überhaupt lesen könne. Man bestätigte kopfnickend, daß Proust ein durchaus gelesener Autor in der DDR sei, wenn auch nicht gerade beständiges Tagesgespräch. Durch diese Auskunft, mit der meine Frage beantwortet zu sein schien, war aber die kleine Spitze, die ich der Frage beigegeben glaubte, nicht zum Stechen gekommen. Ich wollte andeuten, daß auf dem Hintergrunde der DDR-Verhältnisse die Lektüre Prousts eine recht verzerrte Angelegenheit sein müsse. [...]

Wie die DDR-Bürger ihren Wein tranken – der Beaujolais kam vom Plattensee – und sich von dem Schauspieler, der in der Rolle des Neffen seinem Affen soviel Zucker gab, daß es schon auf den Brettern knirschte, das süße Leben vorkauen ließen, stellte mir den deutschen Francophilismus unter ein neues Licht, in das ich meine Frage nach der Proust-Lektüre in der DDR getaucht glaubte. [...]

Für uns scheint es aber doch spätestens jetzt unerläßlich, einige grundsätzliche Feststellungen über die Widersprüchlichkeiten in Schlitzers Charakter zu machen. Die augenscheinliche Unverträglichkeit, die dem aufmerksamen Leser sicherlich nicht entgangen sein wird, war die seiner Liebe zu Proust einerseits mit seinem rüden Männerstandpunkt andererseits. Wir finden diese Mischung nicht selten. Die zarten, bildungsbeflissenen, aber doch abgrundtief durchtriebenen Mädchen nach dem Bilde Albertines sind möglicherweise unter den Proust-Lesern gegenüber den harten Jungs nach der Physiognomie, die man sich hinter Namen wie

Joseph Conrad und Jack London vorstellt, in der Minderzahl. Freilich ist Proust derjenige, der an Leib und Seele erschüttert, so daß er sich in ein Treppenhaus flüchtet, um seinen Atem wiederzufinden, wenn Morel die Nichte Jupiens eine »Schlampe« schimpft, das heißt aber nicht, daß ein solches Verhalten auch von dem Bewunderer Prousts an den Tag gelegt wird. Doch hat es irgendwo in seiner Seele ein Pendant, eine zuweilen rein passive Entsprechung, die allerdings nicht von den Menschen aktiviert wird, denen er begegnet, sondern vom Widerhall seines leeren Selbsts im Raum. Ich persönlich habe so etwas immer für einen buddhistischen Mißbrauch gehalten. Was aber die scheinbare Unvereinbarkeit in Schlitzers Charakter anbelangt, so können wir festhalten, daß sie in Wirklichkeit nicht bestand, da sowohl seine Schwäche für Proust als auch seine Stärke gegenüber dem schwachen Geschlecht Ausprägungen seines Hangs zur Einsamkeit waren, aus dem er die Kraft für seine Abenteuer gewann. Ich hütete mich aber, meiner Freundin diese Gedanken über Schlitzer mitzuteilen, und war froh, daß die kleine Eifersuchtsszene, die ich vom Zaun gebrochen hatte, um das Spiel der nächtlichen Zärtlichkeiten einzuleiten, Hoppel zum Gegenstand hatte. [...]

Hatte ich anfangs solche Zweifel gehegt, so waren sie inzwischen derartig herangewachsen, daß ich zuletzt nur noch aus ihnen bestand. Mir ging es mit Schlitzer jetzt, wie es dem Erzähler des Proustschen Romans mit der toten Albertine ergeht; ich durchforschte meine matt gewordenen Erinnerungen an ihn mit der schlackernden Funzel des Mißtrauens: ich machte ihn mir zum Gespenst. Ein Gespenst zum Glück, das mich in meinen Träumen zu verschonen schien. *(1985)*

Wilhelm Genazino
Schreiben zum Tode

Der 23jährige Proust verkündete brieflich:

»... ich verzichte *für immer* auf ein innigeres Vertrauen«.

Mit dieser Äußerung ist das Existenzprogramm von Proust umrissen. Es wird nicht mehr revidiert, sondern nur noch verschärft werden.

Natürlich wissen wir heute besser als Proust, was aus einem

ästhetisch-symbolischen Totalwiderstand eines einzelnen gegen die anderen werden muß. Wir wissen, daß man die Kompaktform der in sich geschlossenen und für sich agierenden Psyche Autismus nennt, und wir wissen, daß es in den blühenden Industriegesellschaften des 19. Jahrhunderts kaum etwas Unverständlicheres gab als den Proustschen Selbstausschluß aus der so vielversprechenden Kommunikation der bürgerlichen Welt. Deswegen sehen rational gestimmte Leser, die gleichwohl das Entzücken an Prousts Romanen nicht missen wollen, in deren Autor das Urbild für die Selbstschädlichkeit aller Kultur. In Prousts Lebenslauf finden sie das Material, das die Kunst zu einem Destruktionsprozeß ihrer Urheber macht und von der es sich deshalb fernzuhalten gilt. Mit Proust gelingt die Trennung des Künstlers vom Kunstwerk ganz leicht. Der geläufige Typ des Proustkenners liebt das Werk und bedauert gleichzeitig die Krankheit des Künstlers. Für die anderen aber, die selber Literatur hervorbringen und wissen, daß Kunst ohne Pathologie kaum zu haben ist, für die ist Prousts Leben zu einer zentralen Lektion der Literaturherstellung überhaupt geworden. Ich vermute, das Interesse anderer Autoren an der Biographie Prousts hat das Interesse an seinem Werk inzwischen überrundet. Denn an dieser Biographie können andere Schriftsteller lernen, wie man als Schreibender die Probleme des Schreibens und des an ihm hängenden Lebens so zueinander in Beziehung setzt, daß das gelungene, weil vollendete Werk als der letzte und dann einzige Grund des Lebens erscheint. Prousts Biographie ist das Modell eines Schriftstellers, der nur Autobiographie verarbeitet, ohne diese je im deskriptiven Sinne auszubreiten, weil er von der Autobiographie nur deren Abstraktestes, nämlich den Schmerz über das bloß vorüberziehende Leben, als unmittelbar Stoffliches verwendet hat. Proust zeigt uns, wie Schmerz so verarbeitet wird, daß durch dessen Transformation, durch seine Verwandlung in Text, immer neuer Lebensgrund, und das heißt: neuer Schreibgrund entsteht: und wie dieser Kreislauf aus Schmerzevokation und Schmerzweitergabe in eine private Besessenheit des Schriftstellers einmündet, von der Proust wußte, daß in ihr die Selbstaufreibung zum Tode hin mitgelebt wird.

Schreiben ist die Verwandlung des Lebens in eine einzelne Manie. Manie ist die Verlaufsform einer Unvermeidlichkeit. Für die Verstetigung der Kraft, die aus der Umformung des Lebens in eine

Schreibmanie hervorgeht, hat Proust seine Erkrankung zu Hilfe genommen. An der Art der narzißtischen Aufmerksamkeit, mit der er sich seiner Krankheit zuwandte, können wir sehen, daß sie ihm nicht nur eine konventionelle Legitimation für mangelnde Lebenstauglichkeit lieferte, sondern daß sie Teil einer umfassenden Existenzbegründung war: für das Schreiben im Geist der absehbaren Beendigung des Schreibens, für das Schreiben im Geist des Todes. Die Krankheit war der lebhafte Platzhalter des Todes im Leben, der ihm die Bedeutungen und Zeichen zuspielte, die er benötigte. An seinen Freund Walter Berry schreibt er:

»Der Tod, mit dem ich lebe, verhindert alles.«

Zugleich verschweigt er, daß ihn die Überzeugung des herannahenden Todes Band für Band seines Werks hervorbringen läßt. Schon 1912, zehn Jahre vor seinem Tod, mahnt er, brieflich wie immer, seine Freunde und Bekannten:

»Sie wissen, daß ich keinerlei Sicherheit habe, morgen noch am Leben zu sein.«

Die Krankheit störte frühzeitig das Leben und löste damit, als Schuld an der Entfernung von diesem, das Schreiben aus. Als Höhepunkt und Ende aller Störungen beendete die Krankheit vorzeitig das ungeliebte Dasein, hatte aber inzwischen, und nur darauf kam es an, das Schreiben als Leben hervorgebracht. Das Schreiben als Leben neutralisierte wiederum die Krankheit, die dadurch im ganzen wie im Detail entschuldbar wurde. Jeder Schreibende ist vom Nicht-mehr-Schreiben-können bedroht. Nicht immer steigern sich die Mittel des Schreibens mit der Anzahl der Lebensjahre des Schreibenden. Prousts Lebensführungsleistung war der Zusammenfall des Endes des Schreibens mit dem Ende seines Lebens. Das ist der Grund, der die Biographie Prousts so aufschlußreich, attraktiv und nachahmenswert macht. Denn das möchte jeder Schreibende erreichen: Kein Jahr soll es geben, das ohne Schreiben verbracht werden muß, kein Werk, das durch vorzeitigen Tod ungeschrieben bleibt. Und am Anfang des Weges ein eindeutiges Zeichen, das dem Schreibenden Aufschluß gibt über die bevorstehende Generalabweichung. [...]

An Jeanne de Caillavet schrieb Proust den Satz:

»Für mich leben die Toten.«

Diesen Satz dürfen wir wörtlich nehmen. Proust glaubte nicht im religiösen Sinn an ein Fortleben nach dem Tod; nach übereinstimmender Mitteilung von vielen Zeitgenossen war er ungläubig. Die Unannehmbarkeit des Todes der Mutter hat ihn aber veranlaßt, sich eine private Todes-Metaphysik auszuspinnen, die ihm erlaubte, in einer halluzinierten Untrennbarkeit von der Mutter zu leben. Seine Todes-Metaphysik hatte die Funktion einer persönlichen geistigen Technik; sie half ihm, die für einen Lebenden unausdenkbare Entfernung zu einer Toten zu überwinden. [...]

Wer die Reflexion über Bergottes Sterben vor dem Hintergrund von Prousts eigenem, immer schneller herannahendem Tod liest, kann leicht sehen, daß Proust in der Beschreibung von Bergottes Tod seine eigene Unsterblichkeitsüberzeugung mit eingebracht hat. Der entscheidende Satz lautet:

»Der Gedanke, Bergotte sei nicht für alle Zeiten tot, ist demnach nicht völlig unglaubhaft.«

Es gibt keinen Verzicht ohne die Spekulation auf einen späteren Gewinn. In Prousts Unsterblichkeitsüberzeugung liegt die späte Sinnbeute, die seinem ein Leben lang durchgehaltenen Verzicht auf eine unmittelbar wirksame Rolle in der Gesellschaft nachfolgt. Waren schon die Toten, die er als Lebende geliebt hatte, für ihn nicht wirklich tot, so konnte er selbst, der sich am meisten geliebt hat, nur unsterblich sein. Der Schmerz, der durch diese permanenten Bedeutungstransformationen frei wurde, war für Proust ein Produktionsmittel; er ästhetisierte ihn so lange, bis er die Form von brauchbarer künstlerischer Kraft angenommen hatte. Prousts persönlicher Ausdruck als leidender Künstler war deswegen nicht der Ausdruck eines Erkrankten, sondern eines von seiner Arbeit besessenen Außenseiters, der nicht recht wußte, wie er seine Besessenheit legitimieren sollte. [...]

Niemals wird er bereit sein, sein persönliches Sozialisationswissen, und das heißt: das Wissen von der Einzigartigkeit der Liebe zu seiner Mutter und ihrer Liebe zu ihm, jemals gegen das (in seinen Augen) Trivialwissen über das Leben der anderen Menschen in der Gesellschaft einzutauschen. Proust macht nicht mit, was die Ingenieure und Planer der eben modern werdenden Gesellschaft vom Subjekt erwarteten und weiter erwarten: daß die einzelnen den Kampf dieser Gesellschaft um die Geltung der jeweils besten Funktionalität zu einer je inneren Auseinandersetzung dieser einzelnen selber machen. *Es gibt nichts zu wissen:* dieser im Jahre 1900 geschriebene Satz ist gegen alles gerichtet, was die europäische Zivilisation in den drei Jahrhunderten zuvor hervorgebracht hat, insbesondere gegen die Aufklärung, gegen die ihr folgende Idee der Selbstveredelung des Menschen durch Kultur, gegen das Programm der religiös eingefärbten Innerlichkeit, gegen den blühenden Liberalismus und gegen das, was er zu Prousts Lebzeiten schon aus Europa gemacht hatte, nämlich eine Konkurrenzgemeinschaft hochkapitalistisch organisierter Staaten. Adam Smith hatte 125 Jahre zuvor in seinem Hauptwerk »Der Wohlstand der Nationen« das Prinzip der ökonomischen Entwicklung beschrieben: »...die natürliche Neigung des Menschen, zu handeln und Dinge gegeneinander auszutauschen«, führt dazu, daß sich »von selbst allgemeiner Wohlstand in allen Schichten der Bevölkerung« ausbreitet. Der Ökonom Smith hatte an Rohstoffe, Waren und Leistungen gedacht, die Menschen untereinander austauschen sollten. Andere Aufklärer erkannten, daß sich im Menschen selbst, und zwar in jedem Exemplar der Gattung ein großes Warenhaus von Bedürfnissen, Überzeugungen, Meinungen, Stimmungen, Eigenheiten, Triebspezialitäten, Vorlieben und Abneigungen befindet, die die Menschen ebenfalls – wie Waren und Rohstoffe – untereinander anbieten und, soweit möglich, im Tauschwege befriedigen können. Gegen *diese* Ausweitung des Handels mit menschlichen Befindlichkeiten richtete sich Prousts Satz: Es gibt nichts zu wissen. Seine Abneigung gegen diesen Handel ist auch der Grund, warum Gesellschaft als soziales System in seinem Werk nicht erscheint, sondern nur ein kleiner Teil von ihr, nämlich das Großbürgertum, und von diesem wiederum nur eine Seite, nämlich deren Geselligkeits- und Unterhaltungskultur. Die Gesellschaft als Ganzes, die Struktur der Vernetzungen, war für Proust kein Gegenstand, weil deren Funktionalität, der Totalaustausch, für ihn nur eine monströse Geschmacklosigkeit war. Aus dem gleichen Grund konnte aus Proust weder ein Gesellschaftskritiker noch ein Gesellschaftsrepräsentant werden. Er verewigte statt dessen die zentrale Erfahrung seines Lebens, nach der die Gesellschaft niemals so »gut« werden konnte, wie es seine Kindheit war. Den Schreck, mit dem er einst, nach Beendigung der Kindheit, feststellen mußte, daß ihm die Welt nicht mehr bekannt erschien, verwandelte er in die Geltung eines lebenslangen Selbstausschlusses. Er nahm dabei in Kauf, daß sich jener Teil der Energien, die seine Natur für die Austragung des Kampfes in der

Gesellschaft bereitstellte, destruktiv gegen das eigene Selbst richtete und aus seinem Dasein jene Selbstaufreibung machte, die uns heute als Material für den Zweifel an der Moderne zur Verfügung steht. Proust hat nicht versucht, sein Verharren, das Stehenbleiben seiner Psyche, die Vergespensterung seines ganzen Lebens als Vorteil auszugeben. Er selbst hat noch nicht erkennen können, daß sein Versagen vor der Gesellschaft schon ein Teil jener Fremdheit war, die wir heute als das durchschlagende Kulturgefühl des 20. Jahrhunderts kennen. Er hat die Erfahrung der Fremdheit noch ganz auf seine privaten Verhältnisse bezogen und sie daraus auch zu erklären versucht. [...]

In Prousts Liebenswürdigkeit haben sich, da sie zu einer operationalisierbaren Haltung werden mußte, die Züge eines sublimierten Hasses auf alles Gesellschaftliche eingeschlichen. Die vielen Zeitgenossen, die seine brieflichen Nettigkeiten für bare Münze nahmen, ahnten genausowenig wie jene Leser, die ihn für einen amüsanten Gesellschaftsautor hielten, daß im Medium der Liebenswürdigkeit die Gesellschaft auf eine Weise abgelehnt wurde, daß diese selbst, ganz und gar auf Äußerlichkeit fixiert, von ihrer eigenen Ablehnung nichts erfuhr. Es ist, mit einer Formulierung von Alfred Lorenzer, eine »Beseitigung durch Umarmung«. Einer, der Prousts veröffentlichtem Verhalten nicht traute, war der Freund und Schriftsteller Edmond Jaloux, mit dem Proust nach 1917 oft im Ritz dinierte. Jaloux durchschaute Prousts Technik der bloß vorgespielten Anwesenheit; er notierte:

»Man könnte sagen, er überhäufe einen mit seinen Artigkeiten, um mehr Anrecht darauf zu haben, sich wieder zu entziehen, seine heimlichen Zufluchtsstätten wieder aufzusuchen, das peinigende Mysterium seines Geistes.«

Vielleicht hat nicht einmal Proust den Doppelcharakter seiner Freundlichkeiten bemerkt. Wer seine Briefe liest, stößt immer wieder auf die gleichen Floskeln, die von Jahr zu Jahr deutlicher ihre Erstarrung zeigen und die Proust doch nicht aufgegeben hat. Immerzu versichert er auch Menschen, die ihm ferner stehen, seiner tiefen Freundschaft, seiner tiefen Ehrerbietung, seiner hochachtungsvollen und tief empfundenen Dankbarkeit. Wenn er es mit Frauen zu tun hat oder mit bereits anerkannten Schriftstellern, dann wirft er sich ihnen zu Füßen, er bittet um Absolution oder umarmt sie zärtlich und behutsam – natürlich immer nur schriftlich. Proust hat diese fassadenhafte Höflichkeit bis zum Ende seines Lebens beibehalten. Vermutlich durfte ihm ihr Klischee nie problematisch werden, weil sich in den Formen der Höflichkeit die Kürzel seiner Gesellschaftsabwendung viel zu stark verfestigt hatten. Erst der Zusammenhang vieler hundert Briefe läßt das Ritual der Nettigkeit als solches hervortreten und gibt die Pose frei.

Die Verweigerung von Interaktion, der kultische Selbstbezug auf die Krankheit, die Wappnung mit Liebenswürdigkeit und der immer mitgedachte Tod als Stimulans sind Elemente einer biographischen Erfindung, die wir Prousts Ort der Hingabe nennen können. Hingabe ist für ihn eine Mischung aus Ausweglosigkeit und Besessenheit. Beides zusammen, Hingabe und Besessenheit, leisten nach außen die Abschirmung gegen die Gesellschaft und nach innen den Zwang zum Werk. Im Vollzug beider Bewegungen, in der Bewegung zum Werk und in der Bewegung zum Tod, fand Proust das Glück des Künstlers, der auf seine Existenzkategorien gestoßen ist. [...]

Dieser Autor, der über viele Seiten hin die feinsten farblichen Abstufungen und stofflichen Beschaffenheiten von Röcken, Hosen, Blusen, Taschen und Frisuren zu schildern wußte, außerdem und immer wieder die Pracht von Blumen, Gärten, Häusern, Tapeten, Gardinen, Möbeln und Treppenhäusern, dieser Autor sah selber aus wie – na: sagen wir – wie ein stellungsloser Kellner. Dabei war die äußerliche Verwahrlosung Prousts weder eine Provokation der Mitmenschen noch ein sublimer ästhetischer Akt, sondern der quasi naturwüchsige Ausdruck einer Verlagerung: Alles, was für ihn zählte, befand sich längst und irreversibel in seinem Innenraum. Seine äußerliche Verkommenheit drückt deshalb nichts anderes aus als das alptraumhaft gesteigerte Entferntsein von den anderen. Nur noch dort, im Innenraum, fand er den Ort der Hingabe, den Ort der Verausgabung für sich selbst, den Ort der Besessenheit. Die Gesellschaft schreitet nicht gegen Besessenheit von Künstlern ein, weil diese sich nicht gegen sie, sondern nur gegen die einzelnen Künstler selbst richtet; sie ist nicht anstekkend, sie fordert nicht zur Nachahmung auf. Ein in seiner persönlichen Entferntheit produzierender Künstler macht niemand Angst. Die Kunst-Sucht ist die einzige Sucht, aus der keine Volksseuche werden kann: deswegen ist sie erlaubt, deswegen kann sie folgenlos prämiiert werden. Sie richtet nur den zugrunde, der sich ihr hingegeben hat. Die Gesellschaft sieht verwundert, gerührt, abgestoßen dabei zu, wie der besessene Künstler am Ende über seinem Werk zerbricht – und hat dann wieder recht damit, die Selbstverzehrung von Künstlern nicht zu den sozialen Techniken zu zählen, die ihr nützen. Allerdings wächst, wer wie Proust sein Leben behält, einem Ereignis entgegen, das dann auch ihm allein gehört; ich meine den von Rilke so genannten eigenen Tod. Proust brauchte nicht besorgt zu sein um sein Sterben, er wußte von seinem Tod seit seiner Kindheit. Und weil ihm der Tod früh vertraut war, konnte er sich frei in sein Verderben stürzen und ein haltloser Künstler werden. Von Proust wissen wir, wie er über vier Jahrzehnte hin gestorben ist; das hat der eigene Tod den bloßen Sterbefällen voraus. *(1986)*

Hermann Lenz
Schreiben durch Proust?

Übrigens wurde späterhin vermerkt, *Das stille Haus* erinnere an Proust, wahrscheinlich weil ich darin die Verbundenheit eines jungen Mannes mit seiner Mutter dargestellt habe. Ich hatte diese Beziehung als Wunschbild entworfen. Und die Ähnlichkeit mit Proust mochte nachzuweisen sein – auch mir erscheint dies heute plausibel, nur hatte ich bis dato weder etwas von Proust gehört noch gelesen. Erst 1939 wurde die Übersetzung von Walter Benjamin und Franz Hessel verramscht, und ich las darin, übrigens fasziniert, was nicht verwunderlich erscheint. So, dachte ich, sei das Leben, wenn es sich zu leben lohnte. Marcel Proust hatte es entdeckt.

Der Weg zu ihm war mir durch Hofmannsthal und Schnitzler, durch Herman Bang und Jacobsen und nicht zuletzt durch Eduard von Keyserling geöffnet worden. *(1986)*

Friederike Mayröcker
Proustparaphrase

und weil niemand zur Stelle ist, sagt Wilhelm, dem man seinen Schmerz anvertrauen kann, dem man wortlos ganz stumm geworden in die Augen blicken kann, um den Hals fallen kann, während man ohne Tränen einen Punkt anvisiert irgendwo in der Fremdheit des Horizontes, und weil nicht einmal ein verständnisvolles Haustier zugegen ist, dem man seinen Schmerz, diesen unstillbaren Quell nahebringen könnte, nimmt man Zuflucht zum Schreibheft und Stift, oder zur Tastenmaschine und ist sich im Verlaufe des Schreibens immer weniger sicher, ob gewisse Seufzer und Wörter tatsächlich getan und ausgesprochen, also niedergeschrieben oder nur imaginiert worden sind und keineswegs sicher, ob die innere Tränenflut gestillt und verwandelt werden könnte auf solche Weise, oder ob der Schmerz dieser Wunderquell sich anschickt, Menschenbild Figur und Gestalt anzunehmen also anfängt, sich zu verselbständigen, so daß man aufgefordert ist, ihn zu wiegen, zu trösten, zu stillen, was freilich die Dinge vollkommen auf den Kopf zu stellen scheint, nämlich der Schmerz als Person, als fühlendes Wesen, für das man nun alle Zuwendung, deren man fähig ist, aufzubringen sich verpflichtet fühlt, wie man sie einem menschlichen Wesen zukommen lassen würde, welches in Not und Verzweiflung ist, und, immer noch spielend mit dieser verwirrenden Umkehrung der Dinge, setzt sich von neuem das Wissen um eine Sehnsucht nach irgendwelchen Haltepunkten durch, und man gräbt dieses Herz dieses Stromlinienherz wieder aus, *diese Gefühlsschäbigkeit*, diese Sucht, sich irgendwo festzukrallen, sich festzunesteln, sich festzusaugen, Religion oder Musik (erstaunlich auch, was die Religion alles hervorzubringen vermag: aus der Natur natürlich den Wind und die Wolken, das weiße Gespinst Spinnennetz vor dem Fenster so lichtdurchflutet, das tote Pfauenauge auf dem Pflaster der Straße, Wasserminze, sturmgerüttelte Rosenhäupter, Luftmaschen im Himmel: geklöppeltes Spitzenzeug weißer Rand einer Tischdecke, weißer Kometenschweif einer ins tiefe Kuppelblau gleitenden Flugmaschine, die *singende Säge* aus einem Baum *von irgend Vogelgesinde*, und gelbe Falter, die bis zur halben Höhe der riesigen alten Tannen und Fichten schwärmen, also die Schleuder-, die Tauchbewegungen des Mückenreigens im Abendschein, sie gehen dann aus der Abendsonne heraus, tanzen näher an den riesigen Stamm heran, in unruhig vibrierendem Schweben, also an feuchten Gräben der Blutweiderich, die violettblauen Blütenpyramiden Türme der Hoffnung, die Violett-Töne in der Natur eindringlicher als das Rosa des dornigen Hauhechel und Tausendgüldenkraut, der Feuersalamander, der bei strömendem Regen über den Weg kriecht, talabwärts, was weiterhin Regenwetter bedeutet, der Trost, sich am Abend mit Bier oder Wein zu sedieren, um wieder umgänglich zu werden, um überhaupt unter Menschen sein zu können, das Aufatmen bei einem Gewitter hinter dem geöffneten Fenster, die Pestbeulen des heiligen Rochus auf dem vergilbten Bild in der Kapelle, diese Karawane ungewöhnlicher Vögel die eine Wüste durchzieht undsoweiter, und was man für eine Hecke halten könnte, war den Sinnen nur abgerungen, denn unsere Sinne wollen nicht hinnehmen, was unser Verstand längst akzeptiert hat: DAS IST ERKANNT, DAS STEHT FEST, DAS GEHÖRT ZUM BASISWISSEN – also ist man überzeugt von der Wirkung, fragt nicht mehr nach den Ursachen), Gottseidank regnet es wieder, doch wir wissen nicht, was auf uns kommt, was auf uns zukommt: denn es ist nicht mehr so wie früher, unser Vertrauen in jegliches ist erschüttert, sagt Wilhelm, nämlich wir sind in den Lichtverfall geraten, nämlich wir fühlen, daß uns endgültig der Begriff der Zeit abhanden gekommen ist, Himmel oder Hölle wo werden wir landen, ist das ganze ein Hüpfspiel, weiß der Teufel ist der Hut wichtiger als das Hemd?

mit Fußtritten gegen die Wespen, die Kübelgüsse, der warme Sonnenschein, unausgesetztes Fiepen eines unsichtbaren Vogels in einem Busch, ein bißchen Krankheit des Pferdes, der Federsturz, man hat ja nicht immer gelebt wie ein Baum!, *und dann, sehen was kommt.* *(1986)*

Rudolf Schottlaender
Erinnerung

Es bahnte sich um das Jahr 1925 etwas an, was bis heute, 60 Jahre später, noch nicht völlig ausgestanden ist. Ich wurde zum Übersetzer französischer Romane. Der Berliner Verlag *Die Schmiede* brachte eine Serie »Die Romane des XX. Jahrhunderts« heraus. Der beste Freund meines Bruders Hans, selber im Verlag Lektor, Walter Landauer, mit dem auch ich, ebenso wie mit seiner Schwester Erna, befreundet war, hatte mich den Chefs der *Schmiede*, Dr. Fritz Wurm und Dr. Julius Salter, empfohlen. Ich begann mit einem bretonischen Roman, der immerhin den Goncourtpreis erhalten hatte: *La Brière* von Alphonse de Châteaubriant. Ich wählte als Titel *Schwarzes Land*. Es sollte eine Art Gesellenstück werden, denn ich war für Größeres vorgesehen. Eine lange Besprechung im *Berliner Börsen-Courier* spricht sich sehr anerkennend aus, nennt aber meinen Übersetzernamen nicht. Es ist ein Stück französischer »Blut-und-Boden-Literatur«; der Verfasser ist später offen zu den Faschisten übergegangen. Die Kunst in diesem geschickt geschriebenen Landschaftsroman ist nicht zu vergleichen mit der des Goncourtpreisträgers von 1919, Marcel Proust, dessen Ruhm sich nun, nach seinem Tod im November 1922, auch in Deutschland zu verbreiten begann. Der eifrigste und kundigste Werber war der Romanist Ernst Robert Curtius, selber zweisprachig, Sohn einer französisch-schweizerischen Mutter. Der Verlag *Die Schmiede* hatte das Copyright für das Proustsche Gesamtwerk erworben. Ich bekam ein monatliches Fixum und setzte mich an die Arbeit. Nie hat mich eine Lektüre so bezaubert wie die des Abschnitts I von *Du côté de chez Swann*. Jeder neue Morgen ein neuer Ausflug. Diese »Kindeszärtlichkeit im Aufruhr gegen Erziehungsgrundsätze« – wie ich es mehr als 50 Jahre später einmal nannte – rührte mich im Innersten, manchmal bis zu Tränen. Nun, Rührung garantiert noch keine gute Übersetzung. Das wußte ich wohl und gab mir die größte Mühe – ich, der ich nicht Romanistik studiert hatte und noch nie in Frankreich gewesen war! Die Übersetzung ist nicht voll gelungen; viele, darunter ernste Einzelfehler müssen den ärgern, der den Urtext gut kennt; sie aber für mißlungen halten kann man nur, wenn man »den Wald vor Bäumen nicht mehr sieht«. Die Dankbarkeit für meine Arbeit ist mir von mehreren Seiten bestätigt worden, in der Öffentlichkeit allerdings nur von Hermann Hesse (im *Berliner Tageblatt* vom 29. 4. 1926 innerhalb seiner Sammelrezension »Der Bücherberg«). Er konnte nicht aufkommen gegen den Rufmord, der kurz vorher entfesselt worden war. Willy Haas, Herausgeber der Berliner Wochenschrift *Literarische Welt*, hatte in seinem Blatt mehrere Seiten dem Verriß meiner Übersetzung zur Verfügung gestellt. In meiner Unerfahrenheit hatte ich nicht geahnt, wie ungünstig der Start gewesen war. Ich hatte den *Schmiede*-Chefs gesagt, daß ich einen Superrevisor brauche. Salter und Wurm wandten sich deswegen an Ernst Robert Curtius. Wie sie mir sagten, habe der zuviel Geld verlangt. So wurde ich denn allein ins Feuer geschickt und hatte obendrein einen Feind mehr. Wie zählebig die Gehässigkeit nachwirkte, kann man daraus ersehen, daß noch nach 56 Jahren als »Gesamtwürdigung« meiner Übersetzung der Satz von Curtius zitiert wird: »Eine liederliche Pfuscherei ist sein Machwerk« (in *Marcel Proust, Werk und Wirkung*, Frankfurt/Main, 1982, S. 110). Friedrich Burschell, der zweite Verreißer, erwähnte wenigstens, daß meine Übersetzung von Châteaubriants Roman nicht ebenso schlecht sei. Als dritten – als ob zwei nicht genügten! – hatte Willy Haas noch Hans Jacob beauftragt. Dessen Ausfälle waren die heftigsten. Daß Willy Haas auch ihn beauftragte, den er samt seiner Meinung über mich doch kannte – denn natürlich redeten Berliner Literaten sofort miteinander über eine solche Sensation –, berechtigt mich dazu, von einer »Literatenmeute« zu sprechen.

Damit bestätigte sich mir erneut jener zwiespältige Eindruck vom demokratischen Berlin der »goldenen zwanziger Jahre«, den Kurt Badt längst hatte und mir durch seine Urteile vermittelte. »Treibhausklima« – in Treibhäusern wachsen sehr schöne Blumen, und dennoch ist das Klima ungesund. Ich weiß nicht, ob mir der folgende Vergleich schon damals kam, heute jedenfalls will ich ihn niederschreiben: der mit dem demokratischen Athen um 400 v. u. Z.! Dort lebte und schuf ein Aristophanes, Sophisten wie Gorgias, Hippias, Prodikos brillierten. Ein Sokrates aber wurde hingerichtet! Die Ähnlichkeit geht noch weiter. Fünf Jahre nach einem verlorenen Krieg: 390 v. u. Z. so wie 1924 u. Z., standen sich gegenüber die konservativen Verlierer, die die Schuld an der Niederlage nicht bei sich, sondern bei den »Jugendverderbern« suchten – dies der Hauptanklagepunkt gegen Sokrates! – und mit denen man die Hintermänner der deutsch-nationalistischen Hetze durchaus vergleichen kann. Die Verfolgung aber richtete sich gegen einen, den die Ankläger mit den eigentlich Beschuldigten verwechselten, obwohl er doch selbst deren gründlichster Gegner war. An einen mit Sokrates vergleichbaren öffentlichen Mahner in Berlin kann ich mich freilich nicht erinnern, und darin mag der Hauptunterschied liegen, der zugleich eine Erklärung dafür ist, daß es in Deutschland soviel schlimmer weiterging als in Altathen.

Trotz meiner Fehler hatte ich mit den »liederlichen Pfuschern«, unter die Curtius mich einreihte, nichts gemein. Alfred Kerr schrieb dem Verlag: »Das erste Zweirad war ein Dreirad« und »Es war ein seltener Genuß, dieser Proust, also hat Schottlaender seine Sache gut gemacht.« Auch Thomas Mann dachte so, wollte aber gegen Curtius öffentlich nicht auftreten, ebensowenig wie 28 Jahre später Adorno, der mir das, ebenso wie 1926 Thomas Mann, in einem Brief mitteilte (Curtius ist erst 1956 verstorben).

Es fällt mir nicht ein, an der Lebensleistung Ernst Robert Curtius', insbesondere an seinen Verdiensten um Proust, zu mäkeln. Nur daß eben auch er gelegentlich zum bösartigen Fachidioten werden konnte, scheint mir durch sein Vorgehen gegen meine Proust-Übersetzung erwiesen. Es folgte Walter Benjamin, den ich selber im Sommer 1926 der *Schmiede* empfohlen hatte. Er machte mir sogar einen formellen Dankesbesuch; was ihn später nicht daran hinderte, meine Übersetzung als ein »lächerliches Débüt« in der deutschen Proustrezeption zu bezeichnen.

Was mich als Juden an Proust noch persönlich fesselte, waren seine so außerordentlich bedeutsamen Bezugnahmen in dieser Hinsicht. Es ist ja nicht bloß ein (übrigens von Anfang an bekanntes) biographisches Faktum, daß seine Mutter aus der jüdischen Familie Weil stammte. Und was »maman« für Marcel bedeutete, das erfährt man, kaum daß man ihn aufgeschlagen hat. Nach israelischem Recht hätte Proust sogar als »Jude« zu gelten. Daß er Halbjude war, wirft ein Licht auf die Möglichkeit, als Jude mit einer überwiegend nicht-jüdischen Nation zu verschmelzen, denn französischer als Marcel Proust kann wohl kein Autor sein, und von seiner jüdischen Mutter hat er Impulse empfangen, die sich in der Erinnerung des Sohnes an ihr Vorlesen aufs schönste zeigen. Und Swann selbst, um den der erste Band von *Auf der Suche nach der verlorenen Zeit* sich dreht, ist Jude, ein hochkultivierter reicher Kunstfreund, den sein Verkehr mit Adligen in keiner Weise zum Snob gemacht hat; während ein anderer Jude in Marcels Umgebung, Bloch, schon eher einige Züge trägt, die von Antisemiten im judenfeindlichen Sinne glossiert werden können. Aber Proust beschönigt nichts; auch konnte er die Aufrichtigkeit umso eher wagen, als die judenfeindlichen »Antidreyfusards« in Frankreich, wenigstens unter möglichen Lesern seiner Bücher, wohl ausgespielt hatten. *(1986)*

Horst Bienek
Auf der Suche nach Proust

Claude Mauriacs frühe Monographie über Proust beginnt mit dem programmatischen Satz: »Die Kindheit Marcel Prousts hat sich weit über die üblichen Grenzen einer Kindheit erstreckt«, und er hat damit die Tore weit aufgestoßen, durch die dann eine Schar von Psychoanalytikern und ihre weltlichen Helfer, die literarischen Interpreten, in den heiligen Bezirk eingetreten sind. Claude Mauriac ist ja nicht irgendein Publizist oder ein vom Universitätsgewerbe beschäftigter Romanist – er ist Sohn eines großen, eines berühmten Schriftstellers, und ist Schriftsteller selbst, der freilich immer gern in den Gärten der andern seine Rosen geschnitten und sie zu bunten Sträußen gebunden hat. »La Marquise sortit à cinq heures« hat er einen eigenen Roman betitelt, ein Satz, der wie kein anderer so häufig in den französischen Romanen des 19. Jahrhunderts vorkommt, und natürlich auf einen der folgenreichsten Sätze in der französischen Moderne anspielt. Auf jene berühmte Antwort, die Paul Valéry Breton gegeben hat, als der ihn um einen Roman für seine Zeitschrift bat. Nein, schrieb Valéry an Breton, und der zitiert das im Zweiten Surrealistischen Manifest, niemals werde ich es über mich bringen können, einen solchen Satz zu schreiben wie: Die Marquise ging um fünf Uhr aus.

Da waren bereits Die Falschmünzer des André Gide erschienen, die Recherche des Marcel Proust, der Ulysses des James Joyce und der Zauberberg des Thomas Mann. Der alte Roman hatte keine Chance mehr. Und es begann die Zeit, da die literarische Kritik langsam, leider zu langsam, entdeckte, daß sich in diesem siebenbändigen Romanwerk der Recherche (dem noch ein Léautaud attestierte, geschwätzig zu sein) die Kunstform des Romans überhaupt vollendet hatte. Mauriac schrieb schon 1947 davon, daß alle Innovationen des modernen Romans bis 1930 geschehen seien, und daß wir, die Enkel, als Spätmoderne (und ich glaube, da taucht der Begriff der Postmoderne zum ersten Mal überhaupt auf) alle diese kühnen Errungenschaften jetzt erst mal ausbeuten müßten.

Es ist wahr, Proust lebte ganz aus seiner Kindheit heraus. Und jener so vielzitierte Satz, daß beim Eintauchen einer Madeleine in den Tee und beim Nachschmecken, im Erzähler die Erinnerung aufsteigt, meint eben nicht nur die Erinnerung allein, sondern die Suche nach der Kindheit, einer verlorenen Zeit, einem verlorenen Land. Le royaume de l'enfance. Das er im Grunde niemals verlassen wollte. Deshalb schob er die Grenzen seiner Kindheit so weit hinaus. Und vielleicht ist er erst erwachsen geworden, als er mit dem Buch der wiedergefundenen Zeit die Feder aus der Hand legte. Da kam auf einmal das zusammen, was er mit seinem ganzen Werk beschworen hatte; Raum und Zeit. Ruhm und Dauer. Auch das.

Das verlorene Land, mein verlorenes Land – ich habe es durch und mit Proust wiedergefunden. Vielleicht nicht allein durch ihn, da gab es für einen deutschen Autor der Nachkriegsgeneration noch andere. Aber Proust war ein Auslöser, ein Beweger. Und wenn ich davon erzähle, wie ich zu Proust kam, wie ich lange auf der Suche war und beinahe wie Tamino in der Zauberflöte durch so viele Prüfungen geschickt wurde, um in das Königreich Proust einzutreten – ja, dann erzähle ich auch ein Stück deutscher Nachkriegsgeschichte.

Ich glaube, ich war sechzehn oder siebzehn Jahre alt, als ich zum ersten Mal den Namen des großen französischen Erzählers hörte. Ich lebte damals in Potsdam, später in Ostberlin, wir waren eine Gruppe junger Leute, die schreiben wollten, ja vielleicht sogar Schriftsteller werden wollten. Einige sind es dann auch geworden. Zum Freundeskreis jener Jahre gehörten Christa Reinig, Günter Kunert, Heiner Müller, Arnim Juhre, Harald Kohtz. Der Krieg lag hinter uns. Davor war eine Diktatur gewesen, eine politische und eine künstlerische. Es hatte Joyce gegeben und Thomas Mann, Gide und Proust, Faulkner und Kafka, Döblin und Jahnn. Es hatte sie vor Dreiunddreißig gegeben, aber wir hatten nichts davon gewußt, sie waren für uns verschollen, vergessen, unbekannt. Wir suchten ihre Spuren, ihre Wörter, ihre Ideen, ihre Visionen.

Damals gab es – es war noch vor der Währungsreform – eine Fülle von Zeitschriften, die das Neue zeigten und das Alte neu entdeckten. Man konnte sie für eine alte Reichsmark, oder für zwei überall kaufen, in Frankfurt am Main und in Frankfurt an der Oder, in Köln und in Ostberlin. Das war zu Ende, im Oktober 1948, als es zwei verschiedene Währungen gab. Es war meist auch das Ende dieser welthaltigen Zeitschriften. Keine hat überlebt.

Ich war damals blutjung, genau in jenem Alter, in dem man zum ersten Mal Dostojewski und Rimbaud, Dos Passos und Faulkner und Proust lesen muß. Und in der Zeitschrift Die Fähre fand ich auch den ersten Text von Proust, ich weiß nicht mehr, war es 47 oder 48. Dort erfuhr ich überhaupt, daß schon drei Bücher von Proust in deutsch erschienen waren, übersetzt von Franz Hessel und Walter Benjamin, von denen wir freilich auch nichts wußten. Und Rudolf Hartung, einer der Redakteure, schrieb darin, ich erinnre mich, daß ihm die Lektüre von Proust geholfen habe, die schweren Jahre der Nazizeit geistig zu überstehen. Das machte mich neugierig. Ich will hier an dieser Stelle nicht das Loblied auf eine vergessene Zeitschrift singen, aber ich möchte doch daran erinnern, daß es Die Fähre war, die unter dem unvergeßlichen Rudolf Hartung (später Herausgeber der Fischer'schen Neuen Rundschau) zum ersten Mal nach dem Kriege Hermann Broch druckte und Elias Canetti, Eliot und Auden, Langgässer und Jahnn.

Abgedruckt war darin der Anfang von Sodome et Gomorrhe, ich weiß nicht mehr, in welcher Übertragung. Damals fraß ich die Literatur und guckte nicht auf den Übersetzer. Was hatten uns diese neuen und alten Autoren zu sagen, unserer Kindergeneration des Kriegs? Das war wichtig!

Aber dieser Proust hatte uns gar nichts zu sagen. Das war schon nach den ersten Sätzen ersichtlich. Und trotzdem, ich kam davon nicht los. Es war eine Welt des Scheins, des schönen Scheins, der flirrende Abglanz einer Welt, die ebenso fern wie erregend, ebenso fremd wie faszinierend, ebenso exotisch wie anziehend war. Mit allen Farben und Gerüchen, allem Licht und aller Musik, die der Herbst verteilt, der Herbst des Lebens, der Herbst der Literatur und der Herbst der Kunst.

Wir wollten ein neuer Anfang sein. Und da war das Ende, das spürte ich, aber auch die Vollkommenheit, die Ernte.

Ich las also diese Seiten und es war so ganz anders als alles, was ich bisher zu lesen bekommen hatte. Da war der Fluß der Worte, und ich strömte mit, eingebettet in diese unendliche Melodie der Sprache, und als einziges konkretes Bild hatte ich nur behalten, daß der Erzähler einem Liebesakt verstohlen zugesehen hatte, »es war ihm, als erwürge eine Person eine andere, aber zu seiner Überraschung nahmen hinterher der Mörder und sein wiedererstandenes Opfer ein Bad, um alle Spuren des Verbrechens gründlich abzuwaschen«.

Ich muß noch einmal die Zeit vergegenwärtigen. Eine Diktatur war zu Ende. Eine neue wurde etabliert. Auch die wollte nicht, daß man Proust und Joyce las, Schönberg und Strawinsky hörte, Klee und Rouault in den Museen betrachtete. Früher hatte das entartet geheißen. Jetzt nannte man das bürgerlich, formalistisch, dekadent. Die Herrschenden sagten: das ist klassenfeindlich. Ich wußte damals gar nicht so genau, wo meine Klasse war.

Diese Bücher waren nicht verboten – weil es sie einfach gar nicht gab. Wer sie sich trotzdem besorgte und las, für dessen Karriere war das nicht gerade förderlich. Wer das Abzeichen für gutes Wissen erwerben wollte – und ohne dieses konnte man damals nicht studieren – der mußte Scholochow, Inber, Ostrowskij und Pogodin lesen, einen sozialistischen Realismus, dessen man sich sogar heute in der Sowjetunion geniert.

Also waren wir auf der Suche nach den verbotenen Büchern – das ist klar. In der erwähnten Zeitschrift lasen wir die ersten Kapitel von Brochs Tod des Virgil, von Canettis Blendung, von Finnegans Wake. Irgendjemand hatte den Prozeß von Kafka aufgetrieben, der 1932 zum ersten Mal erschienen war. Ein anderer brachte die Lichtwark-Ausgabe von Jahnns Perrudja mit. Und ein dritter schmuggelte unterm Hemd Orwells 1984. Für den Besitz dieses Buches konnte man allerdings zehn Jahre Haft kriegen.

Bücher von Proust waren nicht aufzufinden. Wir waren auf der Suche nach dem verlorenen Proust. Vergeblich.

In der französischen Besatzungszone gab es eine Zeitschrift Das goldene Tor, die Alfred Döblin herausgab und die sich besonders der französischen Literatur annahm, aber er, der katholisch geworden war, druckte nur Georges Bernanos, Paul Claudel, Julien Green, Roger Martin du Gard und Langgässer, also den ganzen renouveau catholique – und gewiß nicht die ›amoralischen‹ Gide, Cocteau und Proust. Im Grunde druckte er nur sich selbst. Und Aufsätze gegen Thomas Mann, den er nicht nur als Widersacher, auch als seinen Konkurrenten empfand. »Literatur und Lüth« hieß der Skandal, den Paul Rilla aufdeckte. Ach Gott, inzwischen ist das alles schon düstere Nachkriegs-Literaturgeschichte geworden.

Also, wir warteten auf Prousts Ankunft in der deutschen Sprache. Das sollte noch eine Weile dauern. Wir waren neugierig und wurden immer neugieriger auf Proustland. Einige von uns begannen französisch zu lernen, um ihn in der Originalsprache lesen zu können. In der Bibliothek des Maison de France, im anderen Sektor, hatten sie schon die französischen Ausgaben gesehen. Aber dann kam es für mich doch nicht mehr dazu. Ich war inzwischen politischer Häftling geworden. Ich war eingesperrt, in einer Einzelzelle zuerst, dann mit 40 anderen in einer Massenzelle im ehemaligen Gestapo-Gefängnis in Berlin-Lichtenberg, später im Gulag in Workuta. Und um mir und meinen Mithäftlingen die Zeit zu verkürzen, ach was sag ich, um die Zeit zum Verschwinden zu bringen, da erzählte ich von dem, was ich draußen in den wenigen Jahren der Freiheit gelesen hatte, von Kafkas Gregor Samsa, der eines gar nicht schönen Tages als Insekt erwacht, von Canettis Blendung und dem Brand der Bibliothek, von Sartres Fliegen, die als Erinnyen alle Angst und Schuld auf sich nehmen und aus der Stadt fliehen, und über den Heimkehrer, der draußen vor der Tür steht, und den niemand einlassen will mit seiner Klage und Anklage. Und ich erzählte von der Verlorenen Zeit, von der ich nur ein paar Seiten gelesen hatte, es war der Titel, der mir so gefallen und der meine Phantasie bewegt und beflügelt hatte, daß ich eigene Geschichten Proust unterschob, ein Scheherazado, der die Zeit wiederfinden wollte.

Ich weiß nicht mehr genau, was ich meinen Leidensgenossen alles erzählt habe. Aber alle waren wir damals, in Gefängnissen und Barackenlagern, auf der Suche nach der verlorenen Zeit. Und nichts mehr bewegte uns, als die vergangene Zeit und das verlorene Land (der Kindheit) wiederzufinden. Mir schien es damals eine endlich wiedergefundene Zeit, auch eine Zeit der Freiheit zu sein. Und heute weiß ich: es war so.

Fünf Jahre später hatte ich die Zeit wiedergefunden. Ich war in Freiheit. Ich war im Westen. Und Prousts Recherche erschien jetzt, dreißig Jahre nach dem Tode des Verfassers, ganz auf deutsch, in sieben Bänden, und eine Übersetzerin mit Namen Eva Rechel-Mertens, die unbekannt gewesen war bis dahin, wurde nun berühmt wie die Großen ihrer Zunft, wie Schiebelhuth, Georg Goyert, Horschitz-Horst, Erich Franzen, und in den Buchhandlungen lag nun Jahr um Jahr ein weiterer Band der deutschen Proust-Ausgabe, mit dem schönen Schutzumschlag in Chamois, in der klaren Schrift, die Hermann Zapf eigens dafür entworfen hatte. Und für mich, für uns alle, war das eines der letzten großen Abenteuer des Geistes.

Ich lebte damals in Frankfurt am Main, als junger literarischer Redakteur beim Hessischen Rundfunk, und ich weiß noch, als mir In Swanns Welt in die Finger kam, was für ein Zittern mich dabei ergriff, als ob ich nicht eines von viertausend frischgedruckten Exemplaren in der Hand hielte, sondern das einzige Original. Als werde ich nun damit beschenkt, für meine lange Suche nach dem verlorenen und jetzt endlich gefundenen Proust. Und später im vierten Band erinnerte ich mich auch wieder an jenen Satz, der mich seinerzeit als Siebzehnjährigen so entzückt hatte, ich fand ihn wieder, hunderttausendmal variiert auf beinahe 2500 Seiten. Und ich gebe zu, es war jene so charakteristische Sprachmelodik, die mich gleich wieder gefangennahm, diese weitschweifende Syntax, dieser Fluß, dieser Strom, dieses Delta der Sprache mit all seinen Verzweigungen und Bächen und Rinnsalen, dieser Beginn eines Satzes, der nicht aufhören wollte, dieser Beginn einer Erzählung, die nicht enden konnte. Diese Droge der Sprache, die einen geradezu süchtig macht, hat man erst einmal zwei, fünf, zwanzig oder hundert Seiten gelesen, dieses Opiat der Sprache. Eher wie Kokain, das klar und hell und luzid macht. Nur die Zeit wird dabei etwas langsamer. Aber in der Kunst vergeht die Zeit immer langsamer. Wie mich dieser Erzähler in seinen Bann schlägt, ach was, in einen Rausch versenkt! Man muß Proust nicht hintereinanderlesen, wer kann das schon, wer hat so viel Zeit? Es genügt, an einem Abend, wenn Melancholie uns überfällt, einen Band der Recherche aufzuschlagen, irgendwo, und zwei, drei Seiten zu lesen; danach das Buch wieder zuzumachen und zu schweigen. Es gibt Momente im Leben, da sich die Seele öffnet.

Ich begann selbst zu schreiben. Über die Zeit. Über den Stillstand der Zeit in der ZELLE. Ob verloren oder wiedergefunden, es war eine Zeit, die dauerte, die nicht aufhörte. Das war das Erschrekkende gegenüber einer Erzählung, die etwas Vergangenes, Verlorenes einholen wollte. Hier war eine Zeit, die noch gar nicht stattgefunden hatte, ja, die erst erfunden werden mußte. Im Traum, in der Phantasie, in der Vision. Ich beschrieb eine Zeit, die kein Ende hatte. Eine Nicht-Zeit. Nichts anderes ist die Zeit der Gefangenschaft. Eine Zeitgefangenschaft. Und die hörte erst auf, als ich den letzten Satz der ZELLE schrieb. Da war ich frei für eine Zukunft in der Vergangenheit.

Ich entdeckte meine Kindheit. Das verlorene Land. Ich ging in der Erinnerung zurück. Ich wallfahrte in die Vergangenheit. Mein Combray war Gleiwitz. Es lag am Fluß Klodnitz. Am Fluß Erinnerung.

Ich kann nicht sagen, was ich auf der Suche nach dem verlorenen Land meiner Kindheit Proust zu verdanken habe. Ja, was verdankt man überhaupt als Schreibender den Büchern, diesem oder jenem Autor? Proust, das ist ohne Zweifel, hat mir geholfen, das verlorene Land meiner Kindheit wiederzufinden. Durch Imagination. In mein Tagebuch schrieb ich damals: »Jasmin, der in Gleiwitz stark verbreitet war, die Zäune der meisten Gärten säumte, schwerer, süßer Geruch, ist sozusagen die östliche Weißdornhecke.« Habe ich da an Illiers gedacht? Ich beschrieb die Kirche von St. Peter Paul, den Glockenturm, die Fenster. Habe ich da an St. Hilaire gedacht? Ich erzählte von den japanischen Papierblumen, die im Wasser aufgehen und dabei Botschaften und Erinnerungen evozieren. Habe ich da an die Madeleines gedacht, die der Erzähler in den Tee taucht? Nein, nein, ich glaube nicht. Ich habe nur meine Kindheit beschrieben. Und damit eher bestätigt, was André Gide einmal geschrieben hat: Jeder Autor ist auf der Suche nach seiner Kindheit. Aber kein Schreibender, der sich nicht beim Lesen gewisse Instrumentarien aneignet.

Ich habe von Proust manches gelernt. Was genau, das überlasse ich späteren Interpreten. Aber gewiß ist, daß ich mich in seinen Büchern wiedergefunden habe. Meine Kindheit in Schlesien. Eine Kindheit, die sich weit über die üblichen Grenzen einer Kindheit erstreckt.

Bis in die Literatur. Bis in die Gegenwart. Bis in das Leben. Bis ich den letzten Satz in Feuer und Erde aufgeschrieben hatte.

Im Grunde – das klingt anti-proustisch, ist es aber nicht – gibt es in der Literatur keine verlorene und keine wiedergefundene Zeit. Kein verlorenes und wiedergefundenes Land. In der Kunst existiert Zeit und Raum immer. In dem Augenblick, da ein Leser nach Krieg und Frieden greift, nach Schuld und Sühne, nach Effi Briest, nach der Recherche – da bleibt die Zeit stehen, da verändert sich nicht mehr der Raum. Zeit und Ort bleiben.

Das Königreich der Erzählung. Le Royaume de l'Art. *(1987)*

Gerhard Ochs
Die Levkojen des Marcel Proust

Die Luft ist wie die klare Stirn eines zum Denken Neigenden. In dieser Zeit, wenn die Sonne die Lieblingsfarbe der Kinder hat und auf den Wiesen Störche sind, reitet auf seinem Rotblütler Rainer Wille der Reiter Anton Lächlet an mir vorbei. Seine Frau geht gebeutelt neben ihm. Sie verbirgt den Blick hinter ihren Lidern, wissend, was es bedeutet, ohne Pferd zu sein. Auf dem knirschend weichen Boden macht sich der Knall einer Peitsche davon. Obwohl mich beide nicht grüßen, bin ich nicht erzürnt darüber. Der weiße Schnee und die Kraft der Verhältnisse stimmen allgemein verzeihend. Außerdem bin ich in Eile. Ich muß mich einer Sache entledigen, die keinen Aufschub duldet. Doch jetzt biegt eine schöne Person um die Ecke, halb mondän und schmalwüchsig. Sie zieht meine tiefen Narben der Pupillen auf sich. Ich will gerade die Straßenseite wechseln, damit ich nicht den Flammen meiner Augen zum Opfer falle, da bremst ein Automobil so scharf, daß die Reifen des Quietschens auf meinen Augen zum Stehen kommen. Ein Mann steigt heraus und schenkt mir einen Blindenhund. Trotz des eisigen Schauers in meinem Herzen danke ich ihm und finde nun durch den übrigen Verkehr reibungslos nach Hause. Ich steige dort vermittels der Stufen die Stiegen meines Treppenhauses hinauf. Oben in meinem Zimmer sitzt schon mit gekreuzten Beinen eine Frau auf ihrem Gesäß. Sie hat ein irdenes Gefäß im Schoß, in dem sie allerlei rührt. Ich knöpfe die Jacke meines Hemdes auf. FREUE DICH DES LEBENS, sagt sie und gibt mir ihre Hand in einem überaus hellen Farbton. Ich beginne anzufangen, sie zu umarmen. Ihre Haare duften nach schwarzem Brot. Dann klopft es an der Tür. Ich eile auf sie zu. Doch bevor ich sie erreiche, geht sie auf. Sie hat mich wohl erkannt und macht freudig den Weg frei für einen Blumenboten. Mitsamt seiner Pracht kommt er auf mich zu. Gott, es sind Levkojen von Marcel Proust. *(1988)*

Dieter Wellershoff
Brüchiges Glück

Prousts Berufung zum Dichter bildet den Endpunkt des siebenbändigen Werkes. Wir haben also, wenn wir am Ende angelangt sind, schon gelesen, was er dort erst zu schreiben beginnt. Der Schluß des Werkes rundet die Gedankenwanderung zum Kreis, und wir können nun wieder mit dem ersten Satz des ersten Bandes beginnen, der von den Schwierigkeiten des Kindes handelt einzuschlafen. Doch ist das Werk nicht einfach chronologisch aufgebaut, sondern in Vor- und Rückblicken und vielfachen Überlagerungen gemäß der subjektiven Logik der Erinnerung. Die Erinnerung hat aber nicht nur das Gestaltproblem, sondern auch die Sinnfrage gelöst. Was sie nach langen Zeiten des Vergessens wieder ins Bewußtsein bringt, ist schon dadurch als bedeutsam anerkannt. Die heftigen Glücksgefühle, die diesen Vorgang begleiten, und seine visionäre Leuchtkraft bestätigen den Sinn. Erinnerung, das ist das angeeignete Außerhalb, die Welt verwandelt in ein subjektives Universum, in dem alle Dinge um den menschlichen Geist gravitieren.

So ist das Werk auch nicht linear gewachsen, sondern, zur Verzweiflung der Setzer, gleichzeitig an vielen Stellen, wie ein sich nach allen Seiten ausdehnender Ballon. Innerhalb eines architektonischen Entwurfs, in dem das Ende erneut auf den Anfang verweist, hat das Diktat der unwillkürlichen Erinnerungen immer wieder eingegriffen und den Text überall mit weiteren Verzweigungen und Nuancen bereichert. Doch im Unterschied zum automatischen Schreiben der Surrealisten bleibt das Naturhafte und Unwillkürliche bei Proust nicht ungeformt sich selbst überlassen, sondern wird Material einer durchdringenden geistigen Analyse und Baustoff einer monumentalen Form. So gelingt es Proust, das Geschenk des Zufalls, dem er sein Berufungserlebnis und seine Intuitionen verdankt, in die Notwendigkeit des Werkes zu verwandeln. Gerade weil er von der Erfahrung des seelischen Absterbens und der Entmutigung gezeichnet war und weil er wußte, daß alles, was geschah, anders oder gar nicht hätte geschehen können, weil er es dem Zufall verdankte, daß er im richtigen Lebensaugenblick auf die unebene Pflasterung des Schloßhofes trat und damit die Serie seiner Erleuchtungen begann, sicher aber auch auf Grund seiner schwachen Gesundheit und schnell schwindenden Lebenskraft hat Proust die Notwendigkeit, das Leben in ein Werk zu retten, so stark empfunden. Im Gegensatz zu den Gestalten Tolstois, die das Leben handelnd mit Sinn zu durchdringen hoffen und dabei den erdrückenden Widerstand der alltäglichen Realität zu spüren bekommen, ging es für ihn nur darum, das Leben, erneuert durch die Erinnerung, in einem Werk anschaubar zu machen und so dem spurlosen Verschwinden zu entziehen.

Man darf allerdings nicht in den Fehler verfallen, den Roman als einen einfachen autobiographischen Bericht zu lesen, der uns mit dokumentarischer Verbindlichkeit erzählt, wie Marcel Proust zum Autor der »Recherche« geworden ist. Obwohl sich der Entstehungsprozeß der »Recherche« nicht genau rekonstruieren läßt, geht aus den schwarz eingebundenen Schulheften, die Prousts handschriftlichen Text und seine Korrekturen enthalten, immer wieder hervor, daß er die Fakten der erzählten Episoden mehrfach geändert und auch das Konzept des ganzen Romans während des Schreibens erweitert und verdeutlicht hat. So zeigt das Manuskript der berühmten Madeleine-Episode mehrere Versionen: Erst ist die Rede von einigen Scheiben getoasteten Brotes, dann von einem Zwieback und zum Schluß erst entscheidet sich Proust, das Glückserlebnis der unwillkürlichen Erinnerung mit einer Madeleine zu demonstrieren. Das Haus der Tante Léonie, das der Schauplatz der vergessenen und wiederkehrenden Kindheitserfahrung ist, war ursprünglich das Haus des Großvaters. Zwischen Marcel Proust, der den Roman schreibt, und jener von den Proustinterpreten einfach Marcel genannten Person, von der der Roman erzählt, muß man unterscheiden, obwohl es ein Reiz des Werkes ist, daß sie immer wieder verschmelzen und ein schwer definierbares Zwitterding entsteht: ein autobiographischer Roman oder eine romanhafte Autobiographie.

Proust hat von den Authentizitätsreizen autobiographischer Zeugenschaft ebenso Gebrauch gemacht wie von den fiktionalen Phantasielizenzen des Romanciers. Er hat das Erfahrungsmaterial, das ihm sein Leben und seine Lebenswelt lieferten, modifiziert und arrangiert, wie es ihm für sein Werk nötig erschien. Ohne die unwillkürliche Erinnerung als Quelle seiner schriftstellerischen Inspiration in Frage zu stellen, muß man bezweifeln, daß der

Durchbruch seiner Begabung und die Entstehung des Romankonzepts nicht so episodisch und dramatisch ereignet haben, wie er es im letzten Band der »Recherche« beschreibt. Nachgelassene Texte wie der fragmentarische Roman »Jean Santeuil« und eine teils essayistische, teils narrative Schrift mit dem Titel »Contre Sainte-Beuve« beweisen nämlich, daß Proust sein ästhetisches Konzept schon viel früher entwickelt hat, und die unwillkürliche Erinnerung war immer schon das Herzstück seines Entwurfs. Das soll nicht heißen, Proust habe nicht solche Erfahrungen gehabt, wie er sie in seinem Roman schildert, aber er hat sich ihnen auch auf intellektuelle, ja theoretische Weise genähert, und er hat sie im Roman an Wendepunkten des Geschehens mit inszenatorischem Kalkül eingesetzt. Zwar beweisen die Handschriften, daß Proust auch in der ersten Niederschrift schon auf einem hohen Niveau sprachlicher Komplexität geschrieben hat – bei seinen späteren Korrekturen handelt es sich meistens um neu eingeschobene Sätze oder Satzpartien, seltener werden die schon geschriebenen Sätze nachträglich ausdifferenziert – doch ist diese Sicherheit kein Zeichen einer aus dem Unbewußten strömenden, begriffslosen Unmittelbarkeit des Produzierens. Eher hat man den Eindruck von intellektueller Eleganz und Kultiviertheit oder, wie es Virginia Woolf, eine seiner Bewunderinnen, formuliert hat: »Sein ganzes Weltall ist in das Licht seiner Intelligenz getaucht. Der gewöhnlichste Gegenstand, wie etwa das Telephon, verliert seine Einfachheit, seine Festigkeit und wird ein Teil des Lebens und durchsichtig. Die gewöhnlichsten Handlungen wie, in einem Aufzug hinaufzufahren oder Kuchen zu essen, schürfen, statt automatisch ausgeführt zu werden, in ihrem Verlauf eine ganze Reihe von Gedanken, Empfindungen, Ideen, Erinnerungen hervor, welche offenbar an den Wänden des Geistes geschlafen hatten.«

Rings um den Geschehenskern häuft Proust seine Assoziationen und Vergleiche auf, unterbricht den Vorgang durch eingeschobene Erörterungen. Selbst als er erzählt, wie er aus dem Schlaf heraus zum Sterbebett seiner geliebten Großmutter gerufen wurde, läßt er sich zunächst auf die Überlegung ein, weshalb man manchmal im Erwachen glaubt, nicht geschlafen zu haben. So entsteht das, was Virginia Woolf »die beständige Indirektheit« von Prousts Stil nennt. Immer wieder wird etwas Fernliegendes herbeigezogen, immer wieder vorübergehend das Geschehen durch Reflexionen außer Kraft gesetzt. Denn: »Es gibt da soviel mehr über diese Dinge zu denken, als man vermutet hatte. Man steht da nicht nur mit einer anderen Person in Beziehung, sondern mit dem Wetter, mit Speisen, Kleidung, Gerüchen, Kunst und Religion, Wissenschaft und Geschichte und einem Tausend anderer Einflüsse.« So steigen auch die Personen, die Proust darstellt, aus einem »Meer des Denkens und Erläuterns und Analysierens« empor, gewinnen plötzlich visuelle körperliche Anschaulichkeit, scheinen aber im Gegensatz zu Balzacs Figuren keinen festumschriebenen Charakter zu haben, sondern bestehen, bevor sie am Schluß zu unbeweglichen Bildern des Alters versteinern, aus der unendlichen Analyse ihres Verhaltens und Denkens, ihrer Irrtümer und Widersprüche. Immer wieder entwindet sie Proust dem Leser, der vorschnell glaubt, eine Leseanweisung für sie in der Hand zu haben.

Proust führt uns mit seiner auf feinste Nuancen und Zwischentöne eingestellten Sprache in eine wandelbare, unendlich ausdeutbare Welt ein, die er aber gleichzeitig durch das weitgespannte Netzwerk seiner Satzperioden unter Kontrolle hält. Seine zugleich narrative und räsonierende Schreibweise stellt sich dar als eine bis zu ihren idealen Möglichkeiten verfeinerte, gebildete Konversation. Kundig und elegant macht er das Leben zum Anlaß einer unterhaltsamen Reflexion, indem er sich immer genügend Zeit läßt, interessanten Einfällen und Assoziationen nachzugehen und alltägliche Vorgänge nach Besonderheiten abzusuchen, andererseits aber leichthin weitergleitet, bevor ein Gegenstand zu viel Gewicht bekommt und der Kommentar ins Dozierende gerät. Proust überdehnt die Zeitmaße eleganter Konversation und überbietet bei weitem ihre an gesellschaftlichen Zumutbarkeiten orientierte analytische Schärfe, ohne daß das gesellschaftliche Reden als durchscheinendes Urbild seiner Schreibweise ganz verlorenginge. Auch das klassische französische Stilideal der Clarté bleibt gewahrt durch die nuancierte Genauigkeit seiner Sprache, die nichts Dunkles und Ungefähres hat. Doch werden die Sätze durch Nebensätze, Einschübe und neue, weiterführende Anschlüsse so weit ausdifferenziert, daß man die Perioden nicht mehr auf einen Blick überschauen kann. Sie entwickeln sich zu vorbeitreibenden Textflächen, die sich unter unseren Augen unvorhersehbar verwandeln und den Eindruck eines unaufhörlichen Fließens der Vorstellungen und Gedanken erzeugen.

Es gibt Strukturähnlichkeiten zwischen der Prosa von Proust und der Musik von Wagner, Debussy und César Franck, von der er ebenso beeinflußt worden ist wie von der Malerei der Impressionisten. Doch nur zur Hälfte stimmt der oft hergestellte Bezug zur Lebensphilosophie Henri Bergsons, der mit einer Kusine von Proust verheiratet war. Bergson hat das Leben als einen Strom schöpferischer Selbstentfaltung des Élan vital verstanden und von den Menschen statt intellektueller Besitzergreifung eine intuitive Hingabe, ein mitschwingendes Sich-Öffnen für den Anschauungsgehalt des großen Lebensschauspiels verlangt. Die Empfindsamkeit von Proust legt es nahe, sein Werk als vollkommenen Ausdruck dieser Lebenshaltung zu verstehen. Doch eine solche Interpretation unterschlägt das Krisenhafte und Brüchige seiner Welt und die Retardiertheit und Indirektheit seines Lebensvollzugs. Schreibt er nicht eher vom Nichtleben als vom Leben? Steht er nicht meistens, bis auf die seltenen Glückserlebnisse der unwillkürlichen Erinnerung, am Rande des Lebens, das unter seinem analytischen Blick mehr und mehr zu einer Parade von Gespenstern wird? Trotz der ekstatischen Augenblicke wiedergefundener Glückserfahrungen beherrscht ein kritischer, distanzierter Blick die imaginäre Szene. Er heftet sich auf die Bruchstellen von Individualität und Konvention, Verhalten und Denken, und starrt in argwöhnischer Eifersucht in die Abgründe der Sexualität, die ihm als das schlechthin Unzuverlässige und haltlos Illusionäre erscheint. Glück ist nur ein tiefes Atemholen in einer wachsenden Enge, ein kurzes Innehalten mitten im unaufhaltsamen Verschwinden, das sowohl die vergangene Epoche wie die Menschen als sinnentleerte Ruinen zurückläßt. Neben den bestürzenden Bildern des Alters im zweiten Teil der »Matinée Guermantes« wirken die Glücksmomente der unwillkürlichen Erinnerung, die die längst vergangene und verlorene Zeit erneut in Gegenwart verwandeln, fast ein wenig rhetorisch und herbeizitiert.

Vom Ende her zu erzählen, das ist traditionellerweise die Perspektive des vollendeten Sinns. So hat in Prousts ursprünglicher Konzeption auch die »Recherche« ausgesehen. Rückblickend sollte sie die Lebensgeschichte des Autors erzählen bis zum Durchbruch seiner Begabung und der Geburt der Romanidee. Immer noch bildet dieses Konzept den Rahmen des Buches. Doch hat es sich in seiner langen, durch den Ersten Weltkrieg noch weiter ausgedehnten Entstehungszeit von innen her verwandelt. Die Erfahrungen des Lebensentzugs, des Nichthabens sind stärker geworden und damit auch das Suchen, das Fragen, die dauernde Reflexion, die die Texte immer wieder überwuchert. Die Kluft zwischen dem Ich und der Welt bleibt eine beherrschende Erfahrung auch hinter den Bildern wiedergefundenen Glücks. Wenn Proust im letzten weitgespannten Satz des Buches die Möglichkeiten der Sprache fast überfordert, um die Menschen als Wesen darzustellen, die durch ihr Leben die Abgründe der Zeit überbrükken, dann bekommt man den Eindruck, daß die Sprache selbst, indem sie sich weigert, den Gedanken zusammenzuhalten, die Haltlosigkeit der menschlichen Position spürbar macht. Proust schreibt: »Wenigstens würde ich, wenn mir noch Kraft genug bliebe, um mein Werk zu vollenden, in ihm die Menschen (und wenn sie daraufhin auch wahren Monstren glichen) als Wesen beschreiben, die neben dem so beschränkten Anteil an Raum, der für sie ausgespart ist, einen im Gegenteil unermeßlich ausgedehnten Platz – da sie ja gleichzeitig wie in den Jahren wesende Riesen an so weit auseinanderliegende, von ihnen durchlebte Epochen rühren, zwischen die unendlich viele Tage geschoben sind – einnehmen in der ZEIT.«

Diesen auch im Französischen überdehnten Satz scheint Proust mit angehaltenem Atem geschrieben zu haben, vorsichtig, als baue er ein Kartenhaus, das im nächsten Augenblick einstürzen wird. Der Satz teilt seine Fragilität dem Bild mit, das er aufbaut: Vom fortschreitenden Weltentzug des Alterns an den Rand ihres Lebens gedrängt, sind die Menschen fast ganz Imagination geworden, aufgeblähte Riesen der Erinnerung auf immer schmalerem Grund stehend. Und indem man das Buch schließt, das als der Metatext ihrer Lebensträume ihnen eine zweite Existenz geliehen hat, scheinen sie alle lautlos in sich zusammenzufallen. Vielleicht weil sie auch im Buch schon Erinnerungen sind, erscheinen sie uns als Geschöpfe einer abgehobenen, in sich geschlossenen Welt, viel weniger widerständig gegen die Zeit als etwa die Menschen in Tolstois Romanen, die noch heute wie reale Personen in einem realen Raum wirken. Prousts Personen nähern sich uns als aus der Unterwelt zurückgerufene Schatten. So nah sie uns auch kommen und so intim wir sie betrachten können – sie wirken porös und ohne Schwere, und daß wir alles über sie erfahren, macht sie nicht greifbarer. Obwohl der Autor ihnen kein Geheimnis läßt, richten sie nie ihren Blick auf uns, so daß wir nicht glauben können, zusammen mit ihnen in derselben Welt zu sein. Immer treten sie auf als schon Verschwundene, die hinter der unsichtbaren Grenze des Imaginären noch einmal ihr wieder beschworenes Leben spielen, eine geschlossene Gesellschaft, in sich stimmig und doch falsch, die unter sich bleibt und nach ihren komplizierten Regeln weitermacht, unstörbar durch uns, ihre Zuschauer, ihre vielleicht ebenfalls gespenstischen Voyeure. *(1988)*

Hermann Burger
Gespräch über Proust

»Combray«, ein dreisätziges Werk für Streichorchester von Edmond de Mog, in Anlehnung an das Proust-Haus und die Landschaft von Illiers entstanden, erstens Allegro, »La salle à manger«, zweitens Presto-Adagio-Presto, »La Vivonne«, drittens Allegro molto, »Le Pré Catelan«, der Garten, wo die Kinder spielten, wo der junge Marcel in die magischen Träume seiner Lektüre eintauchte, nach vorbereitenden Takten ein erstes Thema in D-Dur, das nach Cis-Dur hinuntermoduliert und einem zweiten Motiv von kleinen Intervallen zustrebt, um spiegelverkehrt noch einmal den Sprung von den sieben zu den zwei Kreuzen zu wagen, ursprünglich und nicht auf andere Eindrücke zurückführbar, wie der Dichter der »Recherche«, so Jérôme von Castelmur-Bondo, gesagt haben soll. Als spitzbübische Neckerei ist wohl das eingestreute Zitat des Schlagers »Ali Baba« aus den dreißiger Jahren zu verstehen, dadurch motiviert, daß die Teller, auf denen Françoise ihre kulinarischen Köstlichkeiten servierte, mit Illustrationen zu den »Märchen aus Tausendundeiner Nacht« verziert waren, und Edmond de Mog erzählte mir in seinem veronesergrünen Arbeitszimmer, daß seine Bekannte, die Basler Malerin Irène Zurkinden, diese Melodie *wie gschtobe* wochenlang vor sich hin geträllert habe, Musik sei nichts anderes als die Verwandlung von Lärm in Wohllaut, egal was für Dissonanzen da herumspukten. Ich habe ja, das wäre wirklich *saublöd* gewesen, nicht gut das Zimmer der Tante Léonie zum Ausgangspunkt meiner Komposition nehmen können, wiewohl der Blick auf diese Straße von Illiers den ganzen

Mikrokosmos der französischen Provinz freigelegt hätte, die ich so hasse und liebe zugleich, Tonnerre, auf jeden Fall, wenn ich auswandern würde, wozu ich vor dem 80. Geburtstag die größte Lust hätte, dann in diese mir zutiefst entsprechende Stadt, obwohl ich sie nur vom Durchfahren kenne, auf dem Hintersitz eines total verrückten *töffs*, Tonnerre, verstehen Sie, Armand – er beliebt mich so zu nennen –, das klingt wie »morgen Augsburg« oder »Holzfällen«, aber es sind die weiten Ebenen mit den schnurgeraden Kanälen, die rhythmisch gegliederten Alleen, es ist das blausilberne Licht, kein Schwein hat bisher in den Straßen von Combray gemalt, nur ich saß auf dem Brücklein über der Vivonne und versuchte, etwas von dem flüchtigen Zauber zu erhaschen. Mein Freund Max Herzog und ich durchstreiften die Gegend, horchten in die Küchen hinein, hörten und imitierten das Palaver der französischen Kleinbürger, *absolut dernäbe* – übrigens das Grün des Zimmers, in dem wir sitzen, stammt von einem der Louvre-Säle an der rue de Rivoli, ich hatte die Direktion gefragt, ob ich mir ein Muster machen dürfe, doch man entgegnete mir: »Ah, monsieur de Mog, cela ne se fait pas« – und mit ebensolchen Tollheiten hätte ich in Tonnerre zu rechnen, *saumäßig*, einerseits der Pleyel, anderseits der Bechstein, keinen Bösendorfer mehr, nie mehr Bösendorfer, ich bringe pro Tag nur wenige Takte fertig, die kleine Solostelle der Violine, Ali Baba und die vierzig Räuber, eine geschlagene Woche bin ich dran gehockt, als ich Paul Sacher das Unding vorspielte im Schönenberg, kochte man mir einen Topf Hafersuppe, der für vierzig Personen gereicht hätte.

Bei Edmond de Mog verbietet sich das Rauchen, obwohl ich ihm gerne den Madeleine-Effekt des Tabaks demonstriert hätte, sobald ich einen Wynentaler Stumpen anzünde, steigen Bilder in mir hoch, die ich längst verschollen glaubte, und erst beim Pneuma des Puro höre, rieche, schmecke ich alles, Herr de Mog, o die Farben Ihres Gartens, Malven, Phlox, Rittersporn, Rosenbosketts, das vermischte Katzenaugenpflaster, die überwachsenen Toggenbaluster, die Wasserkunst beim Entrée, die Verschlafenheit der Hofeinfahrt, der Brunnen unter dem Nußbaum mit dem Bernsteinspiegel, ich muß Ihnen gestehen, daß ich kürzlich von Ihnen geträumt habe, und zwar traten Sie in einem veilchenfarbenen Morgenrock in das untere, leicht abschüssige Rasenparterre, in der Hand einen Strauß Prismalofarbstifte, 36, ich weiß es genau, Sie stellten die

Farbstifte in eine chinesische Vase auf der hinteren Terrasse, wo der Park sich in der Stallmachertiefe verliert, und begannen nun, dieses Arrangement zu malen, aber ich stand zwischen Motiv und Staffelei und konnte nicht auf das Blatt sehen, weshalb ich die ganze Zeit daran herumrätselte, wie man Krapplack in Krapplack umsetze, Indigo in Indigo, Zinnobergrün in Zinnobergrün, 36 Supracolor-Crayons mit den Spitzen anstelle der Blüten nach oben, darunter auch Silber und Gold, Sie hatten die windschen Knebel wie ein Mikadospiel in den Köcher gesteckt und pinselten wild drauflos, aha, fiel mir ein, vielleicht besteht doch ein Unterschied zwischen dem Helio-Echtorange von Lukas und demjenigen von Caran d'Ache, aber warum denn nur, das wollte mir im Traum nicht einleuchten, malt er denn nicht mit den Stiften die Stifte. Edmond de Mog witterte mit seiner Windhundnase und entblößte mit der Oberlippe die Zähne, was den Effekt eines leicht hechelnden Systole-Gelächters gab, *völlig gschtobe, näi, säge zi*, wie Sie wissen, arbeite ich immer bei künstlichem Licht im Winkel des Korridors, umgeben von Konzertplakaten, Natürlichkeit, Künstlichkeit, Holzfällen, die Pensées heben sich besser ab vor dem Hintergrund eines Weihnachtspapiers, und wenn ich am Pleyel einen Takt oder auf dem Papier einen Simultankontrast nicht genau so hinkriege, wie ich ihn *im grind* habe, renne ich in die Küche und zerschmettere zum Entsetzen von Frau Stuber einen Teller, veranstalte *e saumässigi chachlete*. Erst wenn ich die Wut rausgelassen habe, kehre ich zum Flügel oder zur Staffelei zurück, greife die Akkorde auf dem Pleyel, kritzle meine Krähenfüße, Generalsudelhefte, spiele es ins reine auf dem Bechstein.

Es sei nun zehn Jahre her, seit er das letzte Mal Illiers-Combray besucht hätte, aus der Ebene habe der gotische Turm von Sainte-Hilaire aufgeragt, das Wahrzeichen sozusagen seiner Existenz, und als er den kleinen Garten mit dem verwilderten Rosenstrauch und der Rokoko-Statuette betreten habe, sei gerade die letzte Überlebende von Prousts Verwandten auf die Bank gepflanzt worden, ein Team aus Paris habe einen Film gedreht, ob ich wisse – natürlich weiß es Hermann Arbogast Brenner mitnichten –, daß die kleine Phrase von Vinteuil aus der Violinsonate leitmotivischen Charakter habe, es handle sich in Wirklichkeit um das Hauptthema aus der ersten Violinsonate von Saint-Saëns, den Komponisten Vinteuil habe es nie gegeben, Proust habe seine Figur aus mehreren Musikern zusammengesetzt, am ehesten sei der menschenscheue Meister mit César Franck zu vergleichen, dessen Bedeutung, wie ja meistens bei Revolutionären, erst nach seinem Tod erkannt worden sei. Im Hause der Tante Léonie sei übrigens nirgends ein Musikinstrument zu entdecken gewesen, vermutlich habe die ganze *bandi* zutiefst amusisch dahinvegetiert, auch wenn die hübschen Möbel und Bibelots noch erhalten seien, die eingebildete Kranke sei ja nie müde geworden, die Porzellanmalereien auf den Tellern zu bewundern, Aladins Wunderlampe und Ali Baba und die vierzig Räuber, wenn Françoise die Œufs à la crème serviert habe, das Urfranzösische komme in der dunkelgetäfelten Salle à manger zu ebener Erde zum Ausdruck mit dem runden Tisch und der korallenfransenverzierten Hängelampe in einem giftigen Eukalyptusgrün, mit dem Cheminée und dem Empirespiegel, die Küche, völlig unverändert seit Tante Léonies Zeiten, befinde sich in einem kleinen Anbau, den man von der gewundenen Treppe des Korridors erreiche, eine Tür mit blauen und gelben Gläsern führe ins Freie, diese Cuisine mit ihrem Herd, der runden Bratröhre, den blauvioletten Kacheln darüber, mit der Anrichte, auf der in musealer Gelassenheit die Terrinen ruhten, das Porzellantablett mit den Cremetassen, die Kupferpfannen an der Wand, er habe sich in Combray gefragt, wie überhaupt zwei Menschen gleichzeitig darin hätten hantieren können, so *bäbistubehaft* sei alles gewesen, betreffs der Enge der übrigen Räume sei er nicht minder überrascht gewesen, im Zimmer, worin Marcel geschlafen habe, stehe die berühmte Laterna Magica, welche die Mär der Genoveva von Brabant zitternd an die Wand geworfen habe, so daß die Figuren über die Vorhänge geglitten seien, und im Gemach der Tante Léonie fänden sich auf der Kommode nicht nur Meßbuch, Rosenkranz und Marienstatuette, sondern auch die Flasche mit Vichywasser, dem sie ihre Pepsintropfen beigemischt hätte zwecks besserer Verdaulichkeit, und dann die eigentliche Reliquie, die Tasse für den Lindenblütentee, er, Edmond de Mog, trinke, seit er zum ersten Mal die »Recherche« gelesen, naturgemäß nur noch Lindenblütentee, daneben die altbackene Madeleine, und die Treppe, auf der die sehnlichst erwartete Mutter zu Marcel hinaufrausche, um ihm den Gutenachtkuß zu geben, *isch e hüenerleitere*.

Edmond de Mog lag an diesem glastigen Nachmittag, da sich ein Gewitterherd zu bilden schien, schief hingelümmelt in seinem kardinalvioletten Fauteuil, sein Profil hob sich windhundschnittig ab vom Veronesergrün der Wand, die Tür stand offen zum zitronengelben Musikzimmer, eigentlich hätte man sich auch ein Pompejischrot vorstellen können, wo die gewaltige Suppenterrine auf dem Marmorcheminée stand, flankiert von zwei zinarienblauen Kelchen, nubiergelackt der Pleyel, mattschwarz verstaubt der Bechstein, ich biß mich fest am Stilleben zu seiner Linken, das auf strohgelbem Holzbrett eine Brunslebener *züpfe* zeigte, in der oberen Ecke ein Glas *heitigompfi* vor ultramarin-violenfarben *verschlarggtem* Papierhintergrund, im Goldenen Schnitt bezüglich des rechten Bildrandes liefen zwei weiße, dreckgrün eingefaßte, kobaltblaue Rhomben als Mäander führende Streifen in den vermillon-tonigen Tisch, auf dem die inwandig delftbläuliche Kachel, die wahrscheinlich längst in der Küche zerschmettert worden war, auf den Betrachter zuzurutschen schien, ein Festival der Formen und Farben um ihrer selbst willen, jedes Sujet war Edmond de Mog willkommen, wenn es ihn dazu trieb, mit den Temperatuben zu wüten, dann fesselte mich zur Rechten auf dem Guéridon, wo auch die letzte Ausgabe des »Badener Tagblattes« lag, das rubinrot ziselierte Pinakothek-Glas, und da ich den Madeleine-Effekt nur vom Hörensagen kannte, bat ich Edmond de Mog, mir diese Kernszene doch kurz zu schildern, wenn es ihn nicht zu sehr ermüde, ich wolle verifizieren, ob sich das Prinzip auf die Nicotiana tabacum übertragen lasse.

Zunächst, kam der Komponist rasch in Hitze, verabreicht die Mutter dem jungen Proust an einem kalten Wintertag eines dieser ovalen Sandtörtchen, wie ich sie mir auch beim *beck* machen lasse, und in der Sekunde, als der mit dem Kuchengeschmack gemischte Schluck Tee seinen Gaumen berührt, zuckt er zusammen und ist von einem unerhörten Glücksgefühl durchströmt, dies sei gewissermaßen das Urerlebnis fern von Combray, das sich aber dem Geist, der dahinter eine existentielle Wahrheit vermute, widersetze, so wie wenn der Forscher zugleich die dunkle Landschaft sei, die er zu erkunden habe. Dann komme die Phase des Experimentierens, zunächst konzentriere sich Proust ganz auf den Versuch, die fliehende Empfindung heraufzubeschwören, kapsle sich völlig ab, dann aber, wie er merke, daß sich sein Geist erfolglos abmatte, zwinge er ihn umgekehrt zu jener Zerstreuung, die von ihm abzuhalten er sich gemüht habe, und nun spüre er, wie sich etwas in ihm zitternd rege und verschiebe, als hätte sich in großer Tiefe ein Anker gelichtet, er wisse aber noch immer nicht, was es sei, sondern höre erst nur das Raunen der durchmessenen Räume. Er hatte vermutet, daß das, was zum Lindenblüten-Madeleine-Geschmack gehört hatte, ein visuelles Bild gewesen war, hatte aber noch kaum mehr als einen gestaltlosen Lichtschein gewahrt, in dem sich der Wirbel der Farben verlor, aber er hatte nicht von der Form als dem einzig möglichen Dragoman erbitten können, daß sie ihm den »goût« übersetzen würde, darum war das Experiment wieder und wieder angestellt worden. Proust hatte zehn Versuche gezählt, und mit einemmal ist die Erinnerung da, der Geschmack ist identisch mit demjenigen jener Madeleine, die ihm Tante Léonie am Sonntagmorgen in ihrem Zimmer anbietet, nachdem sie das Gebäck, zu dessen Formung eine gefächerte St.-Jakobs-Muschel verwendet worden zu sein scheint, in ihren Tee getaucht hat, und sobald ihn Proust wiedererkennt, tritt das graue Haus mit seiner Straßenfront, welche für die Hypochonderin die ganze Welt bedeutete, wie ein Stück Theaterdekoration vor sein inneres Auge, mit dem Haus der Platz, auf den man ihn vor dem Mittagessen geschickt hat, die Straßen, die er bei jeder Witterung durchstreifte, die Spazierwege, die Bäume, der Pré Catelan, *Si müend das lääse, Armand.* Das Bemerkenswerte werde gewesen sein, fuhr Edmond de Mog, der sich nun hoch aufgerichtet hatte, fort, und darin wisse er sich mit Jérôme, mit dem er oft über die Szene diskutiert hätte, ganz einig, daß der Anblick der kleinen Muschel aus Kuchenteig allein den quasi mnemotechnischen Effekt nicht auszulösen imstande gewesen sein dürfte, was Proust so zu begründen sich anschicke, daß er die Madeleine zu oft auf den Tischen der Bäcker gesehen haben könnte, und dadurch sein Bild von jenem in Tante Léonies Zimmer eventuell abgezogen worden sei, und höchstwahrscheinlich gerade seiner behäbigen Form, seines frommen Faltenkleides wegen – was mich widersprüchlich dünkte – hätten mit dem Sandtörtchen die geographischen und architektonischen Einzelheiten jenen Auftrieb verloren, durch den sie, wenn man an die Metapher vom sich lichtenden Anker denke, ins Bewußtsein hätten aufsteigen können.

Aber sehen Sie, Armand, Proust wäre kein Dichter, wenn er nur Metaphern, nicht aber Sinnbilder finden würde, deshalb zieht er einen weiteren Vergleich bei, indem er sagt, wie in den Spielen, bei denen die Japaner in eine mit Wasser gefüllte Porzellantasse kleine Papierbriefchen werfen, die sich vollsaugen, entfalten und zu schwimmenden Lotusgärten werden, zu Miniaturpavillons, nahmen nun plötzlich die Seerosen auf der Vivonne, die Bewohner des Dorfes, die Kirche Sainte Hilaire faßbare Gestalt an, ganz Combray und seine weitere Umgebung stiegen aus meiner Schale Lindenblütentee auf. Dies zum einen, zum andern weist er darauf hin, daß, wenn von einer früheren Epoche nach dem Ableben der Zeitzeugen und dem Untergang der Dinge null und nichts mehr existiert, Geruch und Geschmack, ich zitiere wörtlich, zerbrechlicher aber lebendiger, immateriell und doch haltbar, beständig und treu noch lange wie irrende Seelen ihr Leben weiterführen und in einem beinahe unwirklich winzigen Tröpfchen das unermeßliche Gebäude der Erinnerung unfehlbar in sich tragen. Das sei der Einstieg zum zweiten Kapitel, das dann so anhebe: Von weitem, aus einer Entfernung von zehn Meilen in der Runde, zum Beispiel von der Eisenbahn aus gesehen, wenn wir in der letzten Woche vor Ostern ankamen, war Combray nur eine Kirche, die die Stadt in ihrer Gesamtheit in sich verkörperte... Während Edmond de Mogs Auslassungen hatte ich unwillkürlich in meiner Pochette mit dem dreiteiligen Kalbslederetui zu spielen begonnen, in dem ich immer die drei Klassiker der cigarristischen Kunst als Notvorrat mit mir führe, eine Sumatra, eine Brasil und eine Havanna, hatte die schmiegsam dunkelbraune Deckelhülse entstülpt und taktil erforscht, welche der drei Coronas die Brenner San Luis Rey sei, die mittlere? Wie man das im Blindverfahren herausfindet, nun ganz einfach, sobald drei Nummern – zwei von so unterschiedlichen Provenienzen wie Cruz das Almas, Semivuelta und Pflanzung Klumpang, wo die erstklassigen Mandi-Angin-Sandblätter herkommen – aus der konstanten Temperatur und Luftfeuchtigkeit des Humidors, den auf Brunsleben der Schloßgutkeller ersetzt, entfernt und ein paar Tage lang in der Vestontasche herumgetragen werden, trocknen sie je anders aus, die Brasil ist eh die härteste, die Havanna verliert ihre federnde Geschmeidigkeit rascher als eine Brenner Habasuma, also zog ich die identifizierte San Luis Rey aus ihrem Fach und rollte sie, zunächst noch im Verborgenen, zwischen Daumen und Zeigefinger, bis sich die Vorfreude erschöpft hatte und die Lust, sie auf der Stelle, hier im veronesergrünen Arbeitszimmer Edmond de Mogs anzuzünden, ganz und gar unwiderstehlich wurde, was sich aber erfahrungsgemäß im Haus Sonnenberg verbot.

Immerhin hatte ich mich noch bis zu jener Stelle des Monologs bezähmen können, wo der Komponist den Beginn des zweiten Kapitels zu zitieren begonnen hatte. *(1989)*

Werner Söllner
Swanns Arrangement mit sich selbst

Vergangenheit, halb
vergessener Ton, bittere Frucht, einzig
gelebte Zeit: süßer Kern deiner Flucht.

Mohn wächst aus der Wand.

Aus dem Rauschen der Zimmer
die dich noch immer bewohnen –
ein Ton.

Aus dem Abgrund
voll Traum und Verlust
dieser süßen Last aus allem
was du gesehen hast – ein Ton
der sich fortsetzt
ins Wort Land oder Ort
oder Rand. *(1991)*

Swanns Reise

Ich suche den Weg von Combray,
der mir verloren ging,
den ich noch immer geh
zwischen Westkreuz und Ring.

Rechts überholt mich die Zeit
auf einer inneren Spur
wie das fast vollkommene Leid
einer erfundnen Figur.

Liebste, der Weltnebel weicht
in entlegene Wörter zurück:
Was uns am Ende erreicht,
ist ein geschriebenes Glück. *(1993)*

Gerhard Meier
Schreiben nach Proust?

Du erklärst Proust zum »intelligentesten Schriftsteller«. Übersetzt man Intelligenz mit Verstand, wäre das eine Qualität, zu der du sonst eher ein ambivalentes Verhältnis bekundest. Warum also ausgerechnet dieses Kompliment für Proust?

Intelligenz in diesem Fall ist für mich natürlich weitergefaßt. Ich meine nicht die Schulintelligenz, die Intelligenz der sogenannten Fachleute, der Musterschüler und Professoren, die zu stapeln fähig und das Gestapelte jederzeit abzurufen imstande sind, sondern ich meine eine Lebensintelligenz, jene Intelligenz, die wie die Spiritualität das Geistige und Geistliche einschließt, das Verständnis für jene Gegebenheiten oder Zustände in uns drin, von denen wir eben gesprochen haben. In dem Sinn ist für mich Proust der Intelligenteste, weil er für mein Gefühl – ich kann ja nicht für andere reden – am weitesten in unseren Tiefen und in den Verästelungen, in die sich unser Leben erstreckt, vorgedrungen ist und er das, was er dort antraf, auf unangestrengte Art in die Sprache hinübergebracht hat. Da gibt es keinen Murks, kein sonntägliches, klassisches oder gestelztes Reden. Sein Redefluß hat etwas Alltägliches, Gewöhnliches und dadurch um so Glaubwürdigeres. In dem Sinn ist für mich Proust groß, ich glaube, ich bin keinem größeren Autor in meinem Leben begegnet. Mit Hilfe der Poesie oder mit seinem Gespür für das Poetische, für diese allmächtige Kraft, möchte ich beinahe sagen, hat er nicht nur Fakten aus diesen Tiefen und aus diesen Verästelungen heraus gerettet, sondern er hat sie auch in ihrem besonderen Glanz aufscheinen lassen. Über den Prozeß der Läuterung bekommen ja die Erinnerungen, die Lebenssubstanz einen Glanz ab, und zwar nicht einen heuchlerischen, verlogenen, aufgesetzten oder herbeigezerrten Glanz, sondern einen Glanz, der sich aus einem Prozeß heraus ergibt und den man poetisch nennen könnte. Manchmal kann eine Passage bei Proust, die von lauter Gewöhnlichkeiten handelt, seltsam, seltsam aufleuchten, auf eine fast unerklärliche Art. Man hat das Gefühl, es gelinge ihm, Sachen zu sagen, die man für unsagbar gehalten hätte, und das kommt bei ihm in einem Maß vor, wie ich es nirgendwo sonst angetroffen habe. Wie die Musik, die auch Unsagbares offenbart, setzt er Unsagbares in Sprache um, kann er Gegebenheiten, Umstände, Traumbilder, Duftgebilde verbalisieren, die sich bisher der Verbalisierung entzogen. Das gelingt dem Marcel Proust, und erst noch in einem riesigen Roman, einem der schon von der Ausdehnung her größten Romane der Weltliteratur. Natürlich weist diese unglaubliche Fläche auch vereinzelte weiße Flecken auf, das ist klar, aber um so schöner leuchten die glänzenden Partien hervor. Einerseits hat Proust ein Gespür für das Kreatürliche, für das Leben schlechthin, man kann es schlecht definieren, eine Liebe zum Leben, zu den Dingen und Geschöpfen ohnegleichen. Andererseits gehört er zu den Geworfenen, zu den Ausgesetzten, zu den Hinfälligen, zu den hyperempfindlichen und auch hypernervösen Typen, obschon er wahrscheinlich wegen seiner extremen Empfindlichkeit manches mitbekommt, was uns anderen verschlossen bleibt.

Dabei ist Proust auch ein Vollblutliterat in dem Sinn, daß er als überlegener Architekt seine unendlich verwickelten, vielschichtigen Stoffe meistert und organisiert. Es gibt bei ihm Stellen, sogar einzelne Gebärden, die erst nach über tausend Buchseiten in ihrer wahren Bedeutung kenntlich werden.

Das ist aber keine Sache der bewußten Organisation oder der allgemeinen Intelligenz, sondern ich bin überzeugt, daß sich das vegetativ einstellt, wenn auch nicht ohne Mittun des Bewußtseins und der Intelligenz. Solche grandiosen, überraschenden und berührenden Zusammenhänge und Anklänge, die man in seinem Roman antrifft, sind vermutlich mehr oder weniger ohne große Anstrengung, ohne Murks hinübergekommen, und darum finde ich seine Prosa auch so unangestrengt. Man spürt, das ist nicht organisiert, das ist nicht geplant und vorausbestimmt, sondern das ergibt sich quasi von selbst, wobei es natürlich auch nicht von selbst kommt.

Du meinst, Proust habe sich durch solche Bezüge und Zusammenhänge überraschen lassen?

Ich glaube schon. Er öffnete sich der Gnade der jeweiligen

Stunde, ließ heraufkommen, was heraufkommen wollte oder mußte, verwob es mit seinem korkgepflasterten Zimmer, wo er unbehelligt von Geräuschen schreiben und denken konnte, und mit seinem momentanen menschlichen und politischen Umfeld, und daraus ist dann jener Riesenteppich entstanden, den sein Riesenroman »Auf der Suche nach der verlorenen Zeit« doch letztlich darstellt. Da finden sich diese wunderbaren Anklänge, wie du gesagt hast, von den ersten zu den letzten Seiten. Aber das ist nicht ohne weiteres zu planen, um Gottes willen, im großen ganzen schon ein wenig, da spielt der Intellekt mit, wie bei den Teppichknüpfern und -webern im Orient auch eine vordergründige Organisation stattfindet, in den Motiven etwa, aber ich glaube, sie lassen sich handwerklich doch immer wieder mitnehmen und lassen es laufen, so aus dem Gespür heraus. Kunst hat weniger mit Organisation und schulmäßiger Intelligenz zu tun, sondern eben viel mit diesem Vegetativen, mit diesem Gewachsenen, mit diesem Unbegreiflichen.

Proust ist ein unübertrefflicher Gestalter der menschlichen Erfahrungsmöglichkeiten, des Gelebten, das in Erinnerungsschüben, bisweilen in jähen Augenblicken aufsteigt. Daneben hat er, wie es zum Signum eines großen Autors gehört, eine unverwechselbar eigene Welt geschaffen und dabei zahlreiche Figuren, mit denen der Leser wie mit realen über längere Zeit lebt. Gibt es unter diesen Figuren einige, die dir besonders nahestehen?

Swann natürlich. Tante Léonie, die Großmutter und die Mutter des Erzählers, und dann vor allem Gilberte, Swanns Tochter. An ihr wird ja auch das Motiv der unerfüllten Liebe abgehandelt, wie es Tolstoi bei der Natascha, Pasternak bei der Lara und Keller bei der Anna vorführten. Proust hat das Einander-Verpassen auf wunderbare Weise abgehandelt: die zarten Anfänge der Liebe, da der Erzähler Gilberte in Swanns Garten, von Levkojen umgeben, zum ersten Mal sieht und hört, wie ihre Mutter sie beim Namen ruft und ihm dann dieser Name Gilberte eingeht. Ihre Nähe wächst, und dennoch geraten sie voneinander weg. Gilberte verheiratet sich, und selbst dann, als ihr Mann stirbt und beide frei werden, können sie nicht zusammenkommen. Aber auch Swann finde ich eine grandiose Figur in seiner Verspieltheit, in seiner Hinfälligkeit gegenüber Odette, in seiner Ausgesetztheit den Bildern gegenüber, in der Art, wie er mit diesen Bildern lebt. Das sind ähnlich eingravierte Figuren wie in Tolstois »Krieg und Frieden« der Fürst Andrej Bolkonskij, Natascha, Pierre und andere, Figuren, die sich einem ungeheuer einprägen, obschon: der Roman »Auf der Suche nach der verlorenen Zeit« ist ja auch quasi ein »Buch über nichts«. Wegen der sozialen Stellung der Leute dringt nicht einmal die Arbeitswelt in den Alltag ein, denn es handelt sich um eine reiche Bohème-Gesellschaft, um Alteingesessene, um Adelsgeschlechter. Und als bedeutende Figuren, möchte man fast sagen, wirken einerseits Paris und andererseits das ländliche Combray, beziehungsweise Illiers mit, diese zwei Pole: die Provinz und die Weltstadt, die Hauptstadt des Geistes, wo so viele große Menschen gelebt und gearbeitet haben. Auch die Politik spielt ein wenig hinein, und vor allem die Musik. Einige der schönsten Texte über Musik, die ich je gelesen habe, stehen in Prousts Roman. Proust kann buchstäblich Partituren in einen Text umsetzen. Vielleicht bin ich da etwas befangen, er ist mir sehr nahe. Bei ihm kommen keine Gestelztheiten vor, das sogenannte Gewöhnliche ist drin, und die Sprache paßt sich diesem Gewöhnlichen an, und wo Poesie auftritt, wo sie aufleuchtet – und sie leuchtet immer wieder auf –, ist es echte Poesie, nicht eine verbrämte. Wie er seinen Teppich webt, diesen Riesenstoff handhabt, ohne aus der Gestimmtheit der Motive herauszufallen, ist einfach großartig, wobei ich noch einmal sagen möchte: Mit der Intelligenz allein ist das nicht zu schaffen. Er hat zwar selber davon geredet, er habe sich eine Kathedrale als Vorbild genommen für seinen Bau, oder er hat seinen Roman mit einer Kathedrale verglichen, aber wohl erst im nachhinein. Als er unten anfing, die Grundmauern zu legen, hat er vermutlich noch nicht an die Kathedrale geglaubt. Vieles ist in diesem Roman ganz vegetativ gelaufen, wie Kunst eben laufen muß.

Hat es während deines Lebens verschiedene Proust-Phasen gegeben, solche, wo dir Proust besonders nahegekommen ist, und solche, wo er dir auf längere Zeit hin fern rückte?

Mit Proust ist es mir ergangen wie mit Tolstoi und anderen mir lieben Autoren, Musikern und Malern: Ich konnte lange nicht anbeißen. Bei Proust bedurfte es ungefähr zwanzig Jahre, bis ich mich getraute, ein Buch von ihm zur Hand zu nehmen, und da half erst noch der Zufall mit. Ich durfte 1971 im Pro-Helvetia-Haus in Carona (Tessin) einen Arbeitsurlaub verbringen, und dort befand sich in der Bibliothek die siebenbändige Ausgabe der »Suche nach der verlorenen Zeit«. Nachdem ich meine Hemmungen überwunden hatte, griff ich eines Nachts den letzten Band heraus und las dann die zweite Hälfte des Buches, also den Schluß des Riesenromans, bis in den Morgen hinein. Das war für mich eines der großen Leseerlebnisse, ich war ganz, ganz berauscht. So bin ich zu Marcel Proust gekommen. Über Jahrzehnte hin habe ich nach Möglichkeit jeden Tag, bevor ich mit meiner Arbeit begann, zwei Seiten Proust gelesen, und zwar, weil ich ja zuhinterst angefangen hatte, von hinten nach vorne. Inzwischen hab ich ihn zweimal von vorne nach hinten durchgelesen, und jetzt beim vierten Durchgang bin ich wieder im Band »Im Schatten junger Mädchenblüte«. Ich habe also jeweils pro Tag vier Seiten Proust gelesen, zwei Seiten vor Arbeitsbeginn am Morgen und zwei Seiten vor Arbeitsbeginn am Nachmittag, und habe dabei immer das Gefühl gehabt, ich schritte eine Route ab, die mir sehr vertraut sei. Es hat mich nicht durcheinandergebracht, und ich habe mich heimisch gefühlt, domestiziert sozusagen – ungefähr so, wie wenn ich um unser Haus herum gehe, in dem ich fast mein ganzes Leben verbracht habe.

Hat dich die Proust-Lektüre nie beim eigenen Schreiben behelligt?

Nein, gar nicht, wie übrigens auch Claude Simon nicht. In der Zeit, als ich Claude Simon besonders pflegte, habe ich jeweils vor dem Arbeiten die erste und die beiden letzten Seiten des Romans »Der Palast« gelesen. Das grenzt natürlich an sanften Wahnsinn, aber es hat mich irgendwie beruhigt und in Gang gebracht. Am Anfang des Romans wird beschrieben, wie eine Taube auf die Brüstung eines Balkons fliegt und dort sitzen bleibt. Das Ende des Romans handelt davon, wie über Barcelona der Abend hereinbricht, die Sonne hinter einem auf einem Hügel gelegenen Lunapark untergeht, in den Gassen der Stadt die Lampen aufleuchten und ein grünliches Licht verströmen, während in einem Pissoir Schuhputzer nebeneinander stehen, ganz in Schwarz, dienstbereit und ausgehungert hinter ihren Kistchen, die lächerlichen Kindersärgen gleichen. – Proust hat mich also nie beim Schreiben behelligt. Er hat mich nie gestört, nicht unnötig aufgeputscht, nicht abgelenkt, nicht ermüdet, sondern es war eben so, wie wenn ich um unser Haus herum flanieren würde. *(1995)*

Michael Maar
Die Feuer- und die Wasserprobe

In der letzten Woche seines Lebens hat Marcel Proust etwas getan, was die Forschung bis heute ratlos läßt. Wie man erst vor zehn Jahren entdeckte, hat er zwei Drittel seines Albertine-Romans im Typoskript gestrichen. Auch wenn bis heute unklar ist, was er sich dabei dachte, es gibt ein Indiz dafür, daß ihn der Tod in einer größeren Umbauarbeit unterbrochen hatte. Im Finale dieses Romanteils nämlich läßt Proust den Schluß einer Intrige stehen, deren Anfang fehlt und vom Bruder postum aus dem Manuskript ergänzt werden mußte. Die Auflösung ist unverständlich ohne den Knoten; Proust hätte also entweder den Knoten wieder einfügen oder auch die Auflösung streichen müssen. Wenn wir annehmen, er wäre noch etwas länger am Leben geblieben, und wenn wir weiter annehmen, er hätte sich für die zweite Variante entschieden und Knoten samt Auflösung herausgetrennt, dann hätte es wohl irgendwo im Universum einen Knall gegeben. Denn dann hätte die *Recherche* verloren, was man ihr als letztes Zugeständnis an menschliche Begrenztheit anrechnen mochte: ihren einzigen dikken Kunstfehler.

Wir befinden uns im vorletzten Band des Zyklus. Der Erzähler Marcel hat das Telegramm bekommen: Albertine, die Geliebte, Gefangene und Entflohene, ist bei einem Reitunfall verunglückt, Albertine ist tot. Nach der Trauerzeit, in der sich Marcel einen düsteren Band lang mit dem Leser einschließt, wagt er wieder einen Schritt in die Welt und reist mit seiner Mutter nach Venedig. Dort erhält er eine Depesche folgenden Inhalts: »Lieber Freund, die Totgeglaubte – entschuldigen Sie – ist noch sehr lebendig und wünscht ein Wiedersehen, um über Heirat zu sprechen, wann Rückkehr. Alles Liebe Albertine.« Wie das – Albertine lebt? Marcel zweifelt nicht daran, aber sonderbar, die Nachricht ihrer Auferstehung kann ihm nicht mehr die Freude bereiten, die er von ihr erwartet hätte. Er prüft sich und erkennt, daß er ebenso unfähig ist, die alte Albertine wiederzuerwecken wie sein altes abgestorbenes Ich: daß er recht damit hatte, das Monstrum des Vergessens zu fürchten, das seine Liebe verschlingen würde; daß er glaubte, junge Mädchen zu lieben, und doch nur die Morgenröte liebt, deren Schein für kurze Zeit ihre Gesichter erhellt; daß schließlich auch unsere Liebe zum Leben nur eine alte Liaison ist, von der wir nicht loskommen können, daß aber der Tod, der sie zerstört, uns auch von dem Verlangen nach Unsterblichkeit zu heilen wissen wird.

Wunderbar, wenn auch traurig. Und jetzt begeht Proust den einzig kapitalen Kunstfehler seines Romans.

Der Leser ist erschlagen von der Möglichkeit, daß Albertine, von der er sich nicht so schnell hat lösen können wie der Erzähler, noch leben könnte; er hat die Andeutung noch im Ohr, ihr Unfall wäre vielleicht nur vorgetäuscht, eine Finte, um den Verfolgungen des eifersüchtigen Marcel zu entkommen, dessen langer Schmerz also ganz umsonst war und dem ein Wiedersehen naht, welche Vorstellung – doch was macht dieser Erzähler? Er läßt die Frage fallen. Er wechselt das Thema und beginnt mit einer Schilderung der Kunstschätze Venedigs.

Nicht ein Leser der Welt, nicht ein fühlender Mensch kann sie in diesem Augenblick auch nur zur Kenntnis nehmen. Sollen sie noch so virtuos leuchten, die Marmormosaiken und die Carpaccios, zum Teufel mit ihnen, was ist mit Albertine? Ganze fünfzehn Seiten später, glänzende und peinigend verkehrte Seiten, erfährt man es: sie ist tot, die Depesche bestand aus Lesefehlern, der Angestellte des Telegraphenbüros hat aus der verschnörkelten Unterschrift Gilbertes eine Albertine entziffert, die Heirat galt nicht Marcel, sondern Saint-Loup. Der Leser ist entrüstet; nicht über das Gewaltsame der Auflösung, aber über den Virtuosenspaziergang davor.

Proust hat einen Fehler gemacht, der so tief in der Natur des Romanschreibens liegt, daß auch ein Riese ihn nicht immer beheben kann. Proust vergißt, daß er zwar den Plan kennt, der Leser aber nicht. Er unterschätzt die kriminalistische Spannung, die er aufgebaut hat; er unterschätzt vor allem, wie quälend gut er gearbeitet hat, wie nah seine Figuren dem Leser ans Herz gerückt sind, wie schwer man Abschied nahm von Albertine und wie revoltierend die bloße Idee sein muß, sie glitte wie Lazarus ins Leben zurück. Wenn man schon wüßte, daß Albertine nicht mehr aufersteht, dann vielleicht könnte man die Abschweifung als die letzte grausame Demonstration eines Seelengesetzes würdigen, als die sie gemeint war. Man weiß es aber nicht; beim ersten Mal ist der

Leser noch im Stand der Unschuld, ein Stand, in den sich der Autor, dem sein Plan zur zweiten Haut geworden ist, an dem er jedes Äderchen kennt, nicht einmal mehr probeweise hineinversetzen kann.

Er drängt deshalb auch danach, den Leser zu sich in die Tiefe zu ziehen. Er will ihn aus dem Stand der Unschuld vertreiben, und da hilft ihm nur eins: er muß ihn zur Wiederholungstat ermuntern. Zu einer etwas stärkeren Form dieser Ermunterung, zur öffentlichen Aufforderung, ließ sich in einer bekannten Rede Prousts Kollege Thomas Mann hinreißen. Bei einer Einführung vor Princetoner Studenten trat er offen mit der Forderung hervor, sie möchten seinen Roman von der verlorenen Zeit doch bitte zweimal lesen. Erst dann könnten sie den musikalisch-ideellen Beziehungskomplex richtig durchschauen und das symbolisch anspielende Formelwort in beide Richtungen deuten; wie Musik, die man ja auch schon kennen müsse, um sie richtig zu genießen.

Thomas Mann, der seine Forderung »sehr arrogant« nannte, sprach nur aus, was sich jeder ernsthafte Autor erhofft. Jeder Autor, der nicht nur Heftchen schreibt – auch wenn es statt dessen nicht gleich *Cahiers* sein können –, wird insgeheim erwarten, daß man ihn mehrmals liest. Das Wiedergelesenwerden ist der Dank, den jeder Autor verdient, der mehr in die Zeilen preßt, als man ihnen ohnehin abschöpfen kann. Die guten, unschuldigen Leser – wie sollten sie beim ersten Mal auch mehr als nur eine Handvoll der Schätze würdigen können, die der Autor ihnen zugedacht hat? Die erste Lektüre ist wie die Pubertät, ein etwas erniedrigender Zustand, den sie durchlaufen müssen, um erwachsen zu werden; sie ist nötig, aber nicht eigentlich um ihrer selbst willen, sondern um die zweite und seriöse, von orientierter Aufmerksamkeit gelenkte und vom grob Stofflichen befreite Lektüre zu ermöglichen. Gäbe es die zweite vertiefte Lektüre nicht, hätten die skrupelreichen Autoren sich die Mühe umsonst gemacht. Niemand kann bei der Erstlektüre wissen, worauf er besonders achten soll, im Gegenteil, wenn er mit der Nase darauf gestoßen wird und die Spatzen es ihm von Anfang an entgegenpfeifen, ist der Autor ein Stümper; da der Leser es also nicht wissen kann, muß er notwendig übersehen, wie fein der Autor die Motive geordnet und wie dicht er seinen Stoff präpariert hat. Wenn er das Ende nicht kennt, kann er nur ahnen, was alles wie früh schon auf es vorausweist.

Nach zehn Bänden Proust hat der Leser das erste Wort »Longtemps« vergessen, zu dem es sich mit dem letzten Wort »Temps« zurückbiegt; er ist der Linie gefolgt und meinte, geradeaus zu gehen; daß sie vom Autor gekrümmt wurde und er sich auf einem Riesenkreis zurückbewegt, kann er wie bei *Finnegans Wake*, bei dem das letzte Wort punktlos zum kleingeschriebenen Anfang zurücklenkt, erst beim zweiten Durchlauf entdecken. Erst beim Wiederlesen kann er den Plan verstehen und bemerken, wie ihm auf allen Etagen zugearbeitet wird. Nicht in erster, naiver, schneller Lektüre, sondern nur in statarisch innehaltender kann er die Ober- und Unterstimmen studieren, um die Polyphonie zu durchschauen; nur durch wiederholtes Abhorchen kann er die Nebengänge des Werks erforschen und den Echos aus den Katakomben folgen. Mehr noch als andere sind es die alexandrinischen Autoren wie Thomas Mann oder Joyce, die danach flehen, nicht nach dem ersten Mal weggelegt zu werden. Wer ihnen Genüge tut und sie wiederliest, wird erleben, wie das freie funktionslose Fluten der Details immer mehr abnimmt und immer stärker kanalisiert wird. Am Ende ist im *Ulysses* wie im *Zauberberg* fast jedes Detail motivisch oder symbolisch eingebettet; selbst die Zigarren glimmen nicht mehr harmlos vor sich hin, und selbst biedere Schreibtische oder Kachelkamine dienen nicht mehr nur der Bequemlichkeit der Moribunden.

Wer den *Zauberberg* und den *Ulysses* schätzt, tut er das aber wegen dieser strengen Organisiertheit? Und nicht doch wegen der erstempfangenen Einzelheiten, wegen der gebratenen Nierchen, die Leopold Bloom sich zum Frühstück zurüstet, wegen Frau Stöhrs Fischsaucenreichtum, wegen Tous-les-deux, die schwarzgekleidet durch den Garten wallt, wegen der Kunst des Einwickelns in die Kamelhaardecken, wegen der Schweinchen, die die Berghofgäste in der Walpurgisnacht blind aufs Papier werfen? Die Frage wäre, weiter gefaßt, ob das dauerhaft Anziehende eines Werks mit den Qualitäten zu tun hat, die man erst bei wiederholter Lektüre bemerkt. Und die Frage, die damit zusammenhängt, ist die nach dem Unterschied zwischen der Erst- und der Zweitlektüre.

Nichts wird unter Philologen so unterschätzt wie der Erkenntniswert der Erstlektüre. Jedes Mal, wenn wir ein Buch lesen, hat es sich verändert, wie wir von Borges wissen, der sein Lieblingszitat zu der Sentenz hätte verdeutschen können, man steige nicht zweimal in denselben Lesefluß. Nur ein einziges Mal aber ist diese Veränderung nicht fließend und metamorphotisch, sondern ein Tigersprung zwischen Kategorien. Bei der Erstlektüre geht es dem Leser wie dem Helden der *Unsichtbaren Loge*, der unter der Erde erzogen wird und zur großen Initiation zum ersten Mal unters Sonnenlicht tritt. Er ist noch halb blind, läßt sich vielleicht auch blenden, nimmt aber gleichzeitig viel mehr wahr als bei jedem späteren durch Wissen zwar schärfer gewordenen, durch Gewohnheit aber auch wieder getrübten Blick. Was der Erstlektüre fehlt, ist genau das, was sie allen späteren Lektüren voraus hat. Ihre Stärke ist das Nicht-Wissen. Nur bei der ersten Lektüre schaut man der Welt noch zu, wie sie geschaffen wird, bei jeder späteren liegt sie fertig da. Nur einmal erlebt man die Wirbel, die beim Vorströmen des Wissens gegen das Nicht-Wissen entstehen. Später ist es ruhig, und über allem hängt der Nebel der Gewöhnung, deren Gesetzen der Leser so wenig entkommt wie Marcel, der die Wiederkehr Albertines ignoriert, nach Padua reist und sich in der Ausmalung der Giottokapelle verliert. Bei der Erstlektüre kann ein Buch ästhetische Wahrheiten enthüllen, die es später nie mehr preisgibt. Vor allem die Längen, Steigerungen und Brüche eines Werks lassen sich nur dann beurteilen, wenn man über den Fortgang noch nicht Bescheid weiß. Bei der Wiederlektüre wird man merken, wie es funktioniert; nur bei der ersten aber, ob. Den Kunstfehler Prousts, die Überdehnung der retardierenden Spannung, kann man nur bei der ersten Lektüre empfinden. Wer einmal weiß, daß Albertine tot bleibt, empört sich nicht mehr darüber, wie lang sie an einem Haar über den Abgrund gehalten wird. Nur dieses eine erste Mal hat der Leser sein eigenes Recht gegen den Autor, für den es schwer genug ist, zu wissen, aber ungeheuer viel schwerer, nicht mehr zu wissen, das Nicht-Wissen zu fingieren und sich aus seiner Versenkung wieder an die Oberfläche zu stemmen.

Neben den Fehlern, die humanerweise auch Proust unterlaufen, gibt es die magischen Effekte, die ganz auf den Erstleser berechnet sind. Die schönste Stelle der *Éducation sentimentale* ist Proust zufolge kein Satz, sondern eine Lücke. Flaubert hat fünfhundert Seiten lang gewissenhaft von jedem Hin und Her seines Helden Moreau berichtet und ihn bis zu der Szene begleitet, in der er in einen Tumult gerät und erlebt, wie ein Aufständischer von einem Polizisten niedergestochen wird. Der Polizist dreht sich um, und staunend erkennt Moreau in ihm einen alten Bekannten, den früheren Führer der Republikaner. Es folgt der Satz: »Er reiste«, und ohne den geringsten Übergang vergehen in ein paar Sätzen Jahrzehnte.

Was der Leser spürt bei dieser Stelle, ist ein kleiner Kälteschock, vermischt mit Schwindel und Triumph. Fünfhundert Seiten lang ist er im Innern eines Turms Stufe um Stufe hochgestiegen, jetzt ist er oben angelangt. Flaubert zieht ihn auf die Brüstung und zeigt ihm, was noch keiner sah: den glitzernden Strom, die reine dahinschießende Zeit. Fünfhundert Seiten ansteigender Prosa waren nötig, damit Flaubert diesen einen Effekt erzielen konnte, das Zeiterlebnis als Offenbarung und Schock. Proust macht aus dem berühmten *blanc* den Sprung im letzten Band der *Recherche*, in dem der Erzähler nach einem Aufenthalt im Sanatorium in die Welt zurückkehrt und die alten Freunde im Maskenball ihre weißen Perücken und großen roten Nasen vorzeigen, die Marcel erst nach und nach als Produkte der Schminkmeisterin Natur erkennt. Der Effekt kann nur einmal wirken, und am Ende der *Recherche* ist er überwältigend. Man hat ein Leben gelebt und ist alt geworden, das Unmöglichste ist eingetroffen. Das Leben als Mimesis des Lebens läßt sich aber wie dieses nicht wiederholen. Nur einmal liest man, wie man lebt: ohne zu wissen, was passieren wird; gezwungen, die Zukunft mit täglich absterbenden und nachwuchernden Hypothesen aus dem Vergangenen zu schließen. Später liest man vom Ende her; beim ersten Mal lebt man aufs Ende zu. Darum gibt es kein zweites Mal; wenn man es zum zweiten Mal beginnt, ist ihm die Totenmaske schon abgenommen; das Buch, das man nach der Erstlektüre zuschlägt, bleibt für immer geschlossen.

Die Folgerung, die daraus zu ziehen wäre, ist einfach. Ein Buch muß beide Lektüren bestehen und der von Thomas Mann so oft zitierten doppelten Optik standhalten. Der große Roman muß als Bimetall gearbeitet sein – wenn der Leser nicht beim ersten Mal warm wird, wenn er sich nicht beibiegen läßt und der Kontakt nicht schließt, wird es zur zweiten, kalten, jederzeit absprungbereiten Lektüre nur noch selten kommen; unsere Lesezeit ist begrenzt. Der große Roman muß zwei Prüfungen bestehen, die

Feuer- und die Wasserprobe. Anders als der Held des Zaubermärchens muß er zuerst durch die Feuerprobe. Bei der ersten, halbblinden und doch hellsichtigen Lektüre muß er den Enthusiasmus erzeugen, ohne den die Kunst nichts wert ist; bei der zweiten und dritten muß er seine Tiefe erweisen.

Die glücklichen Taminos sind selten unter den Romanen. Die meisten Bücher scheitern an beiden Proben; weder schließt der Kontakt beim ersten Lesen, noch lohnt sich der Gang in die Tiefe beim zweiten. Eine Klasse darüber stehen die Romane, die nur an der zweiten Probe scheitern. Es sind die vielen Bücher, die man in der Jugend oder Kindheit verschlingt und vor denen man später die Achseln zuckt. Eine Klasse für sich allein ist Kafka, der die erste Probe strahlend besteht und die zweite wie einen seiner Prozesse oder Schloßbescheide undurchsichtig in die Länge zieht.

Dann gibt es aber auch Werke, die nur bei der ersten Probe versagen. Gerade die großen Autoren neigen dazu, sie mit zunehmenden Jahren zu verbummeln und nur noch die zweite ernst zu nehmen. Der Joyce der *Dubliner* besteht beide Proben mit Glanz, *Finnegans Wake*, dessen Oberfläche so abweisend ist, daß sich nur noch Spezialisten in die Tiefe trauen, tritt bei der ersten gar nicht mehr an. Auch die moderne Musik läuft mit Schönberg hinter die Schule und schwänzt die erste, während Bartók oder der Strawinsky des *Sacre* bei beiden brillieren. Verglichen mit der Verweigerung der Feuerprobe ist die Forderung des *Zauberberg*-Verfassers nach Zweitlektüre gar nicht so arrogant; eine Forderung, der Thomas Mann noch hinterherschickte, sie werde sofort zurückgezogen für den Fall, daß man sich das erste Mal dabei gelangweilt habe. Kunst, sagte er seinen Studenten, soll keine Mühseligkeit sein. Ganz ähnlich sagt es der ihm so unähnliche Borges, und er trifft keinen geringeren damit als Joyce. Dessen Werk verlange eine Kraftanstrengung; wenn wir etwas aber mit Mühe lesen, meinte Borges, so sei der Autor gescheitert.

Der große Autor erspart dem Leser die Mühe, die er sich selber macht. Er stemmt sich immer wieder aus der Tiefe und liest das Eigene, als wäre es fremd. Die rätselhafte Radikalität, mit der Proust kurz vorm Sterben den Albertine-Roman zusammenstreicht, ist ein letzter Reflex dieser Kunst, dieses Genies, sich immer wieder die alten Augen aus den Höhlen zu nehmen und die neuen des naiven Lesers einzusetzen.

Auch diesen einfachen Lesern aber hat die Natur die Möglichkeit der zweiten Naivität eröffnet. Das Zaubermittel, das zum Wiedergenuß der Erstlektüre verhilft, ist das Zurückfluten des Nichtwissens, das Vergessen. Eben ihm verdankt sich nach der Deutung Becketts das Wunder der *Recherche*. Proust mußte erst alles vergessen, um es in der Erinnerung wieder neu aufblühen lassen zu können. Vielleicht darum ist er der größte Meister beider Proben, das Doppelwesen aus Nixe und Salamander, wie die Leserwelt noch wenige sah. *(1996)*

Nachwort

> Ein sehr bedeutendes Buch ist da, Marcel Proust, Du Coté de chez Swann (chez Bernard Grasset); ein unvergleichlich merkwürdiges Buch von einem neuen Autor, sollte eine Übersetzung angeboten werden, wäre sie unbedingt zu nehmen.[1]

Rilke war der erste. Aber er war nicht nur der früheste Proust-Kenner unter den großen deutschen Autoren und derjenige, der mit dem Milieu des Faubourg Saint-Germain am intimsten vertraut war, sondern auch, so zeigt sein Brief[2] an den Prinzen Hohenlohe kurz nach Prousts Tod, über den ihn André Gide unterrichtete, von prophetischer Tiefe des Blicks. Anfang 1914 hatte er über die Fürstin Taxis den Beginn der *Recherche* erhalten, 1921/22 *Le côté de Guermantes* und *Sodome et Gomorrhe* gelesen und dazu am 18. 7. 1922 bemerkt, es sei »unglaublich, wie natürlich« Proust schon Gebrauch mache »von dem Recht, die skabreusesten Dinge außerhalb des Moralischen in Bewegung zu setzen«[3], weshalb ihm der Roman auch für die Psychoanalyse »sehr interessant« erschien.[4]

Die *Recherche* wurde – zumal im Ausland – wahrgenommen, nachdem sie begonnen hatte, in Buchform zu erscheinen. Die Vorabdrucke wurden erst 1996 in deutscher Übersetzung präsentiert.[5] Der Prix Goncourt 1919 ebnete Proust den Weg ins deutsche Feuilleton, aber die Leser sollte er erst durch eine Übersetzung erreichen, die den deutschen Sprachraum als Unternehmen bis heute beschäftigt. Dazu später. Einen ersten kurzen Abriß der Proust-Rezeption in Deutschland, Österreich und der Schweiz boten Hans Robert Jauß 1972[6] sowie ein noch schmaler Teil in George Pistorius' verdienstvoller, auf früheren Listen im *Bulletin de la Société des Amis de Marcel Proust et des Amis de Combray* basierender Bibliographie, der eine aktualisierte Neuauflage dringend zu wünschen wäre. Dort sind insbesondere die von Natur aus heiklen älteren Versuche nachgewiesen, Autoren wie Grass, Kafka, Musil usw. mit Proust zu parallelisieren bzw. seine Wirkung bei Adorno, Benjamin oder Rilke nachzuzeichnen.[7] Auch

1980 war die deutsche Proust-Rezeption wissenschaftlich noch nicht aufgearbeitet. Gerhard R. Kaiser verfolgte immerhin einige »Etappen« mit dem Resultat, daß die Komparatistik nicht nur bei nachweisbaren Kontaktbeziehungen ermitteln darf, vor allem aber, daß das Sinnpotential nicht vom rezipierten Text allein angeboten, sondern von den Rezipienten und deren Kontext entscheidend mitkonstituiert wird.[8] So zeigt auch der vorliegende Band »adäquat« erscheinende, wenngleich einander konträre Würdigungen wie die von Curtius und Benjamin neben erkennbar nicht an Erkenntnisgewinn oder auch nur Gerechtigkeit interessierten. Angelika Corbineau-Hoffmann resümierte, die zeitgenössische Rezeption sei nur in Frankreich »gut dokumentiert«, auch sie skeptisch gegenüber Versuchen, »Proust in Parallele zu anderen Autoren zu sehen«.[9] Mit Grund betonte sie später, daß Prousts »fortune littéraire« »nicht primär aus ›Einflüssen‹ auf einzelne Autoren« bestehe.[10]

Kulminationspunkte waren die Jahre, in denen die erste bzw. die zweite Übersetzung erschien; vielleicht ist ähnliche Wirkung von Luzius Kellers revidierter Fassung zu erwarten – nun, da Proust, wie Rainer Moritz 1989 konstatierte, »längst dem Kanon der Moderne eingegliedert« ist.[11] Doch auf dem 1996er Symposion der Marcel Proust Gesellschaft in Berlin widmete sich nur eine Sektion, genauer eigentlich: der Vortrag von George Pistorius Prousts Geschick in Deutschland. Einen – freilich artifiziell herbeigeführten – Brennpunkt bedeutete das 4. Symposion zehn Jahre früher in Essen zum Thema »Deutsche Schriftsteller und Proust«, an dem teilnahmen: Elisabeth Borchers, Horst Bienek, Christoph Derschau, Bernd Eilert, Wilhelm Genazino, Ludwig Harig, Eckhard Henscheid, Hermann Lenz, Martin Mosebach, Ernst Müller, Manfred Schneider und Hermann Wallmann.[12] Nur einige der damaligen Beiträge konnten hier aufgenommen werden. Auch in der Fischer-Taschenbuchreihe *Mein Lesebuch* wurde Proust von mehreren Autoren berücksichtigt, ist also in privaten Leselisten nicht selten vertreten. Auf Texte, die durch eine Umfrage bei Autoren hätten »erzeugt« werden können, wurde aber an dieser Stelle bewußt verzichtet.

Schon 1971 erschien in Frankreich eine der vorliegenden vergleichbare Anthologie mit Texten von zwanzig Autoren wie Roland Barthes, Michel Butor oder Gilles Deleuze[13], 1989 für den englischen Sprachraum eine umfassende Zusammenstellung früher Würdigungen von Anatole France' Vorwort zu *Les Plaisirs et les Jours* 1896 bis zu Essays u.a. von Maurois und Beckett aus dem Jahr 1931, insgesamt 140 Texte.[14] Deutsche Autoren sucht man vergeblich, mit Ausnahme von Leo Spitzer im ersteren Bändchen sowie von Ernst Robert Curtius, der bezeichnenderweise in beiden Büchern vertreten ist. In der Tat ist Curtius der Repräsentant einer kosmopolitischen deutschen Literaturkritik; und doch scheint die Beschränkung auf ihn – so wichtig und einflußreich seine Statements auch waren – heute als fatale Verkürzung, die den falschen Eindruck hervorruft, als habe die Literatur der Weimarer Republik grosso modo von Frankreich und daher von Proust keine Notiz nehmen wollen. Dabei lassen sich mit Edgar Mass' Aufsatz *Proust in Deutschland lesen* für die 20er Jahre sogar Richtungen unterscheiden, die »ästhetisierend distanzierenden« von den »gesellschaftskritisch engagierten« Urteilen, daneben bereits »deutsch-nationale«.[15]

Auf Auszüge aus Texten vorwiegend literaturwissenschaftlichen und vor allem Proust-philologischen Charakters – zu denken wäre etwa an Hans Robert Jauß' wichtige Dissertation von 1952[16] oder den Aufsatz von Manfred Naumann[17] – wurde verzichtet. Daß Jauß übrigens das erinnerte Ich »Marcel« nannte, zur Unterscheidung vom erinnernden Ich[18], ist dann freilich eine allseits aufgegriffene künstliche Verwirrung, wie sie die Literaturwissenschaft auch gerne hervorbringt. Gibt es etwa einen Anhaltspunkt dafür, daß der Erzähler sich in der Zwischenzeit hat umtaufen lassen? Man beachte vielmehr den hypothetischen Charakter der Namensnennung, der sich vielleicht auch auf den Kontext erstreckt. Aber darüber wäre endlos und mit wenig Aussicht auf letztgültige Klärung zu diskutieren. Ohne also streng den Brotberuf der Verfasser(innen) zum Kriterium zu machen, leuchtet doch ein, daß fast jeder, der sich nicht als Romanist oder Germanist mit Proust auseinandersetzt, die *Recherche* ins Zentrum seiner Reflexion stellt. So sind in allen hier abgedruckten Texten *Jean Santeuil*, *Contre Sainte-Beuve*, *Les Plaisirs et les Jours* sowie die kostbare Korrespondenz, wenn überhaupt, nur als Kommentar zum Hauptwerk präsent.

Die Anthologie ist chronologisch geordnet; nur so ließ sich der Vorteil erhalten, eine implizite Geschichte der deutschsprachigen Proust-Rezeption mit abwechselnden Textgenres zu verbinden und schon durch die Reihenfolge Zusammenhänge, auch sinnstiftende Kontraste herzustellen. Ein weiteres Kriterium war die Prominenz der Autoren, sofern sie wenigstens mehr als verstreute Sätze geäußert hatten. Mit Bedacht wurde übrigens in den Kurzbiographien eine Aufreihung oder Bewertung ihrer schriftstellerischen Werke vermieden. Auch konnte weiterführende Literatur zur Liaison einzelner Autoren mit Proust natürlich nicht vollständig nachgewiesen werden. Wo genauere Datierungen fehlten, sei es wegen unsicherer Entstehungszeit (z.B. Andersch) oder eines ausgedehnten Zeitraums der Niederschrift (Hohl), mußten die Texte unter dem Jahr des verfügbaren Erstdrucks eingeordnet werden. Grundsätzlich ist so von Prousts Todesdatum an fast jedes Jahr vertreten.

Natürlich tragen viele Texte die Spuren ihres Entstehungsanlasses, journalistisch abrupte Schlüsse oder Festrhetorik. Zuweilen entstehen sie deutlich aus Zitatcollagen. Da manche in der Presse ein breites Publikum über den Riesenroman informieren wollen, findet man die meistdiskutierten Passagen alle irgendwo zitiert oder referiert. Das wird kein Schaden sein; indes sind zu häufige Wiederholungen vermieden. Die Auswahl ist – natürlich – subjektiv, vor allem aber einem strengen Platzdiktat unterworfen, das in einigen Fällen zu organischen Kürzungen zwang. Bedauerlicher ist der Verzicht auf Texte wie die von Erika Altgelt (1959), Günter Blöcker (1957), Eduard Corrodi (1925), Heinz Friedrich (1955), Bert Herzog (1954), Hugo Loetscher (1957), Peter Mieg (1954), Walther Petry (1931), Richard von Schaukal (1932), Wolf Zucker (1927) u.v.a. Offenkundige Satzfehler wurden stillschweigend korrigiert, orthographische Eigenheiten oder Irrtümer sowie sachliche Fehler blieben unangetastet.

Leistet jemand literarische Erinnerungs- oder gar »Trauerarbeit«[19], so ist die Parallele Proust generell rasch bei der Hand, ob nun für Christoph Meckel und Uwe Johnson – oder für Martin Walser und Horst Bienek, die Prousts Bedeutung offen erklären. Dabei müssen sich die Lösungen nicht ähneln, Walsers Kristlein-Trilogie etwa nicht den um die Jugend in Gleiwitz zentrierten Werken Bieneks von *Die erste Polka* (1975) bis *Erde und Feuer* (1982). Viele andere haben nie schwerpunkthaft über Proust geschrieben, aus Unkenntnis des Originals bzw. weil die Übersetzung noch nicht vorlag, oder aus vornehmer Zurückhaltung gegenüber einer zu ähnlichen oder zu fremden Art Literatur. Thomas Mann, um eine unvermeidbare Frage zu beantworten, hat sich nie zentral über Proust geäußert, was die Literaturwissenschaft nicht daran hinderte, vor allem unter dem Aspekt musikalischer Analogien, Parallelen zu konstatieren.[20] Gerhard Kaiser zieht – von Kontaktbeziehungen ganz unabhängig – eine beeindruckende Linie zur Erinnerungslyrik (vgl. *Unvergessbare Sommersüsse*) bei Arno Holz[21], ein Verfahren, das aber hier nicht als Richtschnur dienen kann.

Eigenschöpferische Autoren widmen sich Proust nicht nur kommentierend: Ernst Weiß, der immerhin 1926 *Tage der Freuden* übersetzte, steuerte, von einem Interview abgesehen[22], nichts Theoretisches zu seinem Autor bei, vielleicht, weil er auch Balzac oder Maupassant primär »zum Broterwerb«[23] übertrug. Spuren in Weiß' umfangreichem Erzählwerk sind aber vermutlich nur noch nicht gesichert worden. Ludwig Harig übersetzte die lyrischen Maler- und Musikerporträts des jungen Proust.[24] Gar nicht zu Proust äußern sich Rudolf Borchardt, Hermann Broch, Arnolt Bronnen, Paul Celan, Carl Einstein, Marieluise Fleißer, Ludwig Fulda, Oskar Maria Graf, Gerhart Hauptmann, Max Herrmann-Neiße, Wieland Herzfelde, Fritz von Herzmanovsky-Orlando, Franz Kafka (obwohl oft mit Proust in Verbindung gebracht), Marieluise Kaschnitz, Else Lasker-Schüler, Ernst Meister, Erich Mühsam, Robert Neumann, Carl von Ossietzky, Alfred Polgar, Ludwig Renn, Nelly Sachs, René Schickele, Arthur Schnitzler, Rudolf Alexander Schröder, Bodo Uhse, Franz Carl Weiskopf, Friedrich Wolf, Carl Zuckmayer, Arnold Zweig, auch nicht Heinrich Böll, Wolfgang Borchert, Franz Fühmann, Theodor Heuss, Wolfgang Hildesheimer, Hans-Erich Nossack, Heinz Piontek. Diese, natürlich nur unter Vorbehalt gültige, zudem fortsetzbare Negativliste enthält zweifellos einige Überraschungen; in anderen Fällen war man ohnehin sicher, daß ein Kontakt zu Proust nicht existieren konnte. Weitere Autoren wie Canetti, Grass oder Handke wären aufzuführen, die ihn natürlich kennen und vielleicht auch einmal nennen, ansonsten aber ihr eigenes Schreiben abschotten von Halbgöttern früherer Generationen.

Kaum war Proust tot, da würdigte ihn die *Nouvelle Revue Française* an Neujahr 1923 mit einer Sondernummer, in der zahlreiche Schriftstellerkollegen zu Wort kamen. Erstaunlicher: Bereits im selben Jahr konnte C.K. Scott Moncrieff in London einen Band vorlegen, in dem zwanzig Autoren Proust eine englische Hommage zuteil werden ließen.[25] Der deutschsprachigen Presse war Prousts Tod verschiedentlich Artikel wert, mehr aber nicht. Man vereinfacht dennoch nicht sehr, wenn man feststellt, daß die deutsche Proust-Rezeption mit der Nachricht von seinem Tod beginnt, der bald der Mythos von seinem Sterben folgt. Der Mythos des Korkzimmers beginnt ja schon bei Rilke. – Stefan Zweig tut, was er immer tut: Er biographisiert ein Werk, er richtet ein Leben zum Erzählen zu. Aus dem Stoff Proust macht er ein atemloses immerwährendes Präsens, das den Leser scheinbar jederzeit auf die Höhe des – tragisch? – fatalen Verlaufs bringt. Quellen sind die kursierenden Anekdoten und frühe Biographica aus Frankreich. Zweig tut, was er immer tut: Er beleuchtet einzelne Momente und erklärt sie für entscheidend, er richtet den Lichtkegel punktgenau auf den Tod der Mutter, den Krankheitsschub, den »Ruck«, mit dem Proust sein bis dahin »mondaines« Leben auf sein Werk konzentriert. Er schneidet emblematisch das – tragische! – Bild des frierenden, sterbenden, weiterschreibenden Dichters im Bett aus und läßt es stillstehen. Darüber blendet er finales Pathos, den heroischen Sieg des Künstlers über die Vergänglichkeit: eine Sternstunde.

Der als Kriminalautor bekannt gewordene Friedrich Glauser hat nie einen geschlossenen Text über Proust verfaßt; dennoch enthält seine Korrespondenz zahlreiche Bemerkungen, die von wachsender Liebe zu dem Franzosen sprechen, den er während seines Aufenthaltes in der Nervenklinik mit Hingabe liest und gegenüber Briefpartnern regelrecht verteidigen muß: »Finden Sie wirklich, daß Proust zu kompliziert ist? Er ist ein merkwürdiger Kerl, der jetzt [1936] aus der Mode gekommen ist, aber den ich sehr gern habe. Er hat Sätze, die sind wie die schillernden Fäden, die im Altweibersommer durch die Luft fliegen, man weiß nicht wohin.«[26] Das eigentliche Denkmal aber setzt er Proust in seinem erst

1937/38 publizierten Fremdenlegionsroman *Gourrama*, in dem die Soldaten als merkwürdigen Kontrast zur Ödnis ihrer Umgebung Literatur lesen: »›Übrigens, große bittere Neuigkeit: Proust ist gestorben.‹ Des Leutnants Stimme klang traurig, fast, als habe er den Tod eines sehr nahen Freundes erfahren.« Und auch Lartigues Gegenüber Lös ist betrübt, weil er sich erinnert, wie er drei Jahre zuvor Swanns Geschichte las.[27] Diese Lektüre bringt ihm die Bemerkung ein: »Immer in den Wolken, lieber Freund, müssen auf die Erde steigen«[28], wie es Glauser wohl von seinen Therapeuten hörte. Im Roman aber wird die Szene der Todesnachricht selbst wieder zum Gegenstand zeitaufhebender Erinnerung.[29]

Walter Mehring, der ebenfalls von der Todesnachricht ausgeht, verhält sich ambivalent. In seiner zuerst 1951 englisch als *The Lost Library* (deutsch 1952) erschienenen Autobiographie spricht er retrospektiv: aus dem amerikanischen Exil Ende der 40er über die 20er Jahre, die er z. T. (1922-1928) in Paris verbrachte. Was er damals an selbstgefälliger Ignoranz von geistigen Trittbrettfahrern erlauschte, läßt sich aufgrund der Erzählhaltung kaum trennen von seinen eigenen, vielleicht noch oder gerade in den 50ern so gemeinten Vorurteilen über das »Muttersöhnchen« und die »durch geistige Inzucht vererbte Anfälligkeit«, die ihn über die Madeleine-Episode geradezu hämisch werden läßt. Was hingegen Prousts Präsenz in diesem subjektiven Panorama der Weltliteratur begründet, ist seine Position eben im Horizont von Mehrings Leitfrage: wieso der in der Bibliothek des Vaters angehäufte Wissensoptimismus des 19. die Katastrophen des 20. Jahrhunderts nicht verhindert habe. Die Milieuschilderung ist für Mehring das Entscheidende. Wichtiger als Prousts Intention ist seine Funktion als Seismograph einer zum Untergang verdammten Welt, zu der ablegerhaft auch der junge Mehring in Berlin und Paris noch gehört hatte. Ungleich anrührender für seinen Respekt spricht die Sonderrolle, die die »sechzehnbändige blütenweiß faserige Ausgabe« der *Recherche* am Beginn und am Ende des 9. Kapitels spielt, als *die* Ergänzung der väterlichen Büchersammlung, deren gezielt verstreute Erwähnung sogar die beiden Hauptteile des Buches miteinander verklammert.[30] Die authentische – ob jedoch authentisch geschilderte oder in Mehrings Manier typisierend verdichtete? – Szene spielt im Hause eines nicht namentlich genannten, aber als »Molch« und »Geizhals« veunglimpften Gastgebers auf der Pariser Ile St. Louis, bei dem ihn ein Dadaist eingeführt hatte: André Germain, der wie viele der von Mehring berufenen Zeitgenossen nur identifizierbar wird durch die Zuordnung seines Texts *De Proust à Dada* (1924).[31] – Noch 1979 publizierte Mehring in der *ZEIT-Bibliothek der 100 Bücher* denselben Ausschnitt aus seinen Memoiren, was damals zwar als reine Aufmerksamkeitsbekundung bereits antizyklische Courage verriet, nunmehr aber auch, bereinigt um die historische Gesprächssituation, die Meinungen über Proust deutlich als eigene autorisiert. Gerade der vereinsamte Mehring der Nachkriegszeit mochte das Schreiben zum Tode verstehen, genauso wie er einen tiefen Einblick in Prousts Verfahren gewonnen hatte. Sein Freund war er indessen nicht geworden.

In Berthold Viertels Augen verbindet sich das manische Verschließen der Zukunft, mit dem ein Offenhalten der Vergangenheit erkauft wird, verbindet sich also der in Kauf genommene Tod mit der gesellschaftskritischen Repräsentativität von Prousts Todeswunsch. Wieviel Spengler hier mitklingt, ist unentscheidbar.

Wilhelm Genazinos Beitrag ist stark auf den Tod als *Schreibgrund* bezogen.[32] Er erklärt kausalistisch das Schaffen aus der Angst vor dem Tod, gegen den sich Bergotte-Proust ein Monument errichtet. Im Grunde schreibt Genazino, biographische Details einer einzigen Dekadenzlinie opfernd, eine romantische These fort, die schon Clemens Brentano in seiner *Geschichte vom braven Kasperl und dem schönen Annerl* vertrat: »Einer, der von der Poesie lebt, hat das Gleichgewicht verloren, und eine übergroße Gänseleber, sie mag noch so gut schmecken, setzt doch immer eine kranke Gans voraus.«[33] Der unter seiner »Nutzlosigkeit« leidende Künstler sublimiert Einsamkeit und Todesangst zu dem ihm einzig möglichen Produkt. Der Schmerz als »Produktionsmittel«, ästhetischer Gewinn als Mehrwert des Wucherns mit dem eigenen, Widerstand leistenden Leib, Prousts berühmter Wille zur Nettigkeit als narzißtische Strategie, sich dafür der Gesellschaft zu entziehen.

Prousts Tod ist nicht das einzige Stereotyp, das seit den 20er Jahren grassiert. Kurt Tucholsky beließ es dabei, Klischees abzurufen, die immerhin offenbar schon gängig waren: »Die rue de Vaugirard ist so lang wie ein Satz von Proust«, schildert er z. B. 1925.[34]

Der *Querschnitt*, vielgelesene Kulturzeitschrift der Weimarer Republik, widmete immer wieder einmal zwei Seiten Proust, durch Übersetzung von Erinnerungen André Germains, Marie Scheikévitchs oder Jean Cocteaus. Was Ernst Jünger in seinem Pariser Tagebuch 1942 über Proust festhält, dessen ticartige Charakterzüge, die berühmte seltsame Bett-Existenz, erfuhr er übrigens mündlich von Cocteau.[35] Auch er bewahrte zwar ein Autogramm auf und notierte das eine und andere über Proust, schrieb aber nie etwas »Eigentliches«. – »H. v.« ist vermutlich *Hermann von* Wedderkop, Herausgeber des *Querschnitt*. Er setzt Prousts faszinierende Welt dem nunmehr »fremd geworden[en]« Asien Dostojewskis entgegen, eine exotische Antithese, die indes dazu dient, den Leser zu motivieren, und die unterstützt wird von nützlichen Erläuterungen. Der Verfasser kannte sich mit Proust aus, nahm dessen Minutiosität in Schutz und riet prophylaktisch, sich »auf Proust« zu »trainieren«. Keine schlechte Empfehlung. Wie »muß« man Proust lesen? Am 23. 2. 1914 empfiehlt Rilke Hedwig von Boddien den *Swann* für ihre Sommergäste, obgleich es »kein Vorlese-Buch« sei.[36] Zur vollständigen Lektüre wird von manchen Verfassern z. T. ausdrücklich appelliert, z. T. wird sie durch einen Zickzackkurs erzwungen, der das ganze Romankorpus umgreift. Das Verbot, Seiten zu überschlagen, dekretiert auch Ludwig Hohl in seinen frühen Notizen. Tröstlich dagegen Horst Bieneks Satz, man müsse Proust nicht hintereinanderlesen, der freilich auch bedeutet: Man liest nicht *die Recherche*, sondern *in der Recherche*, wie man zur Erbauung in der Bibel liest. Die Autoren sind uneinig.

Doch weiter in den 20ern. Hermann Bahr, einer der wenigen, die Proust in vorgerücktem Alter schätzenlernten, verfaßte gleich mehrere »kuriose«[37] Aufsätze zu Proust.[38] In *Hochland* liefert er eine liebenswürdige Charakteristik, die neben der Dreyfusaffäre – ein seltener Fall – mehr die kunstphilosophischen Aspekte ins Zentrum rückt. E. Riepenhausen befürwortete eine schon von Curtius geprüfte impressionistische Lesart, der zufolge das Werk an eine »besonders lichtempfindliche photographische Platte« erinnert. Wenige aber stellten damals die Frage nach Prousts Modernität, wie etwa Oskar Loerke. Er notierte am Ostermontag 1927 im Tagebuch:[39] »Den ganzen Tag über Proust gelesen. Entscheidender Eindruck. Das war mir für eigene Arbeit notwendig. Ich hoffe, dazu zu kommen.« Die Nutzanwendung des investierten Tages bleibt kryptisch. Immerhin nähert sich Loerkes Rezension in konzentrischer Bewegung dem zweiten Teil der *Recherche*; Loerke mustert Vorurteile, gibt seine eigene Irritation an der ungeheuren Dauer, dem stehenden Tempo zu Protokoll, nennt den Stil gar »linkisch«, aber schlechten Gewissens, und gelangt zu der Erkenntnis, daß die Fabel »nicht horizontal, sondern vertikal« verlaufe. Andererseits identifiziert er den Erzähler wie erstaunlich viele seiner Kolleg(inn)en leichthin mit Proust selbst. Dem leisteten die biographischen Legenden à la Zweig Vorschub.

Otto Grautoff, Romain-Rolland-Übersetzer und Briefpartner Thomas Manns, verhieß »dauernden Genuß«, blieb aber reserviert gegenüber dem »treibhausartigen«, »gezüchteten Charakter«. Man sieht: Die Topoi konstituieren sich früh. Daher war das Werk für ihn einerseits ein Anachronismus, andererseits spürte er das Neue, das dem von Freud gerade rechtzeitig für die deutschen Proust-Leser propagierten Unbewußten auf andere Art beizukommen trachtete als der psychologische Roman des 19. Jahrhunderts. Heinrich Mann beschrieb denn auch 1927 Prousts »Seelenerforschung« als »vereinzelte Übung eines Kranken, der ärztlichen Psychoanalyse verwandter als dem Seelenaufbau des französischen Romans«. Jetzt, also durch die Übersetzung, sei »trotz seinen Schwierigkeiten auch zu ihm der Weg offen, wie zu allem, was einen neuen Anblick des Menschen gewährt«.[40] Kein Wunder, daß die Funktionalisierung von Maurice Ravels *Pavane* in Heinrich Manns *Der Atem* auf die *petite phrase* zurückgeführt wurde.[41] Grautoff aber hatte als Vorsitzender der Deutsch-Französischen Gesellschaft Alfred Döblin wohl um eine Stellungnahme gebeten. Bei ihm nun wird der »Blick zur Latinität« wie bei Heinrich Mann zur Prinzipienfrage, neben der das Interesse an Proust selbst offenbar schrumpft.

Rudolf Kassner, Freund Rilkes und Hofmannsthals, steht zwischen den Diskursen. Seine beiden Texte gelten sehr disparaten Aspekten, der spekulativen Physiognomie bzw. der Romananthropologie, wenn es diese Disziplinen geben sollte. Der in fast satirischem Stil formulierte Auszug von 1930 identifiziert die unterstellte Seelenverfassung Prousts mit der seiner Figuren. Das ist problematisch. Aber es geht Kassner nicht wirklich um Proust, sondern um ein besonders anschauliches Exemplar dessen, was er als »Hautseele« bezeichnet, die ganz nach außen gekehrte Person, die pure Eitelkeit, die ein Nichts an Substanz umschließt. Wiederum, quasi komplementär, mit der Idee der »Haut« operiert der spätere Extrakt, der Proust bzw. seinem »Menschen« anlastet, »unter der Haut zu leben«, zurückgezogen von der Oberfläche, die für Kassner soviel bedeutet wie moralische Entschiedenheit. Letztlich beargwöhnt er, wie manche, die sich ihr Urteil spätestens in den 20er Jahren bildeten, mit seiner erratischen Argumentation – die eigentlich seinem Feindbild, der zersetzenden Reflexionsneigung der Romantik, gelten dürfte – Prousts ›ungreifbaren‹ Relativismus.

In den 20er Jahren begann auch die linke Proust-Kritik. Merkwürdig bzw. nur durch Textunkenntnis erklärlich, daß die ersten Linken nach Benjamin eine »brauchbare« Sozialkritik bei Proust offensichtlich nirgends finden. Der in Deutschland heimische Karl Radek, eine der geheimnisumwobensten Gestalten der deutsch-russischen Geschichte, nahm als Funktionär der sowjetischen KP am ersten Allunionskongreß teil, zu dem der Schriftstellerverband im August 1934 nach Moskau geladen hatte. In seinem Referat setzte er die Forderung Stalins nach einer Ästhetik um, die in der Folgezeit »sozialistischer Realismus« genannt wurde. Dabei ließ Stalins Qualifikation der Autoren als »Ingenieure der menschlichen Seele«, wie Shdanows Ausführungen zeigten, im Prinzip Raum für sehr verschiedene Konzepte. Das Proustsche sollte nicht darunter sein, wenngleich sich die Debatte stärker Joyce zuwandte. Maxim Gorki stritt zwar für dichterische Phantasie und eine gewisse »Romantik«, lehnte Proust aber als realitätsfernen Wortzauberer ab.[42] Und Radek wollte nur die »neue proletarische« Literatur gelten lassen, dagegen die »Modernisten« wie auch die kritisch eingestellten bürgerlichen Realisten, zu denen Proust gezählt hätte, nicht. Die Frage, die in der bürgerlichen Literatur kaum jemand so treuherzig zu stellen wagte, hieß: Von Proust lernen? Radek negiert die Option des kritischen Realismus, mithin auch der Sozialsatire. Prousts Psychologie lehnt er ab nicht aus Dogmatismus, sondern wegen des Unwerts ihrer Objekte, was den Umkehrschluß dennoch nicht zuläßt, eine Schreibmethode des »sterbenden Kapitalismus« könne der kommunistischen Literatur den Weg weisen. Natürlich sind Prousts Figuren für eine neue Gesellschaft kaum repräsentativ und die geschilderte Lebenswirklichkeit nicht einmal ex negativo verwendbar für eine neue Arbeiter- und Sowjetliteratur, doch ist Radek sein *Verfahren* zu formalistisch. Als Parteioffizieller vermochte Radek ihn damit praktisch auf eine schwarze Liste zu setzen. Immerhin arbeitete sich die Proust-Forschung in den Staaten des Warschauer Pakts genau an diesem Verdikt produktiv ab.[43]

Zur Vorsicht mahnt regelmäßig die Verwendung von Paar- oder Mehrfachformeln wie »Joyce und Proust« oder »Proust, Joyce und Kafka«. Sie zeugen im allgemeinen davon, daß ein sehr pauschaler Begriff von Modernität im Roman Kriterium für eine Ablehnung in Bausch und Bogen ist: Meist sind es Marxisten, die diese so schwer miteinander identifizierbaren Autoren als Kronzeugen spätbürgerlicher Dekadenz abtun, und oft genug – bittere Folge eines staatlich gelenkten Verlagswesens –, ohne sie kennengelernt zu haben. Es fällt auf, daß die linke Kritik sich bei höchstwahrscheinlich mangelndem Wissen fast verschämt zurückhält mit direkten Invektiven. Diese werden statt dessen auf Prousts Milieu, seine »Welt«, abgeladen; der Leseeindruck ist kalkulierbarerweise derselbe. In seinem Werk, eiferte Radek, »liege die alte Welt wie ein räudiger Hund [...] in der Sonne und leckt sich unablässig seine [!] Wunden«. Radeks Rede über sozialistischen Realismus wirkte auf »mehrere seiner Zuhörer«, so resümiert es Stefan Heym 1995 in seinem Roman[44], »merkwürdig hölzern und wenig originell«. Der als Gast anwesende Klaus Mann notierte glücklicherweise Details der Debatte – u. a. die »sieben Gerüche« –, die nicht zu den überlieferten Redeprotokollen gehören und die den Schluß zulassen, daß Proust unter den Anwesenden keinesfalls ein Verfemter war. Mann jedenfalls, überzeugter Antifaschist und sozial engagiert, notierte 1938 offen programmatisch, Proust habe ihm »mehr bedeutet als Zola«.[45] Für ihn, der Proust ausführlich las, auch in englischer Übersetzung[46], war dieser ein »Gesellschaftspsychologe«[47], über den er »oft [...] bittere Tränen lachen« müsse, wie über Kafka.[48] Quasi bestätigend sah Yvan Goll Proust 1943 in seinem Vorwort zu Klaus Manns und Hermann Kestens Anthologie *Heart of Europe* primär als den »contemplative painter of a society«, bewaffnet mit seinem »magnifying glass«.[49] Im Tagebuch legt Klaus Mann aber auch Wert auf homoerotische Sachkenntnis. Kompetent bemängelt er Albertine als »verkleidete[n] Junge[n]«, und doch gibt es nicht wenige Leser, die von Prousts eigener Orientierung nichts wußten und in der kleinen Simonet die vollkommene Phantasieschöpfung eines jungen Mädchens sahen.

Georg Lukács' »verstreute Stellungnahmen zu Proust« sind »gerade deswegen interessant«, »weil sie so wenig Inspiration verraten«.[50] Für Lukács waren alle modernen Romanciers dekadent. Sein Realismus-Begriff meint ja gerade einen auswählenden, typisierenden Zugriff auf die Wirklichkeit. Natürlich findet sich bei Proust kein maßgebliches, repräsentatives Individuum, das, sich entwickelnd, die Wirklichkeit im Kampf meistert, weil es die historischen Zusammenhänge durchschaut. Es scheint, als habe Lukács' einziges Interesse darin bestanden, gleich, auf welchem Wege, Proust in seine Widerspiegelungstheorie zu integrieren, wozu ihm jedes ungefähr passende Zitat recht war. Proust soll posthum zum Einverständnis gezwungen werden, was natürlich die Anerkennung von Gorkis Überlegenheit impliziert hätte. In der gekürzten Taschenbuchausgabe fiel das Proust-Zitat dann weg... Thorntons Vermutung, Lukács sage praktisch nichts zu Proust, weil ihm die Ironie als Mittel der Sozialkritik entgangen sei, hat einiges für sich. Man kann Lukács manches vorwerfen – Ironie wohl kaum. Was wiederum zeigt, wieviel die hier gesammelten Testimonien über die Rezipienten verraten.[51]

Hanns Eisler klagte über Brecht: »Selbst auf mein dringendes Bitten hat er nicht Proust gelesen, sondern ließ sichs referieren.«[52] Man mache sich klar: Der Komponist *bat* den Freund, soviel lag ihm offenbar an Proust und am literarischen Zugewinn Brechts. Eisler selbst also las ihn »immer wieder, mit nie versiegendem Entzücken«, weil sein »sozialisierte[s] Ich mit einem anderen, geheimen subtilen« stritt, »das er in Proust wiederfand«.[53] Ein solches privates Bekenntnis vermochte den Musiker durchaus als Formalisten zu diskreditieren. Doch wie weit ist es selbst taktisch gemeint? Genau wie Eisler »liebte«, wie man sehen wird, auch Stephan Hermlin Proust.[54]

Louis Fürnberg hatte in *Kalendergedichte* (1957) gereimt: »Das schreibt und verkündet sein Unbehagen / und bläht sich mit Benn und Kafka und Proust / und fordert und konspiriert und schmust. / Und ist langweilig. Kaum zu ertragen.«[55] Für die vorsichtige DDR-Literaturgeschichte attackierte er hier mehr die, die »spätbürgerliche Kunst unkritisch nachäffen«[56], als die Autoren selbst. Fürnbergs Humor[57] ist nicht dazu ausgerüstet, ohne das »Aroma von Senkgruben« Distanz zu gewinnen; der – bildlich durchgeführte – Vorwurf des Parasitismus verrät eine ideologisch zementierte Ranküne. Man mag sich den impliziten Leser, dem hier der Schulterschluß angeboten wird, gar nicht vorstellen. Zu lauthals freut sich Fürnberg der vermiedenen Lektüre, zu Mielke-artig sorgt er sich um das Seelenheil potentieller Proust-Leser. Er redet über Kleinbürger, und sein schlimmstes Schimpfwort lautet: Pornographie. In Fürnbergs verbaler Selbstgewißheit ist das Pfeifen im dunklen Keller eines vage empfundenen Mangels an bourgeoiser Bildung zu spüren, aggressiv kompensiert durch den autoritativ verkündeten Literaturkanon des sozialistischen Realismus. Von Hermlin, der im Juni 1957 die Grabrede hielt, gibt es zu diesem Nekrolog eine Nachschrift aus dem November 1958, in der er dem Proust-Aufsatz vehement widerspricht: »›Aber, Louis‹, hätte ich ihm gern gesagt, ›du hast ja nun keine Ahnung von Proust!‹« Dieses posthume Besserwissen wird erträglich durch die versöhnliche und kluge Analyse über das, »was ihn dazu gebracht hatte, ungerechte Worte über einen großen Schriftsteller zu sagen. In dieser Absage, in diesem Aufbegehren war die Ungeduld der eigenen Vergangenheit gegenüber.«[58] Hermlin dagegen trat im Sinne der sozialistischen Erbe-Konzeption[59] 1965 für Proust ein, als er – Reflex auf den Budapester Kongreß des PEN-Clubs zum Thema »Tradition und Moderne« – in *Neue Deutsche Literatur* behutsam und ausgewogen mehrere Urteile anerkannt linientreuer Künstler zitierte und zuletzt Fritz Rudolf Fries' Problem vorwegnahm: »Trifonow hält Proust für langweilig. Mir gefällt ein offenes Bekenntnis dieser Art immer besser als geheucheltes Interesse. Aber Lenins Freund Lunatscharski sprach von Prousts ›wunderbaren Büchern‹; er schrieb einen großen Essay über Proust, den er nicht mehr beenden konnte. Der große Komponist Hanns Eisler sagte mir oft, daß für ihn Proust neben Brecht der interessanteste Schriftsteller dieses Jahrhunderts sei. Er las ihn ständig. Ich sage das nicht, weil ich glaube, daß damit ein Urteil über Proust für immer fixiert sei. Autoritäten können irren, selbst wirkliche Autoritäten dieses Formats. Aber wie immer der einzelne über Kafka oder Proust denkt, es liegt keine Ursache vor, diese und andere große Schriftsteller, die schon Klassiker sind, nicht zu drucken.«[60] Es bleibt aber auffällig, daß auch solch gewichtige Äußerungen nicht in spezifischen Essays zu Proust fallen, sondern en passant.

In Fries' Roman *Der Weg nach Oobliadooh* (1975), einem Versuch, erzählerisch aus dem Leipzig der 50er Jahre herauszufinden, frönt ein Verleger seinen früheren Autorenfreundschaften. So fragt einer von Fries' Alltagshelden nach Proust. Der Verleger hat ihn nicht persönlich gekannt: »das ist es ja, was mich ein Leben lang bekümmern wird. Wo ich ihn so liebe.« Kulturpolitisch brisant ist der nicht ganz unrealistische Zusatz: »Wenn ich ihn doch nur verlegen könnte, liebend gern täte ich's.«[61] Doch die verschütteten Reflexe auf Proust in der DDR-Literatur sind eine eigene *Recherche* wert, für die hier kein Raum ist. Kaiser vermutet z. B., daß er für Günter Kunert »schon vor den ›Verspäteten Monologen‹ (1981) wichtig geworden sein dürfte«[62], in denen ein Geburtstagsbesuch eingeleitet wird: »Wie Proust es [...] beschreibt, so und doch zugleich ganz anders war mir zumute«, in denen an Charlus' Homosexualität oder an den Weißdorn erinnert wird.[63] Dennoch hat Kunert nie Schwerpunkthaftes zu Proust geschrieben.

Thorsten Beckers an Schiller angelehnte Erzählung um die Ausreise eines DDR-Bürgers mit geborgten West-Papieren konfrontiert den »bürgenden« Ich-Erzähler mit ostdeutschen Intellektuellen, denen er einen (sinnvollen) Umgang mit Proust nicht zutraut. Die Story belehrt ihn in mancher Hinsicht eines Besseren. Indes gewinnt das Konstrukt an Doppelbödigkeit auch durch Beckers Kokettieren mit einer Wunsch-DDR-Identität, der gegenüber seine realen West-Leseerfahrungen sicherheitshalber doch mit Hilfe subtiler Anspielungen beglaubigt werden.

Zurück in die Vorkriegszeit und zu Prousts Kritikern von rechts, die Edgar Mass entweder gar nicht behandelt oder mit Absicht kaum der Nennung würdigt. Carl Sternheims »Widerwillen« erklärt zweifellos sein antisemitisches Ressentiment, das den gesamten Text und seine abschreckenden Beispiele durchzieht. Daneben vertritt der erfolgreiche Dramatiker aber auch eine konträre Ästhetik, die »expressionistisch« ist, insofern sie einen aktiven, verändernden Menschentyp postuliert, zu dessen Ideal mit beißender Ironie Françoise erklärt wird. Sternheims Invektive stammt von 1926 und mag illustrieren, wie lange vor der Machtergreifung der Bücherverbrenner mit Klischees gezündelt wurde.

Karl Toth[64] bekämpft die »deutsche Gefolgschaft« für Proust mit einer atemberaubenden Begründung. Dessen Denken sei so essentiell deutsch (was nicht als Garantie für die Qualität des als langweilig, kompositionslos und zerfahren abgelehnten Romans gilt), daß seine Rezeption in Deutschland ein »groteske[r] Fall ideeller Rückentlehnung« sei. Die vormalige deutsche »Kulturherrschaft über Europa«, der die im Titel angesprochene Gegenwart mit den Folgen des Versailler Vertrags provozierend entgegenstand, zeige sich eben daran, daß sich hier das Weltbild des Idealismus auf radikale Weise »auf französischem Boden« durchsetze. Die Schwächen des Werkes werden Prousts Krankheit zugeschrieben, sarkastisch als »zähe Lebensunfähigkeit« apostrophiert, die Stärken als »Eingebungen semitischer Geistesfreiheit«. Damit ist Toth nicht blind für Prousts Selbstironie, aber um so stärker geprägt vom Affekt gegen dessen »Halbjudentum« und die »maßlose Überschätzung« der Homosexualität. Die Verfemung von Romancier und Roman gleichermaßen wird begründet durch die ausdrückliche – literaturtheoretisch natürlich unhaltbare – Identifikationsformel: »Ich = der Autor selbst«.

Der junge Eugen Gottlob Winkler widerspricht Toth daher diametral. Er trennt das »emanzipierte künstlerische Ich« vom empirischen Proust, den er gar uninteressant findet. Ein Paradox klingt leise an: Prousts Konstruktion wackle, wo sich der Verdacht einer Sympathie mit den snobistischen Figuren einstellt. Doch daß z. B. Swann nicht rühre, Albertine keine Liebe einflöße, vermerkt der Leser wohl mit Einsicht in Prousts – an Flaubert oder Gide gemahnende – Art, »tendenzlos« zu schildern, aber zwischen den Zeilen auch mit Bedauern.

Gerade die zentrale Rolle der Dreyfus-Affäre, in der sich ein französischer Antisemitismus, wie vielfach interpretiert wird, wenigstens teilweise austobte, und Prousts durchscheinende antimilitaristische (wenngleich im Weltkrieg kompromißlos patriotische) Haltung mußten antijüdische Affekte, wo sie vorhanden waren, auf den Plan rufen. Wen wundert es einerseits, daß für Proust der »Faschismus in Deutschland einen radikalen Bruch«[65] markiert?

Dennoch muß laut Mass in der Hitlerzeit »eine Kryptorezeption Prousts stattgefunden haben«[66], die sich freilich nicht in Publikationen niederschlug, während auch die exilierten Autoren sich weitgehend anderen Problemen widmeten.

Der Romanist Kurt Wais (1907-1995), seit 1933 Privatdozent in Tübingen, veröffentlichte 1939, im Jahr seiner ersten Professur, in einem Kapitel »Französische und französisch-belgische Dichtung«[67] eine Gegenüberstellung Prousts mit André Gide. Beide subsumiert er unter »Dichtung der Unverbindlichkeit«, doch schneidet Proust weit schlechter ab wegen seines »fast kriecherischen Byzantinismus«. Dahinter verbirgt sich, in einer Fußnote erläutert, ein Affekt gegen das »Orientalische« in Prousts Aussehen und Verhalten, der sich auf dessen literarische Charaktere überträgt. Von »talmudistischer Ultra-Intelligenz« ist die Rede, vom Reiz des »Nicht-Abendländischen«. Das Ressentiment verquickt die üblichen Anfeindungen verschiedener Außenseitertypen, wobei die rhetorische Umsetzung hier am sprechendsten ist: »Allein schon die schlechte Luft einer abgedunkelten Krankenstube, fünfzehnjähriger Brutofen dieses boshaften delikaten Kleinigkeitskrämers, dessen ganze Interessen sich um das Eindringen in die ihm verschlossenen Gesellschaftsschichten drehten; die neugierige Mikroskopie der Pubertätsprobleme und [...] des Sumpfes lustfrevlerischer Sexualverirrungen, welche Proust mit vielen jüdischen Belletristen Europas gemein hat; überhaupt die wollüstige Überreiztheit eines abgekapselten Hypochonders, das asthmatische Einschlürfen der Minuten, – all dies dürfte einen heutigen Leser, der nicht Neurologe ist, von diesem Werke entfernen.« Die kurzen Zitate können einen leider unmöglichen Nachdruck des vollständigen Text nicht ersetzen, wohl aber den Tenor der wenigen Seiten deutlich machen: »Wieviel an bloßem Wunschtraum« stecke doch »in dem jüdischen Maklerssohn Swann (lies: Schwan), äußerlich häßlich und innerlich Schöne Seele [...], dessen Erfolge bei schönen Frauen, adligen Clubherren [...] der Erzähler fingerdick aufträgt!« Sieht man, was schwer gelingt, von diesen Invektiven ab, so verwundert nicht, daß die zeitüblichen Befunde hier negativ bewertet sind. Der Mensch werde »zerkrümelt«: »Keine Seele, eine von Regungen gekräuselte Oberfläche«. Der Satzbau von Prousts »Nerven-Monolog«, der *Recherche*, sei »weithin ein Produkt der Nachlässigkeit«. Vor allem aber irritiert das aus Systemzwang entstandene naive Mißverständnis der Figuren und ihrer Entwicklung. Proust (!) »erlebte [...] seine schmerzlichste Niederlage dem naturhaft Heidnischen gegenüber: er weiß, daß er niemals die göttliche Gegenwart des tierhaft meergeborenen Mädchens Albertine erlangen wird.« Wais ist der einzige, der die seinerzeitige Mythomanie so unvermittelt – und so durchschaubar schief – auf Prousts Personen anwendet, etwa auf die im Gegensatz zu Albertine immerhin blonde, blauäugige Duchesse de Guermantes: »Erst als auch die letzten Idealgestalten der Anfangsbände, der edle Marquis de Saint-Loup und die göttliche Herzogin Oriane, beschmutzt sind, läßt der Dichter müde und traurig die Feder sinken.« Die diskursiven Zwänge dieser Einlassungen kann man aus den vorhersagbaren Vorwürfen und Vorurteilen ablesen; Gewichtung und Rhetorik sind subjektive Zutaten. Ein erster Schachzug ist die Gegenüberstellung mit dem bereits als Libertin belasteten Gide. Im Herausheben von Swanns Häßlichkeit gegenüber der als Idealgestalt mißverstandenen Herzogin zeigt sich vollends das Anliegen des Texts, schwarzweiß zu zeichnen, um den Preis, Prousts Intention eklatant zu verfehlen oder zu ignorieren, und mit der Folge der Desinformation, die in einer Zeit, die Schreiben über Proust kaum zuließ, schwerer wog. Der tröstliche Aspekt: Es handelt sich beinahe um einen Einzelfall.[68]

Bemerkenswert im Jahr 1933 ist der Optimismus, mit dem die bei Proust gezeigten Optionen für das (großbürgerliche) Judentum bei Hermann Grab positiv weitergedacht werden.[69] Grabs kurzer Roman *Der Stadtpark* (1935) wird konzeptionell und thematisch mit Proust, genauer: mit der Gilberte-Episode des 1. Teils, in Verbindung gebracht. Klaus Mann urteilte: »Er hat viel bei Proust gelernt – eine edle Schule, nur wenige von uns jungen Deutschen sind durch sie gegangen.«[70] Grab referiert in seiner Prager Rede viel aus der *Recherche*. Seine an interessierte Laien gerichteten Ausführungen enthalten dennoch, in breiter Diktion, interessante Ansichten: etwa die ausführliche Parallele zum Impressionismus, vor allem aber, am Ende dringlich formuliert, die Analyse des Jüdischen – Grabs von Max Brod gestelltes Hauptthema –, die das »Outsidertum« Blochs bzw. Swanns hervorhebt, »mufle« oder »prophète«, nachzulesen in einer Passage von *Sodome et Gomorrhe*.[71]

Hans Mayer wird Grabs Ansatz nach vier Jahrzehnten aufgreifen, korrigiert durch Erfahrung. Er wurde 1934 zum »Proustianer«[72], als er nach einem Fehlversuch mit der Übersetzung in Paris das Original las, so daß er »wochenlang kaum Gesellschaft« brauchte: »Ich hatte Swann und Odette, die monströse Verdurin und den nicht minder monströsen Charlus, Kathedralen und Sonaten und blühende Bäume. Ich war siebenundzwanzig Jahre alt.«[73] Proust stiftete – wie es scheint – Glück und Einsamkeit. In seinem Kapitel über »Jüdische Kunstfiguren im bürgerlichen Roman« prüft Mayer aus mehrfacher Identifikation die Erfindung von Marcels überspanntem jüdischem »Freund« Bloch, dem ethnischen Außenseiter par excellence, neben dem homosexuellen *outsider* Charlus, der im Roman scheinbar mehr und mehr zum Normalfall wird, während Blochs Assimilation sich als Akt des Epochenwandels vollzieht. Die Fatalität seiner ihm aufgeprägten Rolle, so scheint Mayer zu argumentieren, entkräftet den Vorwurf des Snobismus. Im Rahmen seiner Literaturgeschichte manifestiert sich so – nicht nur in der Konstellation der Figuren, sondern auch im Selbsthaß und dessen Projektionen – die »Freund-Feindschaft von Judäa und Sodom«, für deren Analyse Walter Benjamin Proust prädestiniert fand.[74]

Hubert Fichte – soviel Provokation muß sein, wenn sie denn noch ausgeht von den Rahmentiteln seiner eher sporadisch in Essay-Romane eingeflochtenen Reflexionen, die in ihrem Lakonismus ein sehr dichtes Proust-Bild vermitteln und verraten, wie wichtig die *Recherche*, nicht zuletzt als zu verfremdendes »Vorbild«, für Fichtes 19bändiges Großprojekt *Die Geschichte der Empfindlichkeit* gewesen sein muß.[75] 1975 führte Fichte ein Interview mit Jean Genet, der ihm berichtete, er habe *A l'ombre des jeunes filles en fleurs* im Gefängnis gelesen: »Der erste Satz war so dicht, so schön, daß dieses Abenteuer eine erste große Flamme war, die einen Feuerstoß ankündigte.« Genet habe »fast den ganzen Tag« gebraucht, um sich »davon zu erholen«.[76] Mit poetisch-pedantischer Lockerheit legt Fichte, der 1949 den Proust-Leser Hans Henny Jahnn kennengelernt hatte, Prousts Weiblichkeit bloß. Er läßt Jäcki seine eigene Lektüre nacherleben. In tieferem Sinn lebt dieser Erfahrungen der *Recherche*, aber nicht als nostalgisch-sekundäres Bemühen, sondern als Vergessen und als nicht-intellektuelles Sinnenerlebnis. Nirgends sonst ist die fundamentale

Crux der Proust-lesenden Romanciers so knapp und entschieden formuliert worden: »So werde ich nie schreiben können. – Ich will gar nicht so schreiben.«[77] Die über Proust kolportierten, für den Szene-Erforscher Fichte unspektakulären sadistischen Praktiken, von Benjamin nach einem Treffen mit Albert Le Cuizat diskret für Gerhard Scholem festgehalten[78], sind laut Peter Rühmkorf in einer Notiz von 1990 »absolut an der Kotzgrenze«.[79] Wie für Arno Schmidt sind auch für Rühmkorf Prousts »Perversionen« bzw. seine Inversion Grund unüberwindbarer Fremdheit.

Das elementare Problem der Übersetzung ist untrennbar verbunden mit der *fortune* eines Autors.[80] Die Kalamitäten der deutschen *Recherche* spiegeln sich in einer Anzahl hier abgedruckter Texte. 1922 erwarb der junge Berliner Verlag *Die Schmiede* bei Gallimard für teures Geld[81] die Rechte an Proust. Man vertraute den *Swann* dem unerfahrenen Rudolf Schottlaender an, der eine »Verdeutschung« Prousts im Wortsinn vornahm.[82] Sein Paris ist berlinerisch. Leider litt die Übersetzung an zahlreichen Fehlern. Die *Literarische Welt* startete eine *Umfrage*. Willy Haas, ihr legendärer Herausgeber, kommt selbst mit einem kurzen Erinnerungstext zu Wort, der die Vorstellung von einer geplanten Debatte um das erste Übersetzungsprojekt ein wenig desillusioniert. Am 8. 1. 1926 erschien seine Umfrage mit kritischen Stimmen zu Schottlaender. Als Konkurrent wollte sich Ernst Robert Curtius sicher auch als den »bessere[n] und geeignetere[n] Übersetzer«[83] darstellen. Aus seiner Stellungnahme zu Schottlaender genügt ein knapper Ausschnitt. Die süffisante, in der Sache kaum angreifbare Aufzählung der Schnitzer tat ihre Wirkung. Man muß jedoch das Schriftbild der *Literarischen Welt*, die vier enggedruckten Spalten der Kritik vor sich sehen, um die Überzeugungskraft dieser Lawine an Nachweisen zu ermessen. Schottlaenders Erwiderung vermochte denn auch die Anklage der Stümperei nicht zu entkräften, wiewohl neuere Wertungen in der Lebendigkeit und dem Mut zur (häufig leider übertriebenen) Drastik auch Pluspunkte gegenüber der späteren Lösung von Eva Rechel-Mertens erkennen; allerdings fühlte er sich mit Recht vom Professor abgekanzelt. Daß die Proust-Übersetzung eine »unendliche Aufgabe« sei, bestätigte sich in der Praxis und mehr noch in der sich fortentwickelnden Theorie. Curtius antwortete noch einmal.[84] Die hier nicht gedruckte Meinung Friedrich Burschells beklagte weniger Schottlaender als die ungünstigen Rezeptionsbedingungen:[85] eine scheiternde Übersetzung als Spiegel einer scheiternden Gesellschaft. Auch Hans Jacobs Votum blieb negativ.[86] – Schottlaenders späte Erinnerung ist natürlich ein subjektives Resümee der Vorgänge, nicht frei von Empfindlichkeiten, die indes, wie auch die Berufung auf Sokrates, vor dem Hintergrund des öffentlichen Klimas in der Weimarer Republik zu sehen sind bzw. dessen, was daraus wurde. Sie darf hier nicht fehlen, weil sie erstens nicht in die Buchfassung seiner Autobiographie[87] Eingang fand und der Erstabdruck in einer französischen Fachzeitschrift sicher nicht jedem deutschen Leser zugänglich ist, zweitens aber wegen der Bemerkungen, die Schottlaender als in der DDR lebender Philosophieprofessor und Jude[88] über den entsprechenden Komplex bei Proust macht.

Aufgrund der negativen Presse ging der Auftrag für die Übersetzung weiterer Teile Anfang 1926 und im Folgejahr an Franz Hessel und Walter Benjamin.[89] Bei der Vermittlung spielte offenbar Hugo von Hofmannsthal eine Rolle.[90] 1927 erschien *Im Schatten der jungen Mädchen*. Nathalie Mälzer, deren hervorragende Untersuchung sich nicht nur auf den Vergleich der Übersetzungen beschränkt, beklagt mit Recht, daß man bei *Die Schmiede* die »Geschlossenheit« der *Recherche* übersah.[91] Nie hätte es zu einem Aufteilen der Bände auf verschiedene Übersetzer kommen dürfen. Max Kommerell schrieb im Kriegsjahr 1944 an Hans Carossa, er lasse sich von einer Schülerin *Im Schatten der jungen Mädchen* vorlesen, nachdem (!) er bereits »Frau von Guermantes« selbst gelesen habe. *Du côté de chez Swann* liege »französisch auf meinem Nachttisch«[92], Beispiel für die verkehrte Welt, die die Fragmentierung des Ganzen in Deutschland angerichtet hatte. Wer auf die Übersetzung angewiesen war, dem entging in der Regel die Tektonik des Riesenwerks, dem erschien die *Recherche* unstrukturiert und improvisiert, was unglücklicherweise zu dem Bild des willensschwachen Marcel paßte, das im ersten Teil aufgebaut wird. Franz Hessels Standpunkt, »daß nur ein das ganze Werk umfassender Übersetzungsauftrag der Sache und unserer Mühe würdig ist«[93], war plausibel, aber nicht durchsetzbar. Außer der Verlagskorrespondenz ist Hessels kleine Selbstanzeige der einzige Text, in dem er – beinahe zwischen den Zeilen – erkennen läßt, daß er nicht nur seine übersetzerische Arbeit tat, sondern daß ihn, den Verfasser leiser Kurzromane und subtiler Feuilletons[94], die »neue Seelenkunde« zutiefst berührt hatte, die in seinem Eigenen eher indirekte Spuren hinterließ.[95] Sein und Benjamins Text wurde überwiegend gelobt.[96] Burschell war zuversichtlich, der »deutsche Proust« sei damit »endlich im Entstehen begriffen«.[97] Doch als 1928 aus wirtschaftlichen Gründen die Rechte an Piper veräußert wurden, war dies bereits ein Symptom.[98] Dort erschien dann 1930 noch die *Herzogin von Guermantes*. Benjamins begonnene Übersetzung von *Sodome et Gomorrhe* ist verschollen. Die Besetzung des Ruhrgebietes also ein politisches, später dann die Weltwirtschaftskrise ein ökonomisches Hindernis für Leser bzw. Verlag. Alle verdienstvollen Bemühungen um Proust hatten letztendlich seine Verbreitung verzögert.

Hermann Hesse war ein großer Befürworter eines deutschen Proust. Die beiden hier gewählten Ausschnitte sparen nicht mit Superlativen und spotten über die Kurzlebigkeit des Enthusiasmus. Schon 1925 und noch 1954 trat er mit seiner Frau für eine Übersetzung ein, in öffentlichen Kurzbesprechungen und privaten Briefen.[99] Dem kam schließlich Peter Suhrkamp nach. Er widmete Proust 1953, als in seinem Verlag der erste Band der neuen Übersetzung erschien (abgeschlossen war die Ausgabe 1957, womit die beiden Eckdaten für eine Reihe wichtiger Besprechungen genannt sind), ein *Morgenblatt* mit Texten von Rilke, Zweig und Gide sowie dem hier z.T. abgedruckten. Suhrkamp ist eine Ausnahme, insofern er seine anfängliche Enttäuschung eingesteht, die Irritation durch das kaum festlegbare Genre der *Recherche*. Sicher entsprach Proust wenig dem Zeitgeist in der »Geburtsstunde der Kurzgeschichte«.[100] Daß Suhrkamp sich nach dem Weltkrieg für die Verbreitung des Romans einsetzt, hängt zusammen mit der seinerzeit kursierenden Auffassung, das literarisch verbürgte Vorstoßen zu metaphysischen Tiefenschichten der Erkenntnis verleihe dem deutschen Leser nach dem Trauma der Hitlerzeit einen Halt. Besonders Prousts Wahrheitskonzeption verheißt die Chance, »aufzuräumen« mit den »Daseinslügen«. Man muß sich erst vergegenwärtigen, wie schmerzlich der auf den Proust-Leser ausgeübte Zwang zur Retrospektion in den 50er Jahren war. Ende 1954 stellte Suhrkamp in einem Vortrag denn auch die Frage *Was kann Marcel Proust uns bedeuten?* In dem erwähnten kathartischen Sinn empfiehlt er ihn als »Therapie für unser Leben«.[101]

Auch Editha Klipstein hatte mit einem sehr persönlichen Zugang Prousts Vorstoßen zur radikalen Wahrheit des Ich als einen gangbaren, tröstlichen Weg empfohlen, der den Leser innerlich stärke. Ihr Gefallen an Proust – sogar die Zeitaufhebung gewinnt bei ihr etwas von Lebenshoffnung – hatte sich gestützt auf seine Selbstüberwindung, wurzelnd in christlicher Bekenntnishaltung. Suhrkamp nun will selbst die historische Distanz, die das Interesse lähmen könnte, als eine Art Verfremdung verstehen, die die Künstlichkeit der literarischen Erfahrung bewußtmacht.

Eva Rechel-Mertens, zeitweilig Curtius' Mitarbeiterin in Bonn, war von ihm als Übersetzerin empfohlen und von Suhrkamp aus mehreren Bewerbern ausgewählt worden. Ihre Dankrede für den Übersetzerpreis der Deutschen Akademie für Sprache und Dichtung widmet sich, neben dem Einblick in die Problematik z. B. der deutschen Titel, generellen Überlegungen. Wer mit den Finessen der Proust-Übertragung vertraut ist, wird dadurch vielleicht enttäuscht, doch bindet gerade sie das Thema dieses Bandes an Fragen grundsätzlicher Relevanz. Die Selbsteinschätzung wurde von der Forschung übrigens weitgehend bestätigt, im Positiven wie auch dort – in der zurückhaltenden Wiedergabe der Wortspiele etwa –, wo die Übersetzerin selbst skeptisch blieb. Anders als Benjamin, der Prousts Metaphorik nachhorchte[102], widmete sie sich entschieden der Nachbildung seiner Syntax.

Daß die Urteile zu Rechel-Mertens mit wachsendem Abstand kritischer wurden – und historischen Abstand einhielten –, wird nicht verwundern.[103] Walter Boehlich versprach sich vom Gelingen des zweiten Übersetzungsprojekts, Proust werde »auch ein deutsches Ereignis sein«, womit er im Prinzip recht behielt.[104] Auf publizierte Stellungnahmen zu Luzius Kellers Unternehmen einer revidierten Übersetzung wurde verzichtet, einmal, weil es sich – wiewohl schon beurteilbar – um ein *work in progress* handelt, zum anderen, weil in den Rezensionen viel Bekanntes referiert und dem Publikum die Problemlage klargemacht wird, drittens aber, weil Luzius Keller mit seinem *Proust lesen*[105] und andernorts sich am kompetentesten selbst geäußert hat.

In engem Zusammenhang mit der Verbreitung Prousts standen insbesondere die essayistisch arbeitenden Romanisten der 20er Jahre, die den Schluß der *Recherche* nicht kannten. Erich Auerbach, dem *Le temps retrouvé* 1925, als sein Aufsatz entstand, noch nicht vorlag, sah das Werk dennoch nicht wirklich als formlos an, doch spielte die Struktur für ihn keine Rolle, da ihm Proust als Naturtalent des Epischen, ja geradezu als dessen solipsistisches Medium erschien, das – anders als der echte epische Erzähler – nie aus seiner »Zwangsvorstellung« heraustritt.

Leo Spitzers für einen Auszug ungeeignetes Kapitel »Zum Stil Marcel Proust's« (vgl. aber Grautoff, 1924) übt sich auf über hundert Seiten in »Sprachseelenforschung«[106] und kommt zu dem Schluß: »Der Stil Prousts knüpft an Saint-Simon an, aber bildet ihn um, im Sinne eines organischen Zusammenhalts der einzelnen Züge und im Sinn der weltanschaulichen Grundierung dieses Stils.«[107] Prousts Syntax wahrgenommen haben viele; Ludwig Hohl dringt vor zum subtil-analytischen Vergleich mit Thomas Mann. Und nicht alle, die Prousts Syntax verworren fanden, vertraten deshalb einen ›völkischen‹ Standpunkt. Für Benjamin (wie für Wais!) bildet sie »auf Schritt und Tritt« die »Erstickungsangst« des Asthmatikers nach. Auerbachs Ansätze zur Rezeptionsästhetik, Spitzers Optimismus bei den Rückschlüssen vom Stil auf den Autor, Curtius' beispiellos kongeniale Analyse mögen manch anderen entmutigt haben.

Victor Klemperers Jugenderinnerung ist, wir sind es von ihm gewohnt, um Ehrlichkeit bemüht. Er beginnt mit den reizauslösenden Gerüchen, um erst dann auf die *mémoire involontaire* zu kommen und zu seiner Skepsis gegenüber dem angeblichen Neuen. Zu seiner Offenheit gehört, daß er bekennt, als Romanistikprofessor Proust »pflichtgemäß« behandelt zu haben[108], zu seinem Raffinement, daß er seine eigene Erinnerung an einen Apfel in den Spiegel von Prousts Madeleine-Episode stürzt und sich so der Frage nach authentischem Erleben und echtem Erinnern aussetzt.

Curtius, der als einziger der hier vertretenen Autoren noch in Briefwechsel mit Marcel Proust getreten war[109], hat dessen deutsche Rezeption wie kaum ein anderer gesteuert. Wie Rilke war er über Gide auf Proust gekommen. Leicht erklärt sich sein Ansatz durch das Trauma des Ersten Weltkriegs, in dem noblen Versuch, dem Feind auf kulturellem Sektor die Hand zu reichen, aber auch in der Betonung der Kunstautonomie in Prousts Theorie und Praxis. Sein erster Aufsatz erschien 1921/22 im *Neuen Merkur*, sein großer Essay 1925 in *Französischer Geist im neuen Europa*. Er ist die Grundlage für den Neudruck 1952 (u.ö.) in der *Bibliothek Suhrkamp*. Die hier gewählte Version[110], die sich ebenfalls partiell mit dem Bändchen deckt, ist noch nicht, wie jenes, durch Zwischenüberschriften (»Präzision«, »Wille«, »Sensibilität«, »Relativismus« usw.) homogen gestaltet und in ihrem Meinungsbild geläutert. Das macht ihre Repräsentativität für die erste große Proust-Welle der 20er Jahre aus, zumal sie in einem Schweizer Periodikum erschien und sich an eine breite Leserschaft richtete. Man wird feststellen, daß es dem Verfasser hier noch stärker um den Gesichtspunkt einer quasi gemeinsamen europäischen Literatur ging und daß er im Ziehen von Parallelen (zu Freud, zu Einstein) noch großzügiger verfuhr. Curtius wird eine Reihe von Perspektiven vorgeben. Sein Blick erfaßt die »geheime Gesetzlichkeit« der Syntax als »seelische Formelemente«, aber auch ihre Kongruenz mit z.B. musikalischen Inhalten, den Snobismus als Ästhetik des Indirekten (eine Zeichnung kaufen, weil Chateaubriand sie beschrieben hat), die moralische Abstinenz, die in den häufigen Vegetationsmetaphern liegt, ja, die Offenheit des Werkkonzepts. Zwei hochdelikate Probleme gibt er der Proust-Forschung auf den Weg, indem er Bergsons Lehre von der *durée réelle* für Prousts Zeitbegriff zugrunde legt und Proust als ausgewiesenen Platoniker deutet. Erstaunlich ist seine Weitsicht nicht nur im Prophezeien des Ruhms, sondern im Überschauen des Werks selbst, das er bei seinen Artikeln noch nicht zur Gänze kennen konnte.

Zahlreiche persönliche Beziehungen verbinden die hier vertretenen Autoren, ohne daß dies hinreichend herausgestellt werden könnte. Curtius und Max Rychner z.B. waren befreundet, Schottlaender bald isoliert, wenngleich mancher für ihn eintrat. Rychner beglückwünschte Curtius am 16. 1. 1926 zu seiner »Schotthöferkritik« (!). Er habe »dem Herrn hoffentlich ein sein Nichts durchbohrendes Gefühl beigebracht«.[111] Er kündigte natürlich auch nach dem Krieg Curtius' Büchlein an[112] und führte dessen Linie, die der Kunst die Entdeckung des Ewigen zuschreibt, konsequent fort: Sein Feuilleton von 1957 beginnt mit dem »Totentanz« von *Le temps retrouvé* und folgt der Quintessenz Marcels, der die »reine Zeit« gewahrt und am Ende des Buches zwar physisch in

Zeitnot, metaphysisch aber zu einem »Allmachtbewußtsein« gelangt, das den Tod durch das Wahre mehr noch als das Schöne überwunden findet. Auch er liest Proust als Platoniker – »Anamnese« und »Präexistenz« reichen zudem als Termini, um ihn, aus deutscher Perspektive, in die Nachfolge Schopenhauers zu rücken. Der Titel des Aufsatzes sagt alles, die *Recherche* wird auch hier zum philosophischen Trostbuch. Andere – wie Günter Blökker – folgten Curtius' Deutung als Rechtfertigung der Kunst.[113] Für Mass stellt Curtius daher Proust in eine »konservative Literaturtradition«, indem er ihn zum »klassischen Autor« erhebt, »dessen Text mit der alltäglichen Realität nichts zu schaffen hätte«.[114]

Einen der bedeutendsten Essays, den Karl-Heinz Bohrer gar »gewalttätig« nennt, lieferte auf der Basis seiner übersetzerischen Mühen Walter Benjamin. Neben zwei Briefauszügen muß dieser Text Benjamins weitere mehr oder weniger öffentliche Äußerungen zu Proust mitrepräsentieren, seine Rezension von Hermann Blackerts Buch *Der Aufbau der Kunstwirklichkeit bei Marcel Proust* (1935), in der eine Kritik an Curtius' Position anklingt, seine *Rede über Proust an meinem vierzigsten Geburtstag gehalten*[115], die Exzerpte, überhaupt die nachgelassenen Papiere zu Proust.

Benjamin plante einen Aufsatz »En traduisant Marcel Proust«[116], der »über das Übersetzen eigentlich wenig enthalten«[117] werde. Daraus entstanden dann die »Arabesken zu Proust«[118], die in drei Folgen erschienen. Den Werkstattbericht zu seiner Übersetzung hat Benjamin nie fertiggestellt. Um so heikler ist es, seine andernorts verlautbarte Übersetzungstheorie in der Arbeit für *Die Schmiede* verwirklicht sehen zu wollen.[119] Benjamin selbst gibt ja eher Beispiele des Unmöglichen. Max Rychner, damals Redakteur der Zürcher *Neuen Schweizer Rundschau*, stellt er in einem Schreiben, das die leidvolle Geschichte des ersten deutschen Proust rekapituliert, eine Studie in Aussicht, die mehrere weitere Schritte voraussetzt: den Vergleich französischer (d. h. »nur« psychologischer) und deutscher (Benjaminscher?) Annäherung an Proust, erwähnt er doch einmal, »wie nah mir seine philosophische Betrachtungsweise steht«.[120] Man faßte Benjamin denn auch eher als Parallelfall oder Fortsetzer Prousts auf: Buchhalter oder Konkursverwalter des 19. Jahrhunderts, autobiographischer Großstadt- und Ich-Analytiker mit vexatorischem Geschichtsbild.[121] Auch für Kaiser stellt sein Essay den »Gegenpol zu Curtius' kunstapologetischer Proust-Exegese« dar.[122]

Schon der Titel seines Aufsatzes betont den »konstruktivistischen« Standpunkt des modernen Interpreten, der an Proust mitarbeitet, so wie multiple Leser Proust verändernd reproduzieren und wie auch Proust – gleich zu Beginn macht Benjamin dies klar – die unterschiedlichsten Diskurse zu einem Buch sui generis verschmilzt. Benjamin liebt die Umkehrung: So nahe es liegt, die *Recherche* als ein Monument der Erinnerung zu lesen, so selbstverständlich betont er (im Wortsinne) die Kehrseite des Textgewebes – eine der häufigsten Metaphern in dieser Anthologie –, das »Penelopewerk des Vergessens«[123], und überzeugt damit: denn totale Erinnerung ist unmöglich. Was aber erinnert wird, verweist drastisch auf die viel umfangreicheren Lücken *(intermittences)* dazwischen. – In der Tat enthält der zweite Teil bei Benjamin die »brisanteste Themenstellung«.[124] Für den Analytiker des 19. Jahrhunderts zieht Proust eine Art Summe. Die gute Gesellschaft gibt er mit unbezähmbarer Neugier dem Gelächter preis. Benjamin liest die »Suche« also als subversiven Karneval des Faubourg St. Germain. Dabei tritt eine – zuweilen gewollt wirkende – linke Haltung zutage. Wenn er die »Analyse des Snobismus« für wichtiger erklärt als Prousts »Apotheose der Kunst«, wenn er gar, merkwürdig dialektisch verschlüsselt, prophezeit, vieles »von der Größe dieses Werkes« werde »unerschlossen oder unentdeckt verbleiben, bis diese Klasse ihre schärfsten Züge im Endkampf zu erkennen gegeben« habe, so antizipiert er Jargon. Für falsch erklärt er den Gedanken, Proust habe sich dem Werk geopfert, für falsch überhaupt jede platonische Kunstmetaphysik, die Entsagung mit Verewigung belohnt. Damit stellt er sich dezidiert und nicht ohne Willen zur Unausgewogenheit gegen Curtius. Dieser sieht über die Zeitkritik hinweg und unterstreicht die »zeitaufhebenden Momente«; Benjamin dagegen hebt Prousts »kritische Darstellung der Entfremdung« hervor und deduziert historisch den Versuch des Romanciers, »den Verlust aller Erfahrung zu bannen«.[125] Am auffälligsten ist das wechselseitige Schweigen, ja Verschweigen. Curtius äußert sich nicht zu Benjamins Übersetzung oder seinem Essay, Benjamin ignoriert Curtius' Aufsätze und tut implizit so, als gebe es keine deutschsprachigen Verbreitungsversuche.[126]

Für Hugo von Hofmannsthal, der Proust in einem Restaurant der Rue Royale hatte kennenlernen können[127], war dieser primär als Gesellschaftsporträtist[128] ein verwandter Geist, der ihn einerseits zu einem Lustspiel anregen konnte[129], andererseits Einfluß zu nehmen begann auf den Fragment gebliebenen Roman *Andreas*.[130] Er übersetzte den Schluß von Paul Valérys *Hommage* und exzerpierte die Schlußreflexionen zum Tod Bergottes. Carl J. Burckhardt resümierte: »In den frühen Zwanzigerjahren las er Proust immer wieder mit einem Gemisch von Unbehagen und Fascination durch Ps Subtilität.«[131] Benjamins Brief an Hofmannsthal[132] nun kann als Abriß *seines* Proust-Bildes in nuce und in statu nascendi dienen. Daß Proust den »Zeitverlauf zu dessen Maß macht«, ein objektives Zeitmaß also aufhebt, ist so kurz nach dem Erscheinen des *Zauberberg* kein geringes Faszinosum.

Der Graphiker Max Unold war zu seinem Leidwesen berüchtigt dafür, mit langwierigen Erzählungen vom Hundertsten ins Tausendste zu kommen. Das Gemeinsame zwischen der *Recherche* und solchen Münchner »Schaffnergeschichten« ist aber nicht allein die vermeintliche Umständlichkeit, sondern auch die Qual, eine Sache mitteilen zu können, aber nicht deren subjektive Wichtigkeit, was jedoch Proust gelinge. Benjamin wird in diesem – offenbar bereits vor dem 21. Juni 1929 irgendwo formulierten – Ansatz eher die Nähe zum Traum sehen. Unold spürt nebenher auch der Manier nach, im Interesse der Zeitabbildung den Lesevorgang zu steuern, um den Preis temporärer Langeweile.

Ernst Blochs Text entstammt einem Zusammenhang, in dem er Julien Green als »Ich, das quälend träumt und sich nicht endet«, und James Joyce als »Mund ohne Ich« apostrophiert. Dazwischen Proust, ein fragmentiertes Ich, viele Ichs also, kein Ich mehr, es sei denn als isolierte, ohne Realität in einem Universum ohne Zeitgesetzlichkeit inmitten von Bildern absolut existierende *mémoire*, wenn diese Paraphrase nicht unangemessen poststrukturalistisch oder konstruktivistisch klingt. Trifft sie auch nur einigermaßen Blochs Punkt – seine dichte, auf logische Verknüpfung verzichtende Kürze vereitelt es, eine These festzulegen –, so ist sein kurzatmiger Beitrag von 1935 einer der längstlebigen in der Proust-Debatte.

Theodor W. Adorno erhielt Benjamins Meinung über Proust unmittelbar von ihm.[133] Er unterstreicht, bei Proust sei »der Kommentar derart mit der Handlung verflochten«, »daß die Unterscheidung zwischen beiden schwindet« und die »ästhetische Distanz« aufgegeben wird.[134] 1953 verkündet er: »Angesichts des desorientierten Zustandes der deutschen Prosa [...] ist Rettendes zu hoffen von der Rezeption eines Dichters, der das Exemplarische vereint mit dem Avancierten.«[135] Für eine Rundfunklesung schließlich wählt Adorno signifikante Passagen aus und kommentiert sie so, daß jeweils ein Proustsches Charakteristikum subtil zur Sprache kommt: der innere Widerstand Prousts gegen den verkündeten Platonismus, der Angriff auf die Psychologie durch Auflösung von Einheit und Ganzheit ihres Gegenstandes, die neue, moderne Mythologie seiner Bilder, das provozierende Bekenntnis der kaum verhohlenen Sympathie für das satirisch sezierte Faubourg St. Germain, die Rettung der Kategorie des Sinns für das Romangeschehen, die Rettung der Kategorie Liebe durch deren Verleugnung, die vergebliche Rettung des ewigen Lebens für Bergotte. Adorno hebt also die Widerständigkeiten und Gegenläufigkeiten im Text hervor. Die Frage, ob er gegen Proust liest oder eine zweite Stimme von der ersten löst, ist müßig. Ob es die Sache ist (z. B. die Liebe, die aus der Beschreibung von Albertines Schlaf in einer Art Apotheose aufersteht) oder der Text oder ein zweites Bewußtsein Marcels / Prousts – am Ende wird bei Adorno immer eine erste (provisorische?) Intention besiegt. Für Adorno ist die *Recherche* offenbar Schauplatz eines permanenten »Widerstandes« gegen die »Meinung« und gegen das eigene Selbst. Dieses Verfahren ist wichtiger als sein Resultat; als Selbstwiderlegung ist es aber nicht nachahmbar – für Adorno liegt hier der tiefere Grund für Prousts Einzigartigkeit –, und die jeweiligen Erkenntnisresultate sind nicht das genuin Proustische. Das klingt alles wie ein Vorgriff auf die Dekonstruktion; andererseits haftet Adornos Kommentaren etwas gewollt Vertracktes und zugleich etwas Farbloses an.[136] Positiv gewertet, mag man bei ihm »ein Gleichgewicht zwischen apologetischer Exegese der Proustschen Kunstmetaphysik und brillanter Analytik der ins Detail versenkten zeitkritischen Gehalte« sehen (worin Kaiser die »Ohnmacht des Intellektuellen« spürt)[137], doch verrät schon die Textform überdeutlich, daß eine Synthese der beiden Standpunkte, daß eine

Lektüre, die nicht nur durch Curtius-Benjamin hindurchgegangen ist, sondern diese auch dialektisch aufhebt, Rätsel aufgibt.

Siegfried Kracauer bildet in dieser Anthologie die einzige Ausnahme vom Sprachprinzip, wurde sein späterer Text doch übersetzt aus dem Amerikanischen, das der Emigrant auch zu seiner Publikationssprache gemacht hatte. Er widmet sich einem Hauptproblem der Zeitphilosophie: daß die einander folgenden Augenblicke zusammenhängen und nicht zusammenhängen, also dem Paradox des Zenon, das von mehreren Autoren sinngemäß mit dem Namen Ernst Machs aufgerufen wird. Er geht wieder aus von der Proustschen Mikroskopie, die die Zeitelemente – das geschilderte Erleben oder die Momente der *story* – atomisiert. Jakob Wassermann hatte 1926 kategorisch festgestellt, bei Prousts Werke[n] von »hohem Belang« sei »zu einer Fabel auch nicht einmal mehr ein Ansatz«[138], und angesichts der Tendenz zur »Entfabelung« in der Literatur des 20. Jahrhunderts – die Experimente der 70er Jahre sollten sie wiederholen – versprochen, daß die Fabel dennoch »unsterblich« sei. Die Tendenz unserer Gegenwart bestätigt Wassermann, ohne Proust zu widerlegen. Bei ihm werden laut Kracauer so zerstört: Kontinuität, Kausalität, Finalität (Kracauer spricht hier von Hoffnung). Nun erzählt ein Roman eine Geschichte. Daher rettet Proust seinen Roman, indem er Marcel zurückblicken läßt und dadurch eine rekonstruierbare Chronologie unterlegt. Viele haben auf den abschließenden, »unmodernen« Zug der *Recherche* hingewiesen. Bei Kracauer heißt das: Sie bietet kein geschichtsphilosophisches Paradigma und schweigt über die Zukunft.

Karl-Heinz Bohrers Text, der mit Hilfe zahlreicher Gewährsleute Tiefen auslotet (allerdings: Warum spricht er vom »Glücksgefühl des *Knaben*«? Weil die *Mutter* »Marcel« den Tee reicht?), gehört ebendeshalb hierher: weil er den von Benjamin, Bloch und Adorno eröffneten Diskurs fortführt. Er untersucht das »utopische Jetzt«, das ein Glücksgefühl auslöst, wenn sich ein zweites gleiches Jetzt auftut. Die aufschlußreichen Parallelen zur Narrativik von Joyce oder Musil greifen zurück auf den gemeinsamen unbewußten phänomenologischen Hintergrund. Um so vehementer wird hier wie in allen neueren Deutungen ein Proustscher Platonismus kategorisch und offenbar a priori abgelehnt.

Doch führt Proust-Lektüre auch die Nicht-Philosophen weiter? Ludwig Hohl ist sicher untypisch. Was aus den zahlreichen Erwähnungen in seinen Aphorismen ausgewählt werden konnte, wird verdeutlichen, daß ihm Proust als Polarstern am Dichterhimmel diente, absolut wie Dante, Shakespeare, Cervantes oder Goethe dem Friedrich Schlegel der *Athenaeum*-Fragmente. So wollen Hohls Notate auch gelesen sein: offen zur Vernetzung mit anderen Beobachtungen, spontane Dauererkenntnisse. In den späteren Aphorismen wird das esoterische Selbstbewußtsein des Verstehens stärker zur Schau gestellt, wodurch sich Prousts Bild und seine Rolle immer mehr ins »Objektive« verschieben. Was er für Hohl, mochte für einen anderen Flaubert sein (Hohl hätte das vehement bestritten).

E. Riepenhausen schließt mit dem klugen Aperçu, wer Prousts Nachfolge »antreten wollte, müßte schon (in allem!) ein – Proust sein«.[139] Auch Hermann Bahr meint, nur ein »Flieger« könne über Prousts Opus hinweg. Wedderkop erklärt es für »völlig unnachahmlich«. »Zu singulär, um Nachahmungen hervorzurufen«, resümierte eine Komparatistin.[140] Hans Carossa ist einer der wenigen, die offen bekennen, von Proust eingeschüchtert zu sein. – Wohl ein Rezensionsentwurf ist das Ineditum Maria Müller-Göglers, die sich noch schwertut, den Erzähler vom empirischen Autor zu scheiden (so streicht sie im Typoskript einmal den Nachnamen »Proust«, als sie von Marcels Kindheit in Combray handelt), die sich hinter »dem Leser« verschanzt, um offenherzig ihre Leseerfahrungen mitzuteilen. Der Text steht hier als Zeugnis für die Elementarschwierigkeiten, denen sich manche Autoren ausgesetzt sahen, vor allem aber wegen der Schlußprognose über das »Prosaschaffen der jungen Generation«.

Ingeborg Bachmann als deren Vertreterin verfaßte zu Proust 1958 einen Radio-Essay, aus dem wegen der ausgiebigen Zitate nur Teile wiedergegeben werden können; 1959/60 ging sie in drei ihrer fünf Frankfurter Poetik-Vorlesungen auf ihn ein, und nicht zuletzt ihre Prosa trägt mehrfache Spuren Prousts. Die Erzählung *Ein Schritt nach Gomorrha* spricht für sich. In *Das dreißigste Jahr* geht es nicht nur um die Entdeckung der »Fähigkeit, sich zu erinnern«.[141] Auch in Nebenfiguren finden sich Reminiszenzen: »Moll, jetzt im Glück, gibt ihm das Geld nicht zurück und ist deswegen schwierig im Umgang und leicht beleidigt«[142], exakt wie bei Proust. In ihrer Poetik-Vorlesung *Das schreibende Ich* hebt sie hervor, daß dessen Erzähl-Ich sich selbst »kein Rätsel« sei[143] und nicht zum Bekenntnis tendiere, sondern dazu, die subjektive »Ich-Mitteilung« rasch »ins Objektive« aufzulösen.[144] Eine Distanznahme also. Was Ingeborg Bachmann aber mit Proust verbindet, ist die tragische Liebesauffassung, die Glück nur im Vergessen oder den Momenten »mystische[r] Versenkung« gestattet. Andererseits wiederum trennen sie von Proust ihr Festhalten am Eros und der Zweifel an der Sublimierbarkeit des Leidens durch die zeitaufhebende Kunst. Auschwitz ist es – Gerhard R. Kaiser hat dies gezeigt[145] –, was Ingeborg Bachmann aus Prousts Welt verwiesen hat.

Zu den Erzählern, die im Bilde Prousts sich selbst spiegeln, gehört auch Wolfgang Koeppen: Der relativistische Einsteinsche Kosmos und was sonst auf die *Recherche* bezogen wird, »gilt vor allem für Koeppens Romane, nicht zuletzt für ›Tauben im Gras‹«.[146] Er erklärt den Fortschritt in Prousts Romankunst durch eine Emanzipation vom Zolaschen Wissenschaftsparadigma des 19. Jahrhunderts zugunsten eines unscharfen Weltbildes, das erst ein Produkt des gnadenlosen Willens zur Genauigkeit ist. Wenn man bedenkt, daß seit seiner Besprechung wiederum 40 Jahre vergangen sind und Heisenbergs Unschärferelation erst seit wenigen Jahren gehäuft im geisteswissenschaftlichen Diskurs zitiert wird, mag man in dieser Akzentsetzung Koeppens modernen Zugriff sehen – und sein ganz spezifisches Plädoyer für Prousts Modernität.

Martin Walser ist ein Mehrfachleser, was ihn zu der »empirischen« Gewißheit führt, daß auf Handlung, Kohärenz, Wiedererkennen ausgerichtete Lesestrategien an der *Recherche* abgleiten. Die berühmte Unschärfe sieht Walser nicht darin, daß zu wenig charakterisiert würde, sondern im Gegenteil unablässig. Dadurch werde erst recht die Lebensechtheit der Personen simuliert: durch ihre Ungreifbarkeit. Das Gedächtnis aber funktioniert eigensinnig. Es merkt sich Situationen, keinen Plot. Was ihm bzw. Walser zu Proust einfällt, ist oft beliebig; der Roman wird Untergrund für eigene Assoziationen. Und diese Qualität: die Genauigkeit im Alltäglichen fasziniert ihn, während ihn das kunstmetaphysische Großprojekt kaltläßt. Prousts Leistung ist die Aufhebung der Leitdifferenz »wichtig« / »unwichtig«. Er liefert, wie schon Curtius sagte, ein Erkenntnisinstrument, das seine leisen Wirkungen im Alltag entfaltet. – Walsers Essay gilt allgemein als Apologie angesichts der Kritik an *Ehen in Philippsburg*[147], als »Kommentar zum *Einhorn*«, »in dem eine pluralisierte Vorstellung vom Individuum und eine negative Auffassung der Erinnerung zusammengehören«, und konzeptionell geradezu als »Schlüssel seiner Romane«[148], die das Alltägliche mikroskopieren, Prousts Glauben an die Erinnerung aber in Skepsis verkehren (Erinnerung bleibe für Walser »bestehen«, »doch nur, um zu vernichten«[149]), was zu direkt intertextuellen Auseinandersetzungen führt. »Ach du lieber Proust!« heißt es komisch resigniert in der Trilogie um den Ich-Erzähler Anselm Kristlein, in der dieser am Schreiben scheitert. Walser widersetzt sich faktisch Prousts Erfolgsrezept, das nun auch nicht mehr funktioniert.

Daß Proust den Vorgang des Erkennens beinahe endgültig auflöst, betont ferner Jean Améry.[150] Er plädiert trotz kritischen Blicks auf die soziale Konstellation, der Proust entstammt, nachdrücklich für eine (originale) Lektüre, da ein »Leben ohne Proust« ein »Leben des Mangels« sei. Als Antizipation des Begriffs »Unschärfe« charakterisiert er das Traumartige des Erzählens. Hier endlich, in den frühen 70ern, werden Benjaminsche Gedanken wieder aufgegriffen, das Paradoxe der »Suche«, in der die Negation von Erkenntnis als philosophisches Scheitern zum »künstlerischen Triumph« wird.

Schreiben durch, mit oder nach Proust? Einer der persönlichsten Texte stammt von Horst Bienek. Er beschreibt die Verstörung, die der Roman in den angehenden Autoren der Nachkriegsgeneration hinterlassen konnte. In der Sowjetischen Besatzungszone waren schon die Bücher schwer aufzufinden. Auf der »Suche nach dem verlorenen Proust« – für die 40er Jahre mag das Motto zutreffen. Der Einfluß aufs Schreiben wurde wohl mehr initiatorisch als stilistisch prägend; immerhin: »Mein Combray war Gleiwitz.«

Hermann Lenz und Gerhard Meier, beide stille Außenseiter mit ihrer Erinnerungsliteratur, blicken inzwischen auf eine lange Liebe zu Proust zurück, der sie sensibilisiert hat für die Möglichkeiten des Aussprechens, der sie damit freilich auch auf einen beinahe esoterischen Weg brachte, abseits des Spektakulären. Lenz' kurze Reminiszenz legt nebenher das Dilemma der komparatistischen Einflußforschung bloß; ihm selbst erscheint die Ähnlichkeit plausibel, von anderen *gesehen*, von ihm nur nachvollzogen, aber bestätigend: so schrieb Lenz zwar nicht à la Proust, wurde aber doch Proustianer. – Meiers Motiv des erinnernden Erzählens zwischen Baur und Bindschädler, überhaupt die Erinnerung, ist der Mittelpunkt seiner Romantrilogie *Toteninsel*, *Borodino* und *Die Ballade vom Schneien* (1979-1985), der 1990 noch *Land der Winde* folgte. Meier ist einer derjenigen, die Proust ganz an die Spitze setzen, weil er »Unsagbares« »sagbar gemacht« habe, und das – in Meiers Diktion – »ohne Murks«, ohne künstlerische Verrenkungen, auf unangestrengte Weise (wie bei Rilke: die »stille Anwendung des Kühnsten«), die Meier so betont, daß man sich fragt, ob er nur die Mozartische Grazie des Selbstverständlichen meint oder nicht an den enormen kompositorischen Leistungen und Nöten Prousts vorbeisieht. Vielleicht war es also diese alles Maß überschreitende Bewunderung, die Meiers eigenes Schreiben unbehelligt ließ. Mit dem Beispiel Claude Simon, das jedenfalls mehr illustriert als erklärt, weicht er der Frage nach dem übermächtigen Proust, gegen den er sich – mit Harold Bloom – doch produktiv auflehnen müßte, eher aus.

Und die klassische Moderne? Die Verfasser der großen Romane um Zeit und Erinnerung? Thomas Mann hatte schon 1922 einen Begriff von Proust, welcher aber offenbar ganz vom Image des Gesellschaftsporträtisten bestimmt war, das ihn an Dickens zu erinnern schien.[151] Franz Blei – er gedenkt auch in den *Zeitgenössischen Bildnissen* sporadisch Prousts – erklärt schon 1924 in den *Neuen Gesprächen Goethes mit Eckermann* zum Schüler des Briten Meredith *Proust*, »dessen Werk eben seine Wirkung tut, den französischen Roman aus seiner Sterilität zu erlösen«.[152] An Blei fällt regelrecht auf, wie viele Autoren ihr Urteil – das oft genug auch noch diffus bleibt – Mittelspersonen in den Mund legen. Thomas Manns Erwartungen aber, ganz an die Übersetzung geknüpft, sind nebulös. Er sieht sich zum »Staunen«[153] veranlaßt; dennoch bleibt es, wie schon in einer Tagebuchnotiz von 1920, bei Annette Kolbs vage aufgenommenem Hinweis auf einen »Romancier, der Proust o. ä. heißen soll«.[154] 1925 spinnt er in Interviews den ihm bekannten Titel der *Recherche* weiter, bleibt aber bei der kuriosen Auffassung, Proust schreibe »wie ein Engländer«, weshalb die »englische Übersetzung seines Werkes eine der reizendsten Sachen in englischer Sprache« sei. Indes erkennt er »eine geheime Verwandtschaft zwischen Proust und mir« in Prousts »Art, den Alltag zu romantisieren, das nichtige Detail zu heben und merkwürdig zu machen«, kurz: im »Mikroskopische[n]«.[155] In einem Zeitungsartikel meint er, die »Übersetzungsschwierigkeiten begannen beim Titel und sind im Verfolg der Arbeit gewiß nicht geringer geworden«. Soweit er habe sehen können, sei die Aufgabe »durchaus mit Anstand gelöst« worden. – Schottlaender, dem Mann möglicherweise sogar anerkennend schrieb[156], wird sich auf dieses Urteil beziehen. Nun aber: »merkwürdig ist, daß die deutsche Gestalt des großen französischen Werkes eine Erinnerung weckt, auf die das große Original wohl kaum verfallen läßt: es gibt sprachliche Augenblicke, die uns flüstern lassen: Jean Paul.«[157] Ein recht ironisches Lob. Anders wird es erst im Exil. Mitte der 30er Jahre liest Mann tatsächlich Teile der *Recherche* in deutscher Übersetzung.[158] Bei der Arbeit am *Joseph* erklärt er, das Gespräch zwischen Potiphar und seiner Frau »habe etwas von Proust«.[159] So sah es der viel intimere Proust-Kenner Klaus Mann. Drei Monate später sah es auch dessen Vater so. Mut-em-enet scheine »psychologisch leicht von Proust beeinflußt«, »der mich nun einmal fesselt. Er ist von einer phantastischen Müßigkeit, die mich verblüfft und anzieht.«[160] Kontinuierlich, aber behutsam, wächst Thomas Manns Wertschätzung weiter. Erst im Alter, 1953, rückt er die Dinge zurecht: »Viele haben gemeint, ich sei von Proust beeinflußt. In Wirklichkeit habe ich ihn erst in letzter Zeit kennengelernt. Er hatte mit seiner raffinierten Pyramide aus kleinen, kleinen Steinen das gleiche Format wie Balzac.«[161] Die Stereotype bleiben trotz allem identisch.

Robert Musil glaubte, daß Proust (und Joyce) »einfach der Auflösung« nachgäben, »durch einen assoziierenden Stil mit verschwimmenden Grenzen«, wogegen er seinen *Mann ohne Eigenschaften* »konstruktiv und synthetisch« auffaßte.[162] Einem dänischen Rezensenten eröffnete er: »Ich bin oft mit Proust verglichen worden, aber es wäre ein Irrtum, da einen Einfluß vorauszusetzen. Ich habe bis heute (aus besonderen Gründen) nicht mehr als 10 Seiten von ihm gelesen; u. das Buch von mir, das ihm wahrscheinlich am nächsten kommen dürfte, die Vereinigungen (übrigens ein schwer leserliches Buch) ist erschienen, ehe man P. in

Deutschl. kannte.«[163] Eine Reihe impliziter Irrtümer, wohl auch durchschaubare Abwehrreaktionen.

Die Rolle olfaktorischer Reize als Erinnerungsauslöser arbeitet Hans Henny Jahnn heraus. Jochen Vogt vermutet, daß Jahnn »Proust gekannt und [...] als geistesverwandten Romancier geschätzt« und sich im Exil die *Schmiede*-Übersetzung besorgt hat.[164] Es ist überliefert, er habe so intensiv Proust gelesen, daß seine Tochter klagte, er solle »mit dem ewigen ›Prousten‹ aufhören«.[165] Trotz der vergleichbaren Zeitkonzeption stritt Jahnn aber 1943 eine »Parallele zu dem Buch bei Proust« ab; sie erschiene ihm »grundfalsch«.[166]

Heimito von Doderer läßt in seinem umfangreichen Wiener Roman *Die Strudlhofstiege* (1951) den Major Melzer und andere durchschnittliche Helden durch die »Tiefe der Jahre« – so der Untertitel – hindurchblicken. Er hat sich denn auch 1959 in einem kurzen poetologischen Credo darauf berufen, daß die »fundamentale Bedeutung des Gedächtnisses für die Haltung des Epikers [...] Marcel Proust durch sein gewaltiges Werk praktisch demonstriert« habe.[167] Eben die »ungerufen aufsteigende« Erinnerung ist es, die Doderer auf Proust verpflichtet[168], wenngleich er, wie seine Kurzrezension zeigt, parallel zur Handlungsarmut bei Joyce und Musil bei Proust die »geradezu gewaltige Dynamik der Langeweile«[169] herausstellt und sich offenbar keineswegs im Glashaus sitzen sieht, vielmehr diesen »Spätformen« des Erzählens eine »vollends gewandelt[e] Situation« entgegenhält. In seiner Besprechung[170] kann Doderer den Eindruck nicht vermeiden, daß er Proust zu nahesteht, um ihn ganz ernst nehmen zu können. Daß einem »öfters herzlich langweilig« sei, wird in der Wiedergabe des Österreichers, der ohnehin dem Französischen kaum zu trauen scheint, eben doch nicht wirklich durch die »wiedergefundene Zeit« kompensiert. Doderers höchstes Lob spendet er wohl nebenbei: Proust war »kein unbewußter Autor«. Der Autor besserer Romane will auch unterhalten und ist sich im Gerüst seiner epischen Baupläne sicher, eine funktionierende Lesersteuerung in Händen zu halten. Angesichts seiner eigenen Textmassen mag man also die Vergleichbarkeiten sehen, Doderer aber erkannte in der *Recherche* wohl die Struktur nicht und sah den Franzosen zudem als publikumsvergessenen Intellektualisten. Ein eigentlich Proustisches teilt er jedoch mit ihm, die Überzeugung nämlich, daß eine Sache »voll vergessen und vergangen sein muß, um wiederauferstehen zu können«.[171] Erstaunlich, wie präzise das Suchen, Nichtdurchbrechen und schließlich das ungerufene Nahen der Erinnerung – vor allem aufgrund von Gerüchen – sowie die Zeitaufhebung durch die »Identität« des Erinnerungs- und des erinnerten Augenblicks in der *Strudlhofstiege* dem Proustschen Konzept entsprechen.[172] Und doch war Doderer seiner selbständigen Leistung zu bewußt, um sich, genausowenig wie als Freudianer, nachträglich als Proustianer epigonisieren zu lassen.

Speziell für Uwe Johnsons *Jahrestage* möchte man geradezu an ein Proustsches Diktat glauben; gesichert ist nichts dergleichen. Thomas Bernhard aber erwähnt Proust in dem Roman *Beton*, während die Problemtrias, die das Aufschreiben der Erinnerung gegen den Tod bedeutet, analog das Konzept und vor allem die Poetik von *Auslöschung* trägt.[173] In *Holzfällen* hingegen, worin Auersberger dem Salon der Verdurins entspreche, erkennt Rainer Moritz eine »fast parodistische Nachahmung Prousts«.[174]

Proust bei Arno Schmidt schließlich – ein heikler Fall, wird doch auf die *Recherche* und ihren Verfasser allein in *Zettels Traum* über zwanzigmal angespielt. Doch was besagt das? Einerseits gilt Proust Schmidt als kanonisch, andererseits wird er »als überschätzt hingestellt«[175], wobei ein argwöhnisches Hauptinteresse vom Komplex der Homosexualität ausgeht. In *Abend mit Goldrand* läßt Schmidt Martina urteilen: »mir gefällt das Meiste, was ich lese. (Bloß nich so olle dunkelschwierije, kauderwelsche verdeckte Dinge; oder das endlos=gezierte Zeug vom Pruhst).«[176] Letztlich schwebt über dieser verklausulierten Einschätzung eine Aversion gegen den gar nicht so spät gelesenen Franzosen, über den weder im publizierten Werk noch im Nachlaß[177] ein zusammenhängender Text vorliegt. Dies ist der Grund, warum Schmidt hier fehlt, obgleich die »kunstmetaphysischen Qualitäten seines Spätwerks [...] ohne seinen Rückgriff auf Proust nicht zu erklären« sind.[178] Trotz offenbar guter Textkenntnis, die womöglich von Martin Walser angeregt wurde[179], fällt aber neben der oft eben auch ins Leere laufenden / führenden Punktualität der Zitate oder Allusionen auf, daß Schmidt sich ganz simpel auf die proustianischen Highlights konzentrierte: Madeleine, Weißdorn, Venedig.

Die 60er Jahre waren nicht günstig für Proust. Die Übersetzung war fertig und gefeiert. Der politische Wind wehte anders. Zwar spielte Bernward Vesper, um nur ein Beispiel anzuführen, in der seinerzeit berüchtigten *Reise* (1977) »fortwährend« auf ihn an[180], doch sagt dies nichts über eine Bewertung aus, nur, daß der Autor nicht mehr ignoriert wurde. 1975 rückten deutsche Schriftsteller auf die Frage, welcher französische Autor ihnen am meisten bedeute, an die erste Stelle Flaubert, Proust aber hinter Sartre, Balzac und Camus (vor Gide und Stendhal) auf Platz 5.[181] – Dieter Saupes Text von 1969 orientiert sich deutlich an Robert Neumanns parodistischem Verfahren, d. h., er versucht, die Charakteristika von Prousts *écriture* zugleich vorzuführen und zu thematisieren. Formal gelingt ihm dies. Ob daraus ein komischer Funke geschlagen wird, der mehr erhellt, als der Leser aufgrund von Erfahrung oder Vorurteilen wiedererkennt, mag jeder selbst entscheiden. Immerhin zeigt der Wortlaut, daß hier eigentlich nur Eva Rechel-Mertens persifliert werden und allenfalls auf preiswerte Weise die Stütze narrativer Illusion angesägt werden kann, der Mangel an sonstigen Proust-Parodien aber, daß angesichts der Perfektion von Prousts eigenen *Pastiches* manch anderer sich wohl nicht grundlos scheute, dessen Waffen gegen ihn selbst zu führen. Will man den Text als Symptom der 68er-Ära werten, so wird man auf oberflächlichen Umgang mit einem Autor schließen, der inzwischen irgendwie zum Kanon gehörte, denn diesen definieren Parodiensammlungen wie kaum ein anderes Genre.

Genazinos Essay reflektiert – so Moritz – »eine verbreitete Erwartung an die distanzlose Literatur«. In diesem Sinne hätte Proust ein Leitbild der »Neuen Subjektivität« der 80er Jahre werden können.[182] Eine »Après-Proust«-Prosa hielt sich jedoch in Grenzen. Statt dessen kam der Film. Proust selbst läßt seinen Erzähler in *Le temps retrouvé* die Idee, der Roman sei »une sorte de défilé cinématographique des choses«, für absurd erklären. Nichts sei von dem, »was wir in Wirklichkeit wahrgenommen haben«, weiter entfernt als »eine solche kinematographische Schau«.[183] Immerhin war damit das Thema der Verwandtschaft von Roman und Film benannt, und die Frage nach der Verfilmbarkeit der *Recherche* implizit gestellt. Curtius vergleicht einmal die Zerlegung des Kusses der »Zeitlupe des Kinematographen«. Siegfried Kracauer fragt nun explizit nach Prousts Affinität zur Fotografie und zum Film. Dazu wählt er in der *Recherche* Beispielstellen aus – zum Foto eine zentrale Passage aus *Le côté de Guermantes*, in der Proust seinerseits, um mit Flaubert zu reden, die »impassibilité«, die neutrale Enthaltung des Fotografen zeigen will. Kracauers Verfahren besteht darin, in einigen seiner Punkte Proust Schritt für Schritt zu prüfen, zu widerlegen und dann doch dialektisch zu bestätigen. Auch der noch so unbeteiligte, zurückhaltende, »entfremdete«, nicht von Liebe geblendete Fotograf gliedere und gestalte die Wirklichkeit, die nie rein zufällig, chaotisch eingefangen werde, wenngleich das Objekt auf Foto und Film große Macht ausübe. Als Beispiel für den gelungenen Balanceakt nennt er ausgerechnet Nadar, der zahlreiche von Prousts »Vorbildern« fotografisch porträtiert hat.[184] Prousts Nähe zum Film erklärt Kracauer aus dem mikroskopischen Blick (des Romans/des Mediums), Prousts Ferne vom Film daraus, daß Erinnerung wesenhaft unfilmisch und nur mit »abwegigen Notbehelfen« zu visualisieren sei.

Bevor Volker Schlöndorff[185] sich entschloß, quasi kompromißhalber den traditionellsten Teil der *Recherche* als *Un amour de Swann* zu verfilmen und unter Mitarbeit von Peter Brook und Jean-Claude Carrière ein Drehbuch zu verfassen, hatten bereits 1970 Luchino Visconti (Drehbuch mit Suso Cecchi d'Amico) und 1978 Joseph Losey (Drehbuch Harold Pinter) sich an Adaptionen versucht, während Percy Adlon 1985 die Erinnerungen der Hausangestellten Céleste Albaret *Monsieur Proust* in einem ruhigen, essayartigen Film *(Céleste)* verarbeitete. Schlöndorffs Erläuterungen, aus denen ein Ausschnitt gewählt wurde, sagen weniger über Proust als über die vorprogrammierte, weil auf der Bedeutung von Kunst für die je eigene Lebensgeschichte basierende Affinität eines überzeugten Literaturfilmers zu einem Autor, der im Werk nicht so sehr die Erfahrung des schreibenden Selbst zum Vorschein bringt, sondern die des lesenden Ich wachruft.

In der Zwischenzeit hat Proust auch Spuren in anderen Kunstformen auf deutschem Boden hinterlassen, in Zeichnungen von Ulrike Termeer oder Alfred Schnittkes Oper (1993) *Leben mit einem Idioten* nach dem Libretto von Viktor Jerofejew, in der Proust selbst auftritt und sein Werk eine zentrale Rolle spielt.

Mit Bedacht wurde eine Anzahl von lyrischen Texten aufgenommen, die entweder ein Bild Prousts oder ein Stimmungsbild in der Manier Prousts evozieren wollen. Die Konzeption einer irgendwie analogen Ästhetik, bei der dem Leser überlassen bleibt, das Proust-Gemäße in der *écriture* der Rezipienten festzustellen, findet ihr Extrem sicher im wie ein Romanfragment einsetzenden Text Friederike Mayröckers, der als erklärte Paraphrase natürlich keinen konkreten Passus bei Proust in einen neuen Text »übersetzt«, sondern versucht – so die Autorin selbst[186] –, »die weitgesponnene Form eines Prosaduktus nachzuahmen«. Somit gehe es um eine »›unterirdische Annäherung‹ an Proust'sches Schreiben«, dies freilich, so wäre hinzuzufügen, mehr in der Anthropomorphisierung des Schmerzes und dem Zweifel an seiner Mitteilbarkeit als in der monologischen Syntax.

Ähnlich kann man auch Wolfgang Weyrauchs kurzes Prosaszenario betrachten. Es hat mit Proust nur soviel zu tun, daß sein Name (»der Proust«) metonymisch für die Bücher steht, die sein Werk enthalten und die gemeinsam mit Bänden in Flammen aufgehen, welche anders heißen (»Thomas Mann«). Exemplarische *noms de livres*. Aber Proust als Stellvertreter? Wofür? Warum er und kein anderer? Wegen dieser Fragen gehört der Text hierher. Und auch, weil hier ein »Er« sanft-allegorisch verzehrt wird vom Inhalt seines Schreibens, dem zu Literatur verkohlenden Leben.

Gerhard Ochs' Text ist das mittlere von sieben surrealistischen Kurzprosastücken. Drei davon enthalten ein in Versalien gedrucktes Lebensmotto; immer wieder werden die traumartigen Verläufe von komischen Kurzschlüssen unterbrochen. Kann Proust Ende der 80er nur noch als grotesker Schock dienen, durch den man aus einem absurden Traum erwacht? Und woher Levkojen? Von Gilberte? Fragen über Fragen.

Jokostras Gedicht bewegt sich auf Prousts Tod hin. »Er« ist wohl der Autor selbst, die angelagerten Begriffe zitieren die Welt der »Mädchenblüte«; auch der Titel weist uns eine dritte Richtung, nicht Guermantes, nicht Swann (Méséglise), offenbar empfand Jokostra den 2. Band der *Recherche* als am nächsten »chez Proust«.

Ebenso scheint auch Bobrowski die Balbec-Episoden zum Hintergrund seiner impressionistischen Skizze gewählt zu haben. Wäre der Titel nicht, der wie eine Bildunterschrift funktioniert, wer würde die akustischen und visuellen Eindrücke auf Proust beziehen?

Herbert Asmodis melancholisches Gedicht spricht davon, wie für die Generationen im Krieg je persönliche Leseerfahrungen das Bleibende im Chaos bilden, bis dieser Trost zu zerfallen droht, vielleicht, weil die Literatur überhaupt unrettbar verloren ist. Das sterbende Schöne war für den *Vater* Proust gewesen.

Auch der wohl nur dem Druckbild nach lyrische Text von Alfred Andersch[187] setzt beim Leser Kenntnis des Gegenstands voraus, Einrasten der Schlüsselreize und Signalnamen. Er verficht ganz einfach die These, Prousts Hauptthema sei die Eifersucht in ihrer finsteren »Wahrheit«. Wenn es aber stimmt, daß diese »erzählte Wahrheit« »sich selbst« interpretiert, hat sich das Gedicht zu einem überflüssigen Kommentar reduziert. Es bleibt die Geste des Erkennenden. Auf diese hat – so zeigt die Prosaetüde viel besser – Andersch Anspruch, baut er doch auf Prousts Einsicht in Vermeers Verfahren, in die Zeitaufhebung durch Kunst und die ästhetische Rahmung, die die Postmoderne immer mit im Bild haben wird. Wo er, der auch sonst hin und wieder Proust erwähnt, still auf Vermeer vertraut, ist die Nennung Prousts beinahe nicht mehr nötig. Vielleicht läßt dies auch ahnen, wie wenig die Autoren oft ihren Lesern zutrauen: In fast allen Texten, die nicht einfach anspielen, sind die intertextuellen Markierungen kräftig aufgetuscht.

Werner Söllner schließlich legt zwei thematisch eng verwandte Texte zu Swann vor, die völlig verschiedene Lösungen suchen: einmal das »Arrangement«, das diverse Motive des Vergessens mit dem permanenten »Ton« auszugleichen trachtet. Man mag dem Gedicht zugute halten, daß es dem Pathos, das der Name Swann im Gepäck trägt, standhält, die »Reise« hingegen ist die coole berlinernde Reminiszenz an etwas nunmehr Unmögliches. Die »Wahrheit« Prousts besteht in den 90ern aus Erfundenem, aus geschriebenen Wörtern. Das ist second hand, aber Glück.

Und die jüngste Generation, die belesenen Dichter-Philologen? Mit fortschreitender Zeit drängen sich zwischen sie und Proust die Stimmen früherer Leser, auch die Becketts oder Virginia Woolfs. Zitate und Versatzstücke liegen bereit, Reflexionen und Utensilien. Vandenberg in *Königswege* von Jochen Schimmang, der sich inzwischen als Proust-Kenner ausgewiesen hat[188], assoziiert ganz selbstverständlich den Weißdorn. Und Robert Menasse beginnt seinen Roman *Sinnliche Gewißheit* mit drei Verneinungen berühmter Erzählanfänge: »Hier ist nicht Einfried, das Sanatorium. Mein Vater war kein Kaufmann. Lange Zeit bin ich nicht mehr früh schlafen gegangen.«[189] In eine vollends metatextuelle Richtung geht schließlich Hermann Burger. Der Auszug aus dem 3. Kapitel seines Romans, betitelt nach dem Ich-Erzähler Hermann Arbogast Brenner, läßt den gastfreundlichen Komponisten Edmond de Mog über seine Erfahrungen mit dem Beginn der *Recherche* plaudern. Verschränkt wird dieses Referat, das allein gerade durch seine Projektion auf eine 3. Person eher wie die von Burger gefürchtete Germanistenprosa wirken würde, mit dem Entwurf eines Musikstücks *Combray*, andererseits mit der den ganzen Roman strukturierenden Tabakmotivik, die den »Madeleine-Effekt« ironisch aufgreift. Ob nun, wie das Modell de Mogs, der Proust-Kenner Peter Mieg, sich erinnert, Burger Proust trotz des Detailreichtums seiner Anspielungen »nur vom Hörensagen« kannte[190], ist für das Verfahren egal. Der Effekt spiegelt den Zustand der Proust-Rezeption in den 80ern: die Tendenz zum Objekt eines mehr oder minder elitären Kultes, dessen kommerzialisierte Versatzstücke an sich altbacken schmecken und, wenn überhaupt, nur im postmodernen Kombinationsspiel einen Sinn bewahren.

Helmut Krausser aber, geboren 1964, notiert zu Nabokov, Joyce, Thomas Mann und eben auch Proust: »Ich hege Respekt für sie alle, lieben kann ich sie nicht.«[191] Beim Klagenfurter Bachmann-Wettbewerb argwöhnt er: »Die Juroren scheinen zum großen Teil Proust-Leser.« Und bei der Niederschrift seines Romans *Thanatos* »verdonnert« er seine Frau dazu, »80 Seiten Proust zu lesen. Damit sie mal einen Begriff von übertriebenen Hypotaxen bekommt.«[192] Das heftige Mißfallen der Leserin an dieser »weinerliche[n] Scheiße« – der Gutenachtkuß-Szene – quittiert er mit Beruhigung: »Proust – einer der, vor lauter Mythifikation, kaum mehr korrigierbaren Fehlgriffe unsres Jahrhunderts.«[193] Was an diesen und anderen vollmundigen Formulierungen Kraussers über Proust und die bürgerlichen Romanciers auffällt, ist der Wunsch nach Relativierung (die »Herders und Wielands des 20. Jahrhunderts«) gerade angesichts der Tatsache, daß auch Freunde für sie eintreten, letztlich erkennbar auch eine Berührungsangst, die sich angesichts der sozialen Veränderungen stets leicht motivieren läßt, die aber – darin profitiert die Szene der 90er Jahre gerne von der Postmoderne – gar nicht mehr begründet wird. Niemand zwingt die Verächter noch zur Rechtfertigung, am wenigsten Proust. Krausser verteilt Lob und Tadel auf die Sprecherrollen von Freunden bzw. Frau – das Autor-Ich behält zumindest die souveräne Abwartehaltung bei.

Nicht selten schreibt der heutige Proustianer mit germanistisch-romanistischer Grundierung. Dieter Wellershoff springt nicht über diesen philologischen Schatten. Er entmythologisiert die Madeleine durch Toastbrot oder Zwieback, er skizziert auf ernüchternde Weise die rationalen Linien in Prousts Schaffensprozeß, die die Idee einer epiphanen Plötzlichkeit zurückdrängen. Den Glücksmomenten vermag er nicht mehr zu trauen; sie sind »herbeizitiert«, und die Sprache, die dies leisten soll, verweigert den Zusammenhalt, will sagen: man sieht ihr Prousts rhetorische Mühe an. So Wellershoff, der damit einen quasi dekonstruktivistischen Blick riskiert, abschließend sogar auf sich selbst, den Voyeur, der an Prousts Figuren nicht mehr glaubt und ihnen dennoch weiter zusieht.

Einen Rückblick aus dem digitalen Medienzeitalter versucht Hanns-Joseph Ortheil, auch er Germanist und Romancier, indem er bei Prousts Zeitgenossen den Traum hervorhebt, das Lesen von Zeichen zeitsparend zu rationalisieren, bei Proust selbst hingegen eine Art zeitdehnendes Lesen von Zuständen am inneren Bildschirm diagnostiziert, wodurch sich das Erleben kompliziert, multipliziert und intensiviert.

Michael Maar aber wählt die *Recherche* nur als – allerdings zentrales – Beispiel für seine Untersuchung der Erst- und Zweitlektüre. Vielleicht stellt er Prousts »Kunstfehler«, der darin besteht, dem Leser eine Täuschung zu suggerieren, die beim zweiten Lesen nicht mehr funktionieren kann, etwas reißerisch heraus, doch trägt die These allein schon, weil sie hilft, sich des poetologisch ungleich delikateren Gegenpols zur *mémoire* zu entsinnen, des *oubli*. Denn das zuverlässige Vergessen ist bis heute das größte ungelöste Problem der erzählerischen Mimesis. Erinnerung läßt sich – mit Prousts Geschick – simulieren, Vergessen aber kaum, und erzwingen schon gar nicht.[194] Daran auf leichtere Art als Benjamin oder Beckett erinnert zu haben, ist Maars Verdienst, der möglicherweise eine neue Tendenz vertritt, nämlich bei Proust weniger die inkommensurablen Züge zu behandeln als ihn vielmehr komparatistisch in Kontexte der Psychologie, Philosophie oder Poetik zu stellen. Wer die *Recherche* bereits einmal durchlaufen hat, läßt sich also vielleicht von einem jungen deutschen Autor zur Wiederholung einladen.

Welches Bild ergibt sich? Erst allmählich erobern deutschsprachige Autorinnen und Autoren die Bandbreite der Proust-Themen: die Bio-, vielmehr: Thanatographie zunächst und den Stil, sein Franzosentum aus negativer (Toth) oder positiver (Döblin) Warte, sein Judentum mit ebendieser Polarität (Sternheim, Wais vs. Grab, Schottlaender), seine Zugehörigkeit zur Haute Bourgeoisie (die linken Kritiker von Radek bis Fürnberg), aber auch seine Gesellschaftssatire (Wedderkop, Benjamin), das Problem des Snobismus (viele, unter den späteren aber besonders Adorno), des Anachronismus (Grautoff), seine Sensibilität (Grab, Bachmann, Koeppen, Wellershoff), seine Psychologie (Klipstein, Winkler), seine Verstöße gegen gewohnte Erzählkonventionen (Unold, Doderer, Kracauer), natürlich seine Homosexualität (Wais, Klaus Mann, Fichte) und überhaupt sein Außenseitertum (Hans Mayer). Seit Prousts Tod bedrängen ihn die Topoi von Krankheit, Treibhaus und Neurasthenie, die vermeintliche Entsprechung zu Balzacs *Comédie humaine*, der Relativismus, die »Mikrologie seines Porzellanblicks« (Bloch), von den Requisiten, Lokalitäten und Kultfiguren zu schweigen. »Proust« ist geradezu ein Synonym für unwillkürliche Erinnerung[195], oft auch für radikale Wahrhaftigkeit. Das Problem »Langeweile« spricht Hermann Kesten offen an, der weder Jean Paul noch Proust »von Anfang bis Ende« habe »lesen können ohne Unterbrechung, ohne wiederholte Anstrengung.«[196] In diesem Zusammenhang steht das Kuriosum, daß Proust von deutschen Kritikern oft als »unfranzösisch« charakterisiert wird.[197] Implizit ist damit »deutsch« gemeint: tiefsinnig, hochgeistig, grüblerisch, umständlich. Die Frage der Übersetzbarkeit wurde weitgehend auf dem Weg der Rezension bzw. Polemik abgehandelt, von Curtius und Benjamin bis zu Rechel-Mertens und darüber hinaus, die der Verfilmbarkeit seltener: theoretisch von Kracauer, praktisch von Schlöndorff. Das angebliche Schülerverhältnis zu Bergson erörtert Bahr, die Persönlichkeitskonstruktion Kassner, der ein Gespür für Prousts Raffinement entwickelt, die tragische Liebeskonzeption Ingeborg Bachmann, Berufung und Zweifel Rychner. Die Erinnerungslehre bewegt viele, besonders gründlich Bohrer, das Problem der Zeit ein wenig Ortheil, aber merkwürdig: Prousts Tod und der Tod Bergottes, also »Schreiben und Tod«, beschäftigen die Leser seit Zweig über Viertel, Adorno bis zu Genazino mehr als die intrikate Zeitkonzeption und ihre Konsequenz für das Erzählen. Überhaupt: Prousts Folgen für die deutsche Literatur erwägen oder zeigen an sich selbst Carossa und Maria Müller-Gögler, Walser und Lenz, Bienek und Meier, auch Koeppen – dessen Argument mit anderer Terminologie auf einen genuin Proustischen »Diskurs« hinauslaufen würde – und Klemperer, freilich, ohne sich von Proust zur Produktion anregen zu lassen. Im engeren Sinn hat wohl auch niemand versucht, eine deutsche *Recherche* zu schreiben.

Selbst wenn man auf strikte Diskursabgrenzungen verzichtet, fällt fast schmerzlich ein gewisser Niveauvorsprung der »Theoretiker« (Curtius, Benjamin, Bloch, Kracauer, Bohrer) gegenüber den Produzenten von »fiction« auf. Es scheint, als könnten diejenigen praktizierenden Erzähler, die in Prousts Nähe wandeln, mit ihm nicht Schritt halten und als würden diejenigen, die es könnten, sich vorsichtig fernhalten.

Die 90er Jahre sind endgültig die Ära von Versatzstücken.[198] Jedes Kind kostet heute Madeleines (aber leicht sollen sie schmekken), dabei mußte selbst der Erzähler zuerst erwachsen werden. Proust ist tot, die Klischees nicht: halbjüdischer französischer Patriot, reicher großbürgerlicher Hochadelsliebhaber, snobistischer homosexueller Dandy, nervenschwacher wirklichkeitsfremder Asthmatiker, kunstbesessener Perfektionist, kämpfend gegen die Flüchtigkeit der Erinnerung, die Endlichkeit seines Körpers, den Tod besiegend durch die Kunst. Wer Proust liest, wer also Jahrzehnte nach seinem leiblichen Ende gebundenes Papier zur Hand nimmt, das seinen Roman bewahrt, hilft mit, seine Hoffnung, die er auf den Schriftsteller Bergotte übertragen hatte, zu erfüllen: weiterzuleben im Werk. Diese gängige Metapher ist bei Proust – so scheint es – beinahe religiös-wörtlich zu nehmen; jedenfalls verpflichtet er den Leser auf die Rolle einer persönlichen Verbundenheit, der er oder sie sich wohl nur durch heftige Antipathie entziehen kann. Wer aber selbst Proust liest und dann schreibt oder über Proust schreibt, der schreibt am Weiterleben Prousts mit. So priesterlich kann man die Bergotte-Episode lesen, so absolut kann man Proust vergotten oder vergötzen. Eine exklusive Verfallenheit wie bei Ludwig Hohl ist trotzdem nur noch schwer vorstellbar. Man mag bedauern, daß heute »psychologisches oder ästhetisches Interesse« vorherrschen, und sich von Kellers neuer Ausgabe einen Ausweg aus der »rein ästhetisierenden Lektüre« erhoffen[199] – leisten müssen dies die lesenden Autoren.

Achim Hölter

1 Rainer Maria Rilke an Anton Kippenberg, Paris, 3. 2. 1914. In: R. M. R.: Briefe. 2. Bd. Frankfurt/M. 1987, S. 440.

2 Eine umfassende Liste einschlägiger Rilke-Briefstellen bei Edgar Mass: Proust in Deutschland lesen. In: Reiner Speck (Hg.): Marcel Proust. Werk und Wirkung. Frankfurt/M. 1982, S. 101-123, hier: S. 121 f.

3 Ingeborg Schnack: Rainer Maria Rilke. Chronik seines Lebens und seines Werkes. 2. Bd. Frankfurt/M. 1990, S. 811.

4 9. 2. 1914. In: Rainer Maria Rilke/Lou Andreas-Salomé: Briefwechsel. Hg. v. Ernst Pfeiffer. Frankfurt/M. 1989, S. 311.

5 Marcel Proust: Der gewendete Tag. »Auf der Suche nach der verlorenen Zeit« in den Vorabdrucken. Hg. u. übers. v. Christina Viragh u. Hanno Helbling. München 1996.

6 Hans Robert Jauß: Marcel Proust et ses lecteurs Allemands. In: Bulletin de la Société des Amis de Marcel Proust et des Amis de Combray 22 (1972), S. 1373-1378.

7 George Pistorius: Marcel Proust und Deutschland. Eine Bibliographie. Heidelberg 1981, S. 118-129.

8 Gerhard R. Kaiser: Einführung in die vergleichende Literaturwissenschaft. Forschungsstand – Kritik – Aufgaben. Darmstadt 1980, S. 103-113, bes. S. 104.

9 Angelika Corbineau-Hoffmann: Marcel Proust. Darmstadt 1983, S. 135.

10 Angelika Corbineau-Hoffmann: Marcel Proust: »A la recherche du temps perdu«. Einführung und Kommentar. Tübingen/Basel 1993, S. 6.

11 Rainer Moritz: Landmarken der Erinnerung. Proust und die deutsche Gegenwartsliteratur. Zuerst in: Die Presse (Wien), 18./19. 3. 1989; zit. nach: Proustiana VIII/IX, S. 55-58, hier: S. 55.

12 Vgl. Proustiana IV/V, S. 58-60 sowie Ursula Voß: Auf der Suche nach Marcels Herzensschrift. In: Rheinischer Merkur Nr. 50, 5. 12. 1986, S. 19 f.

13 Jacques Bersani (Hg.): Les critiques de notre temps et Proust. Paris 1971.

14 Leighton Hodson (Hg.): Marcel Proust. The Critical Heritage. London/New York 1989.

15 Mass, S. 102.

16 Hans Robert Jauß: Zeit und Erinnerung in Marcel Prousts »A la recherche du temps perdu«. Ein Beitrag zur Theorie des Romans. Frankfurt/M. 1986.
17 Manfred Naumann: Versuch über Proust. In: M. N.: Prosa in Frankreich. Studien zum Roman im 19. und 20. Jahrhundert. Berlin 1978, S. 193-234.
18 Jauß 1986, S. 100.
19 Vgl. Ralf Schnell: Geschichte der deutschsprachigen Literatur seit 1945. Stuttgart/Weimar 1993, S. 509.
20 Vgl. Albert Sonnenfeld: »Tristan« for Pianoforte: Thomas Mann and Marcel Proust. In: The Southern Review NS 5 (1969), S. 1004-1018; Ann Planutis Linder: Music as Mysticism and Magic: The Presentation of Music in the Works of Marcel Proust and Thomas Mann. In: Comparison 5 (1977), S. 30-57; Sem Dresden: Thomas Mann and Marcel Proust: On Myth and Antimyth. In: Joseph P. Strelka (Hg.): Literary Criticism and Myth (= Yearbook of Comparative Criticism 9). University Park/London 1980, S. 25-50.
21 Gerhard Kaiser: Geschichte der deutschen Lyrik von Heine bis zur Gegenwart. Ein Grundriß in Interpretationen. 1. Teil. Frankfurt/M. 1991, S. 335-337.
22 Balzac als Romanfigur. In: Berliner Börsen-Courier, 7. 8. 1925.
23 So Ulrike Längle in: Die Weiß-Rezeption in Frankreich. In: Peter Engel/Hans-Harald Müller (Hgg.): Ernst Weiß – Seelenanalytiker und Erzähler von europäischem Rang. Bern u. a. 1992, S. 23.
24 In: Akzente 32 (1985), S. 3-8.
25 Marcel Proust, an English Tribute. London 1923. Sondernummern und andere Sammelpublikationen verzeichnet Victor E. Graham: Bibliographie des études sur Marcel Proust et son œuvre. Genf 1976.
26 An Martha Ringier, Waldau, 2. 3. 1936. In: Friedrich Glauser: Briefe 2. 1935-1938. Hg. v. Bernhard Echte. Zürich 1991, S. 186.
27 Friedrich Glauser: Gourrama. Ein Roman aus der Fremdenlegion. Zürich 1989, S. 26f.
28 Ebd., S. 357.
29 Ebd., S. 354.
30 Walter Mehring: Die verlorene Bibliothek. Autobiographie einer Kultur. Frankfurt a. M./Berlin/Wien 1980, S. 190, 193, 218.
31 Ebd., S. 235.
32 Vgl. auch den Titel als Sendung des Saarländischen Rundfunks am 23. 4. 1989: *Ich weiß, sagte Proust, Sie wollen mir nicht glauben, daß ich im Sterben liege.*
33 Clemens Brentano: Sämtliche Erzählungen ... hg. v. Gerhard Schaub. München 1984, S. 196f.
34 Kurt Tucholsky: Gesammelte Werke in 10 Bänden. Hg. v. Mary Gerold-Tucholsky, Fritz J. Raddatz. Bd. 4. Reinbek 1975, S. 70.
35 Notiz vom 17. 2. 1942 in Ernst Jünger: Strahlungen I. München 1988, S. 305 (u. ö.).
36 Rilke, Briefe, 2. Bd., S. 451 f.
37 Nathalie Mälzer: »Proust oder ähnlich«. ProustÜbersetzen in Deutschland. Eine Studie. Berlin 1996, S. 31.
38 Außer dem hier abgedruckten: Marcel Proust. In: Neue Freie Presse (Wien),

Morgenblatt, 2. 12. 1925; Marcel Proust. In: Preussische Jahrbücher 204 (1926), S. 25-36, 278-287; Sprachwunder. In: Neue Freie Presse (Wien), Morgenblatt, 27. 9. 1927.

39 E. Riepenhausen: Marcel Proust, der Empfindliche. In: Neue Preussische Kreuz-Zeitung (Berlin), Nr. 190, 9. 7. 1931. – Oskar Loerke: Tagebücher. Hg. v. Hermann Kasack. Frankfurt/M. 1986, S. 169 f.

40 Heinrich Mann: Die Literatur und die deutsch-französische Verständigung. [1927] In: H. M.: Essays. 2. Bd. Berlin 1956, S. 325.

41 Klaus Matthias: Heinrich Mann und die Musik. In: K. M. (Hg.): Heinrich Mann 1871/1971. Bestandsaufnahme und Untersuchung. München 1973, S. 235-364, hier: S. 327.

42 Ronald Thornton: Marcel Proust and Marxist Literary Criticism from the Nineteen Twenties to the Nineteen Seventies. Phil. Diss. Indiana University 1979, S. 107.

43 Ebd., S. 107-110.

44 Stefan Heym: Radek. Roman. München 1996, S. 500.

45 Klaus Mann: Zweimal Deutschland. Aufsätze, Reden, Kritiken 1938-1942. Hg. v. Uwe Naumann u. Michael Töteberg. Reinbek 1994, S. 35 f.

46 Vgl. an Hermann Kesten, 3. 7. 1943. In: Klaus Mann: Briefe und Antworten. Bd. II. Hg. v. Martin Gregor-Dellin. München 1975, S. 205.

47 Klaus Mann: Der Wendepunkt. Ein Lebensbericht. M. e. Nachw. v. Frido Mann. Reinbek 1984, S. 186.

48 Ebd., S. 403.

49 Heart of Europe. An Anthology of Creative Writing in Europe 1920-1940. Ed. by Klaus Mann and Hermann Kesten. With an Introduction by Dorothy Canfield Fisher. New York 1943, S. 3 f.

50 Gerhard R. Kaiser: Rezension zu Pistorius. In: Arcadia 18 (1983), S. 111 f., hier: S. 111.

51 Später anerkannte er übrigens wenigstens gesprächsweise die kunstvolle Schilderung realer Verhältnisse. Vgl. Thornton, S. 168-174.

52 Hans Bunge: Fragen Sie mehr über Brecht. Hanns Eisler im Gespräch. Nachw. v. Stephan Hermlin. München 1972, S. 146. Vgl. Werner Mittenzwei: Das Leben des Bertolt Brecht oder Der Umgang mit den Welträtseln. 1. Bd. Frankfurt/M. 1987, S. 613.

53 Ernst Fischer: Hanns Eisler und die Literatur. In: Sinn und Form. Sonderheft Hanns Eisler 1964, S. 256.

54 Hermlin in Bunge, S. 346.

55 Louis Fürnberg: Gedichte 1946-1957. Berlin/Weimar 1965, S. 436-441, hier: S. 440.

56 Geschichte der Literatur der Deutschen Demokratischen Republik. Berlin 1976, S. 449.

57 Eine Variante des Texts *(Apropos Marcel Proust)* in: Louis Fürnberg: Prosa II. Stücke. Berlin/Weimar 1968, S. 64-68.

58 Stephan Hermlin: Rede am Grab. In: Louis Fürnberg. Ein Buch des Gedenkens zum 50. Geburtstag. Berlin 1959, S. 96.

59 Geschichte der Literatur der Deutschen Demokratischen Republik. Berlin 1976, S. 520. Vgl. Fritz J. Raddatz: Traditionen und Tendenzen. Materialien zur Literatur der DDR. Frankfurt/M. 1972, S. 305.

60 Stephan Hermlin: Zu einem Kolloquium. In: S.H.: Lektüre. 1960-1971. Frankfurt/M. 1974, S. 214-219, hier: S. 218. Erstdruck in: Neue deutsche Literatur, Heft 3, 1965.
61 Fritz Rudolf Fries: Der Weg nach Oobliadooh. Roman. Frankfurt/M. 1975, S. 91.
62 Gerhard R. Kaiser: Rezension zu Pistorius, S. 111.
63 Günter Kunert: Verspätete Monologe. München/Wien 1981, S. 45, 107, 131.
64 Vgl. Mass, S. 119.
65 Kaiser, S. 108.
66 Mass, S. 102.
67 Zitate aus: Kurt Wais (Hg.): Die Gegenwartsdichtung der europäischen Völker. Berlin 1939, S. 214-216.
68 Vgl. auch Mälzer, S. 44 f.
69 Zur Vertiefung vgl. Doortje Cramer: Von Prag nach New York ohne Wiederkehr. Leben und Werk Hermann Grabs (1903-1949). Frankfurt/M. u. a. 1994, S. 80-90.
70 Klaus Mann: Zahnärzte und Künstler. Aufsätze, Reden, Kritiken 1933-1936. Hg. v. Uwe Naumann u. Michael Töteberg. Reinbek 1993, S. 279. Vgl. Karl Hobi: Hermann Grab. Leben und Werk. Phil. Diss. Fribourg 1969, S. 85-93; Ernst Schönwiese: Literatur in Wien zwischen 1930 und 1980. Wien/München 1980, S. 145-158; Hermann Grab: Der Stadtpark und andere Erzählungen. M. e. Nachw. v. Peter Staengle. Frankfurt/M. 1985, S. 201-203.
71 Marcel Proust: A la recherche du temps perdu. III. Ed. publiée sous la direction de Jean-Yves Tadié ... Paris 1988, S. 89.
72 Hans Mayer: Ein Deutscher auf Widerruf. Erinnerungen. I. Frankfurt/M. 1988, S. 234.
73 Ebd., S. 189.
74 An Theodor W. Adorno, 7. 5. 1940. In: Walter Benjamin: Briefe. Hg. u. m. Anm. vers. v. Gershom Scholem u. Theodor W. Adorno. Frankfurt/M. 1978, II, S. 853.
75 Vgl. Peter Bekes: Art. »H. F.«. In: Kritisches Lexikon der Gegenwartsliteratur, 50. Nlg., S. 13.
76 Hubert Fichte – Jean Genet. Aachen 1992, S. 48.
77 Vgl. auch die verstreuten Phantasien zu Proust in: Hubert Fichte: Hamburg Hauptbahnhof. Register. Frankfurt/M. 1993, S. 25, 34, bes. 75 u. 222: »›Marcel Proust wird verfilmt‹«.
78 Vgl. die zuerst im April 1930 in der *Literarischen Welt* erschienene gekürzte Version »Abend mit Monsieur Albert«. In: Walter Benjamin: Gesammelte Schriften IV-1/2. Hg. v. Tillman Rexroth. Frankfurt/M. 1980, S. 587-591.
79 Peter Rühmkorf: Tabu I. Tagebücher 1989-1991. Reinbek 1995, S. 400.
80 Helmut Scheffel: Marcel Proust übersetzen. In: Etudes de Lettres (Lausanne), H. 4 (1989), S. 89-95.
81 Mälzer, S. 19.
82 Ebd., S. 49.
83 Ebd., S. 22.
84 Ernst Robert Curtius: Zum Streit über die Proust-Übersetzung. In: Die Literarische Welt 2 (1926), Nr. 5, S. 7.

85 Friedrich Burschell: Zur neuen Proustübertragung. In: Die Literarische Welt 3 (1927), Nr. 17, S. 8.
86 Mälzer, S. 24 f.
87 Rudolf Schottlaender: Trotz allem ein Deutscher. Mein Lebensweg seit Jahrhundertbeginn. Freiburg/Br. 1986.
88 Vgl. Rudolf Schottlaender: Ursprung – Ursache – Urheber und andere Themen in philosophischer Neubefragung. Hg. v. Ernst Oldemeyer. Würzburg 1989 [mit Bibliographie].
89 Mälzer, S. 29.
90 Ebd., S. 63.
91 Ebd., S. 12.
92 Brief vom 10. 5. 1944. In: Max Kommerell: Briefe und Aufzeichnungen 1919-1944. A. d. Nachlaß hg. v. Inge Jens. Olten/Freiburg 1967, S. 449.
93 Mälzer, S. 39.
94 Vgl. die Bibliographie in: F. H.: Von den Irrtümern der Liebenden und andere Prosa. [...] Hg. u. m. e. Nachw. vers. v. Hartmut Vollmer. Paderborn 1994.
95 Mälzer, S. 56.
96 Ebd., S. 41.
97 Die Literarische Welt 3(1927), Nr. 17, 29. 4. 1927, S. 8.
98 Mälzer, S. 37.
99 Vgl. Ursula Apel (Hg.): Hermann Hesse: Personen und Schlüsselfiguren in seinem Leben. Ein alphabetisches annotiertes Namensverzeichnis mit sämtlichen Fundstellen in seinen Werken und Briefen. Bd. II. München u. a. 1989, S. 773; dass., Supplement. München u. a. 1993, S. 373.
100 Mälzer, S. 82.
101 Siegfried Unseld: Peter Suhrkamp. Zur Biographie eines Verlegers in Daten, Dokumenten und Bildern. Frankfurt/M. 1975, S. 178.
102 Vgl. den Brief an Hofmannsthal vom 28. 12. 1925. In: Walter Benjamin: Briefe I, S. 406 f.
103 Mälzer, S. 72-74.
104 Walter Boehlich: Marcel Proust in Frankreich, Deutschland und anderswo. In: Merkur 9 (1955), S. 173-190, hier: S. 190.
105 Luzius Keller: Proust lesen. Frankfurt/M. 1991.
106 Leo Spitzer: Stilstudien II. München 1928, S. 365-497, hier: S. 366.
107 Ebd., S. 497.
108 Vgl. Victor Klemperer: Geschichte der französischen Literatur. Bd. 3. Berlin 1956, S. 160-166.
109 Philip Kolb: Les deux lettres de Curtius à Proust. In: Bulletin de la Société des Amis de Marcel Proust et des Amis de Combray 20 (1970), S. 945-951.
110 Vgl. auch Curtius' ersten Essay zum Thema: Marcel Proust. In: Der Neue Merkur. Monatshefte 5 (1921-1922), S. 745-761; sowie: Die Ästhetik Marcel Prousts. In: Die Neue Rundschau 35 (1924), Bd. 1, S. 352-366.
111 Aus dem Briefwechsel Max Rychner/Ernst Robert Curtius. Bearb. v. Claudia Mertz-Rychner. Marbach 1987, S. 12.
112 Marcel Proust erscheint deutsch. In: Die Tat (Zürich), 18. Jg., Nr. 290, 24. 10. 1953, S. 13. – Marcel Proust: Auf der Suche nach der verlorenen Zeit. Bd. III. – Ernst Robert Curtius: Marcel Proust. In: Die Tat (Zürich), 20. Jg., Nr. 296,

29. 10. 1955, S. 17. Vgl. Werner Siebert: Max Rychner. Bibliographie. Bern 1986, S. 17, 19, 180, 198, 212.
113 Günter Blöcker: Marcel Proust. In: Die neuen Wirklichkeiten. Linien und Profile der modernen Literatur. Berlin 1957, S. 86-102.
114 Mass, S. 109.
115 Walter Benjamin: Gesammelte Schriften II-3. Hg. v. Rolf Tiedemann u. Hermann Schweppenhäuser. Frankfurt/M. 1980, S. 1064 f.
116 An Gerhard Scholem, 29. 5. 1926. In: Briefe I, S. 427.
117 An Gerhard Scholem, 18. 9. 1926. ebd., S. 432.
118 An Gerhard Scholem, 15. 3. 1929. In: Briefe II, S. 492.
119 Barbara Kleiner: Sprache und Entfremdung. Die Proustübersetzungen Benjamins innerhalb seiner Sprach- und Übersetzungstheorie. Bonn 1980.
120 An Gerhard Scholem, 21. 7. 1925. In: Briefe I, S. 395.
121 Vgl. Tomoko Masuzawa: Tracing the Figure of Redemption. Walter Benjamin's Physiognomy of Modernity. In: Modern Language Notes 100 (1985), S. 514-536. – Krista R. Greffrath: Proust et Benjamin. In: Heinz Wismann (Hg.): Walter Benjamin et Paris. Colloque international 27-29 juin 1983. Paris 1986, S. 113-131. – Beryl Schlossman: Proust and Benjamin: The Invisible Image. In: Studies in Twentieth Century Literature 11 (1986), S. 91-103. – Henning Goldbaek: Prousts »Recherche« und Benjamins »Passagen-Werk«. Eine Darstellung ihrer Erkenntnistheorie. In: Orbis Litterarum 48 (1993), S. 83-95.
122 Kaiser, S. 106.
123 Vgl. auch Benjamins Brief an Adorno vom 7. 5. 1940. In: Briefe II, S. 849.
124 Mass, S. 118.
125 Kaiser, S. 106 f.
126 Dirk Hoeges: Kontroverse am Abgrund: Ernst Robert Curtius und Karl Mannheim. Intellektuelle und »freischwebende Intelligenz« in der Weimarer Republik. Frankfurt/M. 1994, S. 51-55.
127 Harry Graf Kessler: Künstler und Nationen. Aufsätze und Reden 1899-1933. Frankfurt/M. 1988, S. 277. Für die Komplettierung meiner Nachweise danke ich Konrad Heumann vom Freien Deutschen Hochstift, Frankfurt/M.
128 23. 6. 1923: »Es ist fürs erste eine beinahe mühsame Lectüre, aber doch sehr merkwürdig. Es hat nie jemand – oder mindestens seit dem XVIIten Jahrhundert nicht – dies Phänomen ›die Gesellschaft‹ so gesehen und so etwas daraus gemacht.« (Hugo von Hofmannsthal/Ottonie Gräfin Degenfeld: Briefwechsel. Frankfurt/M. 1974, S. 454.)
129 Hugo von Hofmannsthal: Sämtliche Werke XXII. Dramen 20. A. d. Nachlaß hg. v. Mathias Mayer. Frankfurt/M. 1994, S. 245.
130 Vgl. Juliette Spering: Das Ich und das Gegenüber. Zur Identitätsproblematik in Hofmannsthals »Andreas« und Prousts »A la recherche du temps perdu«. In: Arcadia 18 (1983), S. 139-157; Angelika Corbineau-Hoffmann: Der Aufbruch ins Offene. Figuren des Fragmentarischen in Prousts »Jean Santeuil« und Hofmannsthals »Andreas«. Ein Versuch. In: Hofmannsthal-Forschungen Bd. 9 (1987), S. 163-194.
131 Erl. in: Hugo von Hofmannsthal: Sämtliche Werke XIV. Dramen 12. Hg. v. Jürgen Fackert. Frankfurt/M. 1975, S. 579.
132 Vgl. auch das Schreiben an Hofmannsthal vom 26. 6. 1929. In: Briefe II, S. 496.

133 Ebd., S. 557.
134 Theodor W. Adorno: Aus: Form und Gehalt des zeitgenössischen Romans [1954]. In: Romantheorie. Dokumentation ihrer Geschichte in Deutschland seit 1880. 2. Aufl. Königstein/Ts. 1984, S. 309.
135 Morgenblatt für Freunde der Literatur 4 (1953); vgl. Mälzer, S. 78.
136 Vgl. Dolf Oehler: Charisma des Nicht-Identischen, Ohnmacht des Aparten. Adorno und Benjamin als Literaturkritiker: Am Beispiel Prousts. In: Text + Kritik, Sonderband Adorno (1977), S. 150-158, hier: S. 151.
137 Kaiser, S. 109.
138 Jakob Wassermann: Kolportage und Entfabelung. In: Neue Schweizer Rundschau 19 (1926), S. 362-367, hier: S. 366f.
139 Riepenhausen, a. a. O.
140 Corbineau-Hoffmann 1993, S. 6.
141 Ingeborg Bachmann: Werke. Hg. v. Christine Koschel, Inge von Weidenbaum, Clemens Münster. 2. Bd. 5. Aufl. München/Zürich 1993, S. 94.
142 Ebd., S. 98.
143 Ingeborg Bachmann: Werke. Hg. v. Christine Koschel, Inge von Weidenbaum, Clemens Münster. 4. Bd. 5. Aufl. München/Zürich 1993, S. 233.
144 Ebd., S. 232.
145 Gerhard R. Kaiser: Kunst nach Auschwitz oder: »Positivist und Mystiker«. Ingeborg Bachmann als Leserin Prousts. In: Dirk Göttsche/Hubert Ohl (Hgg.): Ingeborg Bachmann – Neue Beiträge zu ihrem Werk. Würzburg 1993, S. 329-352.
146 Friedhelm Marx: Kein Zauberwort, keine Formel. Wolfgang Koeppens Poetik der Unschärfe in »Tauben im Gras«. In: Wolfgang Bergem/Lothar Bluhm/Friedhelm Marx (Hgg.): Metapher und Modell. Trier 1996, S. 61-73, hier: S. 67.
147 Gerald A. Fetz: Martin Walser. Stuttgart/Weimar 1997, S. 30 u. 50f.
148 Moritz, S. 56.
149 R. Hinton Thomas/Keith Bullivant: Westdeutsche Literatur der sechziger Jahre. München 1975, S. 23.
150 Moritz, S. 57.
151 Thomas Mann: Gesammelte Werke in 13 Bänden. Bd. XIII. Frankfurt/M. 1974, S. 262. Vgl. André Banuls: Thomas Mann und die französische Literatur. In: Helmut Koopmann (Hg.): Thomas-Mann-Handbuch. Stuttgart 1990, S. 212-229, hier: S. 215.
152 Franz Blei: Das große Bestiarium. Zeitgenössische Bildnisse. München 1963, S. 55.
153 Thomas Mann: Gesammelte Werke in 13 Bänden. Bd. XI. Frankfurt/M. 1960, S. 437.
154 Eintrag vom 28. 7. 1920. Thomas Mann: Tagebücher 1918-1921. Hg. v. Peter de Mendelssohn. Frankfurt/M. 1979, S. 456.
155 Volkmar Hansen/Gert Heine (Hgg.): Frage und Antwort. Interviews mit Thomas Mann 1909-1955. Hamburg 1983, S. 73f. u. 77.
156 Vgl. Mälzer, S. 157.
157 Thomas Mann: Katalog. In: Gesammelte Werke in dreizehn Bänden. Bd. XIII, S. 415f. [Frankfurter Zeitung, 13. 12. 1925].
158 Vgl. Mass, S. 120f. mit weiteren Zitaten.

159 Brief an René Schickele vom 25. 7. 1935. In: Thomas Mann: Briefe 1889-1936. Hg. v. Erika Mann. Frankfurt/M. 1979, S. 397.
160 Brief an René Schickele vom 31. 10. 1935, ebd., S. 402.
161 Hansen/Heine (Hgg.), S. 373.
162 Robert Musil an Johannes von Allesch, Wien, 15. 3. 1931. In: R.M.: Briefe 1901-1942. Hg. v. Adolf Frisé. Reinbek 1981, S. 504.
163 Robert Musil an Niels Frederic Hansen, 30. 1. 1939, ebd., S. 928. Dazu: Kommentar. Register. Hg. v. Adolf Frisé. Reinbek 1981, S. 527-529. Vgl. auch Heft 33 [1937 – etwa Ende 1941]. In: R.M.: Tagebücher. Hg. v. Adolf Frisé. Reinbek 1976, S. 934.
164 Jochen Vogt: Struktur und Kontinuum. Über Zeit, Erinnerung und Identität in Hans Henny Jahnns Romantrilogie »Fluß ohne Ufer«. München 1970, S. 102f.
165 Thomas Freeman: Hans Henny Jahnn. Eine Biographie. Dt. v. Maria Poelchau. Hamburg 1986, S. 440.
166 Ebd., S. 464.
167 Heimito von Doderer: Grundlagen und Funktion des Romans [1959]. In: H.v.D.: Die Wiederkehr der Drachen. Aufsätze, Traktate, Reden. Vorw. v. Wolfgang H. Fleischer. Hg. v. Wendelin Schmidt-Dengler. 2., durchges. Aufl. München 1996, S. 157.
168 Vgl. David L. Jones: Proust and Doderer: Themes and Techniques. In: Books Abroad 37 (1963), S. 12-15.
169 Doderer, Grundlagen, S. 165.
170 Vgl. auch Heimito von Doderer: Auf den Spuren von Marcel Proust. In: Neuer Kurier (Wien), 12. 4. 1958.
171 Doderer, Grundlagen, S. 158.
172 Vgl. z. B. Heimito von Doderer: Die Strudlhofstiege oder Melzer und die Tiefe der Jahre. Roman. 2. Aufl. München 1977, S. 96, 100 u. ö.
173 Vgl. Thomas Klinkert: Bewahren und Löschen. Zur Proust-Rezeption bei Samuel Beckett, Claude Simon und Thomas Bernhard. Tübingen 1996, S. 243-286.
174 Moritz, S. 57.
175 Reinhard Finke: Marcel Proust bei Arno Schmidt. In: Bargfelder Bote 15 (1976). Im Anhang werden die Zitate in *Zettels Traum* aufgeschlüsselt.
176 Robert Becker: Zur Proust-Rezeption bei Schmidt. In: Bargfelder Bote 38-39 (1979), S. 32-35, hier: S. 33.
177 Alexis Eideneier: »... das endlos=gezierte Zeug«. Die Proust-Rezeption bei Arno Schmidt. Paderborn 1996, S. 9.
178 Ebd., S. 99.
179 Ebd., S. 11.
180 Schnell, S. 429f.
181 Bernd Kortländer/Fritz Nies (Hgg.): Französische Literatur in deutscher Sprache. Eine kritische Bilanz. Düsseldorf 1986, S. 63.
182 Moritz, S. 56.
183 Marcel Proust: A la recherche du temps perdu. IV. Ed. publiée sous la direction de Jean-Yves Tadié... Paris 1989, S. 461. – Die wiedergefundene Zeit. 2. Dt. v. Eva Rechel-Mertens. Frankfurt/M. 1976, S. 290.
184 Prousts Figuren und ihre Vorbilder. Photos v. Paul Nadar. Text v. William Howard Adams. A. d. Amerikan. v. Christoph Groffy. Frankfurt/M. 1988.

185 Vgl. Eliane Kaufholz: Lectures et images d'Adorno. In: Revue d'Esthétique NS 8 (1985), S. 145-150.
186 Brief an den Herausgeber vom 17. 9. 1996.
187 Er ist nicht exakt datierbar, stammt aber vermutlich aus den 70er Jahren. Vgl. Reinhard Renger: »Ein Jäger des Wortes«: Anderschs Gedichte. In: Irene Heidelberger-Leonard/Volker Wehdeking (Hgg.): Alfred Andersch. Perspektiven zu Leben und Werk. Opladen 1994, S. 75-87.
188 Vgl. Jochen Schimmang: Wege aus dem Labyrinth. Auf der Suche nach der besten Proust-Übersetzung – die revidierte Fassung von »Swanns Welt«. In: Deutsches Allgemeines Sonntagsblatt Nr. 33, 19. 8. 1994.
189 Robert Menasse: Sinnliche Gewißheit. Roman. Reinbek 1988, S. 7.
190 Klaus Isele (Hg.): Salü, Hermann. In memoriam Hermann Burger. Eggingen 1991, S. 68.
191 Helmut Krausser: Mai/Juni. Reinbek 1995, S. 168.
192 Helmut Krausser: August. München 1996, S. 27.
193 Ebd., S. 47.
194 Vgl. Harald Weinrich: Lethe. Kunst und Kritik des Vergessens. München 1997, S. 187-193.
195 Golo Mann: Erinnerungen und Gedanken. Eine Jugend in Deutschland. Frankfurt/M. 1991, S. 259.
196 Hermann Kesten: Filialen des Parnaß. München 1961, S. 281.
197 Mälzer, S. 33.
198 Vgl. Ulrike Sprenger: Proust-ABC. Leipzig 1997.
199 Mälzer, S. 153 f.

Über die Autoren

Adorno, Theodor W. (1903-1969)
Philosoph, Soziologe, Essayist, Musiktheoretiker und Komponist aus Frankfurt a. M., wo er Musikwissenschaft, Psychologie und Soziologie studierte und 1924 promovierte. 1925 Kompositionsunterricht bei Alban Berg in Wien; dort 1928-1931 Leitung der Musikzeitschrift *Anbruch*. 1931 Habilitation in Frankfurt mit einer Studie über Kierkegaard. Nach Entzug der Lehrerlaubnis 1933 arbeitete er 1934-1937 abwechselnd in Oxford und in Deutschland. 1938 folgte er dem Institut für Sozialforschung nach New York und siedelte 1941 mit dem Freund und Mentor Max Horkheimer nach Los Angeles über, wo die *Dialektik der Aufklärung* entstand. 1949 Rückkehr nach Frankfurt und Ernennung zum Professor für Philosophie und Soziologie. Gestorben während eines Urlaubs in der Schweiz.

Améry, Jean (1912-1978)
Eigentlich Hans (Chaim) Maier, Essayist und Journalist aus Wien. Er studierte nach einer Buchhändlerlehre Literatur und Philosophie und wurde beeinflußt vom Neo-Positivismus des Wiener Kreises. 1934 gab er die Zeitschrift *Die Brücke* heraus. 1938 emigrierte er nach Belgien, wo er 1940 als »feindlicher Ausländer« festgenommen wurde, aus dem Internierungslager floh und sich der belgischen Widerstandsbewegung anschloß. 1943 von der Gestapo verhaftet, wurde er nach Auschwitz, später nach Buchenwald und Bergen-Belsen deportiert. 1945 kehrte er nach Brüssel zurück und arbeitete als Journalist. 1955 wandelte er seinen Namen zu einem wahlfranzösischen Pseudonym um. Améry nahm sich 1978 in Salzburg das Leben.

Andersch, Alfred (1914-1980)
Erzähler, Lyriker und Hörspielautor aus München, wo er nach dem Gymnasium eine Buchhändlerlehre absolvierte. 1933 als kommunistischer Jugendleiter ein halbes Jahr in Dachau inhaftiert, löste er sich in der Folgezeit von der KPD und arbeitete als Industrieangestellter. Als Soldat in Italien desertierte er 1944. Nach Kriegsgefangenschaft in den USA kehrte er zurück und lebte als Zeitschriftenredakteur und Rundfunkmitarbeiter in Frankfurt und Stuttgart. Er wurde führendes Mitglied der Gruppe 47. Ab 1958 wohnte er in der Schweiz, wo er 1980 starb.

Asmodi, Herbert (geb. 1923)
Geboren in Heilbronn, studierte 1947-1952 in Heidelberg. Er erhielt 1954 den Gerhart-Hauptmann-Preis und lebt als Schriftsteller in München.

Auerbach, Erich (1892-1957)
Der Berliner Romanist habilitierte sich 1929 in Marburg bei Leo Spitzer über Dante. Als Jude zwangspensioniert, ging er 1936 ins Exil, zunächst in die Türkei, später in die USA. Berühmt wurde er mit seinem Buch *Mimesis* (1946).

Bachmann, Ingeborg (1926-1973)
Die Lyrikerin, Erzählerin und Hörspielautorin aus Klagenfurt studierte in Innsbruck, Graz und Wien Philosophie, Psychologie und Germanistik. 1950 Promotion über Martin Heidegger. Kontakte u. a. zu Paul Celan und Ilse Aichinger. 1952 Durchbruch bei einer Lesung der Gruppe 47. In den Folgejahren arbeitete sie als freie Schriftstellerin in Italien, von 1958 bis 1963 liiert mit Max Frisch. Nach der Trennung lebte sie bis 1965 in Berlin, bis zu ihrem Tod dann wieder in Rom.

Bahr, Hermann (1863-1934)
Schriftsteller und Literaturtheoretiker, geboren in Linz/Donau, studierte ab 1881 u.a. in Wien und Berlin Nationalökonomie, Altphilologie und Philosophie. Ab 1884 entstanden erste sozialkritische Werke. 1888 Parisaufenthalt, 1891-1912 in Wien als Feuilletonist und Theaterkritiker, Mittelpunkt des »Jungen Wien«. Bahr verfaßte Gesellschaftsromane, war aber vor allem als Theaterautor erfolgreich. Er hatte Fühlung mit allen ästhetischen Strömungen der Jahrhundertwende. 1912 ging er nach Salzburg, 1922 nach München.

Becker, Thorsten (geb. 1958)
Erzähler, geboren in Oberlahnstein, nach Schauspielschule in Wien Studium in Berlin. Diverse Stationen als Regieassistent. Debüt 1985 mit *Die Bürgschaft*.

Benjamin, Walter (1892-1940)
Essayist, Philosoph und Kritiker aus Berlin, Sohn einer großbürgerlich-jüdischen Familie. Studierte Germanistik, Philosophie und Kunstgeschichte in Freiburg, Berlin und München und promovierte 1919 in Bern. Nach dem Scheitern seiner Habilitation arbeitete er u. a. für die *Literarische Welt* und die *Frankfurter Zeitung*, ab 1929 auch für den Rundfunk. Bekanntschaft mit Brecht, Adorno und Horkheimer. 1925-1933 zahlreiche Essays zur zeitgenössischen und klassischen Literatur, intensive Beschäftigung mit der französischen Gegenwartsliteratur (Übersetzungen von Proust, Baudelaire und Aragon) und häufige Aufenthalte in Paris. 1932/33 Autobiographie *Berliner Kindheit um 1900*, geprägt durch Proust-Lektüre. 1933 Emigration nach Paris, Flucht vor der deutschen Besetzung über Marseille nach Lissabon, von wo aus er versuchte, auf dem

Fußweg Spanien zu erreichen. Als Grenzbeamte die Durchreise verweigerten, beging er Selbstmord.

Bienek, Horst (1930-1990)
Erzähler und Lyriker aus Gleiwitz/Schlesien. Seit 1946 in Potsdam und Ost-Berlin, dort kurzes Studium bei Bertolt Brecht. 1951 Verhaftung und Verurteilung zu 25 Jahren Zwangsarbeit in Sibirien wegen »Spionage« und »Antisowjethetze«. Nach Amnestie ab 1955 in der BRD, Arbeit als Redakteur und Lektor, später freier Schriftsteller, auch Maler und Bildhauer, z. B. Lithographien in der bibliophilen Publikation *Auf der Suche nach Proust.*

Bloch, Ernst (1885-1977)
Philosoph aus Ludwigshafen. Nach Philosophiestudium in München und Würzburg schloß Bloch Freundschaft mit Georg Lukács. 1933 Emigration in die Schweiz, dann nach Wien. 1935 in Paris, 1936-1938 in Prag, schließlich in den USA, wo sein Hauptwerk *Das Prinzip Hoffnung* entstand. Nach der Rückkehr nahm Bloch 1948 einen Ruf der Universität Leipzig an. 1957 wurde er zwangsemeritiert. Nach dem Mauerbau blieb er 1961 im Westen und lehrte in Tübingen, wo er auch starb.

Bobrowski, Johannes (1917-1965)
Lyriker und Erzähler polnischer Herkunft aus Tilsit/Ostpreußen, studierte Kunstgeschichte in Berlin. NachTeilnahme am Zweiten Weltkrieg und russischer Kriegsgefangenschaft ab 1950 Lektor in Berlin, 1959 Cheflektor des Union-Verlags in Ost-Berlin.

Bohrer, Karl-Heinz (geb. 1935)
Kritiker und Essayist, geboren in Köln, Studium in Heidelberg. Professor für Neuere Deutsche Literaturgeschichte/Literaturwissenschaft an der Universität Bielefeld. Lebt teilweise in Paris.

Burger, Hermann (1942-1989)
Schriftsteller aus Menziken (Schweiz), studierte Architektur, Germanistik und Kunstgeschichte in Zürich und habilitierte sich über Schweizer Gegenwartsliteratur. Hölderlin-Preis 1983, Ingeborg-Bachmann-Preis 1985. Wohnte zuletzt auf dem Schloßgut Brunnegg/Aargau, wo er sich das Leben nahm.

Carossa, Hans (1878-1956)
Lyriker und Erzähler aus Bad Tölz, studierte Medizin in München, Würzburg und Leipzig. In München Kontakte zu Richard Dehmel, Rilke, Wedekind und dem George-Kreis. Ab 1903 Arzt u. a. in Passau, Nürnberg und

München. Im Ersten Weltkrieg war Carossa Bataillonsarzt. Gedichtveröffentlichungen nach Vermittlung Hofmannsthals 1910. Er lehnte 1933 die Wahl in die Preußische Dichterakademie ab, wurde jedoch 1941 wider Willen Präsident des (faschistischen) Europäischen Schriftstellerverbandes. 1956 in Rittsteig bei Passau gestorben.

Curtius, Ernst Robert (1886-1956)
Literatur- und Kulturwissenschaftler aus Thann/Elsaß. Verkehrte in seiner Straßburger Jugendzeit u. a. mit Ernst Stadler und Albert Schweitzer. 1903-1912 Studium der Neueren Philologie und der Philosophie in Straßburg, Berlin und Heidelberg. In Berlin Begegnung mit George und Gundolf. 1913 Habilitation, danach Ordinarius für Romanische Philologie in Marburg, Heidelberg und Bonn. Neben seinem Engagement für deutsch-französische Verständigung standen die Beschäftigung mit der literarischen Moderne wie vor allem mit dem Phänomen der Tradition *(Europäische Literatur und lateinisches Mittelalter)*.

Döblin, Alfred (1878-1957)
Romancier, Dramatiker und Essayist aus Stettin, ab 1888 unter ärmlichen Verhältnissen in Berlin. Studium der Medizin, 1905 Promotion, 1911 Eröffnung einer neurologischen Kassenpraxis. Bereits seit der Studienzeit schriftstellerisch tätig, wurde er einer der maßgeblichen Autoren des Expressionismus. Nach dem Ersten Weltkrieg zunächst Anschluß an die USPD, dann bis 1927 an die SPD. Unter dem Pseudonym »Linke Poot« politischer Journalist, 1924 Erster Vorsitzender im Schutzverband deutscher Schriftsteller, 1928 Wahl in die Sektion für Dichtkunst der Preußischen Akademie der Künste. 1929 durch den Roman *Berlin Alexanderplatz* populär. 1933 Emigration nach Paris, wo er die französische Staatsbürgerschaft erhielt. 1940 Flucht durch Frankreich, Spanien und Portugal in die USA. 1945 kehrte er nach Deutschland, in die französische Besatzungszone zurück.

Doderer, Heimito von (1896-1966)
Erzähler, Lyriker und Essayist aus Hadersdorf bei Wien. Geriet im Ersten Weltkrieg in russische Gefangenschaft und verbrachte vier Jahre in Sibirien, wo die Entscheidung für den Schriftstellerberuf fiel. Zurück in Wien, studierte er Geschichte und Philosophie und promovierte 1925. 1933 trat er – kurzzeitig – der NSDAP bei und übersiedelte nach Deutschland. Nach Teilnahme am Zweiten Weltkrieg Rückkehr nach Österreich, wo der bereits begonnene Roman *Die Strudlhofstiege* seinen Ruhm begründete und das Publikum auf die noch umfangreicheren *Dämonen* vorbereitete.

Fichte, Hubert (1935-1986)
Schriftsteller aus Perleberg/Westprignitz. Schon ab 1946 Statist an Hamburger Bühnen, 1951 Schauspielausbildung, lebte von 1952-1954 in Frankreich. 1955-1957 absolvierte er eine Landwirtschaftslehre in Dithmarschen. Praktikumszeit in Niedersachsen und Schweden, 1959-1962 als Hirt in der Provence, seit 1963 freier Schriftsteller in Hamburg.

Fürnberg, Louis (1909-1957)
Dramatiker, Lyriker und Erzähler aus Iglau/Mähren. Wurde 1928 Mitglied der kommunistischen Partei, 1933-1936 Regisseur einer linken Theatertruppe. 1939 bei Besetzung der Tschechoslowakei verhaftet, emigrierte er später über Italien und Jugoslawien nach Palästina. 1946 Rückkehr nach Prag, 1949 bis 1952 Botschaftsrat in Berlin, ab 1954 Stellvertretender Direktor der Nationalen Forschungs- und Gedenkstätten in Weimar.

Genazino, Wilhelm (geb. 1943)
Journalist und Romancier aus Mannheim, arbeitete als Redakteur bei verschiedenen Zeitungen und Zeitschriften, seit 1971 freier Schriftsteller. Er lebt in Frankfurt a. M.

Grab, Hermann (1903-1949)
Erzähler aus Prag, der einer patrizisch-jüdischen Familie entstammte. Er studierte Philosophie und Musik in Prag, Wien, Berlin und Heidelberg, erwarb neben dem Dr. phil. auch den Dr. jur. und arbeitete als Jurist, Musikkritiker, Pädagoge und Pianist. 1939 Emigration über Frankreich in die USA, wo er bis zu seinem Tode 1949 in New York an Musikschulen unterrichtete.

Grautoff, Otto (1876-1937)
Kunsthistoriker und Romanist, lebte von 1905-1914 in Paris, dann bis 1919 am Auswärtigen Amt in Berlin. Anschließend Tätigkeiten als Dozent an verschiedenen Hochschulen, zuletzt Attaché am Institut d'Art et d'Archéologie in Paris, wo er auch starb.

Haas, Willy (1891-1973)
Schriftsteller, Drehbuchautor, Lektor und Kritiker aus Prag. Frühe Prägung durch deutsch-jüdisch-tschechische Kultursymbiose und Bekanntschaften mit Werfel, Brod und Kafka. Gründete 1911 als Jurastudent seine erste literarische Zeitschrift. Begegnung mit Hofmannsthal. 1914 Lektor in Leipzig, nach 1921 Kritiker des *Berliner Filmkurier*, ab 1925 Redakteur der Wochenzeitschrift *Die Literarische Welt*. Nach dem Reichstagsbrand Rückkehr nach Prag. 1939 Emigration über Italien nach Indien, 1947 wie-

der in Europa, zuerst in London, später in Hamburg, wo er bis zu seinem Tod als Kolumnist und Kritiker für die *Welt* arbeitete.

Hesse, Hermann (1877-1962)
Lyriker und Erzähler aus Calw. Sohn eines Missionspredigers und einer Missionarstochter, besuchte ab 1891 das theologische Seminar Maulbronn, aus dem er im folgenden Jahr floh. Ab 1895 Buchhandelslehre in Tübingen, ab 1899 als Buchhändler und Antiquar in Basel. Nach ersten literarischen Erfolgen ab 1904 freier Schriftsteller in Gaienhofen am Bodensee. Seine Romane, z.B. *Der Steppenwolf* und *Das Glasperlenspiel*, machten ihn weltbekannt. Reisen durch Europa und nach Indien. Ab 1923 Schweizer Staatsangehöriger, 1946 Nobelpreis für Literatur.

Hessel, Franz (1880-1941)
Schriftsteller, Übersetzer und Lektor aus Stettin, wuchs als Sohn eines wohlhabenden jüdischen Bankiers in Berlin auf, studierte Literaturgeschichte in München. 1906 Übersiedlung nach Paris, dem neben Berlin wichtigsten Ort seines Lebens, wo er sich bis 1914 vorwiegend aufhielt. In der Weimarer Republik Lektor und Übersetzer u.a. von Stendhal, Balzac, Casanova und Proust. 1938 Flucht nach Paris, 1940 in einem französischen Internierungslager, nach der Freilassung Tod durch Entkräftung in Sanary-sur-Mer.

Hohl, Ludwig (1904-1980)
Erzähler und Essayist aus Netstal in der Schweiz, trat 1925 erstmals als Schrifsteller in Erscheinung. Seit 1924 lebte er in Paris, wo er sich weiterbildete, 1931 Umzug nach Den Haag, ab 1937 bis zu seinem Tod als freier Schriftsteller in Genf.

Jokostra, Peter (geb. 1912)
Schriftsteller und Literaturkritiker aus Dresden, studierte Kunstgeschichte, Germanistik und Philosophie in Frankfurt, München und Berlin. 1933 Umzug nach Mecklenburg, 1941 enteignet und zum Wehrdienst eingezogen. Nach Kriegsende Mitglied der KPD und Übersiedlung in die Sowjetzone, wo er u.a. als Lehrer und Lektor arbeitete. 1958 Flucht aus der DDR. Aufenthalte in Südfrankreich und im Rheinland, Lektor und Redakteur in München, seit 1962 freier Schriftsteller in Kasbach bei Linz am Rhein.

Kassner, Rudolf (1873-1959)
Kulturphilosoph und Schriftsteller aus Groß-Pawlowitz/Mähren. Trotz Behinderung durch Kinderlähmung Studium der Philologie, Geschichte und Philosophie in Wien und Berlin, weite Reisen (u.a. England, Frank-

reich, Afrika, Indien), Aufenthalte in London, Paris, Wien und Berlin. 1900-1914 in München, dort u.a. Bekanntschaft mit Keyserling und Wedekind, Freundschaft mit Hofmannsthal und Rilke, ab 1946 Privatgelehrter in Siders/Wallis.

Klemperer, Victor (1881-1960)
Romanist aus Landsberg/Warthe, kam als Kind eines Reformrabbiners mit der Familie nach Berlin, studierte in München, Genf und Berlin und nutzte einen Parisaufenthalt zum Studium des französischen Theaters. Nach zwei Jahren als Lektor in Neapel 1915 Habilitation; nach dem Krieg Privatdozent in München, 1920 Professor in Dresden, wo der erste Teil einer *Geschichte der französischen Literatur* entstand. Als Jude ab 1934 von der Lehrtätigkeit ausgeschlossen, 1943 dienstverpflichtet, nach dem Zweiten Weltkrieg Wiederaufnahme der Lehrtätigkeit in Greifswald, Halle und Berlin. Seine Jugend hielt er in einer Autobiographie fest, alle späteren Erfahrungen in seinen wichtigen Tagebüchern.

Klipstein, Editha (1880-1953)
Essayistin und Erzählerin aus Laubach/Oberschlesien, aufgewachsen in Halle als Tochter eines Altphilologen, unternahm in ihrer Jugend ausgedehnte Reisen durch Europa. 1905-1914 Ausbildung zur Malerin, gehörte zum Freundeskreis um Rilke. In ihrem erzählerischen Werk zeigt sie sich beeinflußt durch Flaubert und Proust.

Koeppen, Wolfgang (1906-1996)
Erzähler aus Greifswald, verbrachte seine Jugend in Ostpreußen. Studium der Theologie, Literatur und Philosophie in Hamburg, Greifswald, Berlin und Würzburg. Arbeit als Journalist, Dramaturg, Schauspieler und Drehbuchautor. Reisen nach Italien, Frankreich, Spanien, in die USA und die UdSSR, von 1938-1945 Exil in den Niederlanden. Nach dem Krieg lebte Koeppen in München. In den fünfziger Jahren erschienen seine Romane *Tauben im Gras*, *Das Treibhaus* und *Der Tod in Rom*.

Kracauer, Siegfried (1889-1966)
Schriftsteller, Geschichtsphilosoph und Kulturtheoretiker aus Frankfurt a.M., Sohn einer kleinbürgerlichen jüdischen Familie, promovierte 1914 in Ingenieurwissenschaften und arbeitete als Architekt. Ab 1920 freier Mitarbeiter, 1921-1929 Feuilleton-Redakteur der *Frankfurter Zeitung*, 1930-1933 deren kulturpolitischer Korrespondent in Berlin. 1933 Flucht nach Paris, 1941 nach New York, wo er als Filmhistoriker und Dozent arbeitete, ohne je nach Deutschland zurückzukehren.

Lenz, Hermann (geb. 1913)
Erzähler und Lyriker aus Stuttgart, studierte Germanistik, Archäologie und Kunstgeschichte in München und Heidelberg, geriet im Zweiten Weltkrieg in amerikanische Kriegsgefangenschaft. Erst danach Publikationen, z.B. *Das stille Haus* (1947) oder *Der innere Bezirk* (1980). 1950-1972 Sekretär des Süddeutschen Schriftstellerverbandes.

Loerke, Oskar (1884-1941)
Erzähler und Lyriker aus Jungen/Weichsel, studierte ab 1903 Germanistik, Philosophie, Musik und Geschichte in Berlin, seinem fortan lebenslangen Wohnort. Arbeit als freier Schriftsteller ab 1907. 1913 Kleist-Preis, 1914 Reise nach Nordafrika und Italien. Dramaturg beim Bühnen-Verlag Bloch, ab 1917 bis zu seinem Tod Lektor bei S. Fischer.

Lukács, Georg (1885-1971)
Philosoph aus Budapest, Sohn eines jüdischen Bankdirektors, studierte in seiner Heimatstadt Staatswissenschaften und Philosophie. Aufenthalte in Berlin, Florenz und Heidelberg, u.a. Kontakt zu Ernst Bloch. Lukács lebte bis zu seiner Ausweisung 1929 in Wien, nach Aufenthalten in Ungarn, Moskau und Berlin 1933 in Moskau. Systematisch wendete er die marxistische Lehre auf Literatur und Kunst an. 1945 Rückkehr nach Ungarn, Professur für Ästhetik und Kulturphilosphie in Budapest.

Maar, Michael (geb. 1960)
Studium der Germanistik und Psychologie. Für seine Dissertation über Thomas Mann *Geister und Kunst. Neuigkeiten aus dem Zauberberg* erhielt er 1995 den Merck-Preis der Deutschen Akademie für Sprache und Dichtung. Seit 1985 lebt Maar, Mitarbeiter der *Frankfurter Allgemeinen Zeitung*, als freier Kritiker und Essayist in Bamberg. 1997 erscheinen seine Essays zur Literatur *Die Feuer- und die Wasserprobe.*

Mann, Klaus (1906-1949)
Schriftsteller und Publizist, geboren in München, Sohn Thomas Manns. Lebte ab 1925 als Schauspieler, Theaterkritiker und Journalist in Berlin. 1933 Emigration nach Amsterdam, dann in Zürich, Paris, Budapest, Salzburg und Prag. 1936 als Journalist in den USA, 1938 Beobachter im spanischen Bürgerkrieg, später als amerikanischer Soldat und Kriegskorrespondent in Italien. Klaus Mann beging 1949 in Cannes Selbstmord.

Mayer, Hans (geb. 1907)
Literaturwissenschaftler und Essayist aus Köln, Sohn eines wohlhabenden jüdischen Kaufmanns, studierte Jura in Köln und Berlin, promovierte

1930. 1933 Emigration über Straßburg und Paris nach Genf, dort u.a. Arbeit für Horkheimers Institut für Sozialforschung sowie germanistische Studien. 1946/47 unter Golo Mann politischer Chefredakteur von Radio Frankfurt. 1948 Ruf als Literaturwissenschaftler nach Leipzig, 1963 nach Hannover. Seit seiner Emeritierung 1973 lebt er in Tübingen.

Mayröcker, Friederike (geb. 1924)
Schriftstellerin, Hörpielautorin und Essayistin aus Wien, gab 1969 ihren Beruf als Englischlehrerin auf und lebt seitdem als freie Schriftstellerin, bereits seit 1954 Freundschaft und Zusammenarbeit mit Ernst Jandl. Ihre surrealistischen und experimentellen Texte trugen ihr zahlreiche Literaturpreise ein.

Mehring, Walter (1896-1981)
Lyriker, Erzähler und Dramatiker aus Berlin, Sohn eines Redakteurs und einer Sängerin, studierte 1914/15 Kunstgeschichte. Mitbegründer des Berliner Dada, 1915-1917 Mitglied des *Sturm*-Kreises, gründete 1920 in Berlin das linksradikale »Politische Kabarett« und schrieb Texte für Max Reinhardt. 1920-1924 und dann wieder 1929-1933 Mitarbeiter der *Weltbühne*. Er lebte 1921-1928 als Korrespondent in Paris, dann von 1928-1933 wieder in Berlin. Nach dem Reichstagsbrand Flucht nach Paris, 1934 nach Wien, 1938 erneut nach Paris. 1939 in Frankreich interniert, 1940 Flucht in die USA. Nach dem Krieg übersiedelte Mehring in die Schweiz, wo er auch starb.

Meier, Gerhard (geb. 1917)
Schweizer Schriftsteller aus Niederbipp, brach ein Hochbaustudium in Biel ab und arbeitete 33 Jahre lang als Arbeiter, Designer und technischer Leiter in einer Lampenfabrik. Mit 47 Jahren erste Textveröffentlichungen.

Müller-Gögler, Maria (1900-1987)
Lyrikerin und Prosaautorin aus Leutkirch/Allgäu, begann als Klosterschülerin heimlich Gedichte zu schreiben, machte Examen als Lehrerin und arbeitete einige Jahre im Schuldienst. 1924-1929 studierte sie bis zur Promotion Germanistik, Philosophie und Pädagogik in München und Tübingen, dann wieder Lehrerin, starb in Weingarten.

Ochs, Gerhard (geb. 1944)
Privatlehrer aus Ettlingen bei Karlsruhe, wohnt in Ganderkesee bei Oldenburg, Verfasser von Lyrik und Erzählungen.

Ortheil, Hanns-Joseph (geb. 1951)
Literaturwissenschaftler, Erzähler und Essayist aus Köln, studierte Musikwissenschaft, Komparatistik, Philosophie und Germanistik, promovierte 1976 und veröffentlichte 1979 seinen ersten Roman *Fermer*.

Radek, Karl (1885-1939)
eigentlich Karl Bernadowitsch Sobelsohn, Politiker und Journalist aus Lemberg, war als Mitarbeiter sozialdemokratischer Zeitungen in Deutschland tätig. Während des Ersten Weltkriegs in der Schweiz. Arbeit mit Lenin, den er 1917 auf der Eisenbahnfahrt nach Rußland begleitete, wo er den Bolschewiki beitrat. 1918 am Aufbau der KPD in Deutschland beteiligt, 1919 inhaftiert und in Abwesenheit ins ZK der russischen KP gewählt. 1924 als Anhänger Trotzkis aus allen Parteiämtern und 1927 aus der Partei ausgeschlossen, wurde er 1937 in einem Schauprozeß zu zehn Jahren Gefängnis verurteilt und starb unter ungeklärten Umständen in einem sowjetischen Straflager.

Rechel-Mertens, Eva (1895-1981)
Romanistin und Übersetzerin aus Perleberg, studierte in Berlin und Marburg. 1930-1955 Lehrtätigkeit an den romanistischen Instituten der Universitäten Bonn und Heidelberg, erhielt 1966 den Übersetzer-Preis der Deutschen Akademie für Sprache und Dichtung für ihre Proust-Übersetzung *Auf der Suche nach der verlorenen Zeit* (1953-1957).

Rilke, Rainer Maria (1875-1926)
Lyriker und Romancier, geboren in Prag, nach dem Austritt aus der Militär-Oberrealschule besuchte er die Handelsakademie in Linz und studierte Kunst- und Literaturgeschichte in Prag. 1897-1899 in München und Berlin, Entschluß zum reinen Dichterdasein. Reisen nach Italien und Rußland, 1900 Wohnsitz in Worpswede. 1902 Übersiedlung nach Paris, erneute Reisen nach Italien, Dänemark und Schweden. Ab 1905 wieder in Paris, Bekanntschaft mit Auguste Rodin und Arbeit als dessen Privatsekretär bis zum Bruch 1906. Erneutes Wanderleben, Reisen nach Nordafrika, Ägypten und Spanien. 1911/12 Aufenthalt auf Schloß Duino bei Triest. In den Kriegsjahren vorwiegend in München, dann in der Schweiz, 1922 Abschluß der *Duineser Elegien* auf Schloß Muzot im Wallis. Rilke starb in Val Mont bei Montreux an Leukämie.

Rychner, Max (1897-1965)
Schriftsteller, Literarhistoriker und Kritiker aus Lichtensteig in der Schweiz, studierte 1916-1921 Geschichte, Latein und Literatur in Zürich und Bern und promovierte 1922. Studienreisen nach Frankreich, Italien und Deutschland. 1922-1932 Leiter der *Neuen Schweizer Rundschau*,

dann Feuilletonredakteur bei der *Kölnischen Zeitung*, 1933-1937 Korrespondent der *Neuen Zürcher Zeitung*, ab 1939 Feuilletonchef der Züricher Zeitung *Die Tat*.

Saupe, Dieter (geb. 1932)
Hauptsächlich mit seinen literarischen Parodien hervorgetreten.

Schlöndorff, Volker (geb. 1939)
Filmregisseur aus Wiesbaden mit französischer Erziehung. Vertreter des »jungen deutschen Films«, der schon mit seinem Erstling *Der junge Törless* zahlreiche Preise errang. Weitere Literaturverfilmungen u.a. *Michael Kohlhaas – Der Rebell*, *Die verlorene Ehre der Katharina Blum*, *Die Blechtrommel* und *Homo faber* sowie natürlich: *Eine Liebe von Swann*.

Schottlaender, Rudolf (1900-1988)
Publizist, Übersetzer und Hochschullehrer aus Berlin, studierte Philosophie und Philologie in Berlin, Marburg, Freiburg und Heidelberg, promovierte 1923. Bis 1933 Tätigkeit als Übersetzer und Publizist, dann Privatgelehrter. 1947 Professor für Philosophie in Dresden. 1949 aus politischen Gründen entlassen, Übersiedlung in den Westen und Arbeit als Gymnasiallehrer. 1959 Entlassung aus dem Schuldienst und Übersiedlung nach Ost-Berlin, wo er Professor für klassische Philologie an der Humboldt-Universität wurde.

Söllner, Werner (geb. 1951)
Geboren in Neupanat/Horia in Rumänien, arbeitete nach dem Studium der Germanistik, Anglistik und Physik zunächst als Lehrer, dann als Lektor des rumänischen Kinderbuchverlages in Bukarest. 1982 übersiedelte er nach Frankfurt a.M., wo er als freier Schriftsteller lebt.

Sternheim, Carl (1878-1942)
Dramatiker und Prosaist aus Leipzig, studierte Philosophie, Rechts- und Staatswissenschaften, Literatur- und Kunstgeschichte in München, Göttingen, Leipzig, Jena, Berlin, Freiburg und Heidelberg, ohne akademischen Abschluß. Ab 1900 Wohnsitz in Weimar, ab 1903 München, dort Bekanntschaften mit Frank Wedekind und Max Reinhardt; Kunstsammler. Ab 1912/13 mit Unterbrechungen in Belgien, 1924 endgültig in Brüssel, wo er, zuletzt nervenkrank, starb.

Suhrkamp, Peter (1891-1959)
Verleger, Essayist und Erzähler aus Kirchhatten/Oldenburg. 1911-1923 Volksschullehrer, dann Redakteur im Ullstein-Verlag, 1932 Chefredakteur

der *Neuen Rundschau* im S. Fischer Verlag, 1933 Verlagsvorstand. 1936 erhielt er die Leitung des in Deutschland verbliebenen Teils des S. Fischer Verlags. 1944 Verhaftung und Internierung im KZ Sachsenhausen. 1950 nach einem Vergleich mit den Erben von S. Fischer Gründung des eigenen Suhrkamp Verlages.

Toth, Karl (1882-1956)
Geboren in Sternberg/Mähren, Erzähler, Essayist und Kulturwissenschaftler, Professor in Wien, starb dort 1956.

Unold, Max (1885-1964)
Maler und Graphiker aus Memmingen, wurde bei einem Frankreichaufenthalt 1911-1913 von Cézanne beeinflußt, näherte sich dann der Neuen Sachlichkeit. Er schuf u.a. zyklische Illustrationen zu Werken der Literatur.

Viertel, Berthold (1885-1953)
Lyriker, Erzähler und Dramatiker aus Wien, studierte dort Philosophie und Geschichte. Mitarbeiter des *Simplicissimus* und von Karl Kraus' *Fakkel*, 1912 Mitgründer der Wiener Volksbühne. 1917/18 Schriftleiter am *Prager Tagblatt*, 1918 am Staatstheater Dresden. Ab 1922 Inszenierungen an verschiedenen Berliner Bühnen, 1926 Regisseur in Düsseldorf. Von 1928-1931 Drehbuchautor in Hollywood, ging 1934 nach Frankreich, England und schließlich 1938 wieder in die USA, wo er als Filmregisseur tätig war, bis er 1947 nach Europa zurückkehrte und zunächst bei der BBC arbeitete. 1948 Rückkehr nach Wien, wo er auch starb.

Walser, Martin (geb. 1927)
Erzähler, Dramatiker und Hörspielautor aus Wasserburg. Nach dem Studium der Literatur, Geschichte und Philosophie in Tübingen arbeitete er als Rundfunkredakteur in Stuttgart. Mitglied der Gruppe 47. Bis heute ist Walser, der seit 1957 am Bodensee lebt, auf Vortragsreisen quer durch Mitteleuropa und als Romancier einer der meistbesprochenen Vertreter der Gegenwartsliteratur. 1997 erschienen seine *Werke in zwölf Bänden*.

Wedderkop, H.v.
Möglicherweise Hermann von Wedderkop, 1876 geboren, 1924-1929 in Berlin bei Ullstein Herausgeber des *Querschnitt*, später laut Vorwort des Faksimiles *Der Querschnitt* (hg. v. Wilmont Haacke u. Alexander v. Baeyer, 1977, S. XVI) »datenlos ins Nichts verschwunden«.

Wellershoff, Dieter (geb. 1925)
Schriftsteller, Essayist, Hör- und Fernsehspielautor, Kritiker und Lektor aus Neuss. Studierte Germanistik, Psychologie und Kunstgeschichte in Bonn und promovierte 1952 über Gottfried Benn. Ab 1959 Arbeit im Lektorat bei Kiepenheuer und Witsch, seit 1981 freier Schriftsteller in Köln.

Weyrauch, Wolfgang (1904-1980)
Erzähler, Lyriker und Hörspielautor aus Königsberg. Nach dem Besuch der Frankfurter Schauspielschule u.a. Engagements in Münster und Bochum, dann Studium der Germanistik, Romanistik und Geschichte in Frankfurt a.M. und Berlin. Seit 1929 freier Schriftsteller, außerdem ab 1933 Redakteur beim *Berliner Tagblatt* und Lektor beim Deutschen Verlag in Berlin. Nach Kriegsdienst und sowjetischer Kriegsgefangenschaft Zeitschriftenredakteur, 1950-1958 Lektor bei Rowohlt, danach wieder freier Autor. Weyrauch gehörte zu den ersten Mitgliedern der Gruppe 47.

Winkler, Eugen Gottlob (1912-1936)
Essayist, Erzähler und Lyriker aus Zürich, studierte in München, Paris, Köln und Tübingen Germanistik, Romanistik und Kunstgeschichte, ohne einen Beruf anzustreben. Er schrieb literarische Essays. 1933 wurde er nach der angeblichen Beschädigung eines Plakates der NSDAP inhaftiert, daraufhin erster Suizidversuch. 1936 nahm er sich aus Angst vor einer neuerlichen Verhaftung das Leben.

Zweig, Stefan (1881-1942)
Schriftsteller, Lyriker, Übersetzer und Essayist aus Wien. Aus einem großbürgerlich-jüdischen Elternhaus stammend, studierte er Philosophie, Germanistik und Romanistik in Berlin und Wien und promovierte 1904. Bereits ab dem 17. Lebensjahr erste Veröffentlichungen von Gedichten und Novellen. Den Großteil der Jahre bis 1914 auf Reisen u.a. nach London, Paris, Nordafrika, Indien, Nord- und Mittelamerika. Nach dem Ersten Weltkrieg Umzug nach Salzburg, erneut weite Reisen durch Europa und Sowjetrußland. Ab 1934 Hauptwohnsitz London, 1940 britische Staatsbürgerschaft. Weitere Emigration nach New York, schließlich 1941 nach Brasilien, wo er sich zusammen mit seiner zweiten Frau das Leben nahm.

Nachweise

Die mit * gekennzeichneten Überschriften stammen vom Herausgeber.

1922 Rainer Maria Rilke: An Prinz Alexander Hohenlohe, Muzot, 23. 12. 1922. In: R. M. R.: Briefe. Hg. v. Rilke-Archiv in Weimar in Verb. m. Ruth Sieber-Rilke bes. durch Karl Altheim. 3. Bd. Frankfurt/M. 1987, S. 799 f. © Insel Verlag Frankfurt am Main 1950.

1924 Ernst Robert Curtius: Marcel Proust. In: Neue Zürcher Zeitung, 30.3. u. 13. 4. 1924. © by A. Francke Verlag GmbH, Tübingen.

1924 Otto Grautoff: Über Prousts Unzeitgemäßheit.* Aus: O. G.: Marcel Proust. In: Die Literatur. Monatsschrift für Literaturfreunde 26 (1923/24) [Mai 1924], S. 457-460, hier: S. 458 f.

1925 Stefan Zweig: Marcel Prousts tragischer Lebenslauf. In: Neue Freie Presse (Wien), 27. 9. 1925, Beilage, S. 27 f. Aus: S. Z.: Zeiten und Schicksale. Aufsätze und Vorträge aus den Jahren 1902-1942. © S. Fischer Verlag GmbH, Frankfurt am Main, 1990.

1926 Hermann Bahr: Marcel Proust. In: Hochland 23 (1926), Bd. 2, S. 115-118.

1926 Walter Benjamin: An Hugo von Hofmannsthal, Berlin, 23. 2. 1926. In: W. B.: Briefe 1. Hg. u. m. Anm. vers. v. Gershom Scholem u. Theodor W. Adorno. Frankfurt/M. 1978, S. 411 f. © Suhrkamp Verlag Frankfurt am Main 1966.

1926 Ernst Robert Curtius: Aus dem Verriß von Schottlaenders Übersetzung.* Aus: Die deutsche Marcel Proust-Ausgabe/Eine Umfrage. In: Die Literarische Welt 2 (1926), Nr. 2, 8. 1. 1926, S. 4.

1926 Rudolf Schottlaender: Erwiderung.* Die deutsche Marcel Proust-Ausgabe/Eine Umfrage. Erwiderung des Übersetzers an Prof. E. R. Curtius. In: Die Literarische Welt 2 (1926), Nr. 3, 15. 1. 1926, S. 4.

1926 Carl Sternheim: Widerwille.* Aus: Lutetia. Berichte über europäische Politik, Kunst und Volksleben. In: C. S.: Zeitkritik (= Gesamtwerk Bd. 6, hg. v. Wilhelm Emrich). Neuwied/Berlin 1966, S. 404-406. © 1966 Hermann Luchterhand Verlag GmbH & Co. KG, Darmstadt und Neuwied. Jetzt: Luchterhand Literaturverlag GmbH, München.

1926/1927 Hermann Hesse: Für eine dauerhafte Proust-Begeisterung.* a) aus: Der Bücherberg. In: Berliner Tageblatt und Handelszeitung, 29. 4. 1926; b) aus: Mai im Kastanienwald. Ebd., 12. 5. 1927. Auch in: H. H.: Kleine Freuden. Verstreute und kurze Prosa aus dem Nachlaß. Hg. v. Volker Michels, Frankfurt/M. 1977, S. 222-226, hier: S. 224 f. © Suhrkamp Verlag Frankfurt am Main 1977.

1927 Erich Auerbach: Epik der Seele.* Aus: E. A.: Marcel Proust: Der Roman von der verlorenen Zeit. In: Die Neueren Sprachen 35 (1927),

S. 16-22. Auch in: E. A.: Gesammelte Aufsätze zur romanischen Philologie. A. Francke Verlag, Bern 1967, S. 296-300. © by A. Francke Verlag GmbH, Tübingen und Basel.

1927 Oskar Loerke: Vorläufiges zum Thema Marcel Proust. In: Berliner Börsen-Courier Nr. 209, 6. 5. 1927, 1. Beilage. Auch in: O. L.: Der Bücherkarren. Besprechungen im Berliner Börsen-Courier 1920-1928. Hg. v. Reinhard Tgahrt u. Hermann Kasack. Heidelberg/Darmstadt 1965. © Verlag Lambert Schneider im Bleicher Verlag.

1927 Karl Toth: Marcel Proust und die deutsche Gegenwart. In: Deutsche Rundschau (Berlin) 53 (1927), April, S. 64-71.

1927 H. v. Wedderkop: Marcel Proust und seine Welt. In: Der Bund (Bern) Nr. 146, 4. 4. 1927, S. 1 f.

1928 Franz Hessel: Selbstrezension.* Aus: F. H.: Im Schatten der jungen Mädchen. Von Marcel Proust. In: Weltstimmen (Stuttgart), 2. Jg. 1928, S. 204-208, hier: S. 204 f. Abdruck mit freundlicher Genehmigung von Ulrich Hessel, Paris.

1929 Walter Benjamin: An Max Rychner, Berlin-Grunewald, 15. 1. 1929. In: W. B.: Briefe 2. Hg. u. m. Anm. vers. v. Gershom Scholem u. Theodor W. Adorno. Frankfurt/M. 1978, S. 485 f. © Suhrkamp Verlag Frankfurt am Main 1966.

1929 Walter Benjamin: Zum Bilde Prousts. In: Die Literarische Welt 5 (1929), Nr. 25-27, 21.6., 28.6., 5. 7. 1929. Auch in: W. B.: Gesammelte Schriften, Band II.1, Hg. v. Rolf Tiedemann u. Hermann Schweppenhäuser, Frankfurt/M. 1977, S. 310-324. © Suhrkamp Verlag Frankfurt am Main 1977.

1930 Alfred Döblin: Proust als Repräsentant Frankreichs.* Aus: Mit dem Blick zur Latinität. In: A. D.: Schriften zu Leben und Werk. Olten/Freiburg i. Br. 1986, S. 187-191, hier: S. 189-191 [Erstdruck in: Deutsch-französische Rundschau 3 (1930), S. 357-360]. © by Walter Verlag AG, Zürich.

1930 Rudolf Kassner: Prousts Leere.* Aus: Das physiognomische Weltbild. In: R. K.: Sämtliche Werke. Hg. v. Ernst Zinn u. Klaus E. Bohnenkamp. 4. Bd. Pfullingen 1978, S. 360 f. Abdruck mit freundlicher Genehmigung des Deutschen Literaturarchivs/Schiller-Nationalmuseum, Marbach.

1930 Editha Klipstein: Christliche Proust-Lektüre.* Aus: E. K.: Betrachtung anläßlich der Bekanntschaft mit Proust. In: Neue Schweizer Rundschau 23 (1930), S. 329-347, hier: S. 330 f., 336 f., 341.

1932 Max Unold: Einiges über Marcel Proust. In: Die Gabe. Dichtungen und Aufsätze von Hans Carossa, Bruno Frank u. a. München 1932, S. 50-54.

1933 Hermann Grab: Zu Prousts Judentum.* Aus: H. G.: Proust-Vortrag, gehalten in einer von Max Brod veranstalteten Reihe »Juden in der

Literatur«, Prag, 18. 10. 1933 (Nachlaß Hermann Grab, Besitz Dr. Karl Hobi, Vättis).

1934 Karl Radek: Kann der sozialistische Realismus Proust beerben?* Aus seinem Referat über die moderne Weltliteratur und die Aufgaben der proletarischen Kunst am 24. 8. 1934 auf dem 1. Allunionskongreß der Sowjetschriftsteller in Moskau. In: Hans-Jürgen Schmitt/Godehard Schramm (Hg.): Sozialistische Realismuskonzeptionen. Dokumente zum 1. Allunionskongreß der Sowjetschriftsteller. Frankfurt/M. 1974, S. 140-213, hier: S. 203 f.

1934 Klaus Mann: Über Radeks Rede.* Aus: Notizen in Moskau. In: K. M.: Zahnärzte und Künstler. Aufsätze, Reden, Kritiken 1933-1936. Hg. v. Uwe Naumann u. Michael Töteberg. Reinbek 1993, S. 209 f. Copyright © mit Genehmigung des Rowohlt Verlages GmbH, Reinbek.

1935 Ernst Bloch: Das fragmentierte Ich.* Aus: Romane der Wunderlichkeit und montiertes Theater. In: E. B.: Erbschaft dieser Zeit. Frankfurt/M. 1973, S. 242 f. © Suhrkamp Verlag Frankfurt am Main 1962.

1936 (oder früher) Ludwig Hohl: Die Apotheose Prousts I.* Aus: L. H.: Die Notizen oder Von der unvoreiligen Versöhnung. 2. Aufl. Frankfurt/M. 1986, S. 236 f., 258, 599 f., 644 f. [Nr. IV 9, V 9, IX 56, IX 102]. © Suhrkamp Verlag Frankfurt am Main 1981.

1936 Eugen Gottlob Winkler: Marcel Proust. Ein Beitrag zur Charakteristik des Dichters. In: Frankfurter Zeitung und Handelsblatt, 80. Jg., Nr. 352, 12. 7. 1936.

1940 Victor Klemperer: Frühe Skepsis.* Aus: V. K.: Curriculum Vitae. Jugend um 1900. I. Berlin 1989, S. 26-28. © by Aufbau-Verlag, Berlin, 1989.

1943 Klaus Mann: Zur sexuellen Inversion.* Aus: K. M.: Tagebücher 1940-1943. Hg. v. Joachim Heimannsberg, Peter Laemmle u. Wilfried F. Schoeller. München 1989, S. 149 [3. 7. 1943]. Copyright © mit Genehmigung des Rowohlt Verlages GmbH, Reinbek.

1949 Rudolf Kassner: Proust infinitesimal.* Aus: Umgang der Jahre. In: R. K.: Sämtliche Werke. Hg. v. Ernst Zinn u. Klaus E. Bohnenkamp. 9. Bd. Pfullingen 1990, S. 372-374. Abdruck mit freundlicher Genehmigung des Deutschen Literaturarchivs/Schiller-Nationalmuseum, Marbach.

1949/50 Berthold Viertel: Prousts Verzicht auf Zukunft.* Aus: B. V.: Kindheit eines Cherub. Autobiographische Fragmente. Studienausgabe Bd. 2. Hg. v. Siglinde Bolbecher u. Konstantin Kaiser. Wien 1991, S. 88 f., 266.

1951 Hans Carossa: Der übermächtige Proust.* Aus: Brief an Käthe Desdouits, Rittsteig bei Passau, 12. 11. 1951. In: H. C.: Briefe III. 1937-1956. Hg. v. Eva Kampmann-Carossa. Frankfurt/M. 1981, S. 432. © Insel Verlag Frankfurt am Main 1981.

1952 Walter Mehring: Ein ambivalenter Autor aus der Bibliothek des 19. Jahrhunderts.* Aus: W. M.: Die verlorene Bibliothek. Autobiographie einer Kultur. Frankfurt a.M./Berlin/Wien 1980, S. 174-179. © 1978 Claassen Verlag GmbH Düsseldorf, jetzt: Hildesheim.

1953 Louis Fürnberg: Über Marcel Proust und andere Schmockereien. In: L.F.: Prosa II. Stücke. Berlin/Weimar 1968, S. 236-238 [Erstdruck in: Der Sonntag, Berlin, 22. 6. 1958]. © by Aufbau-Verlag, Berlin, 1968.

1953 Peter Suhrkamp: Prousts therapeutische Wirkung.* Aus: Mein Weg zu Proust. In: P.S.: Der Leser. Reden und Aufsätze. Berlin/Frankfurt a.M. 1960, S. 116-124 [Erstdruck in: Morgenblatt für Freunde der Literatur, Nr. 4, 1953]. © Suhrkamp Verlag Frankfurt am Main 1960.

1954 Maria Müller-Gögler: Marcel Proust »In Swanns Welt«. Ungedrucktes Typoskript, 4 Bll. Deutsches Literaturarchiv Marbach, D: Hesse-Archiv. Mit freundlicher Genehmigung des Deutschen Literaturarchivs/ Schiller-Nationalmuseum, Marbach.

1957 Willy Haas: Zur Proust-Debatte der zwanziger Jahre.* Aus: W.H.: Die literarische Welt. Lebenserinnerungen. Frankfurt/M. 1983, S. 159f. Abdruck mit freundlicher Genehmigung von Frau Dr. Herta Haas, Hamburg.

1957 Wolfgang Koeppen: Marcel Proust und die Summe der Sensibilität. In: W.K.: Gesammelte Werke in sechs Bänden. Hg. v. Marcel Reich-Ranicki u.a. Band 6. Frankfurt/M. 1990, S. 175-180 [Erstdruck: »Die Summe der Sensibilität«. In: Texte und Zeichen 3 (1957), S. 418-421]. © Suhrkamp Verlag Frankfurt am Main 1986.

1957 Max Rychner: Verewigte Wiederkehr. Anmerkung zu Marcel Proust. In: Neue Zürcher Zeitung 178. Jg., Nr. 109, 21. 4. 1957, Blatt 7.

1958 Theodor W. Adorno: Kleine Proust-Kommentare. In: Th.W.A.: Noten zur Literatur II. Frankfurt/M. 1961, S. 95-109 [Erstdruck mit anderer Einleitung: Akzente 5 (1958), S. 564-575]. © Suhrkamp Verlag Frankfurt am Main 1961.

1958 Ingeborg Bachmann: Proust und die Liebe.* Aus: Die Welt Marcel Prousts – Einblicke in ein Pandämonium. In: I.B.: Werke. Hg. v. Christine Koschel, Inge von Weidenbaum, Clemens Münster. 4. Bd. 5. Aufl. München/Zürich 1993, S. 156-180, hier: S. 162-164, 166-168, 171f., 176, 177, 178. © Piper Verlag GmbH, München 1978.

1958 Heimito von Doderer: Die gedehnte Zeit.* Aus: H.v.D.: Die Ewigkeit des Augenblicks. In: Zeitwende. Die neue Furche 29 (1958), S. 269f. © C.H. Beck'sche Verlagsbuchhandlung, München, als Rechtsnachfolgerin des Biederstein Verlags.

1958 Martin Walser: Leseerfahrungen mit Marcel Proust. In: M.W.: Erfahrungen und Leseerfahrungen. Frankfurt/M. 1969, S. 124-142. © Suhrkamp Verlag Frankfurt am Main 1969.

1959 Peter Jokostra: Bei Proust. In: P.J.: Magische Straße. Darmstadt/ Berlin-Spandau/Neuwied 1960, S. 13. Abdruck mit freundlicher Genehmigung des Autors.

1960 Siegfried Kracauer: Proust – Fotografie und Film.* Aus: S.K.: Theorie des Films. Die Errettung der äußeren Wirklichkeit [1960]. Vom Verf. revid. Übers. v. Friedrich Walter u. Ruth Zellschan. Hg. v. Karsten Witte. Frankfurt/M. 1973 (= Schriften Bd. 3), S. 38f., 40-42, 46f., 82, 314f. © Suhrkamp Verlag Frankfurt am Main 1973.

1961 Johannes Bobrowski: Proust. [5. 2. 1961] In: J.B.: Gedichte aus dem Nachlaß. 2. Bd. München 1987, S. 339. © Buchverlag Union. Abdruck mit freundlicher Genehmigung der Verlagsbuchhandlung GmbH Klinkhardt & Biermann.

1963 Georg Lukács: Proust und die sozialistische Ästhetik.* Aus: G.L.: Ästhetik Teil I. Neuwied/Berlin 1963, S. 786f. © 1963 Hermann Luchterhand Verlag GmbH & Co. KG, Neuwied und Berlin. Jetzt: Luchterhand Literaturverlag GmbH, München.

1966 (oder früher) Alfred Andersch: In Vermeers Manier.* Aus: Interieurs für Charles Swann. In: A.A.: Aus einem römischen Winter. Reisebilder. Olten/Freiburg i.Br. 1966, S. 81-95, hier: S. 90f. Copyright © 1979 by Diogenes Verlag AG Zürich.

1966 Eva Rechel-Mertens: Zur Übersetzung der *Recherche*.* Aus: E.R.-M.: Schwierigkeiten und Probleme der Proust-Übertragung. In: Deutsche Akademie für Sprache und Dichtung Darmstadt. Jahrbuch 1966. Heidelberg/Darmstadt 1967, S. 74-81, hier: S. 77-81. © Verlag Lambert Schneider im Bleicher Verlag.

1969 Siegfried Kracauer: Proust und die Geschichte.* Aus: S.K.: Schriften 4. Geschichte – Vor den letzten Dingen. A. d. Amerikan. v. Karsten Witte. Frankfurt/M. 1971, S. 151-154. © Suhrkamp Verlag Frankfurt am Main 1971.

1969 Dieter Saupe: Auf der Suche nach dem verlorenen Ende. Des 11. Bandes 23. Teil. In: D.S.: Autorenbeschimpfung und andere Parodien. München 1972, S. 49f. © by Scherz Verlag, Bern.

1971 Jean Améry: Das Ende der Erkenntnis.* Aus: J.A.: Zugang zu Marcel Proust. Zum 100. Geburtstag des Dichters (10. Juli 1871). In: Merkur 25 (1971), S. 674-688. © Verlag Klett-Cotta, Stuttgart.

1975 Hans Mayer: Marcel Proust und Albert Bloch. In: H.M.: Außenseiter. Frankfurt/M. 1981, S. 401-407. © Suhrkamp Verlag Frankfurt am Main 1975.

1976 Herbert Asmodi: Landmarken. In: H.A.: Jokers Farewell. Gedichte. München 1976, S. 10-12 (Piper Verlag). Abdruck mit freundlicher Genehmigung des Autors.

1977 (oder früher) Alfred Andersch: Odette, Gilberte, Albertine. In: A.A.: empört euch der himmel ist blau. Gedichte und Nachdichtungen 1946-1977. Zürich 1977, S. 98-100. Copyright © 1977 by Diogenes Verlag AG Zürich.

1980 (oder früher) Ludwig Hohl: Die Apotheose Prousts II.* Aus: L.H.:

Von den hereinbrechenden Rändern. Nachnotizen. A. d. Nachlaß hg. v. Johannes Beringer u. Hugo Sarbach. Frankfurt/M. 1986, S. 50, 55, 77f., 172f., 217f. © Suhrkamp Verlag Frankfurt am Main 1986.

1980 (oder früher) Wolfgang Weyrauch: Proust beginnt zu brennen. In: W. W.: Proust beginnt zu brennen. Erzählungen. Zusammengestellt von Margot Weyrauch und mit einem Nachwort von Helmut Heißenbüttel. Frankfurt/M. 1985, S. 165 f. © Fischer Taschenbuch Verlag GmbH, Frankfurt am Main, 1985.

1981 Karl-Heinz Bohrer: Der epiphane Moment.* Aus: Utopie des »Augenblicks« und Fiktionalität. Die Subjektivierung von Zeit in der modernen Literatur. In: K.-H. B.: Plötzlichkeit. Zum Augenblick des ästhetischen Scheins. Frankfurt/M. 1981, S. 180-218, hier: S. 188-194. © Suhrkamp Verlag Frankfurt am Main 1981.

1983 Volker Schlöndorff: Zum Film *Un amour de Swann.** Aus: A propos de l'adaptation de ›Un amour de Swann‹. Notes de travail. In: Marcel Proust: Un amour de Swann. Postface de Volker Schlöndorff. Paris 1984, S. 255-277, hier: S. 257-259. Übers. Achim Hölter. © by Volker Schlöndorff, 1984.

1984 Hubert Fichte: Schreiben wie Proust?* Aus: H. F.: Eine Glückliche Liebe. Roman. Frankfurt/M. 1988, S. 20f. © S. Fischer Verlag GmbH, Frankfurt am Main, 1988.

1984 Hubert Fichte: Zu Prousts Homosexualität.* Aus: Männerlust – Frauenlob. Anmerkungen zur Sapphorezeption und zum Orgasmusproblem. In: H. F.: Homosexualität und Literatur 2. Polemiken. Frankfurt/M. 1988, S. 104. © S. Fischer Verlag GmbH, Frankfurt am Main 1988.

1984 Hanns-Joseph Ortheil: Das innere Medium der Zeitdehnung.* Aus: H.-J. O.: »Weißt du, was du sahst?« Suchbewegungen der Lesekultur. In: Neue Rundschau 95 (1984), Heft 3, S. 35-53, hier: S. 44-49. © by Hanns-Joseph Ortheil, Stuttgart, 1984.

1985 Thorsten Becker: Proust in der DDR?* Aus: T. B.: Die Bürgschaft. Eine Erzählung. Köln 1987, S. 40-42, 47f., 59f., 145. © by Ammann Verlag AG, Zürich 1985.

1986 Wilhelm Genazino: Schreiben zum Tode.* Aus: W. G.: Der Ort der Hingabe. Schreiben zum Tode. Über Marcel Proust. In: Rowohlts Literatur-Magazin Nr. 20. Reinbek 1987, S. 50-67, hier: S. 51-53, 56f., 58f., 60-62, 63f., 67. © by Wilhelm Genazino, Frankfurt am Main, 1986.

1986 Hermann Lenz: Schreiben durch Proust?* Aus: H. L.: Lesen und Schreiben. Frankfurter Vorlesungen. Frankfurt/M. 1986, S. 31f. © Suhrkamp Verlag Frankfurt am Main 1986.

1986 Friederike Mayröcker: Proustparaphrase. In: F. M.: Magische Blätter IV. Frankfurt/M. 1995, S. 96f. © Suhrkamp Verlag Frankfurt am Main 1995.

1986 Rudolf Schottlaender: Erinnerung.* Ausgeschiedene Passage aus:

Trotz allem ein Deutscher. Mein Lebensweg seit Jahrhundertbeginn. Freiburg 1986. In: Connaissance de la RDA (Paris), Nr. 27, Dezember 1988, S. 85-87.

1987 Horst Bienek: Auf der Suche nach Proust. Denklingen 1987. © by Fuchstaler Presse, Denklingen, 1987.

1988 Gerhard Ochs: Die Levkojen des Marcel Proust. In: Manuskripte 101/102 (1988), S. 31 f. © by Gerhard Ochs, Bremen, 1988.

1988 Dieter Wellershoff: Brüchiges Glück.* Aus: Marcel Proust (1871-1922). In: D. W.: Der Roman und die Erfahrbarkeit der Welt. Köln 1988, S. 167-182, hier: S. 175-182. © 1988 by Verlag Kiepenheuer & Witsch Köln.

1989 Hermann Burger: Gespräch über Proust.* Aus: H. B.: Brenner. Roman. Frankfurt/M. 1992, S. 46-54. © Suhrkamp Verlag Frankfurt am Main 1992.

1991 Werner Söllner: Swanns Arrangement mit sich selbst. In: Sinn und Form 43 (1991), 4. Heft, S. 709. © 1991 by Werner Söllner.

1993 Werner Söllner: Swanns Reise. In: Der Literatur-Bote (Frankfurt/M.) 8 (1993), Heft 29, S. 44. © 1993 by Werner Söllner.

1995 Gerhard Meier: Schreiben nach Proust?* Aus: Gerhard Meier/Werner Morlang: Das dunkle Fest des Lebens. Amrainer Gespräche. 2. Aufl. Köln/Basel 1995, S. 359-366. © Verlag Bruckner & Thünker, Köln/Basel, 1995.

1996 Michael Maar: Die Feuer- und die Wasserprobe. In: M. M.: Die Feuer- und die Wasserprobe. Essays zur Literatur. Frankfurt am Main 1997, S. 229-239 [Erstdruck in: Frankfurter Allgemeine Zeitung Nr. 137, 15. 6. 1996]. © Suhrkamp Verlag Frankfurt am Main 1997.

Wir danken allen Autoren, Verlagen und anderen Inhabern von Textrechten für die freundlichen Abdruckgenehmigungen.

Alphabetisches Autorenverzeichnis

Marcel Proust
im Suhrkamp Verlag und
im Insel Verlag

Frankfurter Ausgabe. Werke I. Band 1: Freuden und Tage und andere Erzählungen und Skizzen aus den Jahren 1892-1896. Übertragen und herausgegeben von Luzius Keller. Leinen und Leder

Frankfurter Ausgabe. Werke I. Band 2: Nachgeahmtes und Vermischtes. Herausgegeben von Luzius Keller. Übersetzt von Helmut Scheffel, Ludwig Harig und Henriette Beese. Leinen und Leder

Frankfurter Ausgabe. Werke I. Band 3: Essays, Chroniken und andere Schriften. Herausgegeben von Luzius Keller. Übersetzt von Henriette Beese, Luzius Keller und Helmut Scheffel. Leinen und Leder

Frankfurter Ausgabe. Werke II. Band 2: Auf der Suche nach der verlorenen Zeit. Im Schatten junger Mädchenblüte. Aus dem Französischen von Eva Rechel-Mertens. Revidiert von Luzius Keller und Sibylla Laemmel. Leinen und Leder

Frankfurter Ausgabe. Werke III. Band 1 und 2: Jean Santeuil. Herausgegeben von Mariolina Bongiovanni Bertini. Aus dem Französischen von Eva Rechel-Mertens. Revidiert und ergänzt von Luzius Keller. Leinen und Leder

Auf der Suche nach der verlorenen Zeit. Deutsch von Eva Rechel-Mertens. Seidenleinen und Leder
Band 1: In Swanns Welt. Im Schatten junger Mädchenblüte
Band 2: Die Welt der Guermantes. Sodom und Gomorra
Band 3: Die Gefangene. Die Entflohene. Die wiedergefundene Zeit

Auf der Suche nach der verlorenen Zeit. Aus dem Französischen von Eva Rechel-Mertens. Zehn Bände. Geschenkausgabe mit farbigem Dekorüberzug in Schmuckkassette

Auf der Suche nach der verlorenen Zeit. 10 Bände in Kassette. Aus dem Französischen von Eva Rechel-Mertens. suhrkamp taschenbücher
Erster Teil: In Swanns Welt. st 644
Zweiter Teil: Im Schatten junger Mädchenblüte. 2 Bde. st 702
Dritter Teil: Die Welt der Guermantes. 2 Bde. st 754
Vierter Teil: Sodom und Gomorra. 2 Bde. st 822
Fünfter Teil: Die Gefangene. st 886
Sechster Teil: Die Entflohene. st 918
Siebter Teil: Die wiedergefundene Zeit. st 988

38/1/12.95